MARTIN HEIDEGGER

Sein und Zeit

Einführung in die Metaphysik

Beiträge zur Philosophie

海德格尔

翻译、解释与理解

王庆节、张任之 编

生活·讀書·新知 三联书店

图书在版编目（CIP）数据

海德格尔：翻译、解释与理解 / 王庆节、张任之编．—北京：
生活 · 读书 · 新知三联书店，2017.6
ISBN 978－7－108－05760－0

Ⅰ．①海…　Ⅱ．①王…　②张…　Ⅲ．①海德格尔（Heidegger, Martin 1889-1976）－
哲学思想－研究　Ⅳ．① B516.54

中国版本图书馆 CIP 数据核字（2016）第 186185 号

责任编辑　张　龙
装帧设计　薛　宇
责任印制　宋　家
出版发行　生活 · 讀書 · 新知　三联书店
（北京市东城区美术馆东街 22 号　100010）
网　　址　www.sdxjpc.com
经　　销　新华书店
印　　刷　河北鹏润印刷有限公司
版　　次　2017 年 6 月北京第 1 版
2017 年 6 月北京第 1 次印刷
开　　本　635 毫米 × 965 毫米　1/16　印张 28
字　　数　339 千字
印　　数　0,001－4,000 册
定　　价　59.00 元
（印装查询：01064002715；邮购查询：01084010542）

目 录

《哲学论稿》

原著新译

前　言

自1987年德国哲学家海德格尔的成名著作《存在与时间》的中文全译本（北京：生活·读书·新知三联书店，1987年）出版以来，海德格尔成为过去近三十年间汉语学术、思想和文化界最具影响力的现代西方哲学家之一。随着近年德文版《海德格尔全集》（102卷）的陆续出版和汉语海德格尔译著的逐年增加，这一影响还在与日俱增。

汉语学界对海德格尔哲学思想及其核心概念的翻译与研究，一直是历年来众多学者关注的中心。虽然时有一些论文在专业杂志上发表，但以论集的形式汇集中国大陆、香港、台湾三地翻译与研究海德格尔哲学的主要学者和几乎全部译者，对海德格尔哲学，尤其是对《存在与时间》《形而上学导论》和《哲学论稿》这三本主要著作的翻译、解释与理解问题发表意见，并结集出版，还是首次。

这里发表的论文主要缘起于2012年12月18—19日在香港中文大学召开的“海德格哲学主要著作研究与翻译工作坊”。工作坊的主旨在于总结、交流和讨论海德格尔三本主要哲学著作：《存在与时间》《形而上学导论》和《哲学论稿》的汉语翻译与研究心得，也商讨了进一步合作编纂中文版多卷本《海德格尔文集》等事宜。其中有几篇论文同时在2012年11月于北京举办的中国现象学专业委员会第十七届年会暨商务印书馆学术论坛“海德格尔《哲学论稿》中文版研讨会”上宣读。还有个别论文是作者未及参加会议，在编者根据专题特别邀请下提供的。我们根据讨论的三个主题以及原著汉译对诸论文做了大致的分类。为真实反映中国大陆、香港、台湾汉语学界的海德格尔哲学之研究现状，即学者与译者们在相关概念的翻译、解释和理解方面仍存有较大的分歧，我们保留了各位作者对译名的选择和使用，其中还包括港台与大陆学者在遣词炼句方面风格的不同，以示对作者的尊重。我们希望，通过本书的编辑出版，汉语学界在对海德格尔思想的总体理解方面，能够做到进一步沟通和融合，其水准也能得到实质性的提升和推进。

本书的编辑工作以及工作坊的筹备工作曾得到李宁君、苏伟、许家裕、Esther Tseng、吴嘉豪、于涛、黄迪吉、汪隐峰等人的帮助。中山大学哲学系的江璐博士帮忙核对了全书中的希腊文。在此一并致谢！还要特别感谢的是生活·读书·新知三联书店的舒炜先生，正是他的大力支持和努力使本书得以顺利出版！

本书的出版得到中国香港特别行政区研究资助局 RGC GRF 研究项目（GRF-CUHK455510）的资助，特此感谢。

王庆节、张任之

2014 年 4 月于香港中文大学

《存在与时间》

西方形而上学传统与海德格尔“Dasein”的理解与中译

一 海德格尔问题的西方形而上学背景与《存在与时间》的发问

在讨论海德格尔哲学的核心概念“Dasein”时，一个重要的角度就是将问题放在西方形而上学历史发展的层面上，特别是从批判与克服西方近现代形而上学传统的角度上来进行。我们知道，在海德格尔看来，全部西方形而上学所讨论的核心问题就是存在与存在者的关系问题，而这个问题也是海德格尔的哲学思考的最初开端。根据海德格尔本人的回忆，他的全部哲学思考生涯开始于 18 岁那年读到的一本小册子，即父亲般的朋友、教区主教格约伯神父送给他的生日礼物——19 世纪德国哲学家布伦塔诺关于亚里士多德的存在问题的论文，论文的题目为《论“存在”在亚里士多德哲学中的多重含义》。这个问题后来不仅构成海德格尔全部问题的起点，也是贯穿海德格尔一生哲学思考的核心。

在亚里士多德那里，存在问题实质上就是“物”的问题，这归根到底也是“第一哲学”的核心问题。但亚里士多德在

* 作者：王庆节，香港中文大学哲学系。本文得到中国香港特别行政区研究资助局（GRF-CUHK455510 项目）资助，特此致谢。

这里问的不单单是“物学”层面的问题，即不仅仅是关于这个“物”或者那个“物”的问题，而是**这个“物”或者“存在者”之为这个“物”或“存在者”**的问题，即“**on hēi on**”的问题。换句话说，亚里士多德“第一哲学”要问的是，我们日常说的“这匹马”“这座山”“亚里士多德这个人”，这些个“物”或“存在者”究竟“**是**”什么？使得它们成为它们这个样子的东西“**是**”什么？亚里士多德的回答首先从两个方面展开。一个方面是“范畴论”，另一个方面是“根据论”（原因论）。范畴论的思路可以从西方印欧语言系统的主谓词判断，即“S是P”的结构分析来得到说明。按照希腊人的一般理解，任何一个具体的存在者或事物，其意义都是通过主词S加上谓词P的判断来说明的。例如，“这马是白的”“这山是高的”“亚里士多德是亚历山大大帝的老师”等等。在这里，“这匹马”“这座山”“亚里士多德”都是“主词”，而“白的”“高的”“亚历山大大帝的老师”都是（述）谓词。任何主词的意义都通过谓词来展开和实现。据此，亚里士多德提出了著名的十范畴说，包括“实体”“时间”“位置”“运动”“状态”等等。在这中间，“实体”范畴最重要，它在语法上所起的作用往往是主词，而其他的范畴常常作为谓词来起作用，它们被用来说明、描述作为主词的“实体”。这样说来，作为主词的实体范畴比较起其他的述谓性范畴就占据着首要的和核心的位置。问题接着展开，使得这个主词成为一个主词的东西是什么？一个可能的回答是，如果诸谓词只是对主词的某个方面、侧面的个别描述，那么，那使得各式各样的谓词描述成为可能的东西就是使这个作为主词的物成为可能的东西，即作为这个主词的物的**本身**或者**本质**。与“范畴论”的思路相呼应，“根据论”的思路从发问一个存在物的发生学根据或原因开始。在这里，亚里士多德列出任何一个物的四个主要的发生学原因或根据，即质料因（使一物成为那一物的材料，例如建成这一木屋的木料）、形式因（使一物成为那一物的形式构架，例如建造此木屋的设计）、目的因（建此木屋为了什么？例如为了让一家人能遮风避雨）、动力因（谁动手建成了这个木屋？例如木匠师傅，等等）。这四个原因或者根据合在一起就构成了一个存在物之为那个存在物的存在，或者"自然"。但无论是"范畴论"还是"原因论"，亚里士多德关于这个"实体"本身，关于"自然"本身，并没能给我们留下多少清晰而且统一的思考和答案，相反，更多的是困惑和谜团。按照海德格尔的说法，也许"形而上学"本身在亚里士多德整个知识系统内部地位的尴尬，就充分反映了这一希腊哲学内部的困惑。[1]也许我们可以说，后来传统西方形而上学思想史上的争论，例如"本质论""实存论""唯名论""唯实论""观念论""实在论"，乃至关于上帝存在的本体论、因果论、目的论等的证明，大致都可以说是在这两个方向上的进一步拓展、发挥，甚至混淆。[2]

欧洲中世纪的形而上学，无疑受到基督教世界观念的影响。基督教世界观念以及由此而来的哲学形而上学，使我们得到了一

---

〔1〕见 Martin Heidegger, *Kant und das Problem der Metaphysik*, *Gesamtausgabe*, Band 3, Frankfurt am Main: Vittorio Klostermann, 1991, S. 5-13。中文译文可参见海德格尔：《康德与形而上学疑难》，王庆节译，上海：上海译文出版社，2011 年，第 1—9 页。

〔2〕按照海德格尔的说法，希腊形而上学内部的这两个成分，又作为"第一哲学"的双重规定性，即"既是存在物本身的知识"，又是"存在物的最高级的类域，而存在物整体则通过这一最高类域"来得到规定。这两个成分之间并不融洽，它反映出希腊形而上学内部柏拉图和亚里士多德的这两个既相互连接又互不相融的核心取向。在海德格尔看来，后世在这两个取向基础上建立起来的形而上学的学院概念，并未理解这两个核心取向之不谐所引发出来的疑难，相反，它"越来越多地妨碍重新去进行原始质疑的可能性"（Martin Heidegger, *Kant und das Problem der Metaphysik*, *Gesamtausgabe*, Band 3, Frankfurt am Main: Vittorio Klostermann, 1991, S. 8/4. 请注意，这里的"/"号前为德文全集本页码，后为中译本页码，下同）。在《尼采》一书中，海德格尔也特别地指出了这种"混淆"（Martin Heidegger, *Nietzsche*, *Gesamtausgabe*, Band 6, Frankfurt am Main: Vittorio Klostermann, 1996, S. 314）。

个统一的形而上学“存在”概念，这样也就使人们得以避免希腊以来关于“存在”学说的困境。按照这一基督教的世界观念或信仰，世界万物被分为造物主与被造物，而被造物又被分为作为人的被造物与非人的被造物。于是，存在物的整体就被分为上帝、人与非人的自然万物。关于它们的知识领域也就随即被按位序分为“神学”“心理学”与“宇宙学”，这些就组成了被称为“特殊的形而上学”（metaphysica specialis）的领域，而与此相应，以“一般”存在物作为其研究对象的本体论就被称为“一般的形而上学”（metaphysica generalis）。结果，一般形而上学与特殊的形而上学，即关于上帝的神学知识，关于人的知识与关于自然的知识加在一起就构成了那个时代所公认的我们全部人类知识的体系或系统的整体。

近现代西方思想兴起的过程，严格说来，同时也就是这个中世纪基督教整体世界观念或信仰解体的过程。分崩离析的诸门知识现在需要一个新的、有别于上帝概念的立足点，而应合于这一时代需要的新哲学就是笛卡尔哲学。从笛卡尔开始的西方现代思想和哲学，就是从发问整个知识系统的可能性和合法性开始的。这也就是说，伴随着传统的基督教世界观念被怀疑和逐渐抛弃，人们自然就会发问：我们关于世界万物的全部知识的根基或者根据是什么？传统的神学告诉我们，这个基础是神，是上帝，而传统的实在论告诉我们，这个基础是外部实在，抑或是理念的实在，或者是朴素的外界自然实在。但笛卡尔的著名怀疑则告诉我们，所有这些知识，无论是关于神的知识，还是关于外部世界的知识，都必须从人的认知活动开始，即从“我思”开始。这样，人的存在就构成了所有其他全部存在世界得以成立的存在论“拱石”乃至“基础”。所以，全部的近现代西方哲学形而上学，实质上都是围绕着这个“我思”而展开，在这一意义上，黑格尔曾经正确地指出，笛卡尔通过

"我思"概念的提出奠定了整个西方近现代哲学的开端，当之无愧地应当被称为近现代西方哲学的第一人。[1]至于后来，洛克、休谟的"经验"概念，莱布尼茨的"单子"概念，康德的"先验主体"，黑格尔的"精神"，马克思的"实践"，胡塞尔的"超越论自我"，尼采的"超人"，等等，无一不可被视为在这一"我思"基础上的或者"制限"，或者"批判"，或者"突破"，或者"发展"，用海德格尔的话说，这些都是整个西方形而上学存在论发展历史上的一个个环节。我以为，海德格尔的《存在与时间》，特别是他的以 Dasein 概念为核心的基础存在论，应当也必须从这个广阔的历史背景下才能真正得到正确的把握和读解。换句话说，《存在与时间》的核心概念 Dasein 一方面是对从笛卡尔到康德的西方"我思故我在"之传统的批判与突破，但另一方面，倘若离开了这一传统和背景，它也不可能得到真正的把握和理解。这也就是为什么后来海德格尔在解释康德哲学的本质时，特别引述康德本人的话，说康德著名的三大批判的所有问题，其要害都归于一个最核心的问题，即："人是什么？"[2]

二　存在问题与 Dasein 的优先地位

自从海德格尔《存在与时间》问世以来，关于它的解释就有各家各派，可谓五花八门，莫衷一是。但是，"Dasein"在存在问题的发问中占据优先地位，这是各家解释中都基本同意的。但

---

〔1〕参见黑格尔：《哲学史讲演录》，贺麟、王太庆译，北京：商务印书馆，1983 年，第 63 页。

〔2〕Martin Heidegger, *Kant und das Problem der Metaphysik*, *Gesamtausgabe*, Band 3, Frankfurt am Main: Vittorio Klostermann, 1991, S. 207/197.

似乎很少有人真正说清楚，为什么“Dasein”能占据这一优先地位？海德格尔又是怎样论述和论证这一点的呢？[1]

在《存在与时间》“导论”的第 2 节中，海德格尔对一般问题乃至存在问题的发问结构进行了辨析，通过这一辨析，Dasein在存在问题发问中的优先地位得到了初步的澄清，而且正是通过这一澄清，我们不难看出，海德格尔对这一优先地位的强调与从笛卡尔到康德的整个近代西方哲学强调“人”和“自我”的独特地位和作用是一脉相承的。

按照海德格尔的分析，任何一个问题的发问，一般都至少包含有下面几个基本的结构成分。例如，当我们发问“大禹是谁？”时，首先我们预设了（1）“大禹”所指称的那个人，他是我们的发问所指向的东西；（2）我们如何着手去发问这个问题呢？我们需要从我们对他的种种历史材料，包括考古发现、文字记载和历史传说入手；（3）最后，我们一般预设这个问题会有答案（无论肯定还是否定），例如“大禹是中国远古时代的一个圣王，他带领当时的中国人用疏浚而非阻塞的方式战胜了历年祸害中原的大洪水”；“大禹是中国远古夏朝的第一位君王启的父亲”；“大禹是舜的继承人”，等等。这也就是上述发问所问出来的意义。海德格尔将这三个基本成分分别称为“问之所问”（das Gefragte）；“问之所及”（das Befragte）和“问之所出”（das Erfragte）。[2]同样，当我们发问“存在是什么？”这个问题的时候，海德格尔指出，“问之所问”就是那存在本身。但我们

---

〔1〕应该说，如果对这个问题没有一个清醒的认识和回答，我们就很难真正理解《存在与时间》的主旨以及它在西方哲学史上的“革命性”或者“划时代”意义，也很难理解所谓海德格尔“后期”的“转向”。

〔2〕参见 Martin Heidegger, *Sein und Zeit*, *Gesamtausgabe*, Band 2, Frankfurt am Main: Vittorio Klostermann, 1977, S. 5-7。中文译文可参见海德格尔：《存在与时间》，陈嘉映修订译本，北京：生活·读书·新知三联书店，2006 年，第 6—8 页。

如何去发问存在呢？因为存在总是一个个具体的存在物或存在者的存在，所以，我们就必须要从一个个具体存在者那里着手才能发问存在本身。所以，“问之所及”就是一个个具体的存在者或存在物，而“问之所出”或每次所问所显现出来的东西就是“存在的意义”。这种对存在问题的问法就是海德格尔后来一再强调的整个西方形而上学问题的问法和基本思路，亦即：因为存在总是存在者的存在，所以，一切形而上学的关于存在问题的发问都要从存在者开始。《存在与时间》也不例外，也从这个发问开始。

但我们怎么开始问这形形色色的存在者的存在呢？我们径直去问日月星辰、山川河流，径直去问原子结构、核糖核酸、电脑软件，去问希腊城邦、十字架、地理大发现、美国宪法和中国的改革开放吗？显然不行。坦率地说，海德格尔在《存在与时间》中的问题提法在本质上与从笛卡尔到康德的整个近代西方形而上学传统并无大的分别，他只是这一整个现代性赖以为基的问题提法的进一步延续与拓展罢了。换句话说，海德格尔的问题在这里与笛卡尔、康德的问题是一脉相承的，这个问题，用笛卡尔和康德的知识论语言说就是：我们如何能够达到关于这些存在者的真理性知识？或者，关于这些存在者的真理性知识是如何可能（以及如何不可能）的？这些存在者的真理性知识的根据何在？如何奠基？而用海德格尔的存在论语言就是：这些存在者的存在本身是什么？我们知道，笛卡尔与康德的回答是，我们的一切真理性的知识，并非依赖于存在者的整体世界之外或之上的某个造物主、神和上帝，也非决定于在我们认知主体之外的作为认知对象的客观存在者，而是恰恰相反，它决定于我们作为认知主体的“我思”（笛卡尔）或者我们认识主体的“认知方式”和“先验主体性”（康德）。这也就是康德所解释的在近代哲学思考中所发生的“哥白尼转向”的全部革命性意义所在。[1]

现代哲学中的关于怀疑论难题的讨论也许可以帮助我们更好地认识“我思”与“自我”在对作为其他存在者的世界万物之存在或者根据进行发问时的“拱石”作用、基础地位或“优先性”。我们知道，支持现代哲学知识论中的怀疑论立场的一个主要论断就是“闭合论断”（argument from closure）。哲学史上用来说明“闭合论断”的经典案例，前有庄子和笛卡尔的“梦的怀疑”，[2]后有当代哲学家普特南和诺齐克的“钵中之脑”。[3]无论“梦的怀疑”还是“钵中之脑”，所想说明的一个浅显道理无非就是，如果我们首先不知道我们自己是谁，那么，我们也就根本无从知晓这大千世界上的万事万物。换句话说，这大千世界上的万事万物的意义唯有通过对“我”或“我思”的知晓方可真正地显现出来，得以成立。在逻辑上，“闭合论断”依据的是“闭合原则”，即倘若某人 S 知道某个命题 P 蕴含另一命题 Q，那么，如果 S 不知道 Q，S 就不可能知道 P。[4]例如，倘若我们说我们知道“香港中文大学在沙田”一定在逻辑上假设了我们知道“香港中文大学在香港”，因此，倘若我们不知道“香港中文大学在香港”，我们一定不可能真正知道“香港中文大学在沙田”。同理，倘若我不知道我是否真的在做梦？究竟是庄周梦蝴蝶，还是蝴蝶梦庄周？是否真的是“钵中之脑”？那么，我就根本不可能知道这世界上其他的万事万物的真正意义。我以为在《存在与时间》中，当海德格尔提出 Dasein 在发问存在问

〔1〕参见康德《纯粹理性批判》第二版序言，BXVI。

〔2〕参见庄子《齐物论》及笛卡尔《第一哲学的沉思》。

〔3〕Hilary Putnam, *Reason, Truth and History*, Cambridge University Press, 1981, pp. 5-6; Robert Nozick, *Philosophical Explanations*, Harvard University Press, 1981, pp. 167-290.

〔4〕Jonathan Dancy, *Introduction to Contemporary Epistemology*, Blackwell, 1985, p. 35.

题中的优先地位时，一定首先也是沿着这样的一个基本思路在进行，这也就是为什么当海德格尔谈到 Dasein 的真理时，说出了那句非常著名的话，即“**唯有并且只要 Dasein 在，才‘有’真理**”[1] 的缘故。

不过，海德格尔在这里实现了两个根本性的突破。第一个突破是强调这一优先地位首先不是“知识论”意义上的，而是存在论意义上的。这也就是说，如果没有 Dasein 的存在，即 Dasein 与存在本身在存在论上的攸关关联，我们不仅不可能知道关于外部世界万事万物（存在者）的知识，而且一切存在物的存在意义都是不可能的。反过来说，一切存在物、日月星辰、山川河流、科技发明、艺术宗庙、国家制度，其**存在的意**义都必须要从作为“主体”，作为“人”的“我思”/“我在”，或者用海德格尔的说法，从“Dasein”出发才可能得以存在起来，得到理解和把握。这样说来，作为主体的“我思”对客体，对世界的认知活动只是 Dasein 生存活动的一种方式，而不是全部，甚至不是那最紧要和最源初的方式。第二个突破是，这般对“主体性”，对人在存在问题发问中的“优先地位”的强调，并非近代哲学知识论的独创，这一方面可以追溯到基督教哲学中对耶稣基督优先位置的强调，另一方面则可以追溯到希腊柏拉图和亚里士多德的传统，甚至更早，追溯到前苏格拉底哲学中的巴门尼德。[2] 因此，对存在问题发问中的 Dasein 的优先地位是贯穿整个西方哲学形而上学历史的事件，同样也构成海德格尔在新时代发问存在问题的起点。

这样说来，对存在问题的发问要从一个个具体的存在者的存

〔1〕Martin Heidegger, *Sein und Zeit*, *Gesamtausgabe*, Band 2, Frankfurt am Main: Vittorio Klostermann, 1977, S. 226/260.

〔2〕参见 Martin Heidegger, *Sein und Zeit*, *Gesamtausgabe*, Band 2, Frankfurt am Main: Vittorio Klostermann, 1977, S. 25-26/31。

在开始就不再是一句漫无头绪的空话。它的具体实现必须从其中一个特殊的存在者的存在展开，这个特定的存在者就是我们“人”，就是每一个具体的“我”“你”“他”。在前面所述的海德格尔的存在问题发问的问题结构中，被问及者（das Befragte）就从一个个具体的存在物变成了那个特殊或者特出的存在者。这个存在者作为我们日常所说的人，在存在问题发问中的特出地位首先就在于，所有关于“存在”的发问都是由他发出的，他是唯一具有“发问”能力的存在者，他不仅和芸芸众物一样，是一个被问及者，而且同时还是那唯一的发问者（das Fragende），这一既是被问及者又是发问者（das Befragte/Fragende）的发问活动就使得这一存在者与其他非人的存在者 / 物区别开来，因为这个“发问”就见证出这个存在者与存在本身有着“性命攸关”的关联和关涉，而这些关联和关涉则使得它在存在问题的发问中占据着独一无二的优先地位。这就是海德格尔在《存在与时间》导论第 4 节集中谈到 Dasein 在存在问题发问中的三重优先地位，即存在物层面、存在论层面、存在物暨存在论层面上的优先地位的要旨和要害所在。[1]这也是海德格尔在布局自己的整个哲学体系时的一个基本思考。

海氏的研究者们在谈到海德格尔《存在与时间》的整个构想时，一般都会提到他在导论第 8 节所说的“两部六章”的预案，[2]但很少有人会提到这个“两部六章”实质上只是一个更大的体系构想的一部分。在《存在与时间》导论第 7 节，海德格尔谈到了这个构想并将之称为“普遍的现象学存在论”或者普泛意义上的“解释学”。这个体系在这里被分为三个部分：[3]

---

〔1〕参见 Martin Heidegger, *Sein und Zeit*, *Gesamtausgabe*, Band 2, Frankfurt am Main: Vittorio Klostermann, 1977, S. 11-13/14-16。

〔2〕参见 Ebd., S. 39-40/46-47。

〔3〕参见 Ebd., S. 37-38/44。

（1）基础存在论（die Fundamentalontologie），即通过 Dasein 的存在之领会来达到存在之真理开显的学问，这也就是《存在与时间》“两部六章”的基本任务。换用海德格尔自己的话来说就是：“就内容而论，现象学是存在者之存在的科学，即存在论。从前面对存在论任务的解说中曾产生出基础存在论的必要性。基础存在论把存在论上及存在者层次上卓绝超群的存在者即 Dasein 作为课题，这样，它就把自己带到了关键的疑难问题即一般存在之意义这个问题面前来了。从这种探索本身出发，结果就是：现象学描述的方法论意义就是**解释**。Dasein 现象学的 λογοζ 具有 ερμηνευειν〔诠释〕的性质。通过解释，存在的本真意义与 Dasein 本己存在的基本结构就向那属于 Dasein 本身的存在之领会**宣告出来**。Dasein 的现象学就是**解释学**。这是就解释学这个词的源始含义来说的。据此，解释学标志着这项解释工作。”〔1〕

（2）非 Dasein 的存在论。一旦我们完成了以 Dasein 的存在论分析为基本任务的基础存在论之后，所有以非 Dasein 的存在物的存在为课题的自然存在论或科学存在论工作，就可以在此基础上得以建立。在《存在与时间》导论第 3 节中提到的种种基础科学的“危机”，包括数学、物理学、生物学等，都可能达到化解。这样，我们也就能在新的基础和层面上回答康德哲学知识论所提出的“以数学和自然科学为代表的现代经验知识如何可能？”的根本问题。在这里，海德格尔说：“但只要发现了存在的意义与 Dasein 基本结构的意义，也就为进一步对非 Dasein 式的存在者进行种种存在论研究提供了境域。如果确实如此，解释学就也是另一重意义上的解释学，即整理出一切存在论探索之所以可能的条件。”〔2〕

---

〔1〕 Ebd., S. 37/44.

〔2〕 同上。

（3）关于 Dasein 本身及其相关学科的存在论。在这里，以 Dasein 自身为研究课题的解释学与基础存在论有着不同的目标，后者是为了彰显存在本身的真理，而前者则旨在从前者开显的存在论基础出发，着重于以 Dasein 为中心的人文精神、社会历史学科基础理论的建立。所以，海德格尔说："最后，Dasein 比一切其他存在者在存在论上都更为优先，因为它是在生存的可能性中的存在者；与此相应，解释学作为 Dasein 的存在之解释就具有第三重的特殊含义：从哲学上来领会，它是生存的生存论脉络章法之分析工作的**始初**（primär）意义。这种意义下的解释学就是历史学在存在者层次上之所以可能的条件，它在存在论上把 Dasein 的历史性构建起来；而倘若如此的话，那种只可在派生方式上称作'诠释学'的东西，即具有历史学性质的人文科学的方法论，就植根在这第三重意义下的解释学中。"〔1〕

从这个三重任务的划分中，我们不难看出海德格尔由《存在与时间》开始的野心勃勃的作为存在论现象学的庞大哲学体系规划，这一规划与康德的以"三大批判"为核心的"先验哲学"体系和与黑格尔的"精神现象学""哲学全书"（逻辑学、自然哲学、精神哲学）的哲学体系相比，不相上下。《存在与时间》在这一体系中所起的作用完全可以媲美于《纯粹理性批判》之于康德哲学体系，以及《精神现象学》之于黑格尔的哲学体系。而且，就哲学思考的问题意识而言，海德格尔这里的发问可以说也直接连着作为现象学哲学背景的新康德主义哲学与狄尔泰解释学哲学的全部问题的核心。

〔1〕参见 Martin Heidegger, *Sein und Zeit, Gesamtausgabe*, Band 2, Frankfurt am Main: Vittorio Klostermann, 1977, S. 37-38/44。

三　以 Dasein 的生存论分析为起点的基础存在论与传统主体性哲学的异同

从上面的分析梳理中我们不难看出，海德格尔 Dasein 概念的提出，其思想背景是整个西方形而上学关于存在问题的历史发展，尤其是 19 世纪末 20 世纪初在德国流行的新康德主义 / 生命哲学 / 现象学 / 哲学解释学的理论背景和问题意识，这也是海德格尔以及与他同时代的哲学家思想形成的一般背景。在这个意义上说，Dasein 一方面被视为从存在者出发去发问、开显存在的途径和突破口，在这一点上，它和从笛卡尔到康德以来的近代形而上学并无根本分别，仍属于宽泛的传统形而上学的范围；但另一方面，和迄今所有形而上学的出发点不同，Dasein 别具一格的突出地方就在于，它要突破的和与之相区别对立的基本概念乃是在现代哲学知识论框架下视为出发点的“cogito”（我思），无论这个“cogito”是以观念论（笛卡尔）、经验论（巴克莱、洛克、休谟）、先验论（莱布尼茨、康德）、精神论（黑格尔），还是以劳动 / 实践论（马克思）、意志论（叔本华、尼采），甚至以意识论（胡塞尔）或意义论（弗雷格、罗素）的面目出现，这才是《存在与时间》当年所以一炮打响，使海德格尔跻身世界一流哲学家行列的根本原因。

所以，问题的关键不在于 Dasein 优先地位的提出，而在于如何“革命性的”理解、解释和“分析”这一“优先地位”。在海德格尔那里，作为“人”之存在的 Dasein 的优先地位不像在从笛卡尔到康德的近代哲学知识论中作为“认知主体”而出现，因为这种认知主体的设定已经以某种未经考察的，非“源初性的”“存在论”作为根基了。例如无论“经验自我”的概念、“理性自我”的概念，还是“先验自我”的概念，都预先假定了某种“存在论”，正因如此，也就“遗忘”了存在，沦落到了某种存在者/物的层面上。正是在这个意义上，海德格尔不认同Dasein首先是一个“自我”或者“认知主体”的概念，因为任何“自我”或者“主体”都已经同时在这个框架中设定了作为认知对象的“客体”概念。他也不认同Dasein首先应当被理解为“人”，因为“人”的概念，在近代哲学的背景下，也总是一方面作为“主体”，和作为“客体”的“物”及“世界”相对立；另一方面，它又作为“客体”，成为某些学科，例如人类学、历史学、心理学、社会学、政治学、经济学等研究的“对象”。海德格尔之所以提出“Dasein”的概念，就是要避免这些“先入之见”，回到人的存在的“事情本身”。在海德格尔看来，Dasein说的是那个在我们现实生命活动之中的活生生的、个别的、有血有肉的、前理论的、先于主体客体、人与世界二分的存在物，它不受任何理论、概念的羁绊，相反，它的活生生的、有血有肉的生存活动使得任何“主体”“客体”的概念，使得人与世界的划分成为可能。

海德格尔“创造”了一个新的名词，即“在—世界—之中—存在着”（In-der-Welt-sein），为之命名。应当说，海德格尔的基础存在论关于Dasein的全部生存论分析都围绕这个“在—世界—之中—存在着”展开。在这里我们不妨拿海德格尔的《存在与时间》与康德的《纯粹理性批判》做一比较。我们知道，《纯粹理性批判》的核心问题是：先天综合判断如何可能？这也就是说，康德哲学从一开始就将自己的核心目标定位在以主词谓词、主体客体两分为基础框架的判断理论和知识理论层面上，[1]而《存在与时间》的问题意识迥然不同，它从一开始所发问的问

〔1〕这里所讲的对康德哲学核心意义的理解应当说是过去100年来学界对康德的经典理解，这一理解的主要代表是19世纪末20世纪初在欧洲流行的新康德主义哲学以及他们在现今的学术后裔。具体讨论可参见王庆节：《“Transzendental”概念的三重定义与超越论现象学的康德批判——兼谈“transzendental”的汉语译名之争》，载《世界哲学》2012年第4期。

题就不再是发问"判断活动"如何可能？而是发问那使得任何一种判断认知活动成为可能的"在—世界—之中—存在着"如何可能？因为在海德格尔看来，任何意义上的判断认知活动都仅仅只是"在—世界—之中—存在着"的种种生存方式之一而已，而且，它还不是那最源初和最本真的生存方式，这也就是说，它可以从更源初和更本真的生存方式中衍生出来和得到解释。[1]

如果说《存在与时间》围绕着发问 Dasein 之存在的基础存在论为核心展开，而基础存在论又以对 Dasein 的生存论分析为起点和准备，那么，理解 Dasein 就成为理解海德格尔《存在与时间》的关键。按照我对《存在与时间》的读解，对于海德格尔的 Dasein 作为"在—世界—之中—存在着"，我们大概可以概括出以下四个基本特点，这四个基本特点使之区别于传统形而上学，尤其是区别于近代哲学以知识理论为核心的形而上学的"主体"概念：

第一，按照海德格尔自己的说法，Dasein 的最大特点在于它和存在本身有着本质性的关涉关联，这种本质性的关涉关联不在于它能够去有意识地"建构"，甚至"创造"存在，而在于它本身，无论在"意识到"还是"未意识到"之前，就已经存在了，而且这种存在并非静态的、死的存在，而是活泼泼的"生存"，是"去存在"，也就是说，**只要它活着，它就不断地以逾越出自身的方式"去—存在"**（Zu-sein），而发问"存在问题"不过是这种"去存在"的一种特定的实现方式而已。这种"去存在"的特别性质使得 Dasein 作为"在—世界—之中—存在着"不断地超出它的事实性的现在，逾越、突破其现有的自身，不断生长出或者彰显出新的与存在的关联和面相，从而成就出新的自我生存。

---

〔1〕参见 Martin Heidegger, *Sein und Zeit*, *Gesamtausgabe*, Band 2, Frankfurt am Main: Vittorio Klostermann, 1977, S. 52-63/61-73。

这也是海德格尔在《存在与时间》第9节中谈论Dasein的基本特点时提到的最重要的一点。[1]但另一方面，严格地讲来，所有存在着的东西，即存在者，日月星辰、山川河流、花木鸟兽，按照海德格尔的讲法，实际上都是存在着的存在物，都和存在有关涉，也都在存在论上预设着存在本身。那么，在诸存在者中，Dasein之存在关涉的与众不同之处在什么地方呢？如前所述，海德格尔给出的一个比较明确的回答大概是：Dasein作为"在—世界—之中—存在着"**总是比其他非Dasein式的存在者距离存在更"近"**，或者更确切地说，所有其他的非Dasein式的存在者的存在都必须通过Dasein的"去存在"的生命、生存活动才能成为可能，获得意义。正是在这个意义上，海德格尔说，"唯独人才生存。岩石存在着，但它并不生存。树木存在着，但它并不生存。马存在着，但它并不生存。天使存在着，但它并不生存。上帝存在着，但它并不生存"。[2]这样，我们就可以从Dasein"去存在"的第一个特点引申出海德格尔在第9节中讲述的Dasein的第二个基本特点，即Dasein在其"去存在"的同时，"每每总是我的存在"（Jemeinigkeit）。毋庸讳言，这一解释对当时人们将海德格尔哲学解释为以唯我论或以主体性哲学为特征的"存在主义"起到了推波助澜的作用。海德格尔后来在多个地方，尤其是在他自己《存在与时间》存书的页边评注中写道，这个"总是我的在"并不严格就是"独我"，而同时也是每一个"我的在"，以及"你的在"、"他的在"。[3]这一说法，一方面和他在《存在

---

〔1〕 Ebd., S. 41-42/49-50.

〔2〕 参见Martin Heidegger, *Wegmarken*, *Gesamtausgabe*, Band 9, Frankfurt am Main: Vittorio Klostermann, 1976, S. 374-375。中文参见海德格尔：《路标》，孙周兴译，北京：商务印书馆，2001年，第442页。

〔3〕 参见Martin Heidegger, *Sein und Zeit*, *Gesamtausgabe*, Band 2, Frankfurt am Main: Vittorio Klostermann, 1977, S. 42, 页边评注。

与时间》的后面部分提到 Dasein 又总是“共在”(Mitsein)中的“Mitdasein”相呼应，但同时并不否认 Dasein 这一概念中含有的极强的“本我”[1]和“属人”性质。这也许说明，海德格尔在《存在与时间》中的 Dasein 概念，虽然或许可摆脱极强的“独我论”特色，但它讲的这种存在与存在者的关系依旧离不开存在与某种特别的存在者，即人的特殊的、“亲近”关系。所以，尽管海德格尔后来一再辩解，但他《存在与时间》中的 Dasein 概念难免有着极强的从笛卡尔、康德以来近代哲学形而上学所带有的“人类中心”或“本我论”的特质。

今天不少学者在谈论 Dasein 作为“在—世界—之中—存在着”的基本特点时，喜欢引证海德格尔在《存在与时间》第 9 节中论述的上述两点，这固然不错而且重要，但仅仅如此，并不足以将海德格尔的 Dasein 概念与西方哲学史，尤其是与近代哲学形而上学的主流倾向，例如与康德哲学的“先验主体性”概念清楚地区别开来。鉴于此，我想我们必须引入 Dasein 的另外两个基本特点，即第三，Dasein 区别于所有其他的存在者不仅仅在于它与存在本身息息相关，在于它在生存活动中向着存在不断“出离”自身而又“建构”自身，而且还在于：这种作为“生存活动”的 Dasein 的“出离”“建构”首先不再是一种以逻辑理性为核心的康德哲学意义上的“经验”认知或者科学知识活动，而更多的是一种在这个切切实实的生活世界中操忙、操虑、操心的在世生存活动。这种活生生地具体发生着

[1] 在这里我想区别“本我”与“独我”或“唯我”的概念。“独我 / 唯我”指的是“我”的存在的“唯一性”，但“本我”概念并不否认其他存在物的存在，它只是强调其他存在物的意义唯有通过“我”方能实现。关于这两个概念的区分，参见王庆节：《论海德格尔哲学中的社会存在论——从“谁之在”分析中的“共在”概念谈起》，见倪梁康等编：《中国现象学与哲学评论(第 4 辑)：现象学与社会理论》，上海：上海译文出版社，2001 年。

的生存在世活动更源本、源初地**从每个人当下处境中的、充满着情绪、情感、情调的具体生命和生活的“亲身情态”或“现身情态”（Befindlichkeit）生发而来**。换言之，就其本质而言，使得一个存在者（包括非Dasein的存在物与作为Dasein本身的存在者）之为那个存在物或存在者的“根据”，不再是另一个存在者，哪怕这个存在者以某种“超验的”或者“神圣的”面目出现，而是一种发生“境域”或“情境”。这一发生过程也不再是逻辑理性为中心的经验知识和逻辑构造过程（按海德格尔的说法，纯粹经验论意义上的感官感觉实质上也是一种理性构造），而是一个个活生生的具体生命历程、生活过程。所谓的知识、理解、理性、命题推论与推演，以及所谓的逻辑斯蒂（Logik），唯有在源生性的自然成长与生命生活之燃烧的逻各斯（Logos）的基础上方能产生出来和得到领会把握。第四，这种源生性的Dasein的存在“境域”或“情境”，由于Dasein本身难以逃脱“会死性”，因而是**在时间性与历史性中的“有限”发生**。Dasein的“去存在”因此就不是在时间之外的、超时间的，而是在时间、历史之中的发生（Geschehen），因为这种历史发生事件（Geschehnis），我们才可能有历史（Geschichte）和历史学（Historie）。在这个意义上，Dasein的“在—世界—之中—存在着”同时又是“时间—历史中的”“在—世界—之中—存在着”。

四　Dasein现有诸中文译名：“亲在”“此在”“缘在”等的理解、比较与辨疏

鉴于上述从西方哲学形而上学历史角度而来的对海德格尔《存在与时间》中Dasein概念的理解和定位，我们再来看一看这

一概念在中文语境和汉语思想中的理解、接受与翻译。

屈指算来，海德格尔的Dasein进入中国语境或者进入中国人的哲学思考的“思想境域”或者“文本境域”也有相当一些年头了。这段历史，如果从20世纪40年代初熊伟先生发表第一篇关于海德格尔思想的中文论文[1]算起，已有80年；若从20世纪60年代初熊伟先生关于《存在与时间》的12节节译[2]算起，已有50年；而即使从1987年《存在与时间》的第一个中文全译本[3]正式出版算起，也有25年的历史了。在这段历史中，Dasein从一个当时几乎无人理解和重视，被视为不可理喻的“奇谈怪论”，成为一个当今汉语思想学界中几乎所有严肃的哲学思考都不得不在此面前驻足，难以绕过的核心“思想词”[4]。与此同时，也出现了各式各样的关于Dasein的中文译名，这些译名反映出我们中国人对此概念的理解、接受和梳理历程。经过几十年的“积淀”，目前看来，有三个译名比较流行。他们分别是熊伟先生20世纪40年代首创的“亲在”，陈嘉映教授80年代提出，并在现有中译本《存在与时间》中采纳的“此在”，以及张祥龙教授90年代开始倡导的“缘在”。[5]关于这个词的中文译名，应当说还有贺麟先生翻译黑

〔1〕参见熊伟：《说，可说；不可说，不说》，原载国立中央大学《文史哲》季刊第1期，1942年。参见《在的澄明——熊伟文选》，北京：商务印书馆，2011年，第21—36页。

〔2〕参见洪谦主编：《现代外国资产阶级哲学资料选辑》，北京：商务印书馆，1963年。

〔3〕参见海德格尔：《存在与时间》，陈嘉映、王庆节译，北京：生活·读书·新知三联书店，1987年。

〔4〕按陈嘉映的说法，这些应当被归为“论理词”。参见陈嘉映：《说理》，北京：华夏出版社，2011年，第111—113页。我以为用“思想词”一语似乎不那么刚性，也许更适合一些。

〔5〕参见张祥龙：《海德格尔思想与中国天道：终极视域的开启与交融》，北京：生活·读书·新知三联书店，1996年。

格尔《小逻辑》时采用的“定在”[1]；牟宗三先生在讨论海德格尔的康德解释时所采用的“浑然中处之在者之在”[2]；以及今天一些年轻学者建议使用的“达在”[3]；还有一些学者，例如上海社科院的俞宣孟教授、清华大学的王路教授、四川大学的熊林教授，根据其将亚里士多德研究 Sein 的 Ontologie 传统理解为关于西方语言中关于“是”的理论，即“是论”出发，极力主张将海德格尔的 Dasein 对应地翻译为“此是”。凡此种种，不一而足。限于篇幅，这里只想重点讨论“亲在”“此在”“缘在”三个主要译名，以及它们各自在理解和解释海德格尔 Dasein 一词上的利弊得失。

我在 30 年前协助陈嘉映教授做《存在与时间》中译时，主要出于汉语译名简明易接受的考虑，我同意并接受了他将 Dasein 译作“此在”的译法。但在这一概念的哲学理解方面，我一直保留有不同的看法。关于这一不同的理解和看法，我在《存在与时间》中译本第一版的《中译者后记》中曾有过这样的表露：“熊伟先生在 60 年代初译本书部分章节时曾把这一术语译作‘亲在’，取‘存在亲临’和‘亲临存在’之义，用心甚为良苦。但‘亲在’一译，在具体的翻译实践和理解过程中常有所不便。现在，我们把它改译为‘此在’，取其‘在此存在’和‘存在在此’之义”。[4]而我在后来关于海德格尔思想的研究性论文，以及其他的译作中，则仍然更倾向于保留熊先生的初译名“亲在”。关于这些，我曾在 1988 年以及 1995 年

---

〔1〕参见黑格尔：《小逻辑》，贺麟译，北京：商务印书馆，1980 年。

〔2〕参见牟宗三：《智的直觉与中国哲学》，北京：中国社会科学出版社，2008 年。

〔3〕据我所知，例如复旦大学的邓安庆、南京大学的方向红、兰州大学的陈春文，还有江苏省社会科学院的陈天庆，等等。

〔4〕参见陈嘉映、王庆节：《中译者后记》，载海德格尔：《存在与时间》附录一，陈嘉映、王庆节译，北京：生活·读书·新知三联书店，1987 年。

分别撰文说明我的理由。[1] 尽管如此，这些年来学界真正的响应者寥寥。[2] 据说传播学有一个传播接受有效性的红线理论，如果说当年熊伟先生提出“亲在”译名时，国人接受和理解海德格尔 Dasein 概念的限度远远超出了这条红线的话，那么，过去 20 多年海德格尔哲学思想在中国的传播广度与研究深度，已让我们有更多的信心，重提“亲在”的译名，或者至少更加认真地思考这个中文译名中可能包含的思想开显性或开启性的含义。

张祥龙对“此在”的译名曾经提出批评。他的批评主要以《存在与时间》第 26 节的一段话为依据。在那里，海德格尔借洪堡关于“da”的语言学史的考察来说明仅仅从地点副词“此”或“彼”来理解德文词“da”的局限性。

海德格尔说：“洪堡（W. V. Humboldt）已经指出有些语言用‘这儿’（hier）表达‘我’，用‘da’表达‘你’，用‘那儿’（dort）表达‘他’，因此这些语言——用文法术语来表达——就是用地点副词来表现人称代词。表达地点的词的源始含义究竟是副词还是代词，这是有争论的。但若注意到地点副词和作为 Dasein 的我有一种关联，这种争论就丧失立足之地了。‘这儿’‘那儿’与‘da’原本都不是对在世内占据空间地点的现成存在者所做的纯粹地点规定，而是此在的源始空间性的性质。这些揣摩出来的地点副词都是 Dasein 的规定；它们首先具有生存论的含义，而没有范畴的含义。它们也不是代词，它们的含义

---

〔1〕参见王庆节：《亲临存在于存在的亲临——试论海德格思想道路的出发点》，载熊伟编：《现象学与海德格》，台北：远流出版公司，1994 年；王庆节：《亲在与中国情怀》，载熊伟：《自由的真谛》，北京：中央编译出版社，1997 年。

〔2〕关于陈嘉映和我关于此概念在汉语译名方面的异同，具体参见陈嘉映：《哲学概念翻译的几个问题》，载《中国现象学与哲学评论》（第 2 辑）上海译文出版社，1999 年。

发生于有地点副词与人称代词的差异之前”。[1]在这里，我们看到，海德格尔一方面同意洪堡，即认为“da”这个德文词的意思不是像某些语言学家认为的那样，依附于某个副词或代词，换句话说，它既不可被限定为“这儿”（我），也不可限定为“那儿”（它），而是在“这儿”与“那儿”“之间”；另一方面，海德格尔进一步借着这个“之间”来做文章，强调这个作为“之间”的“da”具有更原初的“空间性”性质，即“da”是使“这儿”或“那儿”成为可能的生存论境域、根据或基础。

根据海德格尔的这一说法，张祥龙对Dasein的“此在”译名提出两个批评。第一个批评可谓是语言理解上的批评。根据这一批评，“da”在德文中并不特定指关于地点的“这里”，而汉语中的“此”则不然，有非常明显的与作为“那里”的“彼”相对的意思。正因为如此，海德格尔才同意洪堡，认为不能将之或者标明“这儿”（此）或者标明“那儿”（彼），相反，它同时标明两者。而且，这个“da”还应当在更高的层次上来看，它指向那使得“这里”（此）与“那里”（彼）都成为可能的存在“境域”。基于这一理解，张祥龙认为，“海德格尔明确地讲到‘da’的日常含义有‘这里’（此）和‘那里’（彼）的意思。而且，他正是要利用这个词的这种两者兼具的牵挂性来表达‘彼’‘此’之间的相互构成，以显示出一个根本的存在境域”。[2]

与第一个批评相比，第二个批评可称为是哲学理解上的批评。按照张祥龙的说法，由于“此在”这个译名，Dasein与存在之间的“去存在”的活泼泼的生动关联在“此”这个中文词中较少显现，甚至说遭到“抹杀”。“Dasein与存在的那种相互缠结的

---

〔1〕Martin Heidegger, *Sein und Zeit*, *Gesamtausgabe*, Band 2, Frankfurt am Main: Vittorio Klostermann, 1977, S. 119/138-139.

〔2〕参见张祥龙：《“Dasein”的含义与译名（“缘在”）——理解海德格尔〈存在与时间〉的线索》，载《普门学报》2002年第7期。

存在论关系表现为一种在世'时间'上的相互缠结之舞——'作为与……共在的先于自身的已经在……之中'。这一'瞻前忽后'却又一气呵成的结构即是对于'Dasein 总是〔在〕它的可能性〔中〕'这句话的进一步阐明。这个'是'或'〔存〕在'的'可能性'不是发散的，但也不是收敛于逻辑极点（不论它是主体极还是客体极）的；而是缠结在一个存在论的自身发生（缘构）境域（Horizont, Gegend, ereignender Weg）中的。"〔1〕

鉴于上述两个理由，张祥龙正面提出"缘在"的译名。

在我看来，张祥龙的批评大致均可成立，但我们未必就能接受他的结论。首先，让我们来看张祥龙的第一个批评。这个批评针对"da"的语言使用，即"da"在德文中既非"此"，也非"彼"，或者有时是"此"，有时是"彼"；更重要的是，它是使"此"和"彼"都成为可能的那个"之间"和"缘由"。我想说的是，如果仅仅就德文的词法论，"da"在德文中好像只有这段话前半段的意思，至于后半段，大概已经是海德格尔的"解释"。就像海德格尔对哲学史上的许多著名论断和概念做出的"强暴性"解释和翻译一样，海德格尔关于这个"之间"的解释，即使有些道理，但也已是哲学上的"发挥"。所以，尽管"此在"之"此"字在语言层面上也不完全契合德文中的"da"，但真要比较起来，"缘"这个字的选用更像立基于海德格尔的哲学解释。换句话说，"缘"这个字至少在语言层面上并不占优，甚至还不如"此"字。〔2〕正因如此，陈嘉映曾经回应说，可能比较难以想象，在《存在与时间》全书中，我们可以用"缘"来对译"da"。这

〔1〕参见张祥龙：《"Dasein"的含义与译名（"缘在"）——理解海德格尔《存在与时间》的线索》，载《普门学报》2002 年第 7 期。

〔2〕相形之下，汉语中的"亲"字，由于其本义从"至""近"而来，则部分地有着指称"你"的含义，例如现代汉语中有"亲爱的"一词，甚至当前网络微信中还流行着"亲"的称谓都是证明。

话首先是在语言层面上说的，不无道理。这也就是说，如果仅从语言层面说，“此”字似乎要比“缘”字更契合“Dasein”的“da”。而且在我看来，这恰恰是中译名“此在”的最大亮点和优越之处，这也足以解释为何在“此在”之前的几个译名不甚流行，而“此在”一出，天下归心。

张祥龙的第二个批评更多的涉及对海德格尔 Dasein 概念的哲学理解，应该说有相当的道理。祥龙想说的是，Dasein 的这个“da”表明的是一种人的在世生存中的“与存在的相互缠绕着的”动态的存在论—生存论关系。就表达这层动态的相互关联、关涉、缠绕着的存在论—生存论关系来说，“缘”字要比“此”字更加贴切，更加生灵活现，它表明了存在与存在者之间的那层互动生发，而又从中生出诸般因缘的活泼泼的存在论—生存论关系。

尽管“缘在”在传达海德格尔的 Dasein 方面有其独到的神韵，也为不少人所喜爱，但可能部分由于“缘”这个中文字在佛教哲学中浸泡已久的缘故，它似乎从一开始就遮盖了海德格尔的 Dasein 一词中极强的“我”与“存在”的那份独有而又突出的关涉关联关系。佛教的缘起生灭说强调的是众生平等，万法齐一。在这里，“人”作为主体，无论是认知主体还是欲望、行为主体，非但没有任何的优先地位，相反，它恰恰是要被摒弃、否定的东西。我在前面谈到海德格尔哲学的西方形而上学背景时曾经提到过一个观点，即在海德格尔看来，西方自柏拉图、亚里士多德以来，尤其是经过中世纪的基督教哲学的洗礼而产生的近代哲学形而上学，本质上是一个三元结构而非二元结构。在这里，“人”的地位和作用，在基督教哲学中表现出来的就是耶稣基督的道成肉身和三位一体，而在从笛卡尔以来的近代哲学中就是“我思”的“枢纽”或者“拱石”的位置。应该说，海德格尔的《存在与时间》的基本思路，仍然不出这一西方哲学形而上学的传统和道统。它的工作，只是将这一道统推向极端，从而展露出全部西方形而上学思路的界限，这也就为后面的转向，或者用后期的说法，为思想的另一个“开端”准备了方向。而“缘在”的译名，恰恰有可能使我们将 Dasein 对存在**这种特别的关涉**与其他非 Dasein 的众多存在者与存在的关联、关涉混为一谈，从而忽视乃至否认 Dasein 在与存在关联与发问中的优先地位。而这些，应该说正是海德格尔在《存在与时间》一开始时对 Dasein 的诸多“定义”和解释时的重点和要害。“缘在”这个译名由于忽视了人这个特别的存在者与存在的特殊关联和存在发问的优越地位，就可能掩盖或者让我们不容易看出海德格尔的《存在与时间》以及他的 Dasein 与此前的西方哲学形而上学间的密切关联。与此相应也就引出了“缘在”译名的另一个局限，即这样一来，我们很难区分前期海德格尔的核心词“Dasein”与后期核心词“Ereignis”，因为按照祥龙的解释和建议，“Ereignis”应译成“自身的缘构成”或“缘构发生”，这里的思路和“缘在”几乎一致，很难做出分殊。但倘若如此，Dasein 与 Ereignis 岂不成了同一个东西。

应该说，无论“亲在”的“亲”，还是“此在”的“此”，抑或是“缘在”的“缘”，都旨在表达和显现人这个与众不同的存在者与存在的关涉关系。“亲在”是熊伟先生首创的一个译名。大家几乎都承认此词颇得海德格尔 Dasein 的神韵，但似乎很少有人真正谈论过这一神韵究竟何在。在我看来，就语义理解上说，“亲在”与“此在”的最大分别就在于这个词具有“此在”所不具或较少具有的动感和关联感。换句话说，“亲在”就是人的“亲临存在”以及在此关涉活动中“存在的亲临”，它讲的是人和存在之间“亲临”和“亲近”的互动关涉与关联。而“亲在”与“缘在”的最大区别就在于：这种动态的关联与关涉关系不是任一存在者/物与其存在的因缘关系，而首先是作为“我”的人，这一在存在问题发问领会中有着优先地位的存在者，与存在之间的“亲缘”**关系和关涉**。在芸芸众生与世间万物的存在者中，唯有人，距存在最近，所以，关于人，关于Dasein的存在论，被海德格尔在《存在与时间》中称为基础存在论，因为它既基本又初始，所有其他存在者的存在论都要在此基础上和从此基础出发才能得到真正的建立。就这一点上说，海德格尔的《存在与时间》并无超出他所要批判的整个西方哲学形而上学——基督教思想的主线，他在那里所做的只是将这一主线推向极端，从而暴露出这一思想道路的界限，但也在此过程中，有意无意地为接下来的“转向”做出铺垫。

让我们再来看一下“亲”这个汉字在汉语中的语义内涵和用法。归纳地说，这个字大概有下列内涵和用法：（1）据许慎《说文解字》，“亲”，至也。从见，亲声。而“至”意为玄鸟自天而降的过程[1]。这也就解释了“亲”首先是一动态的“亲临”过程。所以，在《易经·文言传》中，我们可以读到这样的辞句：“本乎天者，亲上；本乎地者，亲下。”（2）由“至”“亲”解为“近”，而最近者，无非自己本身，所以“亲”又有“本己”之义。例如我们说“亲自”“亲笔”“亲眼所见”。（3）由“近”“亲”又解为其他相距近的人，即亲属，父母、兄弟、姐妹、妻子、儿女；亲戚，叔、伯、姨、表。这表明“亲近”“亲密”的关系。（4）由此衍生出“亲情”“亲爱”之意，因而具有强烈的情感成分。（5）由“至”“亲”还解为“新”，例如《大学》首句，“大学之道在明明德，在亲民，在止于至善”，其中“亲”被解为“新”，即不断变化与更新、创新之意。考虑到汉

〔1〕见许慎：《说文解字》，北京：中华书局，1963年。“亲”字见第178页下，“至”字见第247页上。

语词“亲”的这些丰富的词义内涵，在考虑到我们前面所论及的海德格尔“Dasein”概念的四个基本特点，我想说，如果我们必须要在汉语词汇中找一个与之相近的词，“亲在”无疑是最好的选择之一。

关于“亲在”译名的缺点，最主要的应该是在具体翻译工作中没有“此在”来的简明扼要。嘉映关于“缘在”译名所指出的弊端，在“亲在”译名这里也都存在。具体可以说有两个方面：第一，《存在与时间》全书以及海德格尔全部著作中凡出现“da”的地方，很难都用“亲”来一一对应地翻译；第二，哲学史上在其他哲学家那里出现的“Dasein”概念也极难用“亲在”翻译。关于这两个缺点，我想可以有两个回应：第一，至于翻译译名和中文词汇之间的对应问题，不仅“缘在”“亲在”有，“此在”也有，也许只是相对地好一些罢了。我自己前几年在翻译《康德与形而上学疑难》以及新近重译《形而上学导论》的过程中，有意识地试验用“亲在”替代“此在”。我发现，在大部分情况下并非不顺，只是有时需将“亲”稍稍调整一下，改为“亲临”，或“亲临到此”“亲临在此”即可。第二，我同意重视一个哲学概念在哲学史、思想史上译名的连续性是思想和哲学翻译中的一个重要原则。但我想补充的是，适用这一连续性原则的情况一般说还应满足两个前提条件。第一是此一概念词在此哲学家那里并无革命性的词义变化，也不是此哲学家那里的核心概念。例如黑格尔也使用Dasein一词，但这一使用与他之前的康德以及其他的德国哲学家并无区别，而且，此词也非黑格尔哲学的核心概念。第二是在此之前，此一概念词乃哲学史上一贯沿用的核心概念词，例如“存在”“真理”“实体”“理念”“本质”“道”“仁”等，因为这些核心概念词，已经构成我们共同的思想、语言传统，在翻译过程中的轻易改变可能造成语言、思想的混乱，故需要特别的慎重。[1]如果我们认可这两个条件的话，那么就可以看出，Dasein情况不太适用上述的翻译原则。Dasein无疑只是海德格尔哲学中最具特色的核心词，它在海德格尔之前，虽然已经存在，但绝谈不上是哲学史上的常用核心概念。换句话说，Dasein之所以受到重视，不是因为海德格尔之前的哲学史中就有人使用它，恰恰相反，正是因为海德格尔的使用，之前哲学史上出现的Dasein一词，才开始为人们关注起来。这种情况甚至有过于康德哲学中的transzendental概念。我们知道，在中世纪哲学中transzendental这一概念的基本含义是"超越"，如果我们不会因为康德而转过头来将中世纪的"超越"改译为"先验"，我们大概也就没有太强的理由一定要保持Dasein一词在哲学史上翻译和理解的一致，特别是这种"一致"会在根本上"有违"或者"扭曲"哲学家使用此词的原初意图。

所以，如果我们将"此在""缘在""亲在"这三个Dasein的汉语译名综合起来考察，就会发现，Dasein的完整含义大概与其中任何一个汉语译名都很难有某种一一对应的关系，无论"此在""缘在"还是"亲在"，单个来看，应当说都各有精彩，但也不无遗憾。因此，如果仅就理解方面而言，过分地强调这三个译名中的任何一种含义大概都是不恰当的，而将三者统合起来，也许可以更好地，或者更贴切地体现海德格尔《存在与时间》中Dasein的真切含义。而从文本翻译的角度来说，虽然"亲在"这一译名在海德格尔思想的汉译史上出现最早，但毋庸讳言，其在汉语思想中"精彩"和"光芒"长期以来似乎为其后出的"兄弟"们遮掩。上述讨论和辨析的一个目的就是希望能为其做点

[1] 这里我们也需要区分思想的原则与翻译的原则。"思想混乱"在某些特定的历史时期和关节点上，可能成为"思想革命"的先导。如果一个革命性的思想家有意识地改变传统思想中核心语词、概念的含义，翻译家们不应扮演"保守者"甚至"卫道士"的角色。

"正名"工作，也期待引发海德格尔汉译学界日后对此概念有更多的"正眼相看"。[1]

〔1〕本文的主要部分起源于2012年12月笔者在香港中文大学举行的"海德格哲学主要著作研究与翻译工作坊"上宣读的论文《从亲临存在（Dasein）到自在起来（Ereignis）——兼谈海德格的思想道路》的第一部分。此部分还曾以《海德格尔的"Dasein"与其三个主要中文译名》为题发表在《中国高校社会科学》2014年第2期上。感谢《中国高校社会科学》同意我保留此文的权利。

基础存在学的先验哲学性质

——从《存在与时间》的一处译文谈起

一 《存在与时间》中译本的一段译文

中文版海德格尔的《存在与时间》是一本影响巨大的哲学书。〔1〕译本初版于1987年，修订重版于1999年。修订版出来以后，我曾专门写了一篇书评，题为《译无止境》，集中议论了"存在学/本体论"（Ontologie）、"烦/操心"（Sorge）和"领会/理解"（Verstehen）等项目，所议却是比较随意的，未必完全跟中译本的具体译文和译法挂起钩来，不过，终究算是做过一次讨论了。〔2〕这一回再议此书，不宜冷饭重炒，而是想

---

* 作者：孙周兴，同济大学哲学系。本文系作者为中国现象学专业委员会、中国人民大学哲学院主办的"现象学与康德哲学研讨会"（2012年11月3—5日，北京）和香港中文大学哲学系主办的"海德格尔翻译研讨会"（2012年12月18—19日，香港）而作。

〔1〕据有关机构统计，"哲学论文引用国外学术著作前10名"之第一名是由本人编译的《海德格尔选集》（两卷本，上海：上海三联书店，1996年），第二名就是《存在与时间》（北京：生活·读书·新知三联书店，1987年）了；因为前者是文选，故就单本著作来说，《存在与时间》无疑占据了影响力排名之首，是被中国哲学学者引用最多的著作。参看苏新宁编：《中国人文社会科学图书学术影响力报告》，北京：中国社会科学出版社，2011年。对哲学和人文学术加以统计自然不免无聊，但至少显示热闹——看来"Heidegger-Fieber"一说不假。在当年没有多少书读的时代，这个《存在与时间》中译本确实曾经迷倒过一代学子。

〔2〕孙周兴：《译无止境》，载《读书》2002年第1期。后收入拙著：《边界上的行者——孙周兴学术随笔》，上海：上海人民出版社，2011年，第44页以下。

从中译本的一处重要译文谈起，对海德格尔“基础存在学”的先验哲学性质问题做一番探讨，其中自然会涉及 transzendental 以及与之相关的 Transzendenz、transzendent 等词语的汉语翻译问题。

在《存在与时间》“导论”中有一段极其重要而又令人费解的话，是海德格尔对自己的哲学路向的基本定位：

> **存在地地道道是** transcendens（**超越者**）。此在存在的超越性是一种与众不同的超越性，因为最彻底的**个体化**的可能性与必然性就在此在存在的超越性之中。存在这种 transcendens 的一切开展都是**超越**的认识。**现象学的真理**（**存在的展开状态**）**乃是** veritas transcendentalis（**超越的真理**）。[1]

这是现有中译本的译法，应该说，是完全没有语法问题的译法。但我的译法则有所不同了，也写在下面：

> **存在绝对是** transcendens〔**超越、超越性、超越者**〕。此在存在的超越/超越性（Transzendenz）是一种别具一格的超越/超越性，因为在其中包含着最彻底的**个体化**的可能性和必然性。对作为 transcendens〔超越、超越性、超越者〕的存在的每一种展开都是**先验的**（transzendental）认识。**现象学的真理**（**存在的展开状态**）**乃是** veritas transcendentalis〔**先验的真理**〕。[2]

〔1〕海德格尔：《存在与时间》，图宾根，1993 年，第 38 页；参看中译本，陈嘉映、王庆节译，北京：生活·读书·新知三联书店，1999 年，第 44—45 页。

〔2〕海德格尔：《存在与时间》，图宾根，1993 年，第 38 页。

两相对照，区别大概仅仅在于德文 transzendental（或拉丁文的 transcendentalis）一词的译法。中译者陈嘉映教授把 transzendental 也译为“超越的”，从而形成“超越的认识”和“超越的真理”之类的说法；而我们则主张，尽管 transzendental 一词确实具有原初的“超越”之义（正因此，海德格尔在上引这段话中多采用了拉丁文的表述），然而，我们仍旧应当把这个 transzendental 译为“先验的”，从而相应地就有“先验的认识”和“先验的真理”的说法。在 1999 年的修订译本中，译者陈嘉映教授在《附录一：一些重要译名的讨论》中，增加了有关 transzendental 和 transzendent 之译法的说明，指出：

> 海德格尔虽是胡塞尔的弟子，却很少在胡塞尔意义上沿用胡塞尔的术语，他完全在中世纪传统意义上使用 Transzendenz 和 transzendental 这些语词，根本不管康德和胡塞尔一系已经赋予 transzendental 以特别含义。为了应付这种复杂的局面，我们在十处把 transzendental 译作“超越的”，但在涉及康德著作的四处则译作“先验的”。transzendent 只出现过两次，看不出与 transzendental 有什么不同，译作“超越的”。[1]

中译者主张把康德的 transzendental 译作“先验的”，而因为海德格尔是在中世纪意义上使用这些语词的，在康德和胡塞尔那里出现的两个形容词 transzendental 和 transzendent 之间的区分在海德格尔那里已经消失了，所以，无论是 transzendental 还是 transzendent，统统要译为“超越的”。必须承认，中译者

〔1〕参看海德格尔：《存在与时间》，中译本，陈嘉映、王庆节译，北京：生活·读书·新知三联书店，1999 年，第 504 页。这是中译者在修订译本中新加的。

的上述说法并非纯然妄断。海德格尔自己就说过，他是按照Transzendenz的本源意义来使用transzendental一词的，而并不十分顾及传统哲学的语言用法，因为这些传统用法颇多歧义，也很不确定。[1]而如若采取所谓本源的、词根的意义，那么，transzendental和transzendent确实都有“超越的”意义。

尽管如此，我们仍然要反对中译者提出的译法。姑且不论把出现在不同思想家文本中、不同语境里的同一个术语译成不同的词语是否妥当，这里我们可以向中译者提出两个问题：其一，海德格尔的transzendental用法真的完全不同于康德和胡塞尔的用法吗？其二，在海德格尔那里，甚至在《存在与时间》中，transzendental与transzendent真的没有区别，以至于我们可以把它们等同起来，统一译为“超越的”吗？

对于这两个问题，我的回答却是否定的。

海德格尔曾经在20世纪40年代对形而上学做过如下规定：“形而上学通过先验地—超验地超出存在者来思考存在者”。[2]所谓“先验地—超验地”原文为transzendental-transzendent，是用连字符号连结的transzendental和transzendent。仅此一句恐怕就足以否定中译者上面的主张了——难道我们竟然可以把其中的“transzendental-transzendent”一说译为“超越地—超越地”吗？[3]

也可能有人会说，这是后期海德格尔（1930年以后）的用

[1] 参看海德格尔：《现象学的基本问题》，《全集》第24卷，克劳斯特曼出版社，1997年第3版，第423页；参看中译本，丁耘译，上海：上海译文出版社，2008年，第408页。

[2] 海德格尔：《尼采》下卷，斯图加特，1998年，第315页；中译本，孙周兴译，北京：商务印书馆，2010年，第1044页。

[3] 另外一些学者如王炳文、倪梁康、王庆节等主张把transzendental译为“超越论的”。至少在海德格尔这里，这种译法也同样是不可取的。关于此点，可参看孙周兴：《超越·先验·超验》，载拙著：《后哲学的哲学问题》，北京：商务印书馆，2009年，第20页以下。

法和说辞，兴许以《存在与时间》为代表的前期海德格尔并没有这样来使用 transzendental 和 transzendent 呢？——是这样吗？当然不是！以海德格尔在表达方面出名的谨慎和节约，他还不至于在哲学基本词语（而非海氏专用词语）的使用上面发生如此混乱。但这样说来，我们固然还没有提供出坚实的理由，根本还在于思想的实情。

二　基础存在学的路径：以实存证本质

就《存在与时间》而言，海德格尔思想的宗旨和路径已经表达在我们上面引用过的那段话中了。海德格尔说：“**存在绝对是 transcendens〔超越、超越性、超越者〕**。此在存在的超越/超越性（Transzendenz）是一种别具一格的超越/超越性，因为在其中包含着最彻底的**个体化**的可能性和必然性。”

海德格尔在说什么呢？《存在与时间》到底想做什么，怎么做的？

顾名思义，《存在与时间》要讨论“存在”与“时间”。在该书第 39 页上介绍“构思”时，作者说本书分为“两部”，第一部“依时间性阐释此在，解说时间之为存在问题的先验境域”[1]，第二部“依时间状态问题为指导线索对存在学历史进行现象学解构的纲要”。第一部又分三篇，其一为“准备性的此在基础分析”，其二为“此在与时间性”，其三为“时间与存在”；而第二部也分三篇，分别要讨论亚里士多德、笛卡尔和康德。思路很清楚，第

〔1〕中译者在修订译本（1999 年）中把其中的“先验境域”（transzendentaler Horizont）译为“超越的视野”，在 1987 年第一版中则完全是另一种译法，为“超越境域”。而在我看来，无论“超越的视野”还是“超越境域”，都不是合适的译法。

一部是“建构”，从“此在”入“存在”；第二部则是“解构”，解析哲学史（存在学 / 本体论的历史）。[1]但我们知道，这个计划未能完成，仅写出第一部的前面二篇，更遑论第二部了——按照海德格尔的计划和架势，本来应该有皇皇两大卷的。[2]

前面说了，《存在与时间》第一部三篇只完成了前两篇，一是“准备性的此在基础分析”，二是“此在与时间性”，因此其实只是做了“此在分析”（Daseinsanalyse）的工作。此在的存在是“实存”（Existenz），所以“此在分析”也被叫作“实存论分析”，我们也可以把它称为“此在实存论分析”。海德格尔进一步的说法是：“此在分析”（“此在的存在学”）是“基础存在学”。

意思很明确：要谈“存在”和“存在学 / 本体论”，“此在”是基础，或者说是出发点。

这个想法有什么稀奇的吗？当然有。这其实是一个具有革命性意义的想法。欧洲近代哲学史（形而上学史）上尚未见有如此的想法和做法。为何这么说呢？近代以来的形而上学向来习惯于以存在学的方式（哲学方式）论证个体实存和上帝此在 / 实存，就是说，总是以“本质”证“实存”——以“存在 / 本质普遍性”证“此在 / 个体实存”，而鲜见倒过来的想法和做法。康德看到了这种做法的危害，指出上帝此在是不可能以存在学 / 本体论方式来推论和证明的，但他也只是设立了二元分裂，而未能深入到

〔1〕顺便指出，通常学问的做法是先“解构”后“建构”，总归得把前人、他人的观点和学说“破”掉，再来“立”自己的。但海德格尔在《存在与时间》里的构思却是倒着来的，他要先“建构”后“解构”。为何如此？

〔2〕当然，如果考虑到海德格尔在讲座《现象学的基本问题》和《康德与形而上学问题》等书中对亚里士多德、笛卡尔和康德哲学的解构工作，则《存在与时间》所预设的任务当中，真正未完成的只是第一部的第三篇“时间与存在”。于是我们可以设问：这个计划中未完成的“时间与存在”与海德格尔 20 世纪 60 年代做的演讲“时间与存在”是什么关系？这恐怕是涉及海德格尔前、后期思想转变的大课题了。

"实存"面上展开重构。尼采已明见了存在学和神学的双重崩溃，但同样未达到严格学理意义上的重新构造〔1〕。明确地想为存在学寻求一个此在分析/实存论分析的基础，而且做得有模有样的，在19世纪中期以来的欧洲现代思想史上，海德格尔算是第一人。其时、其后从者甚众，成就了20世纪上半叶蔚为大观的存在学运动。

我们知道，"存在学/本体论"（Ontologie）一直都是冷门学问，虽然从内容上讲，自古就有、自希腊就有"存在学"。每个哲学家都会有存在学的探讨和言说，但专题性的研究却一直不在多数。唯到了20世纪上半叶，突然间出现了许多哲学家，诸如海德格尔、尼古拉·哈特曼、萨特尔、茵伽登等，纷纷来讨论存在学。我不愿说这完全是海德格尔的推动之功，因为时代性的哲思情调和风气可能是更为重要的；不过，无论就成就还是就影响来说，海德格尔都是这场存在学重建运动的关键人物。

如果往更广、更深处说，那么，我们所谓以"实存"证"本质/存在"，意思就是以"个体性"证"普遍性"，这自然是对西方哲学"柏拉图主义"主流传统的一个扭转和反动。在欧洲思想史上，亚里士多德坚持个体（tode ti）之"在场"（ousia）的优先性以及个体"实现"（energeia）在哲思中的中心地位，以之为出发点；但亚里士多德的立场也总归动摇，特别是他的"范畴理论"使之最终重新倒向了柏拉图式的先验—本质追问，即以"普遍"证"个体"的哲学路向。所以，正如海德格尔在《存在与时间》中指出的：

> 存在的"普遍性"**"超逾"**一切种属上的普遍性。按照

〔1〕即使按海德格尔的尼采阐释，尼采后期是在构造一个形而上学体系，但显然这是一项未竟的事业。

中世纪存在学的名称来讲，“存在”是一种“transzendens”〔超越、超越性、超越者〕。这种先验“普遍者”的统一性相对于实质的最高种属概念的多样性，被亚里士多德认作**类比的统一性**（Einheit der Analogie）。不管亚里士多德多么依赖于柏拉图的存在学问题提法，以这样一种揭示，他已经把存在问题置于一个原则上全新的基地上了。诚然，连亚里士多德也没有澄清这些范畴联系的晦暗之处。[1]

在海德格尔看来，亚里士多德在这里已经区分了“类比的统一性”（先验普遍者的统一性）[2]与“最高种属概念的多样性”，实际上就是区分了存在问题的两个追问路向：即先验存在学的普遍者—本质之追问与超验神学的至高者—实存之追问。

而当海德格尔在《存在与时间》中宣称“**存在绝对是**transcendens〔**超越、超越性、超越者**〕。此在存在的超越/超越性（Transzendenz）是一种别具一格的超越/超越性，因为在其中包含着最彻底的**个体化**的可能性和必然性”时，他已经为自己的哲学做了一个定位：唯通过包含着最彻底的个体化之可能性和必然性的此在存在的超越/超越性，作为“超越、超越性、超越者”的存在才是可通达的。显然，在这里，海德格尔终于把存在学置于一个全新的基地上了。

如是看来，我们就可以说，前期海德格尔的哲思进路具有亚里士多德式的开端和起点，试图从人的“实存”（Existenz）和

〔1〕海德格尔：《存在与时间》，图宾根，1993年，第3页；参看中译本，陈嘉映、王庆节译，北京：生活·读书·新知三联书店，1999年，第4页。中译本在此也把海德格尔所谓的“先验普遍者”（das transzendental Allgemeine）译为“超越的普遍者”，不妥。

〔2〕亚里士多德在其范畴论中主张，除ousia之外的其他范畴因为都与核心范畴ousia相关而具有一种非种类意义上的统一性，这种统一性被叫作“类比的统一性”（Einheit der Analogie），海德格尔进一步把它释为“先验普遍者的统一性”。

"此在"（Dasein）入手重构存在学，达到存在学的"先验的认识"；也就是说，海德格尔试图通过"实存 / 此在"之间而通达"本质 / 普遍性"之间。[1]简言之，起点是实存论的，目标却是存在学的，而就其哲思目标而言，前期海德格尔哲学依然具有先验哲学的意义和指向。

三　基础存在学是一种先验哲学

按前述中译者的看法，《存在与时间》中的海德格尔完全未顾及，或者说放弃了康德对 transzendental 的赋义和胡塞尔的 transzendental 的用法。然而，美国哲学家科克尔曼斯的主张恰好相反，在后者看来，1930 年以前的海德格尔关注康德、胡塞尔哲学中的"先验哲学开端"，在《存在与时间》最初几节里，海德格尔试图按照"先验哲学"的基本问题来系统地表述自己的立场，虽然在后面的讨论中，"先验问题"显得并不那么明确了，但"先验问题"仍然是"关于存在的意义问题"这个表述最终所指的问题之一。[2]进一步，科克尔曼斯甚至认为，海德格尔的主要关心是要以"一种先验的存在学"代替康德学派和新康德学派的先验逻辑。[3]

我们完全赞同科克尔曼斯的观点，因为他的观点是合乎海德格尔前期哲思的原意的。海德格尔自己明确地指出："先验哲

〔1〕现在我们完全可以理解，前期海德格尔对亚里士多德的关注远甚于对柏拉图的关注。进一步，我们差不多可以说，胡塞尔与海德格尔之间，几乎重演了柏拉图与亚里士多德之间的老故事。

〔2〕科克尔曼斯：《海德格尔的〈存在与时间〉》，中译本，陈小文、李超杰等译，北京：商务印书馆，1996 年，第 54—55 页。

〔3〕同上书，第 57 页。

学”无非是表示存在学/本体论的“另一种称法”。[1]对全部存在者领域的存在学规定本身就是一项“先验哲学”的任务。再者，在海德格尔的“基础存在学”意义上，所谓“超越/超越性”（Transzendenz）就是一种对于人类此在的本质规定，此在的“超越”乃是“超出自身而朝向存在者之存在”。因此我们就可以同意，在海德格尔那里，所谓“先验的”（transzendental）意义就在于：人类把自身的世界态度（Welt-Einstellung）课题化的可能性。[2]

科克尔曼斯还把海德格尔那里的“先验”问题与存在学差异/本体论差异概念联系在一起，认为海氏区分了“范畴—存在学的差异”与“先验—存在学的差异”，前者即存在者（on）与其存在状态（ousia）之间的差异，后者则是存在本身（存在的意义、存在之真理）与存在者之存在状态（ousia）之间的差异。[3]简而言之，科克尔曼斯所谓“范畴—存在学的差异”就是一般所理解的存在与存在者的差异，这种差异显然是在存在（者）状态上的（ontisch），而对海德格尔来说，更为重要的是存在者之存在与存在本身的差异，后者才是真正的存在学意义上的（ontologisch）。[4]

---

〔1〕海德格尔：《康德〈纯粹理性批判〉的现象学阐释》，《全集》第25卷，美茵法兰克福，1977年，第58页。

〔2〕参看《哲学历史辞典》第10卷，“先验的”（transzendental）条目，巴塞尔，1998年，第1416页。

〔3〕科克尔曼斯：《海德格尔的〈存在与时间〉》，中译本，陈小文、李超杰等译，北京：商务印书馆，1996年，第59页。

〔4〕人们经常太轻松地把存在学差异/本体论差异了解为存在者与存在的差异，同时在此意义上理解海德格尔所谓的“存在之被遗忘状态”。实际上传统哲学和科学都在处理和讨论这个意义上的差异。然而，海德格尔自己却明言：存在学差异的根本在于存在（存在者之存在）与存在本身（存在之意义、作为存在的存在、存在之真理）的差异。参看海德格尔：《在通向语言的途中》，《全集》第12卷，美茵法兰克福，1985年，第104页；中译本，孙周兴译，北京：商务印书馆，2005年，第107页。

科克尔曼斯所谓的“一种先验的存在学”，其实就是我们在前面的讨论中所指出的海德格尔以实存证本质的此在存在学路径。在《现象学的基本问题》中，海德格尔本人也把这种存在学称为“先验科学”，并且确实认为他的“先验的”概念有别于康德：“我们可把关于存在的科学称为批判科学甚至先验科学（transzendentale Wissenschaft）。此间我们并未立即采用康德‘先验的’（transzendental）这一概念，而是采用了这个概念的本源意义以及那本真的、也许对康德隐藏起来的深意。”[1]

海德格尔这里所谓的 transzendental 的本源意义是什么呢？当然是指它的拉丁语意义，是与动词 transcendere〔超越、超逾〕相关的意义，故可以把 transzendental 译为“超越的”，而不至于把它弄成“超越论的”（像目前学界一些学者主张的那样）。就此而言，《存在与时间》中译者把 transzendental 译为“超越的”倒是对头的了，是可以成立的，但却没有与 transzendent 区别开来；况且，关键恐怕仍在于：不同哲人对同一个概念的不同赋义，是我们在字面上把这同一个概念翻译成不同词语的理由吗？

为何存在学 / 本体论可以被称为“先验的”（transzendental）呢？我们的回答是：只有存在学才真正地可以被称为“先验的”，因为存在学指向一个“形式—本质＝普遍”的领域，或者说，指向一个“形式在先”意义上的“超越领域”。在此意义上，海德格尔自然也可以把希腊的存在学、康德的先验哲学，甚至于胡塞尔的形式存在学，统统都理解为“先验的存在学”。

---

〔1〕海德格尔：《现象学的基本问题》，《全集》第 24 卷，克劳斯特曼出版社，1997 年第 3 版，第 23 页；参看中译本，丁耘译，上海：上海译文出版社，2008 年，第 19—20 页。该书中译者在此也与《存在与时间》中译本一样，采用了区别的译法，即把康德那儿的 transzendental 译为“先验的”，而别处的 transzendental 译为“超越论的”。

四　关键在于如何理解前理论的形式因素

要弄清楚基础存在学的先验哲学性质，关键还在于理解以《存在与时间》为标志性成果的前期海德格尔的思想动机/动因（Motive）。这个思想动机/动因，我愿意把它表达为：如何理解/通达前理论的“形式因素”？

这就需要从海德格尔早期弗莱堡时期的哲思谈起。海德格尔认为，胡塞尔在方法面上有效地区分了“形式化”和“总体化”，但依然停留在理论化的“形式存在学”的层面上，从而不可能真正地理解“形式的东西”或“形式因素”（das Formale）本身，因为后者起源于“前理论的原东西”，不是理论化的思维能够达到的。海德格尔说：“形式因素的起源在于关联意义。”[1]而这种“关联意义”只有在其“实行”（Vollzug）中显示出来。所以，与“形式存在学”相区别，海德格尔提出了“形式因素的现象学”，后者是“对形式因素本身的原始考察以及对在其实行范围内的关联意义的阐明”[2]。

在字面上，海德格尔所谓“形式因素的现象学”（Phänomenologie des Formalen）其实也完全可以被译为“形式现象学”。但在海德格尔这里，“形式/形式因素”（das Formale）并不是指理论化—形式化思维的“形式—本质”意义上的普遍性，即海德格尔所谓“对象性的形式逻辑的东西”（gegenst formallogisches Etwas），而是指向前理论的“原—东西”（Uretwas），即那个尚未被差异化的、还不是世界性的“生命/存在领域”，以及前理

〔1〕海德格尔：《宗教生活现象学》，《全集》第60卷，美茵法兰克福，1995年，第59页。

〔2〕海德格尔：《宗教生活现象学》，第62页。有关这方面的详细论述，可参看孙周兴：《形式显示的现象学》，载拙著：《后哲学的哲学问题》，北京：商务印书馆，2009年，第231页以下。

论的“世界性质的东西”（welthaftes Etwas），即“特定体验领域的基本要素”，“真正的体验世界”[1]。我们甚至可以说，海德格尔的“形式/形式因素”（das Formale）指的是前理论、前形式思维的东西，如果说它也是一种普遍性，那也是另一种意义上的“普遍意义”或“共同意义”。毕竟，思想不同于文艺，思想的诉求不可碎片和散乱。

令海德格尔无比纠结的难题是：前理论的生命/存在领域和生命体验世界具有个体化、变动不居（运动性）、非实体化的特性，那么，哲思如何可能通达之？1919年后，海德格尔以他所谓“形式显示的现象学”进行了艰苦的尝试，首先是在早期弗莱堡时期的讲座中，海氏通过对胡塞尔现象学的接受和改造，做了一种对生命体验领域的“形式的东西”——普遍意义——的理解和解释，进而在《存在与时间》中达到了一种成熟稳定的，因而也在一定程度上失去了原初激情和活力的哲思构造，即所谓“此在存在学”或者“实存论存在学”的路径。在《存在与时间》中，海德格尔也把这种普遍的“形式的东西”称为“本质性的结构”：“我们就日常状态清理出来的不应是任意的和偶然的结构，而应该是本质性的结构；这种本质性的结构在实际此在的任何存在方式中都保持自身为规定着存在的结构。”[2]

这才有了《存在与时间》导论中的说法：“**存在绝对是**transcendens〔**超越、超越性、超越者**〕。此在存在的超越/超越性（Transzendenz）是一种别具一格的超越/超越性，因为在其中包含着最彻底的**个体化**的可能性和必然性。”

---

〔1〕有关海德格尔这里所做的区分，详见孙周兴：《形式显示的现象学》，载拙著《后哲学的哲学问题》，北京：商务印书馆，2009年，第234—239页。

〔2〕海德格尔：《存在与时间》，德文版，第16—17页；中译本，第20页（译文有异）。

在指出“存在绝对是超越/超越性”之后，海德格尔接着强调别具一格的“此在存在的超越/超越性”。怎么来理解此在存在的超越/超越性以及与此相关的“先验的认识”呢？我们必须联系到海德格尔的“世界”概念。海德格尔把“世界”理解为一个“先验”概念。在他看来，此在之存在是“实存”（Existenz），“实存”乃是一种“超越”，此在的“超越”是“在世界之中存在”，“世界”被理解为此在存在（作为“超越”的“实存”）的形式结构，就此而言它具有“先验性”。海德格尔写道：“我们把此在本身进行超越的何所往称为世界，现在并且把超越规定为‘在世界之中存在’。世界乃是超越的统一结构；作为超越所包含的东西，世界概念被叫作一个先验的概念。以这一术语，我们命名的是一切本质上属于超越并从超越中获得其内在可能性的东西。而且只是因此之故，对超越的揭示和解释才堪称一种‘先验的’探讨。”[1]

我们知道，在把此在之存在规定为“在世界之中存在”之后（此在的准备性分析），海德格尔在《存在与时间》第一部第一篇中要进一步阐释此在存在的意义，即“时间性”，从而完成第一部“依时间性阐释此在，解说时间之为存在意义问题的先验境域”。到这一步，前一篇里所阐发的此在存在的形式结构都基于“时间性”而得到了重新阐释。撇开细部的讨论不说，“在世”现象就在“时间性”意义上得到了重解。海德格尔说：“世界之可能性的实存论—时间性条件在于：时间性作为绽出的统一性具有一个境域这样的东西。”[2]这个时间境域被叫作“先验境域”

〔1〕海德格尔：《论根据的本质》，载《路标》，中译本，孙周兴译，北京：商务印书馆，2000年，第161—162页。科克尔曼斯指出：正是超越这一概念最终决定着这一研究的先验特征。参看科克尔曼斯：《海德格尔的〈存在与时间〉》，中译本，陈小文、李超杰等译，北京：商务印书馆，1996年，第109页。

〔2〕海德格尔：《存在与时间》，第365页；中译本，第414页。

(transzendentaler Horizont)。

在此上下文中，海德格尔有一句话使用了“超验的”(transzendent) 一词，却是容易让人误解的。海德格尔说：“由于世界奠基于绽出的时间性的境域统一性中，所以世界是超验的。”[1]这里的问题是：海德格尔为何在这里说“世界”是“超验的”(transzendent)，而没有说“世界”是“先验的”(transzendental)？此说难道不是与前述的“世界概念”是“先验的概念”相矛盾或者不相一致吗？

我们认为，海德格尔这里的 transzendent 用法虽然有歧义，但并非不可解释，甚至倒可能是适当的用法。就世界作为此在之超越的统一结构而言，世界概念是“先验的”，用海德格尔的话来说，是从属于“超越”并且从“超越”中获得内在可能性。而此在烦忙于物，把现成事物课题化，甚至以客观化方式揭示事物，这些都必须“已经把世界设为前提”了，就此而言，世界是“超验的”。需要注意的是，海德格尔正在从这个角度批判了主客对立的知识学模式，化解了所谓“主体如何切中客体”这样一个胡塞尔式的问题；海德格尔给出一个形象的说法：“无论一个客体能如何‘在外’，世界都要‘更在其外’。”[2]这个“更在其外”的世界就可以说是“超验的”。

五　余论：关于 transzendental 的汉译

最后让我们来对围绕 transzendental 的译名之争发表一个总

〔1〕海德格尔：《存在与时间》，第 366 页；中译本，第 415 页。中译本译作“超越的”。

〔2〕同上书，第 366 页；中译本，第 415 页。

体看法。[1]前文大约已经揭示了海德格尔基础存在学的先验哲学性质，从而也达到了这样一点认识：至少就海德格尔《存在与时间》的语境而言，把 transzendental 译为“先验的”是更为合适、更能达义的。一般地讲，何以我们既要反对像《存在与时间》中译者那样把 transzendental 与 transzendent 一并译成“超越的”，也要反对像其他一些学者（如倪梁康、王炳文、王庆节等）那样把 transzendental 译为“超越论的”，而主张仍旧维持旧译之一种，即把 transzendental 译为“先验的”，把 transzendent 译为“超验的”？我愿意陈述主要理由如下：

其一，从词源上讲，transzendental 与 transzendent 都与拉丁语的 transcendere〔超越、超逾〕相关，因此二者原则上都可以译为“超越的”，但欧洲近代以来的大多数哲学家对二者做了分别的理解和使用，故我们还不能打混仗，仍有必要把二者区分开来，即不能把 transzendental 与 transzendent 一概译为“超越的”。

其二，在近代以来大多数哲学家的用法中，transzendental 与 transzendent 并不构成一对对立概念，而是两个并列的概念：与 transzendental 相对立的概念是 empirisch（经验的），而与 transzendent 相对立的概念是 immanent（内在的）。[2]——据此可以反对把 transzendental 译为“超越论的”的做法，即不能把 transzendental 与 transzendent 汉译为“超越论的”与“超越的”。

其三，不同哲学家当然会对 transzendental 做不同的解释和赋义，但这并不能构成理由，让我们以不同词语（多个词语）来

---

〔1〕主要可参看孙周兴：《后哲学的哲学问题》，北京：商务印书馆，2009 年，特别是第一编“形而上学的基本问题”；现在也可参看孙周兴：《存在与超越：西哲汉译的困境及其语言哲学意蕴》，载《中国社会科学》2012 年第 9 期，第 28 页以下。

〔2〕参看弗里德里希·基希讷等编：《哲学概念辞典》，“先验的”（transzendental）条目，汉堡，1998 年，第 671—672 页。

翻译它，也就是说，“解释义”不能代替“字面义”，翻译须遵守“字面义优先”的原则，不然势必会造成混乱。好比说，不同哲学家会对 Sein 有不同的理解和解释，我们就得以不同词语译之？不同哲学家会对 Humanismus 有不同的理解和解释，我们就得以不同词语译之？不同哲学家甚至也会对 Menschheit 有不同的理解和解释，我们也得以不同词语译之？又比如说，在同一本著作或同一语境中出现了康德的 transzendental 与海德格尔的 transzendental，像《存在与时间》中译者以及其他一些译者所处理的那样，分别把它们译为“先验的”和“超越的”或“超越论的”，难道不是一种不当的、让人糊涂的做法吗？

其四，在通常情形下，transzendental 是在知识学和存在学意义上被使用的，具有“形式普遍性”和“形式在先”的意义指向，而 transzendent 则是在个体实存论和神学意义上被使用的，具有“实质个体性的超逾”和“等级在先”的意义指向。就此而言，把 transzendental 与 transzendent 译为“先验的”和“超验的”是可以成立的，至少是可接受的——虽然也未必就是一个最佳的译名方案。

关于“Hermeneutik”的译名问题

——由《存在与时间》中文修订版对此词的改译所想到的

10年前，我曾在一篇长文中做过一个初步统计，“Hermeneutik”进入大陆汉语学术界后有四种译法：“解释学”“诠释学”“释义学”和“阐释学”，就其使用的广泛程度来讲依次递减〔1〕，当然这有一种先入为主的翻译的原因在里面。〔2〕今天，“释义学”用的人很少，“阐释学”主要用于文艺或美学领域，也少，而用“诠释学”的人有上升趋势，这同样与翻译的影响分不开，因为伽达默尔的主要著作《真理与方法》的译者洪汉鼎先生将“Hermeneutik”翻成了“诠释学”，当然港台学者一般也将这个词译作“诠释学”，除了极少数人外。可能受此影响，海德格尔《存在与时间》中文修订版将第1版的“解释学”改译成了“诠释学”。就字面上看，译“解释学”和“诠释学”差别不大，本来“诠释”也就是“解释”“说明”的意思，〔3〕只是“解释学”显得通俗一些，“诠释学”显得古雅一些，并且让人更多联想到

* 作者：何卫平，华中科技大学哲学系。

〔1〕参见何卫平：《西方解释学在中国的传播及效应——从1979年到2002年》，载洪汉鼎主编，《中国诠释学》第1辑，济南：山东人民出版社，2003年，第211页以下。

〔2〕《中国大百科全书》第1版（1987年）和简明版（1995年）中这个词条都译的是“解释学”。

〔3〕参见《现代汉语词典》（第5版），中国社会科学院语言研究所词典编辑室编，北京：商务印书馆，2005年，第1132页。

经典文本的诠注、释义。不过就其内在的意义看，还是有所不同的。西方的“Hermeneutik”这个词是在近代才确立下来的，就其古往今来的源流发展来看，背景和意义更复杂。因此，相对“诠释学”“释义学”“阐释学”，[1]我认为将其译成“解释学”更好。这里所谓的“更好”系指它具有更大的弹性和适应性，具有更大的公约数，而其他几种翻译（包括“诠释学”）虽不能说错，也不能说不好，但弹性力不够，宽度不够，其具体理由陈述如下。

一　从词源学和近代形成的角度看

众所周知，中国古典解释学扎根于深厚的注经、训诂的传统和实践，它源远流长：萌芽于春秋战国时代，确立于两汉时期，在魏晋玄学、宋明理学和清代朴学（实学）中进一步发展、丰富和成熟。它始终伴随着经学，强调的是释经的方法或技艺，在解释目的上，主张探求经典中先圣的“元意”（这种“元意”被视为天地人伦之理）；在解释形式上，以注疏集解为主。它在一系列儒家观点中得到典型的表征，如“述而不作”“温故而知新”“以意逆志”“知人论世”“经世致用”“六经责我开生面”等，可以说，一部中国思想史就是一部文化经典的解释史，[2]尤其是儒家经典的解释史，这种古典的诠释让人更多联想到的是小学和微言大义之类。然而，西方的解释学发展传统与中国不太一样，它的背景和源流似乎更复杂一些，比如说，逻辑学的

---

〔1〕因为国内哲学圈子基本不用“阐释学”，所以本文后面就不再提它了。

〔2〕参见周光庆：《中国古典解释学导论》，北京：中华书局，2002 年，第 129、102、107 页。

影响、修辞学的影响、哲学的影响、宗教的影响，等等。总体来看，中国的解释学文本的传统很重，西方解释学虽然有这个方面（例如怀特海说：整个西方哲学史只不过是柏拉图著作的注脚），但又不完全，似乎不像中国那么单纯，就语义场来看，用“诠释学”很难涵盖“Hermeneutik”含义的复杂性。

我们知道，西方的“Hermeneutik”（hermenutics）在词源学上具有神话的源头和世俗的源头。前者与词根“Hermes”（赫尔墨斯）有关；后者与前者有关并引申为“表达”“解释”和“翻译”（转换）的意思。“Hermeneutik”的神话源头可以追溯到荷马史诗中对“赫尔墨斯”的描述，它是神的信使，来往穿梭于神人之间，向人传达、宣告神的消息或信息，这中间需要进行转换——解释和翻译，因为神的语言不能直接为世俗的人理解。当然这个源头受到了来自西方现代语文学研究的攻击，并非定论，[1]但人们宁愿相信，无论海德格尔，还是伽达默尔都这样讲。[2]这个隐喻强调了“解释”乃是从一个世界向另一个世界的转换，即从一个陌生的语言世界向一个自己所属的熟悉的语言世界转换。简言之，解释乃是化陌生为熟悉，使理解者和被理解者之间的距离拉近乃至消除，伽达默尔晚期提到了“时间距离”“文化距离”“阶级距离”“种族距离”“个人距离”，[3]等等，都属于他后来表达的“解释距离”，[4]这比《真理与方法》第1卷

〔1〕参见伽达默尔：《诠释学II：真理与方法》，洪汉鼎译，北京：商务印书馆，2007年，第109页、第354—355页。

〔2〕参见海德格尔：《存在论：实际性的解释学》，何卫平译，北京：人民出版社，2009年，第9页。另参见伽达默尔《诠释学II：真理与方法》，洪汉鼎译，北京：商务印书馆，2007年，第109页、第354—355页。

〔3〕参见伽达默尔：《诠释学II：真理与方法》，洪汉鼎译，北京：商务印书馆，2007年，第131页。

〔4〕参见帕特里夏·奥坦伯德·约翰逊：《伽达默尔》，何卫平译，北京：中华书局，2009年，第39页。

中仅给出的“时间距离”的意义更加宽泛、更加丰富，解释学就是克服这种距离，达到视域融合，解释学的神话源头就隐含了这个方面的意思，它强调了中介、转换的作用。

至于世俗源头可以追溯到柏拉图和亚里士多德。柏拉图的《政治家篇》《依庇诺米篇》《伊安篇》《法律篇》等就涉及这个词的基本意思：“猜想”“预测”“占卜”……并强调它与语言的联系，如柏拉图在《克拉底鲁篇》中借苏格拉底之口讲，“赫尔墨斯这个名字必定与语言有关，表示它是一个解释者，或者信使、贼、骗子、讨价还价者，所有诸如此类的事情都与语言有极大的关系”。[1] 再就是亚里士多德《工具论》中的《解释篇》，《解释篇》中的“解释”带有纯认知的意义，与陈述逻辑有关。亚里士多德的《解释篇》（Peri hermeneias）译成拉丁文就是“De interpretatione”，其中的“解释”（hermeneias）对应的拉丁文就是“interpretatione”，可见，今天的“Hermeneutik”与“interpretation”有着共同的词源。[2] 有的德文版的亚里士多德《工具论》就直接将《解释篇》译成“Hermeneutik”。

我们知道，西方的“解释学”一词是由17世纪斯特拉斯堡的新教神学家丹豪尔首次提出来的，在此之前，按照伽达默尔的高足让·格朗丹的说法，有解释的理论，而无解释学。至少，在近代方法论主导下产生的“解释学”之前，这个概念是模糊的，没有形成一门像逻辑学、修辞学、辩证法、语法学那样明确的学科。丹豪尔第一次使用“解释学”这个术语时，是以拉丁文的形式“hermeneutica”出现的，转换成德文就是“Hermeneutik”，

---

〔1〕柏拉图：《柏拉图全集》第2卷，王晓朝译，北京：人民出版社，2003年，第91页。

〔2〕不少人为了区别“Hermeneutik”与“interpretation”，将前者译成“诠释学”，将后者译成“解释”，这显然是不了解它们之间的这种词源关系所造成的。

从此以后，“解释学”作为一门学科才逐步确立起来。[1]在随后的几个世纪解释学文献大量出现，一直发展到今天。

尽管西方“解释学”的词源可以追溯到古代，但它作为一个术语和学科的诞生却是在近代，这主要有两个背景：认识论—方法论哲学和宗教改革的推动。前者只是解释学产生的必要条件，但不是充分条件，更不是基础条件，基础条件是德国的宗教改革，[2]否则我们就没法理解在近代为什么认识论—方法论研究率先发展起来的英国、法国、荷兰没有产生解释学，却偏偏产生在德国。的确，现代意义的解释学是伴随着新教和旧教的斗争而产生的，可以说，宗教改革是解释理论发展的一个分水岭，它开始真正走向了成熟。新教由“唯有圣经”引出圣经解释上的自明性原则和自解性原则。而特伦托宗教会议（1545—1563年）是西方解释学史上的一个重要的“事件”，它代表了天主教会对宗教改革的正式回应，包括对新教解释学的回应。会议反对新教的“唯有圣经”的口号，重新确认天主教的释经传统的权威地位。之后基督教产生了两个明确的释经方向：一个是旧教的；一个是新教的。[3]新教认为，只有一个权威，那就是圣经，圣经是自明的；而天主教则认为有两个权威：一个是圣经，另一个是教会。圣经不是自明的，而是晦涩的，解经离不开教会的训导和传统的帮助。新教为了维护圣经的自解释性原则发展出了解释学。这个方面的工作主要是由梅莱希顿及其学生弗拉希乌斯开始的，他们甚至在丹豪尔的“解释学”（hermeneutica/Hermeneutik）这个术语还未出现时就迈出了关键性的步子。后来的伽达默尔一方面强

---

〔1〕参见伽达默尔：《诠释学II：真理与方法》，洪汉鼎译，北京：商务印书馆，2007年，第109、351—353、111页。

〔2〕同上书，第111、332、357页。

〔3〕参见威廉·克莱因等：《基道释经手册》，邵樟平等译，香港：基道出版社，2004年，第58—59页。

调任何理解都是自我理解，另一方面又强调任何理解都离不开传统，在这种意义上，他的解释学可视为旧教解释学和新教解释学两个倾向的辩证综合，虽然对此他不一定明确意识到。

向来对西方解释学史的理解有两条线：一条是修辞学的传统；一条是逻辑学的传统。前者以施莱尔马赫、狄尔泰、海德格尔、布尔特曼、伽达默尔为代表，后者以丹豪尔和耶格（与伽达默尔同时代的学者）为代表。它们体现了不同的解释学史观，但都有一定的文本根据，而且伽达默尔并不否定后者也是一种可能性。[1]事实上，诞生于近代的解释学确有一个从逻辑学上追溯的方向，这个方向是由丹豪尔、克拉敦尼乌斯、迈耶尔兴起的，后来的沃尔夫（Chr. Wolff）在《逻辑学》中专门开辟一章来写"解释学"。[2]这条路子深受17世纪的莱布尼茨的影响，后者提出了"普遍语言"的设想，这种语言是建立在数学演算的基础上提出来的形式语言，它和亚里士多德《工具论》中的《解释篇》《分析篇》相呼应，虽然这条线后来影响不大。

但另一方面，施莱尔马赫的思想中确实已包含有将解释学视为历史精神科学的基础的内容了（实际上更远应推到马丁·路德那里），[3]经过历史学派到后来的狄尔泰更自觉地将解释学看成是精神科学的方法论基础，将自然科学的"说明"与精神科学的"解释"对立起来。施莱尔马赫的心理解释就已包含有生命解释（或生活解释）的因素，[4]这也正是后来的狄尔泰看重并加以发展的地方，它通向海德格尔的此在解释学。

---

〔1〕参见伽达默尔：《诠释学 II：真理与方法》，洪汉鼎译，北京：商务印书馆，2007年，第360页。

〔2〕同上书，第113页。

〔3〕同上书，第118页。

〔4〕见 Schleiermacher, *Hermeneutics and Criticism*, Cambridge University Press, 1998, p. 8。

总之，从“Hermeneutik”的词源学和它在近代的形成来看，这个词的内涵是复杂的，具有多方面的意义，但侧重在方法、方法论的方面，它更多与经典文本和精神科学的解释、诠释技艺或规则有关，受科学理论的影响是免不了的。西方的科学主义在我们今天人眼里往往带贬义，然而实际上它在西方传统中根深蒂固，在各方面都打上了深深的烙印，依海德格尔和伽达默尔之见，它就是西方人的一种命运，这不能不影响到解释学。洪汉鼎先生使用“诠释学”的理由之一是认为，要将“Hermeneutik”和“interpretation”区别开来，因为后者后来的发展偏向于依据法则的因果性说明。[1] 但从词源上看，拉丁文“interpretatione”通过亚里士多德的《解释篇》而与后来的“Hermeneutik”发生联系，而“Hermeneutik”这个词的最初提出者丹豪尔发展的恰恰是它的逻辑学传统，与亚里士多德的《工具论》中的《解释篇》相联系。[2] 如果我们将亚里士多德的《解释篇》，译成《诠释篇》显然是不妥的，这样做至少在语感上会让人觉得怪怪的。

二　从海德格尔的现象学的角度看

如果说以上涉及的是古典解释学，那么哲学解释学（新解释学）的基础则是由海德格尔奠定的，这当然和20世纪的现象学运动分不开。海德格尔前期为哲学下的定义是：**哲学是普遍的现象学存在论**。这是从1919年至1928年海德格尔所形成的一个基本思

〔1〕参见洪汉鼎：《译后记》，载《诠释学Ⅱ：真理与方法》，洪汉鼎译，北京：商务印书馆，2007年，第819页。

〔2〕参见伽达默尔：《诠释学Ⅱ：真理与方法》，洪汉鼎译，北京：商务印书馆，2007年，第345—346、352—353页。

想。由此，一个方面可以看到他自己对哲学的重新规定，另一方面可以看到他对胡塞尔的继承和发展。然而胡塞尔尽管是现象学运动的开山祖，但海德格尔后来在这个领域的影响远远超过了他，因为海德格尔实现了现象学运动的三个转向：存在论的转向、语言学的转向和解释学的转向。这三者之间有着内在的一致性，例如海德格尔称，“现象学是存在者存在的科学，即存在论”，[1]而不是胡塞尔的关于意识的科学。同时海德格尔还断言，哲学就是或者就应当是解释学的。[2]而且这里的解释学不仅是一种认识方法，更是一种存在论。我们知道，海德格尔一生所关注的核心问题是“存在”，而存在意义的显现离不开此在，此在乃是存在意义显现的场所，此在和存在的这种关系就是一种本源的现象学的关系，同时也是一种本源的解释学的关系。可见，在海德格尔那里，存在论、现象学和解释学不是三门不同的学科，而是统一的，只是角度不同。

注意，海德格尔前期给出了他所理解的解释学的三重含义：1. 对存在的本真意义与此在本已存在的基本结构的宣告；2. 整理出一切存在论探索的可能的条件；3. 它是生存的生存论建构的分析。海德格尔强调了第三重意义是首要的意义。而且海德格尔认为具有历史性质的精神科学方法论的解释学——显然指狄尔泰的解释学——具有派生性，它植根于第三重意义的解释学。[3]这表明在海德格尔那里解释学与文本的关系并不是最直接的，虽然在他之前的狄尔泰就将文本看成是“生命的表达式”或“表现”，认为精神科学乃是立足于人的生命、表达与理解三者的关联之上的。

---

〔1〕海德格尔：《存在与时间》，修订本，陈嘉映、王庆节译，北京：生活·读书·新知三联书店，2000年，第44页。

〔2〕参见理查德·帕默尔：《诠释学》，潘德荣译，北京：商务印书馆，2012年，第14页。

〔3〕参见海德格尔：《存在与时间》，修订本，陈嘉映、王庆节译，北京：生活·读书·新知三联书店，2000年，第44页。

此外，海德格尔还讲过，现象学的描述就是解释。这里的“解释”德文是“Auslegung”，其意思是“放出”“释放”，即将意义释放出来，有“去蔽”“让一在”的意义。这些意思是相关联的，现象学的“逻各斯”具有解释的性质，“此在的现象学就是解释学”。[1] 如果说海德格尔前期偏向的是此在自身的解释，那么后期则偏向的是存在自身的解释。

这里需要强调一下他的解构方法。解构对于海德格尔来说，既是一种现象学方法，也是一种解释学方法，他早在“1923 年夏季学期讲座”中就说：“解释学是解构”，[2] 他一直在使用这种方法。海德格尔对古希腊哲学的翻译就是一种解构，从而也就是一种解释。现象学的解构包含现象学的批判，它主要是将僵化板结的思维状态松动一下，但绝不是走向消极的虚无方面，不是简单的摧毁，同时也是一种建构。可以说，海德格尔一生在建构自己的思想过程中，将整个西方哲学史解构了一遍，他的哲学史的包袱远比胡塞尔要重（后来的伽达默尔也如此）。与黑格尔类似，对海德格尔来讲，哲学与哲学史是一致的，反之亦然，哲学史与哲学是一致的，当然这里的哲学史不是一般教科书意义上的，[3] 而是有着解释者自己的问题意识，他力图在古与今、过去与现在之间找到一种“同时性”。以海德格尔前期对亚里士多德的解释为例，它经常让我们不知道海德格尔到底是在解释亚里士多德，还是在解释他自己（海德格尔对其他任何解释对象也有这个问题），但我们说，既是解释亚里士多德，也是解释海德格尔自己，这就是伽

〔1〕参见海德格尔：《存在与时间》，修订本，陈嘉映、王庆节译，北京：生活·读书·新知三联书店，2000 年，第 44 页。

〔2〕海德格尔：《存在论：实际性的解释学》，何卫平译，北京：人民出版社，2009 年，第 105 页。

〔3〕参见海德格尔：《现象学的基本问题》，丁耘译，上海：上海译文出版社，2008 年，第 27 页。

达默尔所讲的视域融合，但这种视域融合包含有解释学的反思和批判，而不只是解释者的自说自话或意义的强暴，对于海德格尔和后来的伽达默尔来讲，一切理解都是**自我的理解**和一切理解都是**事情的理解**，这两者不应矛盾，而且也可以不矛盾。

回到翻译上来，如前所述，对于海德格尔来说，“Hermeneutik”与“Auslegung”有关，后者是“**解**开而**释**放”的意思，[1]因此我认为，在海德格尔这里将“Hermeneutik”译成“解释学”更好，可以对应于海德格尔的“解开”“释放”，也可以和海德格尔的“解构”“拆解”“解蔽”（去蔽）联系起来，解释学就是解放文本、解放意义、去蔽、让—在——让意义存在、让意义显现出来。如果用“解释”来翻译，[2]海德格尔的上述语义群或语义链可以直观到或联想到，如果用“诠释”来翻译显然是达不到这种语言效果的，至少没那么直观，需要转几道弯，而且它更容易同经典文本的解释联系在一起，换句话说，用“诠释”，文本的意味太重。海德格尔的本源解释学（源始解释学）与文本解释没有什么直接关系，即便有也是一种“衍生”或“衍升”的关系。国内学者张汝伦、邓安庆教授基于海德格尔的立场反对过于强调文本解释这个方面，而从“意义的释放”这个角度出发主张将“Hermeneutik”译成“释义学”，[3]这的确很有道理，但是假如我们取“**解**开而**释**放”之义，那么“解释学”就与“释义学”这种译法并不冲突，而且还

〔1〕参见海德格尔：《存在与时间》，修订本，陈嘉映、王庆节译，北京：生活·读书·新知三联书店，2000年，第173页。黑体字为引者所标；另外，海德格尔关于解释的解释还可参见 Michael Inwood, *A Heidegger Dictionary,* Blackwell Publishers, 1999, pp. 105-107。

〔2〕根据许威汉主编的《古汉语词诠》，“解释”的基本意思有：“解开”“释放”“消解”“分析说明”（上海：上海交通大学出版社，2011年，第453页），它们刚好可以和海德格尔赋予这个词的意思相对应。

〔3〕参见张汝伦：《20世纪德国哲学》，北京：人民出版社，2008年，第515页，注2；另参见邓安庆：《施莱尔马赫》，台北：东大图书公司，1999年，第185页，注1。

可以将后者所强调的方面包括进来。如果用“诠释学”则会显得过窄，未能将海德格尔的**现象学的**解释学的“神”给传达出来。

三 从伽达默尔所追求的解释学的普遍性来看

受海德格尔的影响，伽达默尔虽然要回到人文主义传统上去，但没有走19世纪的德国历史学派、新康德主义的西南德意志派以及狄尔泰所坚持的精神科学和自然科学平面对立或平行对比的道路，而是走从本体论的视域将它们统一起来的道路，并以语言为皈依突出了解释学的普遍性的追求。在完成《真理与方法》后，伽达默尔曾明确地对哲学解释学的任务做了这样的规定：

> 充分揭示解释学的所有领域，指出它对我们关于世界的整个理解的根本意义以及它对这种理解展示其自身的各种形式的重要意义。这些形式包括：从人与人之间的交际到对社会控制；从社会个体的个人经验到他同社会打交道的方法；从由宗教、法律、艺术和哲学等构成的传统到通过解放的反思使传统动摇的革命意识。[1]

可以说，伽达默尔一生将海德格尔的存在哲学彻底实践哲学化了，即变成了人的哲学，和现实的人的历史活动紧密地联系起来（其实，早在施莱尔马赫那里，解释学就已不限于精神科学的文本了，而是扩大到人类的交往领域，[2] 只是不突出罢

〔1〕伽达默尔：《哲学解释学》，夏镇平、宋建平译，上海：上海译文出版社，1994年，第18页。
〔2〕参见伽达默尔：《诠释学II：真理与方法》，洪汉鼎译，北京：商务印书馆，2007年，第363页。

了），伽达默尔晚年明确宣称：解释学就是实践哲学。在他眼里，类似其他学科一样，解释学首先是一种代表“高度技巧的实践”。当古典解释学强调，解释学是一种技艺（Techne），它与其说是一种科学理论，不如说是一种“实用技巧”，[1]它更多与实践相联系，伽达默尔后来在海德格尔思想的前提下更广、更深地推进了这一点。

与之相关，伽达默尔还突出了解释学与修辞学的联系。当代修辞学复兴的一个重要标志是与哲学重新修好，不再局限于古典修辞学的论辩领域，不再只涉及口语和笔语，而是扩大到一切符号领域、话语领域，只要与交流、交际有关都可算在内，甚至自然科学的探讨也离不开论辩、修辞，因此也被纳入进来，从而最大限度地走向修辞学的普遍性，这种修辞学的普遍性与伽达默尔所追求的以语言为皈依的解释学的普遍性是一致的。[2]伽达默尔的哲学解释学所要恢复的是古代哲学修辞学，它以柏拉图和亚里士多德为代表，这种“广义的修辞学”后来在相当长的时间内衰落了，代之而起的是一种“狭义的修辞学”，它中断了与哲学（辩证法）的联系，以其内容的一部分——修辞格——代替了整体，最后逐步沦为一种表达的“工具”，拘泥于修辞手段，至此修辞学的真正生命也就完结了。[3]伽达默尔和利科一样在一个更高层次上主张回到这种哲学修辞学或广义的修辞学。然而只要这种修辞学同真理保持联系，那它就不可能与逻辑学、辩证法摆脱干系。伽达默尔虽然强调解释学与修辞学同源，但这种关系实际上包括辩证法和逻辑学的内容，例

〔1〕参见伽达默尔：《诠释学II：真理与方法》，洪汉鼎译，北京：商务印书馆，2007年，第110—111页。

〔2〕同上书，第283页。

〔3〕参见保罗·利科：《活的隐喻》，汪堂家译，上海：上海译文出版社，2004年，第1—2页。

如他的“对话辩证法”“问答逻辑”以及他对哥廷根的现象学家H. 里普斯（Hans Lipps）的“解释学逻辑”（Hermeneutische Logik）的重视就说明了这一点。可见，解释学、修辞学、辩证法和逻辑学四者之间的关系是统一的。

因此，从解释学的普遍性及其展开方面和诸多关联因素上讲，将“Hermeneutik”译成“解释学”也比“诠释学”显得更全面。

四　从自然科学的解释学的拓展来看

这一节与上一节密切相关。如前所述，“Hermeneutik”得益于德国的宗教改革（尤其是新教与旧教之间斗争）的推动，中间经过理性主义、虔信主义和浪漫主义的发展，最后到了19世纪的施莱尔马赫那里达到比较成熟的状态，然后从认识论—方法论解释学向本体论—生存论解释学转向（其中的两个关键性的人物是：狄尔泰和海德格尔），并在伽达默尔那里达到了最大的普遍性。然而由于这种解释学尚未完全推进到自然科学领域，所以它的普遍性仍然是有限的，但这一点在伽达默尔那里是得到预期的，这也是他生前为什么特别关注库恩、波普尔等人的相关成果的重要原因。

晚年的伽达默尔曾在《真理与方法》出版25年后有一个回顾，想看一看其理论有没有断裂或不连贯的问题。他指出，他的解释学一开始就追求普遍性，但他清楚这种解释学并没有涉及自然科学解释学的问题，既然追求一种普遍的解释学，那么在原则上就应当涵盖自然科学，他自己就明确地讲，自然科学中也存在着解释学的问题，[1]例如库恩的“范式论”在这个方面就做出了

〔1〕参见《伽达默尔集》，严平主编，上海：上海远东出版社，1997年，第3页。

重要的贡献，只是伽达默尔基于一个学者的严谨强调自己对这个领域不熟悉所以拒绝在这个方面发表意见，这样他的解释学实际上限制在精神科学的范围，包括艺术，因为他认为自己只是在这些领域里才有资格发言。

可以说，伽达默尔在海德格尔的本源解释学（源始解释学）的基础上，建立起了精神科学解释学，但他的《真理与方法》的确没有涉及自然科学的解释学。[1]不过，晚年的伽达默尔已经有了这个方面的期待，他明确地指出，“一切科学都包含着解释学的因素”，[2]这显然涵盖自然科学，而不应仅仅限于精神科学的范围。他 86 岁时发表过一篇长文，题目是《自然与世界：自然知识和自然科学中的解释学之维》，[3]他曾在多处指出，解释学是一切世界经验的基础，包括在自然科学研究中也起作用，自然科学中也存在着解释学的问题和结构。[4]但是解释学和认识论的界线到底在什么地方，正如精神科学和自然科学的界线在什么地方一样，至今仍是一个纠缠不清、有待进一步深究的问题。

当代在解释学上与伽达默尔齐名的利科虽然研究了这一领域的众多内容，而且提出了解释学的两次“哥白尼革命”的著名论断，却也没有涉及自然科学的解释学，上面提到伽达默尔后来虽已意识到了这个方面的重要性，但由于其自身知识结构的缺陷限制了他在这个领域的驰骋，没能具体落实到自然科学

---

〔1〕参见理查德丁·伯恩斯坦：《超越客观主义与相对主义》，郭小平等译，北京：光明日报出版社，1992 年，第 42—43 页。

〔2〕伽达默尔：《诠释学 II：真理与方法》，洪汉鼎译，北京：商务印书馆，2007 年，第 555 页。

〔3〕参见 Hans-Georg Gadamer, *Gesammelte Werke 7*, Tübingen, 1993, S. 418-442。

〔4〕参见伽达默尔：《诠释学 II：真理与方法》，洪汉鼎译，北京：商务印书馆，2007 年，第 137、269、606 页；另参见伽达默尔、杜特：《解释学 美学 实践哲学——伽达默尔与杜特对谈录》，金惠敏译，北京：商务印书馆，2005 年，第 11 页。

领域，至于伽达默尔的高足让·格朗丹的《哲学解释学导论》虽以解释学的普遍性为主题却也没有提及这一点，这不能不说是一个缺憾。因为，如果哲学解释学的普遍性不能推进到自然科学，那么它就还是局部的，而不是真正普遍的。不过虽然这个领域有待开拓，尤其是从大陆哲学的角度，但海德格尔毕竟提供了本源解释学，伽达默尔提供了精神科学的解释学，并预示了自然科学的解释学，而且这也是大陆哲学和英美哲学对话的一个平台和交汇点。罗蒂曾要用解释学来代替认识论或知识论，如果从解释学的普遍性来看，这对我们无疑是有启发的，因为解释学的普遍性强调的是"哲学的"解释学就不能只是从认识论和方法论上停留在精神科学和自然科学之间的区别上，而应当看到它们在存在论上的统一性。

现在的问题是如何站在大陆哲学的本体论立场上，具体将这种解释学拓展或延伸到自然科学。这种可能性的前提已为海德格尔的存在论、胡塞尔后期的生活世界的现象学所奠定，沿着这个方向和视域，以伽达默尔为中介和桥梁将这种解释学推进到自然科学领域，是完全有可能的。这里面需要运用比较的方法，这种比较不是横向的（以往有人这样做是错位的），而是纵向的，也就是从"衍生"或"衍升"的角度来对它们进行比较，最终要从存在论的角度将本源的解释学、精神科学的解释学和自然科学的解释学打通并统一起来，彻底实现解释学的普遍性。[1]

如果从这个角度看，似乎没有必要像狄尔泰那样在"解释"和"说明"之间做一个绝对区分，况且也很难真正做到这一点，因为解释中就有说明，说明中就有解释，而且在汉语中，无论"解释"还是"诠释"本来就包括有"说明"的意思，仅仅从这

〔1〕参见我指导的梁辰的博士论文：《从哲学解释学到科学解释学——伽达默尔与库恩的比较研究》，2012年。

一点出发，我认为，将“Hermeneutik”译成“解释学”也是无可厚非的。

余论

解释学的全部内容包括解释学的全部历史。正如狄尔泰所说，人是什么，只有它的历史才知道，我们可以套用这句话说，解释学是什么只有它的历史才知道。伽达默尔早就指出过，哲学属于概念史的发展和分析，“哲学应该是概念史”，“哲学的概念史构成哲学的本质”[1]。解释学同样如此，[2]这一点我们只要读一读伽达默尔的《古典解释学和哲学解释学》就够了。这是一篇词条解释性的论文，[3]它涉及“解释学”的概念史的分析，其内容包含两个方面：古典解释学和哲学解释学。然而这篇长文没有章节的划分，一路写下来。它给我们总的印象和启发是：古典解释学和哲学解释学之间的界线并非泾渭分明，而是一个“晕圈”，虽然在发展过程中有质的飞跃。在这里，伽达默尔似乎更强调古典解释学和哲学解释学的联系，后者是由前者逐步孕育出来的，这也是一个走向普遍化的过程。从伽达默尔的视域看，西方解释学史的发展有一种哲学解释学的憧憬。纵观这个过程，不

〔1〕伽达默尔：《诠释学 II：真理与方法》，洪汉鼎译，北京：商务印书馆，2007 年，第 109、91 页。

〔2〕关于这个方面的详细论证可参见拙著《解释学之维》，北京：人民出版社，2009 年，第 63—76 页。

〔3〕参见伽达默尔：《诠释学 II：真理与方法》，洪汉鼎译，北京：商务印书馆，2007 年，第 109—142 页。相对伽达默尔的这篇论文，《简明不列颠百科全书》（中文版，1985 年）和《不列颠百科全书》（中文版，2007 年）中关于“Hermeneutics”这个词条的撰写是不能令人满意的，它被仅仅理解为圣经的“解经原则”，这显然过窄，这只能反映英美人对这个词的立场、观点和态度。

难见出，解释学能上能下，它既有深邃的哲理基础，又具有广泛的适用性，因此无论从词源学的角度，从海德格尔的现象学的角度，还是从解释学的普遍性追求以及从自然科学解释学的拓展的角度，笔者都认为不宜将这个词限制在一个比较窄的（无论是文本的、语文学的，还是本体论的）范围内。

由此，我们是否可以建立起这样一个原则或共识：对一个术语的翻译，我们要面对它的概念史或语词史，而不能仅仅局限于某个人物或某个阶段对它的理解或赋予它的意思，如果它的词形未变的话，应求得它的最大公约数，这里的最大公约数指的是它的最大的适应性和最大的涵盖性，以“Hermeneutik”为例，前面提到它在汉语中有四个译名，相比较而言，其中的“解释学”的公约数无疑最大。在汉语中，“解释”的“解”有分解、消解、消融、去除、分析、解释、开放、理解、晓悟、懂得、知道等意思；“解释”的“释”有开放、释放、消除、化解、解释、解说的意思；而“诠”主要是说明、解释的意思。[1]汉语中的“解释”可以与文本相关，如它有“解诂”，即“解故”之意，也就是用当代语言解释古代语言，[2]也可以与文本无关。这里“诠释”和“解释”没有根本的区别。不过，相比较而言，“解释”比“诠释”更通俗，具有更丰富的意义，更广泛的适应性，能够涵盖方法、方法论、认识论、本体论、逻辑学等多个层面的意思，在语义场上更能对应“Hermeneutik”，更能体现解释学的普遍性的要求。由于“解释学”的“弹性”或“柔韧度”要高于其他翻译，包括“诠释学”或“释义学”，因此，我建议在汉语中保留这个译法，尤其是海德格尔的译本。

---

〔1〕参见《辞源》，北京：商务印书馆，1983 年，第 145、2865、2869 页；另参见《王力古汉语字典》，北京：中华书局，2000 年，第 1255、1274、1505—1506 页。

〔2〕参见《辞海》（下），上海：上海辞书出版社，1977 年，第 2158、2166 页。

语言或符号无非是能指和所指的统一。在进行两种不同语言的翻译的时候，由于地域、民族、文化、历史等方面的差异或距离，往往会发生错位，很难进行语言的对等转换。不过笔者以为，我们与其从形式上去谋求这种对等，不如在能指和所指的统一上去下工夫，这一个方面需要翻译，另一个方面需要解释，通过**翻译加解释**来解决这个统一问题，消除错位。翻译本身就是解释，解释本身就是翻译，翻译的正确有赖于解释的正确，而解释就是理解，因此“翻译”必须以研究为基础，不仅在字面上，更重要的是在义理上下工夫，在术语或关键词的意义链或语义群的对应上下工夫。实践证明，将翻译和研究结合起来是解决这种统一的唯一通道，在中国，德国古典哲学（主要是康德和黑格尔）的译名经过几代学人的不懈努力现在已逐步确定下来，得到普遍的认可，就是一个典型的例子。因此，笔者对翻译从不悲观，因为只要沿着这条道路做下去，这个统一只是一个时间的问题，迟早的问题，虽不能说“指日可待”，但至少这种可能性和希望总是存在的，即便不能最终达到，我们也可以不断地去接近它。

海德格尔的“生命图式程序”学说及其康德遗风[1]

一　图式程序学说作为哲学问题

图式学说（schematism）作为一个哲学问题，向来被视为康德学统中的重要议题。本文尝试指出，这个问题后来由海德格尔继承并予以继续发展，尽管后者对问题的理解和处理问题的方式与前者不尽相同。

图式（Schema）这一概念源出于西方的早期，能追溯至希腊文 σχῆμα，[2]一般可解作形式（form）、形状（shape）或图形（figure）。西方哲学伊始，图式（schemata）已经被用作为理论手段，目的是使世界上的一些精微抽象或奥晦难懂的事理能借图式较生动地表述或范例作用而变得较易理解。在古希腊时期，毕达哥拉斯学派（Pythagoreans）以三角数、正方数和长方数为图式，用以说明“数”如何能布置成阵，从而构成世

---

* 作者：关子尹，香港中文大学哲学系。刘保禧、娄振兴、杨德立译。

〔1〕本文英文稿曾以 “Heidegger' s Schematism of Life and its Kantian Inheritance: A Critical Appraisal” 为题发表于 *The New Yearbook for Phenomenology and Phenomenological Philosophy XII*（2012）: pp. 38–68。译成中文后经原作者审定、补订。

〔2〕若要更彻底一点，“图式”概念甚至可追溯至 σχεῖν 和 σχεσίς 等，其所指者，乃事情之状态、存在之条件或方式等，例如，βίου σχέσις 即可解作“生活方式”（way of life）。

界。德谟克利特（Democritus）谈论的“图式”，是指构成世界的原子（atoms）之“形状”。甚至柏拉图（Plato），亦曾以“图式”当作其学说中的形相（morphe）或理型（eidos）的另一表达方式，其所指者，亦不外是世间事物的理念原型（ideal prototypes）。

亚里士多德（Aristotle）的图式学说，除保留了柏拉图的原意，更添加了两个用法。首先，图式可以解作三段论的“格”（figures of syllogisms）[1]，这些影响后世至为深远的推论格式，其实可追溯到更早由高尔吉亚（Gorgias）倡导的“论辩图式”（schemata of argumentation）。至于亚氏图式一词的第二个用法便更为重要：“图式”可以和“范畴”结合而为“范畴图式”（schemata of the categories, σχήματα τῆς κατηγοὶας），[2]大意是指吾人对世间事予以谓述的形式或模态。范畴与图式这一结合使用，使图式学说得以依附于范畴理论之上，从此于西方哲学上占得一席关键的地位。[3]范畴与图式于理论上的紧密关系，后来在康德知识论中被进一步深化，并发展成为一个关键议题，这一理论关联，于海德格尔亦然。

在《纯粹理性批判》一书中，“图式程序”此简短精要的章节紧随于“范畴的超验推述”之后，图式的角色及其与范畴的关

---

〔1〕Aristotle, *Ana. Pr.*, I, 4. 后世学者要表达这些 schema 或“格”，使用的往往就是图例，如有名的范恩图（Venn’s diagrams），或更早的林姆伯特图（Lambert’ s diagrams）和欧拉图（Euler’ s diagrams）等。

〔2〕Aristotle, *Met.* Δ 7, 1017a25.

〔3〕从一跨文化的角度对“范畴”问题的详细讨论，参拙著 Tze-wan Kwan, “The Doctrine of Categories and the Topology of Concern: Prolegomena to an Ontology of Culture”。本文乃 1989 年于美国 Duquesne University 心理学系 Mini-course lecture series 之讲稿，经修订后刊于：*Logic of the Living Presence, An Oriental-Occidental Confrontation in Phenomenology,* Analecta Husserliana, Vol. 46（Dordrecht: Kluwer, 1995），pp. 243-302。

系遂成为主题。[1]康德的范畴，亦可称作“知性的纯粹概念”。范畴“内化”于吾人的认知结构中，故图式相应地亦直指人的心智结构。对于康德来说，“schematism”与其说是一种学说的名目，倒不如说是人类知性的一项程序（Verfahren des Verstandes），[2]就是通过这个程序，吾人的范畴（人类知性的纯粹概念）才找到其具体应用的门径。然而，这种应用之目的是什么？康德的回答可谓清脆利落：“应用……于现象之上”（Anwendung ... auf Erscheinungen）。[3]自古希腊以来，图式就被订定为通向世界的格式，今在康德的图式程序理论中，我们见到图式的这种理论功能不但再次被肯定，而且给赋予了新的意义。

在康德的系统中，范畴如何通过图式程序而具体化呢？扼要言之，若然要将“纯粹”的和本属智性的范畴应用于本属“感性”的经验现象，则范畴必须先被超验想象力“图式化”，成为一些超验图式，俾使智性范畴能依循这些图式化后的方式应用于感性杂多以成就经验。我认为可以把此中所说的“图式化”理解为：把纯粹概念（即范畴）以时间的表式重构或重写（rewrite）；在这程序中，时间之所以特别重要，是因为时间正好也是经验内容得以呈现所必倚赖的感性格式。举例说，范畴里的“现实性”可重写为“能占据时间的某物之量”这一图式；“实体”范畴可重写为“在时间中的实在的恒存性”这一图式；而“因果性”范畴可重写为“在时间中因与果的必然前后相续”一图式；“必然性”范畴则可重写为“一对象于一切时间中的存

〔1〕顺便交代一点，亚里士多德其实也曾用过 σχηματισμός 一词，虽然只用于天文学。参 Aristotle, *De Caelo*, II, 14, 297b26...；引见 Joachim Ritter, *Historisches Wörterbuch der Philosophie*, Band 8（Basel: Schwabe, 1992）, columns 1246-1263。

〔2〕Kant, *Critique of Pure Reason*, trans. Norman Kemp Smith, A140/B179.

〔3〕*Critique of Pure Reason*, A138-141/B177-181,“应用”一词多次出现。

在”这图式，如此类推。[1]康德乃辩称，借着这一图式程序：吾人的知性不会像守株待兔一般被动地等待经验直觉之出现，而会主动地介入感性领域，为内感杂多（manifolds）提供一些其可以被综合和被理解的方向。知性之所以能扮演这一角色，就是拜超验图式所赐——而此超验图式说到底其实是“时间的超验决定”（transzendentale Zeitbestimmung），也就是说，图式要充当某种“第三者”（ein Drittes）的角色，[2]即作为内感与范畴之间的中介，让本来因分别属感性和知性而致难以沟通的二者，在“时间”的做媒下得以联系起来。

“时间”在康德图式程序中的枢纽位置，说明了我们即将要考虑的海德格尔的“图式学说”与康德的图式程序论之间的重要关系。我们只需想想，海德格尔的力作《存在与时间》（*Sein und Zeit*）书名中赫然有“时间”二字，这其实早已透露了问题的端倪。

二　从牛顿到海德格尔：“时间”概念的蜕变

时间作为一理论课题，就如奥古斯丁那著名的格言所说一样：其困难在对吾人而言“既熟悉又陌生”。[3]在过去数百年间，时间观念在西方经历了重大的变革。

在牛顿的古典物理学中，时间连同长度（空间）和质量，被视为三个基本的可量化的物理单位。通过这些单位，世上的诸种物理现象，从抛射体弹道到行星轨迹皆能一一计算。作为在宇宙

〔1〕 *Critique of Pure Reason*, A143/B183.

〔2〕 *Critique of Pure Reason*, A138/B177.

〔3〕 St. Augustine, *Confessions*, Book 11.

中具有实在地位的一些单位，时间可以与语言学词类中的“实词”(substantive, noun)相比拟。在莱布尼茨(Leibniz)的系统中，实在性只归于单子(monads)，时间和空间再不能比拟为实词，由于单子本身的“无窗户性”(windowless)预设了其不能彼此直接沟通，时空乃成为众多单子之间能够调和一致地运作的协同原则。鉴于时间在单子(实体/实体性)理论中只属支持角色，故时间(和空间)于此可比拟为“形容词”(adjective)，一如形容词之职责在于修饰(qualify)实词。然而，在康德的系统里，时间(以及空间)已蜕变为直觉的先验“形式”，它规定了感性以什么方式展示于吾人的意识之中。用哲学的术语表达，康德称时间为直觉的“模态”(mode)。这意味着，任何东西如要于直觉中被感取，则其必须在时间中(或曰“时间地”，temporally)被给予于吾人。[1]在康德，时间其实已被“内在化”(internalized)于人类主体的认知活动中。依循上文的比论，若时间被规定为吾人直觉的形式或模态，则我们大可把时间的存在地位比拟为“副词”(adverb)，一如在语言学理解下，副词的主要功用就是要修饰(modify)动词。[2]

根据我们上述的拟语言学(quasi-linguistic)分析，牛顿、莱布尼茨和康德分别对时间予以“名词”(nominal)、“形容词”

---

〔1〕在这里我特别要再次对先师劳思光先生表达感念之情。以名词(实词)、形容词和副词对牛顿、莱布尼茨和康德的时间观念做出语法上的比拟，是我大学时期修习先生开设的“康德哲学”课程中许多重要启迪中的一个重点，而笔者进一步把海德格尔的“时间”比拟为“动词”，虽非思光师之见解，但此论亦乃师启发的结果是显而易见的。不过要指出，以“副词”之用譬况康德的“时间”于理论上虽然完全成立，但康德自己并无使用 zeitlich 一词的习惯，反观日后的海德格尔，则不但常用副词 zeitlich，更常用动词 zeitigen，由是更见思光师所做譬况的理论前瞻性。

〔2〕这一比拟对于《第一批判》超验感性论中的时间概念固然贴切，至于时间于这种“副词”用法之外是否还有其他用法，则是后话。

(adjectival)及“副词”(adverbial)的意义，而我们几乎可以说，发展到了海德格尔，时间之终将显出一“动词”(verbal)的用法，已经呼之欲出。事实上，海德格尔在《存在与时间》一书中，各种与“时间”(Zeit)相关的用语，诸如zeitlich(时间的)、Zeitlichkeit(时间性)、Zeitigung(时化〔程序〕)等，皆无一遗漏地必须回溯于zeitigen才可以理解，而这个我们可译为“时化”的关键词，本身就是个不折不扣的动词(verb)。

德文zeitigen这个动词，并非海德格尔原创，而可追溯到中古高地德语(Mittelhochdeutsch)的“zîten”和“zîtigen”，其意为某物(例如水果)之“变得成熟”(reifen/reif sein或reif werden)。〔1〕然而，这一用法到了新高地德语阶段(Neuhochdeutsch)便几近绝迹，所以海德格尔对zeitigen一词的复兴，实功不可没。此外，以zeitigen表示某一意义的人生之演绎或人生历程这一哲学意味的用法，更是海德格尔的创见，纵使我们必须感谢更早时艾克哈特师长(Meister Eckhart)的类似语用，和特别是康德为这种哲学用法奠定的理论基础。基于先前的语言学类比，我们可以说，当时间概念于现代思潮的蜕变中被内在化为吾人活动的“形式”后(即成为“副词”)，其将继续发展成直接指向带内在活动意味的动词状态，几乎是理所当然的了。

经此厘清，读者面对《存在与时间》一书中海德格尔广泛使用的各种新词，应该会较为释怀。因为一旦说明了“时间”可直指吾人生命中之活动这一崭新用法，我们不但较能理解诸如“时间时化其自身……”(Zeitlichkeit zeitigt sich, temporality temporalizes itself，SZ 331, 336, 350, 426)、“此在时化自身”

〔1〕参见Jacob Grimm and Wilhelm Grimm, *Deutsches Wörterbuch*, Band 31, Spalten 580-595。(网络版：http://germazope.uni-trier.de/Projects/DWB. 或http://woerterbuchnetz.de/DWB/)

(Dasein zeitigt sich)[1]等表述，同时也较能理解其他（在存活论的旗帜下）带有时间意味的词汇，例如 vorgängig（先行的）、Sich-vorweg（先前于己）、vorspringen（提前点醒）、zunächst und zumeist（首先并通常）等。这同时也适用于三种踰出范式（或六种踰出模态），凡此种种，将于后文细论。

三　海德格尔对康德图式程序学说的“批判”

康德在《纯粹理性之批判》中固为“图式程序论”独辟一章，有别于此，海德格尔表面看来未有把图式程序问题列于《存在与时间》目录中（除了在第八节所做的预告外）。但若我们由此而认为与图式有关的问题对海德格尔来说没有什么特别的理论分量，则是大错特错。

要澄清这点，我们可简略地回顾海德格尔如何论述康德的图式程序学说。在《存在与时间》已发表的部分，海德格尔似乎对图式程序理论持一批判的态度。当海德格尔提及其存有论历史的“解构”计划时，他声言在他探究时间性问题的路途上，康德是对他有重大启发的“首先的和唯独的一人”，而关键就在于其图式程序学说，虽然在他看来，康德尚未清晰地理解图式程序的真正本质。康德自己也曾说过，图式程序是“隐藏于人类灵魂深处的一门技艺”（eine verborgene Kunst in den Tiefen der menschlichen Seele）。[2]海德格尔在引述康德这一番话后，便大胆提出要尝试“对（康德）图式程序学说中的奥晦处予以澄

〔1〕海德格尔曾在许多情况下使用“...zeitigt sich”以表达时间性的不同运作方式，但“Dasein zeitigt sich...”在《存在与时间》中则只用过一次；见 SZ 396。

〔2〕*Critique of Pure Reason*, A141/B180.

清”（SZ 23-24）。他认为康德的“失败”在于忽略了两大重要课题：存在问题（Seinsfrage）和此在的存有论（Ontologie des Daseins）。

然而，海德格尔的态度是否全属负面呢？如翻查他的演讲录和《存在与时间》前后的著作，可知情况远比想象的复杂。在马堡演讲集（Marburger Vorlesungen）陆续面世后，我们可以清楚看到，海氏在《存在与时间》出版前，曾被康德的图式程序学说一再地吸引。事实上，他对康德有关学说的着迷，以至于反复地诠释并修改康德之说，企图将之联系于他自己的存活理论。康德的图式程序学说既是海德格尔的批判对象，也是其哲学计划的模范。海德格尔之所以对康德的图式程序学说大力批判，是为了重建这套学说，俾应用于他自己的著作之中。

海德格尔对康德的兴趣，学界大都只联想到海氏 1929 年出版的《康德与形而上学问题》（*Kant und das Problem der Metaphysik*，下称《康德书》，引作 KPM）一书。现在我们知道，个中缘由可以追溯至更早的时期。海德格尔在 1925—1926 年度冬季于马堡的《逻辑》演讲集（以下引作 LFW）中，已花费了不少精力处理康德的图式程序学说，他更直称《第一批判》的整座建筑都奠基于这个“真正的核心”之上（LFW 358）。

《逻辑》的重要之处，是海德格尔似乎在此首次倡议以“自我触动”（Selbst-Affektion）解释本源意义的时间。他援引《第一批判》中一段经典的文字（B67f.）[1] 以唤起读者的注意。他并

〔1〕 *Critique of Pure Reason*, B67. 海德格尔曾征引康德原文如下：“... nichts anders sein kann als die Art, wie das Gemüth durch eigene Thätigkeit, nämlich dieses Setzen seiner Vorstellung, mithin durch sich selbst afficirt wird, d.i. ein innerer Sinn seiner Form nach.” 必须指出的一点，“selbst afficirt”或“selbst afficiren”等词组于《纯粹理性之批判》B156 中重现；此外，这些词组在康德的 *Anthropologie* 及 *Reflexionen* 乃至在 *Opus Postumum* 等书中亦曾数度出现。但必须注意，Self-Affektion 这个实词是海德格尔自行铸造的。

认为康德大可循此思路直证时间的真正性质，即把时间直接解释为心灵的存在模态（Seinsmodus des Gemütes），甚或理解之为自我存在的根本方式（Grundart des Seins des Selbst）。在这个背景下，时间作为“自我触动”也可以形式地界定为“先行的和无标题的注视取向”（vorgängige, unthematische Hinblicknahme）（LFW 338）。说到底，海德格尔以“自我触动”去解释时间，不外是把时间直接理解为吾人存活于世上时，心灵一般意义的和最原初的自发的觉识。本源的时间因不依恃于外在感知，故称之为“先行”，所谓先行，其实可简单地当作康德以来的所谓“先验”置诸生命实践上去设想。海德格尔尝试论证，这个先验的（a priori）“注视取向”（Hinblicknahme）之“何所向”（Worauf），其实就是一般事物先验地得以“遭逢”（apriorische Sichbegegnenlassen, LFW 297, 339）的可能条件。根据海德格尔的说法，康德最后终于没有踏出这关键的一步，致使其时间理论只能被了解为直观的形式，因而“不合理地限制于内感”（LFW 340）。我们大致可以说，海德格尔对康德时间观念的批评预示了他自己将要以什么方式处理这个议题。

在1927—1928年度冬季的马堡演讲集（全集第25卷）末尾，海德格尔界定图式程序的章节为“《批判》的核心”（PIK 429）[1]，并认为这个章节处理的是知性的践行性格（Vollzugscharakter des Verstandes，PIK 430）。请注意，德语Vollzug并非康德的表达方式，而带有典型的海德格尔色彩，[2]其所指的，是人的“此在”活出自身的存活这活动自身（SZ 21,

〔1〕 Heidegger, *Phänomenologische Interpretation von Kants Kritik der reinen Vernunft*, Gesamtausgabe, Band 25, hrsg. von Intraud Görland（Frankfurt/Main: Klostermann, 1977），以下略称为PIK。

〔2〕 康德多次指称Schmatismus乃一“程序”（Verfahren, procedure）。

67, 154, 157）。[1]

在《康德书》中，海德格尔再次抱怨康德过于胆怯，以致在探索时间与主体性问题的真相跟前退缩下来（zurückweichen）（KPM 214-215）。他解释说，康德“把时间只理解为持续不断的现在”其实并不足够，“时间必须被理解为纯粹的自我触动，否则它在图式的构成中的作用将一直完全隐而不显”（KPM 200），他并认为康德未能彻底揭示时间的根本意义，致使其所谓“超验图式作为时间的超验决定这一论旨显得捉襟见肘和不明所以”（KPM 201），因此也无法“揭示主体的主体性”（KPM 166, 214）。

为了完成康德未竟之业，海德格尔在《康德书》中经常把应作“自我触动”解的“本源时间”（ursprüngliche Zeit）等同于康德的“纯粹统觉”、等同于“我思”，甚至等同于“我自身”（Ich selbst，KPM 190-191）。当然，就如康德在批评理性心灵论的“谬误”中所曾警戒一般，为免读者将这个“我”当作恒久不变的灵魂实体，海德格尔很清楚地强调说，这个“自我”只可以展示于此在的时间性的扑朔迷离的活动中，因此只是一彻头彻尾的“有限自我”（endliches Selbst）云云（KPM 194）。

以上种种，清晰地显出，海德格尔尝试借“本源时间”理论地位的阐释，以进一步完成康德的图式程序学说。而在海德格尔的新构想中，这本源意义的“时间”将要扮演的理论角色，将比康德设想的重要得多。

---

〔1〕贝克（Oskar Becker），蒲格勒（Otto Pöggeler）和图根特哈特（Ernst Tugendhat）曾指出对海德格尔而言，Vollzugssinn 相对于其他如 Gehaltssinn 与 Bezugssinn 等相关用语更为重要。详细讨论参见 Tze-wan Kwan, *Die hermeneutische Phänomenologie und das tautologische Denken Heideggers*（Bonn: Bouvier-Verlag, 1982），S. 27-28 及批注 59（S. 177）。

四 海德格尔如何继承康德的图式程序学说?

说到这里，吾人不禁要问：海德格尔是否扭曲了康德学说？是否对康德学说行使了“暴力”？事实上，这个问题不止可用来质疑海德格尔的康德诠释，甚至可质疑他对前人的诠释一般。面对这一类问题，我们需要指出，哲学史除了是“历史”外，同时也是“哲学”。[1]在海德格尔看来，学院式旁征博引的研究并不应妨碍我们在面对哲学史上的一些真问题时，按新的理论需要予以重新理解、重新审度，甚至做带创意的发展。蒲格勒即从这个角度出发，指论者往往只知批评海德格尔以某一意义的理论暴力解读康德的图式程序，却鲜会注意海德格尔正是要依循康德的路径才找到自己的进路——就是“通过图式学说〔而发展出来的〕的对时间的诠释”[2]。以下我会按照蒲格勒的观点，尝试论证：《存在与时间》纵然没有把“图式学说”列作小标题，但是整部著作明显的是以图式程序学说为背幕而写成的。由于海德格尔谈论的“存活格式”（Existentialien, existentials）无非就是“生命范畴”（详见下文），加上我们上文已交代了的范畴与图式学说于理论上的紧密关联，海德格尔《存在与时间》中的一个与图式有关的重大主题便已呼之欲出——海德格尔这个重大主题，我大胆地称之为“生命的图式

〔1〕康德对“哲学史”基本上持不重视的态度，这是因为他认为哲学史只是“历史知识”。不过在其遗稿中，作者赫然发现康德曾区别了“历史的哲学史（historische Geschichte der Philosophie）”与“哲学的哲学史”（philosophische Geschichte der Philosophie）二者。详细讨论可参见拙文 *The Role of the Historian of Philosophy: Some Phenomenological Reflections*，准备出版。

〔2〕参见 Otto Pöggeler, *Heidegger in seiner Zeit*（München: Wilhelm Fink, 1999）, S. 31。

程序”（Schematism of Life）学说。[1]

如上所述，在《存在与时间》1927年出版前后，海德格尔确曾详细讨论过康德的图式程序问题。在这些著作中，海德格尔着手处理康德哲学的概念，诸如“超验想象力”“自我触动”（LFW §28, 339f.; KPM §34, 188ff.）等，目的是要解释“图式的形成”（KPM 200）与“揭示主体的主体性”（KPM 208）云云。然而，“超验想象力”或“自我触动”等来自康德的词汇却于《存在与时间》中绝迹，在海氏这本代表作中，他最终只以自己的概念，诸如时间性、时化、踰出，特别是“界域图式”等，来展示所谓“本源时间”（original time）到底是怎么一回事。因此，本文的工作是要指出，海德格尔的《存在与时间》与后来的《康德书》的不同之处，是前者的理论布局中仍有一套隐秘的、属于海德格尔自己的和不同于康德的图式程序学说，尽管其继承康德之处亦不能磨灭。以下即从不同角度揭示两套学说之传承关系。

1. 术语上的继承

（1）时间在图式程序中扮演的中心角色及该角色的转变

正如先前所说，时间的问题在现代的科学与哲学中都占有重要地位。在康德的图式学说中，时间更是理论的核心。海德格尔《存在与时间》把时间与存在并列入标题中，时间的中心地位更

---

〔1〕“生命图式程序”（Schematism of Life）乃笔者自定义的概念。另一曾被笔者考虑的用语是“人存活的图式程序”，该用语 Theodore Kisiel 曾经使用，但就汉语的语境而言，似乎不及“生命图式”之直接有力。参见 Kisiel, “Diagrammatic approach to Heidegger’ s schematism of existence”, *Philosophy Today*, 28（1984）, pp. 229-241。此外，本文的撰作实受蒲格勒影响颇深，蒲格勒曾指出海德格尔《存在与时间》§69 中早便拟就某一意义的 Schematismus 云。参见 Pöggeler, *Heidegger in seiner Zeit*, S. 32。

为突出，而“时间”的真正份位（status of time）乃成为必须首先澄清的问题。在上述的语言学类比中，我们把康德的时间概念类比为副词，但这一类比似乎只能适用于“超验感性论”所论及的时间，即作为“直觉形式”的时间；至于在“图式程序”中担当范畴与直觉之间的“第三者”的时间，其真正扮演的角色是什么，便显得扑朔迷离了！到了海德格尔，时间的状态则显然地已“进化”成为 zeitigen 这个动词，这一发展固如前述。这种观察，不单证明了时间概念的确贯穿康德的图式程序学说和我将论述的海德格尔的“生命图式程序”学说，而且更让吾人看到两种进路的主要差异所在。

（2）存活、存活格式与踰出范式

众所周知，海德格尔废弃“范畴论”，并以“存活论”取而代之（SZ 44），即便如此，亦不能否定从康德到海德格尔的术语有一定的连续性。理由有以下几点：

i. 海德格尔所谓以“存活论”取代“范畴论”，反而暗示了二者起码就议题或“基源问题”而言有一定的传承关系，不然便谈不上“取代”。换言之，存活论其实是范畴论的一个变种。

ii. 吾人现在甚至有明确的证据显示海德格尔早年的确曾一度采用由狄尔泰（Dilthey）提出的“生命范畴”（Lebenskategorien）这个术语。[1] 海德格尔的“生命范畴”，从具体内容看来，实即他后来所指的“存活格式”（Existenzialien）。

iii.“存活格式”的意义源出于“存活”（Existenz）这更根

---

〔1〕参见 Wilhelm Dilthey, *Der Aufbau der geschichtlichen Welt in den Geisteswissenschaften*（Stuttgart: Suhrkamp, 1970）, S. 235-237, 281ff。另见 Heidegger, *Phänomenologische Interpretation zu Aristoteles. Einführung in die phänomenologische Forschung*. Frühe Freiburger Vorlesung, WS 1921/22, hrsg. von Walter Bröcker und Käte Bröcker-Oltmanns（Frankfurt/M: Klostermann, 1985）, S. 84ff。

本的现象，存活其实是海德格尔笔下的“人类生命”现象的另一称谓而已，只不过其所指的并非自然意义的或生物学意义的生命，而乃人生于世上而对一己乃至周遭有所关注该人文现象，用更直接的说法，就是“人生”。海德格尔解释说，“存活”的希腊字源 ἐκστατικὸν 意指人的一种倾向，就是会“站出”或跨越自身，并关注自身的处境。海德格尔以不同的形式指引来描述存活的这个现象，例如：“一己以外”（Außer-sich, SZ 329, 350, 365; GP 377, 382）、“踏出一己以外”（Aus-sich-heraus-treten, GP 377）。此外，海德格尔亦区分了“存活践行”（existentiell）与“存活理论”（existential）这两个从“存活”衍生的形容词。前者意指人的存在者的（ontical）、现象的（phenomenal）描述性层面，后者则意指人的存有论的（ontological）、现象学的（phenomenological）诠释性层面。

iv. 除了“存活”这个根源概念及其直接的衍生词外，海德格尔亦另铸新词：“踰出范式”（拉丁语：ecstasis；德语：Ekstase〔单数〕，Ekstasen〔众数〕）。这个新词不仅在字源学上关连于 Existenz，在理论上亦带有重要的哲学意涵。“踰出范式”的作用，与康德哲学的“范畴”大有关联。一般而言，“存活格式”泛指林林总总的跟此在相关的现象，“踰出范式”的名数则基于此在的时间的三向性格而限定为三个。康德根据传统逻辑学（判断表）衍生出十二范畴（3×4），海德格尔则由时间性的“三向度”（过去、现在、未来）跟存在模态（Seinsmodi）[1] 的“两可性”（本真性与非本真性）相乘而衍生出六个（3×2）“踰出模态”（ekstatische Modi）。康德在第一批判列出的 12 个范畴指向自然现象，海德格尔的 6 个踰出模态则更为直接地指向作为本源

〔1〕海德格尔 Seinsmodi 一词直译固是“存在模态”，但其实可干脆了解为“生命模态”（modes of life）。

时间的人类生命的实践现象本身。

(3)图式、界域与界域图式

关于“Schematismus”一词，海德格尔除解说康德著作时曾引用外，并无迹象显示他曾做明确的处理。然而，在海德格尔时间分析的整体结构之中，某一意义的图式论却的确占据了一核心的位置。尽管海德格尔声言将与传统的范畴论告别，其于《存在与时间》——中却最少一次提及“踰出模态的图式”一语(SZ 365)，这显然跟康德的“范畴的图式”遥相呼应。在《存在与时间》及相关的演讲集中，图式概念更往往跟另一概念——“界域”(Horizont)——结合使用。“界域”概念虽然自胡塞尔开始才广为学界使用，但其实也是康德哲学的遗产。[1]海德格尔在建构“此在的存有论”时，亦尝谈及“界域图式”(horizontale Schemata)(SZ 360, 364f.)。该用语之所以重要，在于它标志着并且显示出海德格尔如何继承了康德，甚至超越了康德。海德格尔于踰出范式(Ekstase)之外，更进一步铸造了“踰出所在”(Ekstema)一词，以方便他自己以最言简意赅的方式对“界域”概念予以表诠：“界域在于踰出格式之中而且通过踰出格式展现自身，界域是踰出格式的踰出所在。”(MAL 269)[2]为了说明这个意义下的界域、踰出所在与界域图式等概念，我们要先转而讨

〔1〕参见 Tze-wan Kwan, “Husserl' s Concept of Horizon: An Attempt at Reappraisal”一文，本文是笔者为乃师蒲格勒六十寿辰而作，文章首先于1988年在西班牙的Santiago de Compostela举行之国际会议发表，后刊于*Analecta Husserliana*, Vol. 31(Dordrecht: Reidel/ Kluwer, 1990), pp. 361-398；后收录于：Dermot Moran and Lester Embree(ed.), *Phenomenology: Critical Concepts in Philosophy*, Vol. 1, *Phenomenology: Central Tendencies and Concepts*(London: Routledge, 2004), pp. 304-338。

〔2〕此语的德文表述如下：“Der Horizont zeigt sich in und mit der Ekstase, er ist ihr Ekstema”。

论“世界”的问题。

（4）“应用”于世界

在康德“图式程序论”的一章里，“应用”（Anwendung）一词绝非随意使用，而是一个专门的术语，因为“应用”恰恰就是引入图式的用心所在，用康德自己的表述：图式的作用，是“首先实现范畴，但同时限制范畴”（A146/B185-6）。对于康德来说，“图式程序论”一章的理论目的正在于解释范畴作为智性概念如何能够具体应用，并联系于经验世界的表象。

众所周知，“世界”与“自我”在现象学中再不是截然二分，而被视为同一现象的两面。对胡塞尔来说，这个现象就是意向性；对海德格尔来说，这个现象可从不同角度去表述：如“此在作为在世界中存在”（Dasein als In-der-Welt-sein）、“超越”（Transzendenz）、“进入一世界”或“入世”（Welteingang）[1]等。

既然课题的重点有所转变，如何应用于世界的问题亦要随之而重新界定。海德格尔的策略，就是将世界这一元素整合于此在自身的结构之中。在形式上，界域意指从某个视点观察所得的相关“范围”。海德格尔并不孤立地谈论图式，而提出了“界域图式”的说法，以便具体地说明当生命“时化”之际，如何应用六个踰出模态，循各相应的界域图式“建构”出与吾人生命世界相应的领域。[2]我说“界域图式”是海德格尔得自康德哲学的遗产，甚至是超越康德的发展，理由正在

〔1〕Welteingang 概念其实相当重要，却经常被忽略。据我所知，这概念首先于 1928 年夏季海德格尔讨论莱布尼茨的马堡讲演集中提出，后来再出现于 1929 年出版的 *Vom Wesen des Grundes*。Welteingang 概念甚至引起贝克的注意。参见 O. Becker, *Dasein und Dawesen. Gesammelte philosophische Aufsätze*（Pfullingen: Neske, 1963），S. 86。

〔2〕蒲格勒常于课上以“Weltsphäre”一语诠述这一点。

于此。海德格尔自铸 ecstema（ta）一词，并将之等同于“界域”，显然是为了强调界域与踰出模态（ecstasis）的相互关联性（Korrelation）。

按此思路，我们终于能够解释海德格尔《存在与时间》书中何以广泛地使用各种代副词（pronominal adverbs）。这些代副词可谓五花八门，甚至可组成一语词场域（semantic field）：包括“何所往”（Wohin）、“何之故”（Woraufhin）、“何所入”（Wohinein，GP 376, 378; MAL 271）、“何所自”（Wohinaus，GP 435）；还有诸如“何所依”（Wobei）、“何所以”（Wozu）、“何所借”（Womit）、“何所在”（Woran）等等。海德格尔之所以自铸相关词汇，明显是为了同一个理论目的，就是说明各种存活格式或“生命范畴”如何得以应用而开辟出世界的各种境域。

（5）相互关联的功能之间的统一：踰出界域的统一性（ecstatic-horizonal unity）

哲学工作的一大要务是追求统一，相信这是很难否定的。在康德的系统中，我们可以看到他经常论及不同种类的统一。例如“杂多之统一”（A105）、“现象之统一”（A156/B195）、“统觉之统一”（B132ff.）、“自我意识之统一”（A111）、“思想主体之统一”（A354）、“经验（作为整体）之统一”（A583/B611）、“理性之统一”（A645/B673）、“自然之统一”（A651/B678）、“理解所有运用之统一”（A665/B693）等等，不一而足。以上种种康德论及的统一，骤看来颇为复杂，但这些统一其实不是归入主体，就是归入对象。然而，康德始终反对于主体与对象之间做明确的形而上学区分，尤其反对那些自以为能够穷尽一切地决定主体与对象的最终地位的哲学。关于这点，蒲格勒敏锐地指出：“康德的思想就是要在超验对象的空无与超验主体的空无之间，寻找其恰当的位置。”[1]因此，康德论及的统一从来都不是“存在论的统一”，而只是功能的统一。后者以主体与对象之间的“相互关联”（correlation）为基础，而主体与对象的终极的存有论地位则存而不论。亦因此故，在康德的系统中，绝对的实在性遂由“经验的实在性”与“超验的观念性”的相互关联所取代。现象学继承了康德的遗产，同样倾向循相互关联的角度把主体与对象两个问题糅合起来当作单一个议题去看待。这正是意向性或 intentio/intentum 关联性所谈论者。结果，海德格尔同样地循主体与对象两方面去处理统一性的问题。一方面，他强调时间性的“踰出格式的统一性”（ecstatic unity of temporality，SZ 339, 342, 350, 365）；另一方面，他也强调时间性的界域的“踰出所在的统一性”（ecstematic unity of the horizon of temporality, MAL 269-270）。上述两者更合而为一，构成“踰出界域的统一性”（ecstatic-horizonal unity, SZ 360, 366, 396），并认为其既属于主体亦属于对象，亦即相互关联。[2]海德格尔就是秉持着这些术语，才可以处理自我与世界的问题。

2. 哲学上的继承

为什么我以“生命图式程序学说”形容海德格尔之学呢？除了术语上的继承，海德格尔与康德之学其实在更高的理论层次有更紧致的联系，直牵涉及哲学的终极关怀。在哲学这门“专业”中，特别在博通与专精的学院要求下，从事哲学往往被认为就是要掌握概念与论证、对学派思想做比较、对学说与理论予以批判

---

〔1〕参见 Pöggeler, “Review of Jan van der Meulen’ s *Hegel. Die gebrochene Mitte*”, In: *Philosophischer Literaturanzeiger*, Band XIII（1960）, p. 348。此外，海德格尔常认为康德哲学要处理的是一“之间”（Zwischen）的问题，参见 Heidegger, *Die Frage nach dem Ding*, S. 188。

〔2〕我的考虑是 Horizont＝Ekstema（MAL 269）。

云云，也即所谓“学院哲学”。然而，在芸芸哲学巨擘中，康德与海德格尔都特别意识到以这种态度看待哲学并不足够。

关于哲学的本质，康德至少提出三个为人熟知并且富有洞见的区分：（1）康德区别哲学与数学，他认为数学可以随意构造其理性对象并沉醉其中，哲学则必须面对当下如是所给予于吾人的世界。（2）康德把哲学区分为学院意义的哲学（Schulbegriff, in sensu scholastico）与经世意义的哲学（Weltbegriff, in sensu cosmico），他认为前者只在于锻炼心智的“机巧性”（Geschicklichkeit），只有后者才可孕育出带人文价值的“受用性”（Nützlichkeit）。用康德的话说：“哲学是这样的一门学问，它将一切知识都关联于人类理性的终极目的（teleologia rationis humanae）。”〔1〕（3）康德把哲学区分为“哲学学说”（Philosophem）与“哲学思虑”（Philosophieren），并认为前者是哲学的理论成果，后者则是哲学的智性活动，而二者之中以后者为更根本。

尽管海德格尔不愿以“哲学”指谓其思想，我却认定他是康德哲学精神的继承者，因为他俩触及了真正的哲学思虑。海德格尔谈论的“被投掷性”（Geworfenheit）与“实况性”（Faktizität）概念，呼应了康德认为哲学必须面对一给予的世界（即不像数学那样可以凭空虚构概念）。海德格尔的“但为谁故”（Worumwillen），令人联想起康德的“经世意义的哲学”，即认为哲学必须指向“人类理性的终极目的”。海德格尔论此在的“践行”（Vollzug）与“各自性”（Jemeinigkeit），明显跟康德站于同一阵线，因两人同样认为终极意义的哲学是吾人真实处境中的哲思活动，而不仅是哲学专业的研究对象。早在1916年撰写的教授资格论文（Habilitationsschrift）中，海德格尔便曾为哲学订立如下的重要注解：“哲学作为一些与生命割离的理性构作是无力

〔1〕 Kant, *Critique of Pure Reason*, B867.

的"[1]，由此亦可见康德遗风之所及。对海德格尔来说，哲学不应该只是理性的构作，也不应该割离生命，因为一旦离开了生命，哲学便失去了"着力点"，唯有紧扣生命，哲学对人才有"用处"可言。

除了上述种种，还有关键的一点令海德格尔近于康德，就是他们均对人的有限性之为不可逾越存敬于心。就是这一份存敬，令海德格尔致力于"生命图式学说"，以揭示人存活（SZ 384）之为有限，和时间性（SZ 330f., 386, 424f.）之为有限。亦因这一份存敬，令海德格尔废止了《存在与时间》的著述计划，并以康德为逃遁之所，以图借此重塑一套奠基于人的有限性的"此在的形上学"（详见 KPM 218f., 228f.）。

五　海德格尔的生命图式学说：图表与结构解说

在上面的章节中，我指出海德格尔思想实隐藏了一套"生命图式学说"，并指出其无非一套生命开显的程序。要进一步讨论这一议题，我相信以图表来展示这套学说是最好的方法。以图表展示哲学理论，康德是最好的先例，在三大批判之中，康德便编列了不同的图表。在第一批判中，即有判断表（A70/B95）、范畴表（A80/B106）、关于原则的半个图表（A161/B200）和四种"无"（Nichts）的图表（A292/B348）。我不明白为何康德没有为图式程序做同样的表列工作，不过要这样做肯定是可行的。[2]

---

〔1〕Heidegger, *Frühe Schriften*, Gesamtausgabe, Band 1（Frankfurt: Klostermann, 1972）, S. 410. 德文原文为："Philosophie als vom Leben abgelöstes, rationalistisches Gebilde ist machtlos。"

〔2〕学者 Peter Suber 曾列出的有关图表，比康德本人所列举的更多，参见 Suber, "Alignments of the Categories"，见网址：http://www.earlham.edu/~peters/courses/kant/cats.htm（2014-04-18）。

1977—1978 年度冬季学期，笔者在德国波鸿鲁尔大学（Ruhr-Universität Bochum）的两位老师蒲格勒与杜于行（Klaus Düsing）合作开了一门研讨班，题目是“康德与海德格尔的时间概念”（Der Zeitbegriff bei Kant und Heidegger），笔者有幸参与其中。课堂中讨论到海德格尔的存活论与图式学说，蒲格勒悠然地以表列方式在黑板上划了六个踰出模态及其相关的图式结构，用以解说其中细节。那时，我已经读过《存在与时间》的德文本数次，但还未意识到海德格尔那关键的存活论可以用这种方式概括。事隔多年，我至今还记得自己当时是多么的兴奋，因为以我之前研习康德哲学的背景，这个图表一旦画出，许多相关的概念和议题立刻便丝丝入扣地形成脉络——回想起来，这可说是我在德国留学的岁月中最叫人精神振奋的经验。

蒲格勒本人似乎从来没有正式发表过这个图表，而我自己后来却在教学上多次用这个图表来解释海德格尔的哲学，而学生们都觉得这一图表相当有启发性。[1] 以下我将忠实地根据 30 多年前的笔记重画这个图表，但我除了把标题和纵横两轴标签略做改动之外，还加上了“界域图式结构”的一列。不用说，毕竟是 30 多年前的课堂记录，图表的解释如有错漏，当归咎于我本人。

Dasein als In-der-Welt-sein		Schon-sein/ Befindlichkeit	(Sein-bei)/ Artikulation-Rede/ Verfallen	Sich-vorweg/ Verstehen
3 \ 2	Ekstasen der Zeitlichkeit	Gewesenheit (Vergangenheit)	Gegenwart	Zukunft
Seins-modi	**6 Ekstatische Modi**			

〔1〕前此，作者曾征引了蒲格勒的半个图表，即有关“踰出范式”的一部分，参见：Tze-wan Kwan, “The Doctrine of Categories and the Topology of Concern: Prolegomena to an Ontology of Culture”, op.cit。

（续上）

Eigentlichkeit 本真性 （Selbsthabe） 自我掌握 （Entschlossenheit） 决意性	**Wiederholung** 回省 repetition	**Augenblick** 当机 moment of vision	**Vorlaufen** （zum Tode） （死亡之） 预计 Anticipation （of death）
Uneigentlichkeit 非本真性 （Selbstverlorenheit） 自我迷失 （Alltäglichkeit） 日常性	**Vergessen/** **Behalten** 遗忘/记忆 forgetting/ retaining	**Gegenwärtigen** 当前 enpresenting	**Gewärtigen** 观望 awaiting

Dasein als In-der-Welt-sein		Schon-sein/ Befindlichkeit	（Sein-bei）/ Artikulation- Rede/Verfallen	Sich-vorweg/ Verstehen
3 \ 2	Ekstatische Horizonte （=Ekstemata）	Gewesenheit （Vergangenheit） Schon-sein erschlossen	Gegenwart Besorgtes entdeckt	Zukunft Seinkönnen entworfen
Seins- modi	**6 Horizontale** **Schemata**			
Eigentlichkeit 本真性 （Selbsthabe） 自我掌握 （Entschlossenheit） 决意性		**Wovor**何之前 der Geworfenheit/ in the face of which it has been thrown **Woran**何之中 der Überlassenheit to which it has been abandoned	**Umzu** （καιρὸς） 以便 in-order-to	**Umwillen seiner** 为其之故 for-the-sake- of-oneself （**Worumwillen**） 但为谁故
Uneigentlichkeit 非本真性 （Selbstverlorenheit） 自我迷失 （Alltäglichkeit） 日常性		**Womit**何所涉 des Umgangs That which is dealt with	**Als** 视为 hermeneut./ apophant. hermeneut./ apophant. as	**Wozu/Wobei** （Dazu）何所用/ 何所缘（用以） Towards-which/ What it is involved （towards this）

以上图表应该如何解读呢？这个图表又如何构成“生命的图式程序”呢？为了解答上述种种复杂议题，让我们循下列要点略做分说：

1. 上图应解读为人的生命现象或此在作为在世界中存在的一张流程表

首先，上图其实是二表合而为一的，代表“此在作为在世界中存在”（Dasein als In-der-Welt-sein）的整个现象，即人存活于世上的生命现象。该现象可以分开两个不同层次理解：其一是踰出模态（ecstatic modes）的层次，其二是界域图式（horizonal schemata）的层次。在阅读上图的时候，我们应当注意两个表的阴影部分，因为它们各自代表六个踰出模态和六个界域图式。兹把有关名相列举如下：

• 踰出模态：回省（Wiederholung）、当机（Augenblick）、预计（Vorlaufen）；遗忘 / 记忆（Vergessen/Behalten）、当前（Gegenwärtigen）、观望（Gewärtigen）。

• 界域图式：何之前 / 何之中（Wovor/Woran）、以便（Umzu）、为其之故（Umwillen seiner）；何所涉（Womit）、视为（Als）、何所用（Wozu）。

2. 总数为“六”的踰出模态与界域图式

从概念上看，第二个表应该以悬浮的方式置于第一个表之上，以反映此在的“踰出”性格，也即生命的动的、践行的性格。踰出模态与界域图式都为六数，因为它们都由两个“存在模态”（Seinsmodi）与三种“时间性的踰出范式”或三种“踰出界域”相乘而得（2×3=6）。对海德格尔来说，六个踰出模态展现了“本源时间”时化（Zeitigung）自身的六种不同方式，正因如此，六个踰出模态都带有某一种的时间性色彩，[1]它们灵动地

〔1〕海德格尔“踰出模态”的时间其实是人文意义的时间，其意涵明显地与自然科学观点下的时间有别。有关问题海德格尔在早期的一篇文章中曾留下伏笔。参见 Heidegger, “Der Zeitbegriff in der Geschichtswissenschaft”, *Frühe Schriften*, Gesamtausgabe, Band 1, op. cit., pp. 413-433。

描述了作为时化历程的，并实指生命的本源时间如何真正地实现出来。踰出范式的运作，海德格尔称之为“外驰”或“绽放”（Entrückung）。“绽放”这个用语比较形象化，可以视为“踰出范式”（SZ 339）这关键术语的较通俗的表达方式。话说回来，所谓“踰出范式”（Ecstasis），实衍生自关键语 Existenz，其所指者其实是“从自己往外站出”（Aus-sich-heraustreten）。对海德格尔来说，“每个踰出范式都有其所属的‘何所往’（Wohin），都表示了其将要踰出的去向”，这就是所谓的“踰出界域”（SZ 364）。为了澄清这个“何所往”揭示了世界的哪一个面向，海德格尔曾经用到“何所入”（Wohinein）一词，以意会实指生命的本源时间在向各种踰出模态的“绽放”之下所“到达”或“揭示”的生命境域。

3．存在模态可视为生命模态

“存在模态”（Seinsmodi）的字面意思是指我自己“是”什么的方式、或你自己“是”什么的方式，如此类推。为了让有关讨论背后的“生命”议题更为突出，我向来主张把存在模态转述为“生命模态”（Lebensmodi），特别是在汉语的语境，这么一来，“本真性”（Eigentlichkeit）与“非本真性”（Uneigentlichkeit）两种基本模态的区别便更显出其意义。虽然这两个术语的意思本身已颇为清楚，但海德格尔的现象学同道贝克把这两种生命模态分别称为“自我掌握”（Selbsthabe）与“自我迷失”（Selbstverlorenheit），个中的生命意蕴便更为明显。[1] 贝克的意图或许也是让“存在模态”这个较枯涩的术语能更明确地联系到生命的议题上。在贝克的诠释下，我们的生命于时间的迁流下，既可开拓出自我掌握中的过去、现在或未来，也可沉湎于

〔1〕 Oskar Becker, *Dasein und Dawesen*, op.cit., S. 89.

自我迷失下的过去、现在或未来。

4. “本真性”作为此在的自我掌握

关于时间性的踰出范式，海德格尔强调它们都是“整然地”时化的，而并非个别地运行，无论在本真的或非本真的模态，情况都是如此。[1] 只是，在本真的时间性中，“未来”的范式居于主导的地位，在另外两种踰出范式的配合下，就组成了海德格尔所言的“曾经〔一度〕而现在开展中的未来”（die gewesend-gegenwärtigende Zukunft）（SZ 326, 350）。在真实的人生势态中，这个统一的现象可以体现为这样的一个人：他先行于自身之将有一死而有所“预计”（Vorlaufen），故其朝向未来以筹划（Entwurf）自身将可以是（Seinkönnen）什么；与此同时，他不忘怀于承担既往，故不辍于“回省”（Wiederholung）过往经历，以从中汲取教训，俾在当下一刻能“当机”（Augenblick）立断，好为未来的目标而奋斗。这一种由未来带动而借鉴于曾经（本真的过去）的现在，海德格尔有时称之为“预计的及回省的当机”（vorlaufend-wiederholender Augenblick, SZ 391）。

5. “非本真性”作为此在的自我迷失

另一方面，在非本真的日常生命模态中，“未来”的主导性旁落，并让位于“现在”的偶然性的随机宰制。即便如此，过去与未来没有就此消失，两者往往跟现在合流，构成“观望中和偶记下的当前”（das gewärtigend-behaltende Gegenwärtigen, SZ 354-355）。在真实的人生势态中，这一种生命现象可以体现为以下的另一个人：他活着只知着眼于“今朝”（Heute, SZ 391）或种种此起彼落地“当前”呈现（Gegenwärtigen）的和令

〔1〕此中涉及的即所谓时间性的“踰出范式的统一性”（SZ 339, 342, 350, 365）。

人好奇的事情；其过去的经验仿如擦身而过，并从此远扬，与其不时回省，他选择了“遗忘”（Vergessen），尽管他或会因为某些偶发的事件而勾起刹那间的“记忆”（Behalten）；至于所谓未来，他无意于筹措，只纯粹抱持“观望”（Gewärtigen）的态度，即只知日复一日地活在当前，让未来的时日辗转化为眼前的一刻。这种日常性下的时化，令此在不思以一己的决意作为自己生活的准绳，生命中的自我厕身于俗世，流连忘返于“当前”，犹如浮萍一般处于迷失（verloren）与涣散（zerstreut）的境域之中。

6．号称中性的第三种存活模态

在学界讨论中，关于本真性与非本真性以外，是否还真有号称中性的第三种存活模态可谓争讼不休。支持者但以海德格尔《存在与时间》书中提到的“未分化状态”（Indifferenz，SZ 232）为据，尝试证明这中性的存活模态。其实，Indifferenz 这个词在《存在与时间》用得颇为含糊，说此在有两种或三种存活模态都属可能。[1]不过，我认为所谓“三种模态”的说法意义根

---

〔1〕有关该问题的详细讨论，参见 Robert J. Dostal, “The Problem of ‘Indifference’ in *Sein und Zeit*”, *Philosophy and Phenomenological Research*, Vol. XLIII, No. 1, September 1982, pp. 43-58。Dostal 认为与“本真性”和“非本真性”比较之下，“indifference”不能看作一独立的和堪与前二者相比拟的模态，而只是一个带有“meta-existential meaning”的用语。他总结说：“因此我们有信心坚称，在海德格尔看来，此在的存活只有两种可能的模态，而非三种。”（Thus one can confidently assert that existence of *Dasein* has, on Heidegger's account, two possible modes, not three.）在海德格尔 1925—1926 年冬季学期的《逻辑》讲稿中（*LFW*），我们找到 Dostal 并没有采用，但完全支持我们上述论点的理据。在《逻辑》中，海德格尔虽然提到 Indifferenz“既非处于本真的模态〔……〕亦非处于绝对迷失的模态”，但他始终没明确地把 Indifferenz 标签为一种“模态”，反而清楚地指其“存有论意涵是特别难以透过归类来掌握。”（LFW 229）。更有甚者，Indifferenz 在海德格尔哲学中引出争议固如前述，顺道一提，贝克后来竟然提出了另外一种意味的 Indifferenz 概念，细节后详。

本不大，我的考虑有以下几点：（1）虽然海德格尔曾提及“未经分化”有别于本真性与非本真性，但是他并没有就此视之为一个独立的“模态”。（2）《存在与时间》中，Indifferenz 或 indifferent 有时只用来指人际关系中的互不关心（SZ 121），而非直接指两模态以外的第三种模态。（3）海德格尔讨论此在时曾明确地谈及“本真性与非本真这两种存在模态”和“这两种曾被论及的此在的性格”（SZ 42-43）等措词，很明显有“两种”这一存想。（4）对海德格尔来说，本真与非本真两种模态本来就如两个“理想模型”一样，而现实生活中却于此二者之间容许种种诸如程度、偏重、灰色地带乃至转型等变化可能。例如，海德格尔曾指称此在“体现了这许多或这少许的自己”（soweit oder so wenig selbst zu eigen）（LFW 229）。与这些细微差别比较起来，本真性与非本真性却表现为两种完全对立的可能性，它们都有“形式提示”的作用（formalanzeigend），而所谓“未经分化”却没有这种作用。（5）最重要的是，如果海德格尔意欲建立三种模态，则他的踰出范式（以至界域图式）理应是 3×3＝9 的结构，而断不应是我们上述描绘的 2×3＝6。

7．界域图式的口语表达性质

海德格尔列举的界域图式，骤看来枯燥乏味，就算是以德文为母语者，要理解亦非那么直截了当，对于翻译者而言，这些图式的诠述更是永恒的挑战。然而，一旦我们将界域图式的问题循“生命的图式程序”这个脉络去了解，其意义便立即显得通透明晰。界域图式犹如人类心智（Gemüt）的“窗户”，它们为我们打开了意义的世界。海德格尔似故意以日常德语的惯用语或口语字词为各图式命名（例如 Womit、Um-zu、Als 等），而不用什么抽象的概念，其所以如此，大概因为这些亲切的日用语言表达方式最能让存活中的此在通达于世。用海德格尔本人的说法，界域图式带来一种"关系的系统"，这个系统可称之为"世界性的建构元"（Konstitutivum der Weltlichkeit, SZ 88）。这种诉诸日用口语的做法其实是亚里士多德设立范畴表时早已使用的策略。当然，我们如要明白亚氏的用心，便必须避免轻率地采纳文德尔班（Wilhelm Windelband）把亚里士多德范畴视为抽象概念的翻译，这些误导的翻译甚或可追溯至阿尔诺（Antoine Arnauld）的《波尔·罗亚尔逻辑》（*Port Royal Logic*）。阿尔诺与文德尔班将十范畴翻译为十个抽象概念，诸如实体、数量、性质、关系、场所、时间等。[1] 但如对照亚里士多德的希腊文原文，这种译法其实并不准确。相较之下，Harold P. Cooke 提供了比较准确的翻译，他把十范畴贯彻地当作口语表式去理解。例如把 τι ἐστι 译作 what is（是什么），而只要这个"是什么"作为将要进行的谓述（predication）的中心地位一经订定，则其他环绕着它和附属于其上的所谓"偶性"的谓述乃可相继成立——诸如该"是什么〔实体〕"的"什么大小""什么模样""关联于谁""何处""何时"等等。[2] 总而言之，海德格尔以日用口语表达其"界域图式"，

〔1〕参见 Antoine Arnauld 与 Pierre Nicole 1662 年出版的 *Logique de Port-Royal*。现代通行版本见 Arnauld, *La Logique ou L'Art de Penser*（Paris: Librairie Philosophique J. Vrin, 1981）, p. 49f。文德尔班（Windelband）就这一点的理解与 Arnauld 无异，由于文德尔班的年代较近，应是亚里士多德范畴的抽象概念理解于近世产生广泛影响的主因。参见 Windelband, *Lehrbuch der Geschichte der Philosophie,* hrsg. von Heinz Heimsoeth（Tübingen: Mohr, 1957）, S. 121。

〔2〕*Aristotle in Twenty-Three Volumes*, Vol. 1（Cambridge: Harvard University Press 1938/1973）, p. 17. Cooke 的翻译其实也可以当作亚里士多德范畴的"图式"去看待。此外，20 世纪法国语言学家本维尼斯特（Émile Benveniste）则把亚里士多德范畴视为涉及希腊语的"词类"（parts of speech），更是见解独到。见 Benveniste, "Categories of Thought and Language", *Problems in General Linguistics*（transl.）M. E. Meek（Coral Gables: University of Miami Press, 1971）。此外，参见拙著"The Doctrine of Categories and the Topology of Concern: Prolegomena to an Ontology of Culture", ibid。

其策略和亚里士多德如出一辙[1]，都是循吾人最直率的语表方式，说明各种与吾人的生活相关的意义世界（也即上文所谓“踰出格式的踰出所在”）如何得以开显。

8．本真性的界域图式

今既证明海德格尔界域图式的口语表达性质与昔日的亚里士多德是异曲同工，以下我们乃得试用海氏提出的各种界域图式，对此在开拓出的或体验的生活界域[2]做相关说明，而这个界域实即生命的本源时间所绽放出来的。让我们先从本真性说起：此在一旦尝试本真的活着，它就需要唤起“为其之故”（Umwillen seiner）的意识，以关注一己将走的前路，并因此而要回顾自身被投掷于“何之前”（Wovor）的处境，或顾虑其曾罔顾的“何之中”（Woran）。唯其如此，此在才能得益于曾经取得的教训以开展其生活。在这种既着眼于将来，又回顾于曾经的生活方式之中，此在当前即将有所作为，“以便”（Um-zu）从事各种有关的工作，并从而牵扯及世上各种“用以”（Dazu）操作的器具。但凡此种种，皆与未来的“为其之故”息息相关，从中展示了此在决意活出一个自我掌握与自我筹划的生命（SZ 364-365；以及SZ 86-88, 149）。

9．非本真性的界域图式

相对之下，在生命的非本真模态，本真的“为其之故”的

---

〔1〕作者最近发现蒲格勒也曾认为海德格尔因袭了亚里士多德与黑格尔的作风，“以介词及代词去建造其基本概念”〔...haben von Präpositionen und Pronomen her Grundbegriffe gebildet（wie *Ansich*, *Fürsich*）〕，参见 Pöggeler, *Heidegger in seiner Zeit*, S. 31。

〔2〕就这一点，胡塞尔的“生命界域”（Lebenshorizont）概念似是一合适的用语。参见 Husserl, *Erste Philosophie*, Zweiter Teil, *Husserliana*, Band VIII, S. 151, 157。

主导地位要让位于一种单纯的关注，而关注所及的是日常生活庸常中的周遭活动。在这个生命情态下，此在所注视的只是用具世界构成的那个互为因缘的网络。首先，此在“观望”这个网络的“何所用”（Wozu）或“缘由的何所缘”（Wobei der Bewandtnis）；之后，此在“记忆”起世间种种关系或缘由的“何所涉”（Womit des Umgangs, that which is dealt with; Womit der Bewandtnis, that which is involved in）（SZ 352f.）。“观望”与“记忆”这种在时间上互相关连的视角，让此在于环顾世上种种事物时能把诸事物呈现（gegenwärtigen, enpresent）为一些彼此相关的用具世界，在这个世界中，事物被诠释为或被“视为”（Als）（SZ 158f., 223）某种就手之物。可是，这个“诠释学意义下的‘视为’”有可能被此在的存活转化为“句式意义下的‘视为’”，后者纯粹将事物看作物理世界的“现成在手”之物，相关事物是可以理论地被观察，也可以客观地被标题化处理（SZ 362ff.），而凡此种种都只和当前的事务配合，而不一定与此在的决意性有关。

10．此在转化的可能

除了踰出的统一性问题外，另一个与海德格尔生命图式程序学说有关的重要问题，就是此在的时间性之间乃至两种存在模态之间的“模塑”（existenziale Modifikationsmöglichkeiten）或“转化”（Abwandelbarkeit）的可能。海德格尔观察到时间性的踰出范式彼此之间有不同程度的变型（modifikabel, abwandelbar）可能，并说：“一个踰出范式的优势会让另外的范式一同被模塑，因而时间诸界域图式之间的时态关联会有所更改。”（GP 436）这种模塑作用虽适于所有踰出范式，但对于本真的未来和非本真的现在却特别显得明确（GP 409, SZ 329, 335-336, 347）。除了踰出范式之间的模塑外，海德格尔亦谈到两种存在模态（或曰生命模态）间的转化。换句话说，一方面是从非本真的“别人家”（das Man-selbst）到本真自我（自家）掌握的转化（SZ §54, 268）；另一方面也要注意相反的可能性，亦即从本真自我倒退为“迷失于别人”的状态（SZ §64, 317）。[1]此在的转化可能最重要的启示是，生命实践的境界并非一成不变，此中没有绝对被定性这回事，人生于世上是否真能掌握自己，并非只看一时，而是一恒久的挑战。

六　从上述分析带出的几点批判

《存在与时间》一书的著作计划终于被作者自行终止，其背后的原因和海德格尔后期思想的发展，于学界已有很多讨论。不过，今天此书隐藏着的生命图式学说一旦被我们揭露出来，我们似乎可借此机会对一揽子有关问题做重新的思考。

1.《康德书》撰作的真正原由

在《存在与时间》第八节，海德格尔简述全书布局。他宣称书中第二部的第一篇名为“康德的图式论与时间作为时间性（Temporalität）学说的前奏”（SZ 40），而第二部的理论工作总的来说，本应是“以时间性（Temporalität）的问题为指导线索，对存有论的历史进行现象学的解拆”（SZ 39）。在这个理论背景

[1] 讨论详见拙著《海德格论“别人的独裁”与“存活的独我”》，载《鹅湖学志》第6期，1991年，第113—164页；另参见拙著Tze-wan Kwan, “Towards a Phenomenology of Pronouns”，该文曾先后于University College Dublin, Dublin（17 October 2005）及Husserl Archief, Katholieke Universiteit Leuven, Leuven（26 October 2005）做演讲，现刊于*International Journal of Philosophical Studies*, Vol. 15, No. 2, London: Routledge, June 2007, pp. 247-268。

下，我们不免要问：既然《存在与时间》中途废止，那么，《康德书》是否可视为上述尚未完成的部分的一项补充？我的答案是否定的。由于议题复杂，让我逐步解释：（1）《存在与时间》原订的第二部分的“解拆”工作是计划中的内容，后来被放弃而搁置下来；《康德书》却不是计划下的产物，这一点海氏在《康德书》前言中说得很清楚。[1]（2）从历史的角度着眼，《康德书》撰写于海德格尔思想面临重大困惑之际，当其时他对《存在与时间》的整体著作意念渐生怀疑。现在我们可以从海德格尔事后的反省得知他不满《存在与时间》中的“本源时间”说法过于冒进，以至于逾越了人的有限性。（3）在程序上看，海德格尔其实早在 1925 年的《逻辑》演讲集中就曾重点处理过康德哲学包括时间和图式论在内的一些论旨，只是后来在《存在与时间》中搁置下来。因此，《康德书》对于海德格尔来说其实是《存在与时间》的“前史”（Vorgeschichte）[2]或“前传”（prequel）[3]，海德

〔1〕海德格尔撰写《康德书》的一个主要动力，是因为在《存在与时间》出版后的 1927—1928 年冬季学期里，他对康德《第一批判》图式论一章做了重新的阅读和理解。另一个更直接的动因是他与卡西勒在瑞士 Davos 就有关问题的公开辩论。参见《康德书》第 4 版序言（KPM XIV-XV）。

〔2〕“前史”一语取自 Dieter Henrich 的“Vorgeschichte”。参见 Henrich, “The Unity of Subjectivity”,（trans.）Guenter Zoeller, *The Unity of Reason. Essays on Kant's Philosophy*,（ed.）Richard Velkley（Cambridge: Harvard University Press, 1994）, p. 38。又 Zoeller 把 Vorgeschichte 译作“prehistory”。

〔3〕海德格尔在《康德书》第 4 版序言中说：“《存在与时间》的问题在我〔在《康德书》中〕的康德诠释中发挥了潜议题的作用。康德的文本成为了一个避难所，让我在其中可以找到我所追索的存在问题的一个申辩者。”“So kam die Fragestellung von ‘Sein und Zeit’ als Vorgriff für die versuchte Kantauslegung ins Spiel. Kants Text wurde eine Zuflucht, bei Kant einen Fürsprecher für die von mir gestellte Seinsfrage zu suchen.”（KPM XIV）“前传”（prequel）一概念乃 Peter Simpson 的建议。Wikipedia 关于 prequel 有如下说明：“〔A〕prequel is a work that portrays events and/or aspects of a previously completed narrative, but is set prior to the existing narrative.”

格尔撰此书的目的，是看能否“笼络”康德，借此支援其不得其解的存在问题。因此《康德书》并非什么原订的“解拆”，而是最后一次“建构”的尝试，冀求完成《存在与时间》的理论计划，此所以海德格尔称《康德书》为“避难所”（Zuflucht）。（4）所以，海德格尔是借助康德的学说，以“对话”（Zwiegespräch）（KPM XVII）的方式把己意置于康德的理论脉络中进一步发挥，而非一般所指的“误解”。当然，不知情的读者确有可能因此以为这代表了历史上的康德的错误诠释。（5）现在我们可以充当事后孔明，指出海德格尔选择康德作为避难所的理由，是因为他认为在康德的哲学中有机会开拓出一套不会逾越人的有限性的界线的主体性学说。正如傅婴克（Eugen Fink）在20世纪30年代初期所说，海德格尔与胡塞尔及主流主体性哲学之最大分别，恰恰在于对人的有限性的恪守与否，〔1〕在这问题上，海德格尔力持应恪守人的有限性，借此“避免以任何观念论者的方式将人类神化（vergotten）”。〔2〕相反地，胡塞尔在阅读《康德书》时，在书眉的批注中明确表示对其中关于“有限性”的谈论大惑不解。〔3〕（6）《康德书》出版后不久，海德格尔终于意识到他的最后尝试“已经走入了歧路……以至于满有缺点”，故必须放弃。〔4〕我们见到海德格尔后来的康德诠释愈来愈趋于批判性，再不像《康德书》那样带几分疑窦地欲拒还迎。因为晚期海德格尔的思想已或多或少带着“后现代”的观点，而康德的学说，总体而言，已反嫌过

〔1〕Dorion Cairns, *Conversations with Husserl and Fink*（Den Haag: Nijhoff, 1976）, p. 25.

〔2〕Eugen Fink, “Welt und Geschichte”, in *Husserl et la Penseé moderne*, Phaenomenologica 2（Den Haag, Nijhoff, 1959）, S. 155-157.

〔3〕参见 Iso Kern, *Husserl und Kant. Eine Untersuchung über Husserls Verhältnis zu Kant und zum Neukantianismus*（Den Haag: Nijhoff, 1974）, S. 130-131。

〔4〕参见《康德书》第3版序言（KPM XVII）。

于“现代”矣！[1]

2. 对决：海德格尔的隐藏的图式学说与康德的图式程序

正如本文多番陈述，海德格尔的“生命图式程序学说”是隐藏于“此在分析”字里行间的主题思想。蒲格勒描绘的踰出范式与界域图式表，让以上的关系得以大白于世。康德的图式程序指向自然的经验，而海德格尔隐藏的图式程序学说则指向人生于世上带历史向度的生命经历。在康德的图式程序学说中，十二图式都是“时间的超验决定”，也是作为感性直觉与知性范畴间的中介的“第三者”。[2]可惜的是，海德格尔认为在这个设想下，“时间”乃至做决定的那“自我”的终极性质或存有论地位始终还是“晦暗不明”。在海德格尔的“生命图式程序学说”中，时间作为“时间性的时化”（Zeitigung der Zeitlichkeit）变成了“本源的时间”，这个“本源的时间”的展开或“绽放”，乃得建构出他称之为“踰出界域统一体”的生命世界。在海德格尔的设计下，本源时间同时说明此在（自我）的活动范式和活动所开展的内容（世界），可谓即主即客，而所谓以“第三者”作为理论中介的说法（如康德）乃变得不必要。因此，海德格尔隐藏的图式程序学说似乎在某个意义下的确超越了康德这位理论先驱。不过，面对《存在与时间》写作计划的半途而废，我们应该如何处理这个隐藏的图式程序学说呢？干脆视之

---

〔1〕Hansgeorg Hoppe 曾对海德格尔的康德理解的前后转变有颇深入的探讨，参见 Hoppe, “Wandlungen in der Kant-Auffassung Heideggers”, *Durchblicke: Martin Heidegger zum 80. Geburtstag*（Frankfurt/Main: Klostermann, 1970）, S. 284–317。值得指出的，是海德格尔本人对 Hoppe 这篇文章非常推许，称之为“有启发性”（lehrreich），参见 KPM XVI。

〔2〕康德在《第一批判》中“时间的超验决定”（transzendentale Zeitbestimmung）（A139/B178）只用作单数，但很明显地，该词的复数使用是可行的，参以下文句：“Die Schemata sind daher nichts als Zeitbestimmungen a priori nach Regeln”（A145/B184）。

为失败的尝试吗？若答案是否定的，则海德格尔这套隐藏的学说又有何价值留存呢？

3.《存在与时间》的所谓“失败”

如果《存在与时间》在海德格尔眼中是失败的，那么失败之处在哪儿？这问题难以详尽说明，[1]在此让我略论如下：在《存在与时间》书中，本源时间作为“时间性的时化”无非行动中的此在。在撰写的过程中，海德格尔逐渐发现，把时间问题提升为“存在理解的界域”以论尽一切，某个意义下也是将人类“神化”（傅婴克！），结果犯上他所指的跟现代的主体性哲学同样的形上学错误。基于恪守人的有限性的要求与对存在的敬畏，海德格尔认为他的错误在于把此在的存有论推进到了一个地步，已构成人在存在的奥秘跟前的僭越。然而，就在这一点上，我认为海德格尔这一番自我评估其实大有斟酌的余地：我认为纵使此在分析以及其中蕴涵的生命图式程序学说被视为失败，这所谓“失败”其实只是就其不能有效地回应“存在问题”而言者——也就是说，不能按原先计划把 Zeitlichkeit 的现象描述提升到 Temporalität 的诠释层面。但这种存有论上的高调的错误其实不会（亦不应该）影响此在分析作为某一意义的人生哲学的价值。毕竟说到底，此在分析不可否认的是《存在与时间》的重点思想，是占篇幅最多的论题。作为海德格尔的读者，我们其实没有责任依循其要建立一套“普遍的现象学存在论”（SZ 436）的全部立场（当然也不必全盘否定这套论说）；相对地，我们大可以把重点放于此在作为在世界中存在者的存活现象之上，并根据与此相关的议题去评

---

〔1〕 该问题的详细讨论，见拙著《存在类比与海德格〈存在与时间〉著作计划的废止——兼论〈存在与时间〉的理论布局》，《现象学与当代哲学》创刊号（*Journal of Phenomenology & Contemporary Philosophy*），台北，Vol. 1, 2007 年，第 21—76 页。

估。关于这点，康德似早已有所提示："〔……〕存有论这骄傲的名字〔……〕因而必须让位于纯粹知性的分析这谦逊的名号"。[1] 只要把康德上引文中的"纯粹知性的分析"以"此在分析"替代，大概即有助于我们要为此在分析平反的诉求。

4．此在分析：同情理解与批判重估

按海德格尔的原初计划，"此在分析"相对于他最终要从事的"存在问题"而言只是一起点或"首途"（Ausgang），而非直达存在的"归途"（Zugang，SZ 36）。但是，在我看来，一旦确认了"生命的图式程序学说"的内在主题，此在分析的地位应该被重新肯定。海德格尔的生命图式学说是他的生命范畴理论的直接成果。在那一段光景中，由于海德格尔对"存在问题"（Seinsfrage）尚未有一完整的构思，故"生命"的主题不可否认是海德格尔当时的主要关怀之一。诚然，如作为一门生命哲学（Lebensphilosophie）而言，海德格尔此在分析中的术语或许过于抽象，但只要我们把握其中的基本关怀，则此在分析对读者的影响可以是直接而巨大的。不错，经常有论者说《存在与时间》并没有提供一套伦理学。然而，我们必须谨记本真性与非本真性的区分并非纯粹的描述。或者，诚如海德格尔所说，"〔此在〕不仅在存活践行的意义下知道本真性是可能的，而且它自己也会推崇本真性"（von ihm selbst fordert，SZ 267）。换言之，透过确认存活与沉湎（Verfallen）模态上的差别，透过揭示生命模态由此到彼的转化可能，尤其是透过深切地推断生命存在两种理想类型之间的差异——其中一面是"迷失于别人中"（Verlorenheit in das Man，SZ 189, 268, 274f., 287……），另一面是"存活的独我"（existential solus ipse, SZ 188）——读者将无可规避地要面对其"最自身"（eigenste,

---

〔1〕 Kant, *Critique of Pure Reason*, A247/B303.

ownmost）的可能性……吾将甘心于接受别人的“独裁”与“安抚”而继续迷失乎？或将重新肩负起存活的“不安感”而“抉择去抉择”乎（Wählen der Wahl，SZ 268）？因此，就算没有任何伦理的规范，《存在与时间》的伦理意涵还是不可忽视的。《存在与时间》给予读者一套法度，让他们能做更好的自我理解与自我省察，甚或提供一生命的定向，而这一点，无疑正是哲学的基本关怀所在。因此，无视海德格尔一再的自我否定，《存在与时间》一书亦将因为这个定向的作用而得保其不移的价值。

不过，我对《存在与时间》于生命哲学上做正面评价，却不认同海德格尔的说法无懈可击。相反，在重新唤醒“生命的图式程序”学说的意义与价值后，我们面前就立刻出现一大堆议题，亟待我们以批判的态度重新思量。

5. 康德图式程序的范围与方法

如比较海德格尔的生命图式程序学说与康德的图式程序学说，我们很容易便认为康德已被超越。一方面，海德格尔的时间概念作为“图式学说”的核心，可追溯到人性的内在根源，而康德的图式程序与时间的真正性质（以至两者的关系）却仍然“晦暗不明”；另一方面，海德格尔的 Zeitlichkeit 概念可以引申出 Temporalität 与历史性（Historizität）的议题，这使得其生命图式学说不仅在人生的自我理解上带来丰硕成果，而且在存有论的理论层次亦显得游刃有余。

可是，康德的图式程序学说是否真的如此褊狭？诚然，康德的图式程序似乎只关注自然经验，看来不像海德格尔那样全面与深入，尤其是就此在的存活现象而言。然而，康德除了《第一批判》的“超验推述”后有“图式程序理论”这经典性篇章外，往后还曾以其他形式讲论图式程序。在《第一批判》的后半部，康德已经提出根据调配性的理念的图式（A674/B702）。康德在后来的《单纯理性界限内的宗教》(Religionsschrift)与《得奖论文》(Preisschrift)中，更进一步提出“依于类比的图式程序”(Schematismus nach der Analogie, secundum analogiam)[1]。更重要的是，康德除了将图式程序视为一个认知程序，他在其余两大批判中亦提出两个可资比较而又同样重要的“程序”(Verfahren)：在《第二批判》中，他提出了“公式程序”(Typik)，意指行动的自我立法的诉求，即自我能依据一“律令本身的图式”，要求自己于遵从理性法则以行仁义之事时，不容有任何讨价还价的余地，一若自然律则的不容折中。[2]在《第三批判》分开的两个部分中，我们虽然找不到直接关于图式程序理论的内容，但其中的“象征程序”(Symbolisierung)[3]与“匠心程序”(Technik, Technizismus)[4]两者，其理论地位与功能，完全可与图式程序

[1] 参见 *Religion within the Bounds of Mere Reason* (*KGS* VI, 65), *Preisschrift* (*KGS* XX, 332)。

[2] Kant, *Critique of Practical Reason*, *KGS*, Band V, S. 67-72. 康德关于“公式程序”的讨论见于《第二批判》中“Von der Typik der reinen praktischen Urteilskraft”一章，该章的结构性位置与《第一批判》的 Schematismus 一章基本上对等。此外，特别应注意，康德在《第二批判》论 Typik 的章节中，明确地把 Typik 定性为一“程序”(Verfahren, procedure)。

[3] *Symbolisierung* 只于《得奖论文》(*Preisschrift*)中有关上帝的论述出现过一次(*KGS* XX, 279)。但在《第三批判》中，康德把“图式”与“象征”平列，并把二者的分别了解为对概念的“直接的”或“间接的”展示。参见 *Kritik der Urteilskraft* (*KGS* V, 352)。

[4] 见 *Kritik der Urteilskraft*, § 78 (*KGS* V, 413)。此中得见 *Technizismus* 一词的唯一出现，在其他理论场合，康德多用 *Technik* 一词。在《第三批判》导言初稿(*Erste Fassung der Einleitung in die Kritik der Urteilskraft*)中，康德清楚指出：“有匠心的其实是判断力；自然之所以被展示为带有匠心，只是因为自然会和甚至要求与判断力那一〔带匠心〕的程序相谐和。”“〔...〕it is actually the power of judgement that is technical; nature is presented as technical only insofar as it harmonizes with, and necessitates, that〔technical〕procedure of judgement” (*KGS* XX, 220). 此中特别应注意，康德在谈论判断力的“匠心”时又再一次以“程序”(Verfahren, procedure)一语为之定性。

理论相比拟。因此我们可以宣称，康德的图式程序纵使并未构成一个统一的理论，但它是开放的，它的“灵活性”足以切合不同的领域而得以发展；而康德切入图式程序的不同进路，让我们得以窥探人类心智的不同运作方式。相对来说，海德格尔那涵盖一切的历史性的生命图式学说，就反而失去了这种开放性与灵活性。

6. 尼采与贝克对于泛历史主义的保留态度

正因如此，海德格尔的学术同袍贝克（Oscar Becker）从当初倾向亲近海德格尔，渐至于批判海德格尔。贝克在撰写其主要作品《数学〔对象〕的存在》（*Mathematische Existenz*）时，曾经深受海德格尔历史性此在理论的影响。[1] 而他后来对海德格尔不满之处，是认为后者倾向于把一切事情都“历史化”。对于贝克来说，海德格尔的理论——最少在《存在与时间》期间——可以用“泛历史主义”来概括，甚至可称之为一“泛历史的肃重哲学”（pan-historische Philosophie der Schwermut）。[2] 为了抗衡泛历史主义，贝克认为有需要另行设立一些有别于以时间 / 历史为导向的图式。首先，为了与海德格尔的“存活（在）”这核心议题相对垒，他写了“异

〔1〕海德格尔对贝克的影响，在贝克整部著作中都可得见。参见《数学的存在——数学现象之逻辑与存在论之研究》（*Mathematische Existenz Untersuchungen zur Logik und Ontologie mathematischer Phänomene*）, zweite, unveränderte Auflage（Tübingen: Niemeyer, 1973），参该书 S. 1, 74, 125, 181-197, 220ff., 314ff。贝克此书于 1927 年与海德格尔的《存在与时间》一同发表于胡塞尔编的 *Jahrbuch für Philosophie und phänomenologische Forschung* 第八卷之中。

〔2〕“Panhistorische Philosophie der Schwermut”一语乃作者借贝克“schwermütig”一词对海德格尔早期思想的概括。参见 Tze-wan Kwan, *Die hermeneutische Phänomenologie und das tautologische Denken Heideggers*, op.cit., S. 158; Oskar Becker, *Dasein und Dawesen*, op.cit., S. 75。

类存活——论人的此在与此然”（Paraexistenz: Menschliches Dasein und Dawesen）[1]这一文章。目的是说明历史性的“此在”虽然是人存活的一种方式，但于此之外人更可以有他倡议的“历史外的此然”（Außerhistorisches Dawesen, Extra-historical Dawesen）的生活方式。此中“此然”的特点正好不在于“我”相（Ich），而在于人的“它”相（Es），如人自然而然的肉身性的（leibhafte）面相。[2]而所谓“历史外”又可再大分为二，即a）“前历史”与“副历史”（Prä-und Subhistorisches; Vor-und Untergeschichtliches）[3]的现象，如与儿童与初民有关之种种；与b）“超历史的”（Suprahistorisches, Übergeschichtliches）的现象，如一些需要精神高度专注至于忘我的数学或艺术活动等。因此，如果说海德格尔的“人学”区别了“掌握自我”（Selbsthabe）与“迷失自我”（Selbstverlorenheit）两种“存在模态”的话，则贝克对海德格尔的批评与补充，就是应该在本真性与非本真性以外，承认还有另一些可概括为“无我忘我”（Selbstlosigkeit, Selbstfremdheit）的存在模态——包括上述的前历史、副历史和超历史面相。对于贝克来说，人的此在（Dasein）及其此然（Dawesen）是两个同等的“本源”的领域，而后者是不会消融于海德格尔的本真性与非本真性这一过分强调历史性的两分法之中的。为了突显这些异类领域的“别于历史”的性质，贝克干脆称之为“全然地根本为非本真的”（ganz und gar uneigentlich）[4]。然则，这是什么意思？贝克的回答相当直接：人生活出自然性，跟活出历史性是同样重要的。人生许多时刻中，吾人的历史意识会带出“重负”（Last）、“疑

〔1〕 Oskar Becker, *Dasein und Dawesen*, op.cit., S. 67-102.

〔2〕 Ibid., S. 69-70.

〔3〕 Ibid., S. 67-74.

〔4〕 Ibid., S. 89.

虑”（Fragwürdigkeit）、“被投掷性”（Geworfenheit）、“悲剧性”（Tragik）；但除此之外，人生亦应该活出较为“自然而然”的一些面相，诸如“释重”（Entlastung）、“绝虑”（Fraglosigkeit）、“被承载性”（Getragenheit）、“悲剧性的免除”（Freiheit von Tragik）等。换句话说，在海德格尔有名的“存在论的分别”（ontologische Differenz）的相对面，贝克还提出他号称的“异存在论的无别”（paraontologsiche Indifferenz）。后者在“泛历史的肃重”的压迫下给予我们的生命以喘息甚至释放的机会，俾吾人得以真心欣赏以至参悟自然，和让吾人得以全心投入文化事业（例如艺术创造）。为了概述以上理念，贝克更为我们提供一个图表，有趣的是他亦称之为他的“图式”[1]。虽然贝克的“图式”尚未开展成为一完整的图式论学说，而且许多细节尚存争议之可能，但是他与海德格尔对着干的意图却相当明显。总的来说，贝克倡议的无非要全面检查海德格尔那泛历史性的此在分析。在这种分析下，贝克重新带出自然（Natur）与精神文化（Geist）的独立意义，认为两者不应再被视为存活格式或历史性的“衍生模态”。可以说，贝克重新恢复了康德的开放性，无论在人生、世界以至图式学说，莫不如此。[2]

值得一提的是，贝克对于海德格尔“泛历史主义”的不满，事实上与尼采的先见之明不谋而合。尼采在《不合时宜的省察》（*Unzeitgemäße Betrachtungen*）一书的第二章“论历史对生命的利与

---

〔1〕所列的“图式表”乃按贝克书中原图稍做轻微修改而成。参见 Oskar Becker, *Dasein und Dawesen*, op.cit., S. 89。

〔2〕作者对贝克之兴趣很明显的是受乃师蒲格勒的启发，参见 Otto Pöggeler 的两篇与贝克有关的文章：（1）“Hermeneutische und mantische Phänomenologie”, *Philosophische Rundschau*, Band 13, 1965, S. 1-39.（2）“Oskar Becker als Philosoph”, *Kant-Studien*, Band 60, 1969, S. 298-311. 另见作者博士论文中贝克对海德格尔批评的一章：Tze-wan Kwan, *Die hermeneutische Phänomenologie und das tautologische Denken Heideggers*（Bonn: Bouvier-Verlag, 1982）, op. cit., S. 154-172。

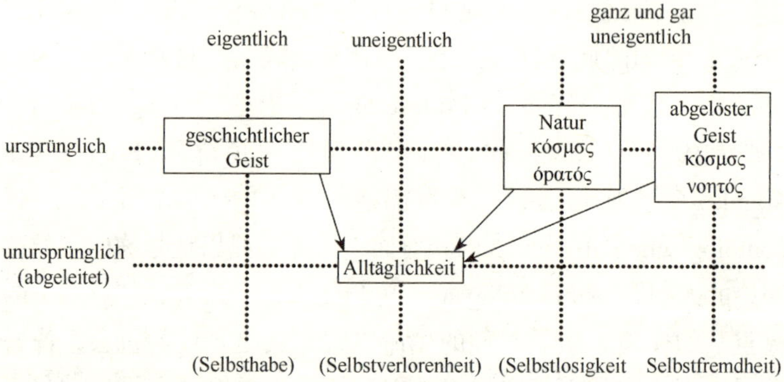

弊”（Vom Nutzen und Nachteil der Historie für das Leben）曾警告吾人：“过多的历史是对生存着的人有害的。”[1]对于尼采来说，剂量过高的历史意识足以导致“历史的疾病”（historische Krankheit），这种病的症状是对“生命过度的鞭策”（Überwucherung des Lebens）[2]。更有趣的一点，尼采的文本固然可以用来支持贝克对海德格尔的批判，但是，海德格尔在《存在与时间》的 § 76 竟然引用过以上的说话（SZ 396）。可惜的是，海德格尔只知着眼于历史的正面作用之余，完全漠视了它的“反面作用”。

7．东西对话的另一平台

众所周知，晚期海德格尔对西方传统形上学的语言大表不满。为了寻求其他表述方式，海德格尔诉诸诗歌，诉诸前苏格拉底时期的重新诠释，甚至诉诸东方思想（尤其是道家与佛家）。因此，晚期海德格尔思想脉络下的东西对话成为广泛被讨论的课题。[3]在这

〔1〕Friedrich Nietzsche, *Unzeitgemässe Betrachtungen II*, in: *KSA*, Band 1, S. 329.

〔2〕Ibid., *KSA*, Band 1, S. 331.

〔3〕在众多相关文献中，参见 Graham Parkes（ed.），*Heidegger and Asian Thought*（Honolulu: University of Hawai‘i Press, 1987），书中收录著名学者论著包括 Nishitani, Mehta, Pöggeler, Hwa 及 Parkes 等。

些讨论持续发展之际，另一段东西对话其实早已开始，而这段对话关注的却是海氏的早期哲学，而不是其晚期哲学。可惜，这段东西对话在西方却鲜为人知。关于这段对话，我们有必要提到两个名字——唐君毅与牟宗三。两位都是上一辈最具影响力的中国哲人。在1952年，唐君毅写了一篇长文，作为他的力作《哲学概论》的附录。[1]他似乎不知道海德格尔半途而废的存在论计划跟存在问题有关，而只说该书的废止是"壮烈的失败"。[2]在文章中，唐君毅的重点落于《存在与时间》已"完成"的部分，亦即谈论人生哲学的部分。在诠释海德格尔时，唐君毅援用了大量东方哲学的概念以做比较。例如，他借孟子的思想说明海德格尔的死亡与决意（Entschlossenheit）概念，又借王阳明的"良知"与先秦儒学的相关学说（例如"戒慎""恐惧"和"战战兢兢"等）以阐述海氏的"良心"（Gewissen）与"良心怖畏"（Gewissensangst）概念。[3]谈到海德格尔的"无"（Nichts），唐君毅就以道家"虚无"的世界观做对照；[4]当谈到海德格尔的关注（Sorge）与"被投掷的可能性"，唐君毅就以佛家的"烦恼"（kleśa）、"业识"（karma）、"种子识"（bīja-vijñāna）格义说明；[5]当谈到海德格尔的真理/非真理（Wahrheit/Unwahrheit），唐君毅则诉诸佛家的"无明"（avidyā）与"虚妄"（māyā）。[6]以上种种概念阐

〔1〕唐君毅:《述海德格尔之存在哲学》,《新思潮》卷17—18, 1952年。本文后收录于唐著:《哲学概论·附录》(香港：孟氏基金会，1965年)，第54—115页。由于当时海德格尔《存在与时间》之英译足本尚未面世，唐先生对海德格尔的理解主要是透过 Werner Brock 的 *Existence and Being* 一书获得。Brock 该书有《存在与时间》的节录及其他海氏论著之撮要，如 *What is Metaphysics? Essence of Truth, Remembrance of a Poet* 及 *Hölderlin and the Essence of Poetry* 等。

〔2〕唐著，同上，第60页。

〔3〕唐著，同上，第88—90页。

〔4〕唐著，同上，第114页。

〔5〕唐著，同上，第74—78页。

〔6〕唐著，同上，第110页。

述，清楚显示唐君毅对海德格尔的兴趣与理解主要是在于其人生哲学。

另一位关键人物是牟宗三，他在1971年出版了一本比较哲学的力作《智的直觉与中国哲学》。[1]在此书中，他对康德与海德格尔一并提出异议，尝试论证中国哲学传统早有"超绝形上学"与"内在形上学"。有别于唐君毅，牟宗三对海德格尔的兴趣不止于人生哲学，而关系于他欲以中国哲学为基础建立一套道德的形上学这个理论雄心。在消化海德格尔的过程中，牟宗三只稍瞥过《存在与时间》，即束之高阁，而将重点放在《康德书》之上。正如以上所述，我认为《康德书》其实是《存在与时间》的前传。从某一意义的诠释高地着眼，亨利希（Dieter Henrich）在其影响甚巨的论文中，[2]对海德格尔那套康德图式学说（以及超验想象力作为"共根"之说）采取了否决的态度。亨利希所以否定海德格尔的说法，因为他认为海德格尔的诠释已大大逾越了康德所能容忍的限度。有趣的是，牟宗三同样否定海德格尔的说法，但是他的否定却出于相反的理由——他认为海德格尔建基于有限性的存在论失诸保守和不够彻底。

唐君毅与牟宗三都是中国哲学传统的领军人物。他们对早期海德格尔的兴趣为东西对话这另一平台奠定了基础。这另一套东西对话，纵然错综复杂，却甚有哲学意义。这段对话在西方尚未见有深入探讨，[3]但愿未来能够得到较多的关注。[4]

---

〔1〕牟宗三:《智的直觉与中国哲学》，台北：商务印书馆，1971年。

〔2〕Dieter Henrich, "Über die Einheit der Subjektivität", *Philosophische Rundschau*, 1955, S. 28-69. 英译本参见 Guenther Zoeller（trans.），"The Unity of Subjectivity", Richard Velkley（ed.）, *The Unity of Reason*（Cambridge: Harvard University Press, 1994）。

〔3〕在上引由 Graham Parkes 编的论集中，唐、牟二人均未被提及。

〔4〕近年刘保禧君于香港中文大学完成《隐匿的对话：牟宗三与海德格论有限与超越》为题的博士论文，其中即就有关问题做了精审的处理。

8. 事理遗忘的指控

在终止了《存在与时间》的写作计划之后，海德格尔郑重宣称要告别西方传统的“存在—神—学”（Onto-theo-logie）的哲学模式。对于海德格尔来说，“存在—神—学”以为能借着某个超然的存在者的关联对存在的全域做出处理，这种只重存在者的研究策略却往往因而无法通达存在本身。海德格尔认为这种探究的弊病在于“存在的遗忘”（Seinsvergessenheit）。海德格尔在其晚期的思想中，宁愿选择以一更直接的，但无法完全循理性途径明确订立的方式把握存在。他亦因而展示了一种特殊的思维方式，即他号称的“同一性”思维。一般而言，海德格尔晚期带有一定反智色彩的思想，早已招来不少批评，我自己也不讳言站在批评的一方。在一众的批评者中，阿佩尔（Karl-Otto Apel）对海德格尔（以及维特根斯坦）的批判最为清晰响亮，他语带双关地指摘海德格尔为了身免他所谓的“存在的遗忘”而干犯了“事理的遗忘”（Logosvergessenheit）这更严重的错误。[1] 这是极其尖锐的批判之辞，尤其当我们想到海德格尔倒向纳粹的往绩，更觉阿佩尔的批评恰当而有力。在借用阿佩尔这一批判之余，我想补充一点：我一向认为“事理遗忘”的指控主要适用于海德格尔的晚期思想，而不大适用于他早期的哲学。[2] 顺此思路，克饶尔（Steven Crowell）最近亦反驳图根特哈特（Ernst Tugendhat）与皮平（Robert Pippin）对

---

〔1〕参见 Karl Otto Apel, “Wittgenstein und Heidegger...” , *Transformation der Philosophie*, Band 1（Frankfurt/Main: Suhrkamp, 1973/1976）, S. 273。此外，参见阿佩尔于一会议上对蒲格勒的评论：*Phenomenology: Dialogues & Bridges*,（eds.）Ronald Bruzina and Bruce Wilshire（Albany: SUNY Press, 1982）, p. 99。

〔2〕参见作者的博士论文（前引）；另参见作者近年对海德格尔晚期思想的批评 Tze-wan Kwan, “Hegelian and Heideggerian Tautologies”, *Analecta Husserliana*, Vol. 88（Dordrecht: Springer, 2005）, pp. 317-336。

早期海德格尔的批判。图、皮二人指控海德格尔《存在与时间》一书无力为真正的规范性（normativity）与理性思虑做出处理，而克饶尔却指出恰恰在《存在与时间》以及相关的早期著作〔例如《论根据的本质》(*Vom Wesen des Grundes*)〕中，海德格尔事实上隐秘地为理性、思虑、良知等留下余地，并将之放入有限此在的关注结构（分别是“情绪”“理解”“言谈”三个面向）之中。换言之，海德格尔在恪守人的有限性为前提下，确对超验哲学的转化有一定的贡献。[1]但我于此必须指出，克饶尔为海德格尔所做的抗辩，正好也只能适用于早期的海德格尔。

9. 图式程序学说：案例的重新审度

蒲格勒在《海德格尔的思路》一书指出[2]，《康德书》开辟了两条海德格尔哲学可以进一步发展的道路。一条路是按照“存在思想”的朦胧构想再向前走，另一条路是以更全面而彻底的方式揭示此在作为有限存在者的形上学。关于晚期海德格尔的存在思想，纵然我采取批判的立场，我也不得不承认这种同一性思维，就其有助于世人摆脱自矜和自大而言，实富于我所谓的宇宙洞见（cosmic insight），其精妙处颇堪与佛道两家比肩。我对晚期海德格尔所以不满，是因为其为了带出这种洞见，未免牺牲得太多，以至于哲学作为一门学科所最需要维系的内涵，如理性的思辨区分与对世务的审察思虑等基本功能亦一并因其“同一性思维”而陷入危机之中。现在透过展示海德格尔哲学中隐含的“生命图式程序学说”，以及其继承的康德遗风，我们乃可以回头申论：我们循一广义的生命图式学说回归于一更为开放和更为灵活的哲学

〔1〕 参见 Steven Crowell, “Conscience and Reason. Heidegger and the Grounds of Intentionality”, Steven Crowell and Jeff Malpas (ed.) *Transcendental Heidegger* (Stanford: Stanford University Press, 2007), pp. 43-62。

〔2〕 Otto Pöggeler, *Der Denkweg Martin Heideggers*, op. cit., S. 87.

立场是可行的，这一回归的可行性实超过一般人（包括海德格尔本人）的想象。[1] 既然海德格尔在胡塞尔的超越论转向后仍可重视《逻辑研究》（*Logische Untersuchungen*），为什么我们就不可以在海德格尔《存在与时间》著作中断后仍然保持对书中的此在分析的兴趣，甚至再进一步加以发展呢？

总而言之，《存在与时间》隐藏了一套“生命的图式程序”的学说，此说不单指向一般意义的“世界”问题，而且与人作为个体或社会的存活问题直接相关，又可触发丰硕的东西对话，因此我们实有充分的理据，重新开启有关“图式程序”的案例，作为进一步对生命与存在等大问题进行反思的平台。

2008 年 9 月 27 日初稿，2011 年 6 月 25 日定稿

2013 年 6 月 28 日中译改定

〔1〕 与《康德书》及较早期的演讲集大相径庭，海德格尔于较后的著作中（*Die Frage nach dem Ding* 及 *Kants These über das Sein*）对康德的批评趋于尖锐。参见 Hoppe, op. cit。

论海德格尔对康德时间学说的现象学阐释

现象学运动，至少在其德国阶段，确实与康德哲学产生了多重明确的联系。由于现象学是在新康德主义统治的时代崛起的，它必然要直接或间接地针对康德哲学提出自己的原则。在德国现象学运动的几位奠基者那里，这种针对性都有更自觉、更具体的体现。这种针对性围绕的是哪些议题呢？这种哲学史关涉的哲学意义究竟何在呢？

胡塞尔在《逻辑研究》中不止一处的重要语境中指涉了康德。《第六研究》中，在论命题中“存在”（或“是”）的意向特征时，简略阐释了所谓康德的存在论题（“Sein 显然不是一个实在的谓词”）。在《第五研究》的结尾，他针对始于康德，流行于康德之后，并通过布伦塔诺进入现象学关键处的表象（Vorstellung）概念给出了现象学的清理。与此相关，在《第六研究》第二版的结尾，胡塞尔抱怨说康德从未真正弄清楚“直观”与“思维”的差别[1]。然而，在“先验还原”的工作领域内，胡塞尔对康德的评价就变得积极了。在《大观念》的某些

* 作者：丁耘，复旦大学哲学学院。本文底稿是在 2012 年现象学年会（主题“现象学与康德哲学”）上的发言稿。报告时蒙邓晓芒、张庆熊、倪梁康、张祥龙等教授加以指教。新版改动较大。没有王庆节教授的邀请，就没有这次修改。特对上述各位教授表示感谢。

〔1〕 参见 Hua XIX/1, S. 520-529 及 Hua XIX/2, S. 730-733。

总体性描述中，他一方面宣称，现象学是整个近代哲学的“隐秘憧憬”，一方面又说，康德《纯粹理性批判》的A版演绎已经是先验现象学的工作了。[1]康德——即使是新康德主义解释后的康德——对先验现象学产生了近乎决定性的影响，远不止提供一条先验还原的“康德式道路”那么简单。

对于和海德格尔一样重视《逻辑研究》超过《大观念》的马克斯·舍勒而言，康德仍然扮演着《逻辑研究》中那个被批判的角色，无非是从一般的意向性领域限制到了伦理意向性而已。一般意向行为仍然不外乎形式与质料之关系。在舍勒那里，质料的范例是“情感”。

很清楚，胡塞尔及舍勒与康德发生争辩的唯一问题是感性—知性，或者说形式—质料、思维—直观的关系。这是《逻辑研究》的意向性学说必然导致的哲学史结果。而胡塞尔对康德的认肯，则是在自我、意识与现象的关系上。先验自我在康德那里就是纯思维，则现象学家们不同的康德兴趣指向了一个共通点——思维或自我。胡塞尔本人的变化彰显的是思维（自我）与直观（物）之间的张力。所有这些，从康德哲学的视野看，都严格地引出了康德哲学自身的内在问题，即如何全面地理解、平衡知性与感性、思维与直观、自我与物之间的关系。现象学运动的哲学史地位恰恰在于，以一种比新康德主义更本源的方式，再次表述与进入康德哲学的内在问题。

海德格尔的康德兴趣则更为复杂。他对康德的直接涉及总表现为“阐释”，而不是直率的批评或简单的认肯。[2]更严重的是，

---

〔1〕参见胡塞尔：《纯粹现象学通论》（下文简称《观念I》），李幼蒸译，北京：商务印书馆，1996年，第160—161页。

〔2〕以下这个例子颇能体现海德格尔康德阐释的风格，即他总是试图超然于现象学的单纯批评或新康德主义的单纯依赖之上。《康德与形而上学问题》是题献给早逝的舍勒的。但他对于舍勒对康德实践哲学的犀利批评，却有更（转下页）

海氏关注的问题看起来并不像胡塞尔那样切中康德哲学自身的关键。海德格尔的康德兴趣，属于他“存在与时间”研究的一个侧面。时间在康德那里从属于感性论，或毋宁说属于知性与感性之间的关系。至于存在，康德甚至根本未将之问题化，而只是在先验辩证论（也就是理性之批判）中，作为上帝理念的一个有待检验的谓词考察的。在理性论语境下，上帝乃至一切理念本身之成为问题，决然比存在问题重大得多。《纯粹理性批判》之所以是“理性批判”，正在于对提出理念的能力的批判，而不是对提出“存在”谓词的能力的考察。

“存在与时间”这议题，从康德哲学的内在脉络来看，甚至是怪诞的。海氏所感兴趣的所谓“存在论题”，在康德那里首先系于上帝的理念，因而属于理性论。而“时间论题”则首先属于感性。康德哲学有感性与知性之间的问题（先验想象力），有知性与理性之间的问题（目的论判断力），却无法不通过知性，将感性与理性直接联在一起提出问题。这种怪诞感，也许可以通过以下的解释得到一定程度的缓解，即海德格尔在“存在与时间”的标题下，关于时间所说的内容，其实是“时间性”（Zeitlichkeit）以及时相性（Temporalitaet），这些在康德那里对应于图型法或先验想象力，因此仍然属于知性与感性之间的议题。但这种解释并没有消解进一步的疑惑。即使将“时间”问题拉升到先验想象力，从考察“上帝存在论题”出发来逼出康德存在论的海德格尔，为何要挖掘知性与感性之间的能力（先验想象力—时间性）以便解决属于理性的问题（上帝—存在）？为何他至少在《存在与时间》时期丝毫没有理会康德本人通过

（接上页）曲折的辩护。与海德格尔的阐释相比，舍勒的批评仍然显得对康德缺乏深入而体贴的理解。参见海德格尔：《现象学之基本问题》（以下简称GA24），丁耘译，上海：上海译文出版社，2008 年，第 181 页。

批判目的论判断力（也就是知性—理性之间的能力）以回应上帝—存在问题的努力？这里的关键之处在于，海德格尔对康德的推进与黑格尔不同，海氏顺着存在论题，把“存在”从无限者（理念）那里驱逐出来，交给了有限者（图型）——无限者并未消失，但必定出现于有限者之为有限者的存在之中。因此，从康德哲学看，海德格尔在“存在与时间”这个名目下涉及的内容，仍与胡塞尔等相同，属于知性—感性学说。无非海氏以此在之存在或时间性的名目，而非意向性或还原自我的名目，把知性—感性的关系重新阐释了。依据海氏对康德的阐释，既非作为知性原则的统觉或自我，亦非作为知性借之超越到无限理念的（目的论）判断力，而是作为知性与感性中介的先验想象力成了本源性的。但这样一来，海德格尔就把自己置于和整个德国观念论（一言以蔽之，那正是试图仅仅通过彻底化自我之无限性以认识无限理念，从而推进康德的努力）的尖锐对立之中。而这个对立是从对处于有限 / 无限张力之中的自我的考察开始的。

事情不止于此。通过更换问题进行重新阐释，海德格尔把康德哲学拉到了一个更为开阔的问题视野中。尽管存在问题不是德国观念论表现出来的最高关注，但它的确是亚里士多德开创的形而上学传统的最高问题。存在史解释在某个面相下就是亚里士多德阐释。海氏把存在问题作为阐释康德的主导线索，在某种意义上就把其康德阐释变成了亚里士多德阐释的一个环节——即使他认为康德极其难得地触动了亚里士多德的时间学说。与康德相比，黑格尔更受亚里士多德的支配。[1]

海德格尔有两个坚固的大判断作为他全部哲学史解释的前提

〔1〕 参见海德格尔，GA24，第 306—312 页。并参 M. Heidegger, *Sein und Zeit*, Tuebingen: Max Niemeyer Verlag, 2001, S. 23, S. 432（以下简称 SuZ）。

与目标。其一是，存在问题（无论以何形态出现）是哲学的唯一问题[1]。其二是，形而上学传统忽视存在论差异，将存在领悟为存在者（整体）。但形而上学作为对存在的遮蔽，本身来自存在之天命。

在“存在与时间”时期，时间问题是海德格尔拆毁形而上学史，进入并解释存在论差异的主导线索。形而上学本体论之时间论秘密在于，从时相之“当前性”出发领会存在一般。是以解构形而上学史、进入存在论差异、从存在者中解开存在，必从时间问题入手，[2]所谓咽喉上落刀是也。海德格尔对亚里士多德与康德等的阐释，亦被这一思路笼罩。

然而，就具体的哲学史境况来看，此一思路的问题在于，古希腊哲学中，将“存在之为存在”（to on hei on）作为最高问题定于一尊者，仅亚里士多德一家言耳。即使首提“存在”概念的埃利亚学派，也有“一”及隐含之“思”与存在并驾齐驱。苏格拉底—柏拉图一系更益之以“善”及“心”。即便在亚里士多德系统中，存在—本体亦只提出问题，而此问题之最终解决，则不依存在，而依前人所提之“思”及“善”。[3]海氏之解说，似对其中的丰富、复杂和曲折有所牺牲，甚而至于，将根本罔顾“存在”的前苏格拉底哲人均判为以其特有概念在回应亚里士多德所提的存在问题。此事或正说明了他欲拆毁的“形而上学”传统之强大。至于康德及德国观念论，其本身即包含了对古希腊哲学中那种丰富性的继承、回应与转化。没有“一”（统一性）与“思”（我思、思维、统觉），康德哲学的原则是无法确立的。在康德及黑格尔那里，“存在”甚至“时间”本身反倒要放到“一”与

---

〔1〕GA 24，第 12 页。

〔2〕参见同上书，第 305—307 页。

〔3〕参见丁耘：《哲学在中国思想中重新开始的可能性》，《中国社会科学》2013 年第 4 期，第 10、11、20 页。

“思”之下才能得到理解。这在知性对先验想象力的作用，先验想象力对时间状态的规定中，都不难寻绎出来。

综上所述，可以得到这样几个引导性的论点。

首先，现象学运动其他成员对康德的阐释背后，是对亚里士多德问题的不自觉回应。胡塞尔及舍勒所撼动的不仅是知性与感性的康德式分别，更是对形式与质料的亚里士多德式分别。胡塞尔先验现象学的灵魂——能思—所思（Noesis-Noema）学说，涉及的也不仅是笛卡尔，而是对亚里士多德形而上学—灵魂论中心—思学说的回应。〔1〕而按照亚里士多德的解释，思包含纯形式的方面。〔2〕

其次，海德格尔对康德的阐释，则是自觉地将之拉到亚里士多德哲学另一维度的问题域中，但极少顾及这个维度的引导性概念——存在与本体——与前一维度的形式尤其是思维之间在亚里士多德那里的本质关系。关于心思与本体之原初关系，他几乎没有表现出他惯常的耐心，去进入亚里士多德本人的精密理路，而只是在巴门尼德有关“思与在”的残篇那里逗留。

第三，康德与德国观念论比海德格尔本人更明确地体现了亚里士多德乃至全部古希腊哲学的丰富性。正是康德恢复了思维与形式、思维与存在的本质联系，而不仅是在“存在”这个词上打转。

第四，德国观念论在康德哲学那里发端的“思维与存在”主题与海德格尔同样在康德那里挖掘的“存在与时间”主题就构成了阐释古希腊哲学的伟大竞争。后者蕴含了现象学运动试图越过德国观念论，激进地重构甚至推进希腊哲学基本问题的努力。而前者以思维而非存在为引导，在希腊哲学本身的丰富性中，或许

〔1〕参见亚里士多德：《论灵魂》，407a5-10。
〔2〕参见亚里士多德：《论灵魂》，第3卷，第4、6章。

赢获了其他的东西，打开了不同的视域。

康德的“时间”学说——就图型论而非感性论而言——在康德哲学那里有着特殊的位置，对胡塞尔及舍勒的攻击来说，它联系了“思维”同“直观”；对海德格尔的阐释来说，它凝结了“思维”同“存在”——不仅是德国观念论意义上，更是海德格尔意义上的。因此，对康德的时间学说的阐释就提供了一条希望之路，不仅可以展示与剖析现象学运动在德国观念论与古希腊哲学之间的紧张，不仅可以介入现象学运动与德国观念论的伟大竞争，甚或可在某个不可预料的方向，为我们打开重新激活哲学的全部复杂、触摸哲学的某种限度的视野。我们据此将海德格尔对康德时间学说的解释作为再解释的素材，以期得到比海氏在康德那里所得到的更多的东西。

一　此在、时间性与时相性：《存在与时间》中的康德阐释如何推进到《康德书》中的康德阐释

海德格尔在其论著与授课中对康德做过多次阐释。但从与“存在与时间”这个主题的相关性来看，《存在与时间》《现象学之基本问题》《康德与形而上学问题》及《路标》中的“康德的存在论题”[1]一文，构成了一个相对独立的互文脉络。

在海德格尔那里，对时间问题的处理从来是接近存在问题的

〔1〕海氏本人在《康德与形而上学问题》的初版序言里将此书的问题和《存在与时间》没有完成的“第二部分”以及“论根据的本质”一文联系起来。但后者仅在论及“世界”概念时讨论了康德。弗赖堡大学 1935—1936 年的冬季学期讲义《追问物》（*Die Frage nach dem Ding*）则从“物自身”角度切入《纯批》的先验分析论。“论根据本质”一文中的康德部分仅涉及了整个“存在与时间”计划的一个分问题。而《追问物》的主题已不属于“存在与时间”计划。故这两种文献本文予以搁置。

一个入路——在《存在与时间》指示的整个计划中，这甚至是唯一的入路。此书交代得非常清楚："长期以来，'时间'就充当着一种存在论的（ontologisches）或毋宁说存在者的（ontisches）标准，以对不同的存在者领域做素朴的区分。"[1]非但如此，"存在"自身之意义，也植根于时间现象中包含的时间领悟，以至于"只有着眼于时间，存在才成了可把捉的"[2]。而时间——无论据本真时间观还是庸常时间概念（der vulgaere Zeitbegriff，一译流俗时间）——源出于时间性。所有以生存论面目出现的此在分析论的目标，就是通过揭示生存中的本源时间现象，阐明此在之存在建制无非就是时间性。"生存论分析的结果就是……此在之存在建制（存在宪法）植根于时间性之中。"[3]这层意思有时甚至表达得更为直率："把此在解释为时间性……"[4]

此在对"存在"一般发问之可能性同样存在论的包含在时间性中。当时间性作为存在领悟（而不是对存在者之存在的领悟）的境域条件时，它就被称为"时相性"："时相性这个术语应该表明，生存分析论中的时间性展示了我们由之领会存在之境域。"[5]时间性与时相性的区别对应着此在与此在之存在追问的区别。时间性还包含了对各种存在者存在之领悟条件，而时相性只是存在领悟的时间性条件。因此毫不奇怪，海德格尔对时间性与时相性的阐发正是"存在论差异"的首要内容。他所指责西方形而上学传统抹杀"存在论差异"，将存在一般领悟为存在者（甚至是现成存在者），其根源在于，通过源出于时间性的庸常时间而非本源时间去领会存在。在海德格尔看来，源初于亚里士多德的庸常

〔1〕SuZ, S. 18.

〔2〕SuZ, S. 19.

〔3〕GA 24, p. 306.

〔4〕SuZ, S. 17.

〔5〕GA 24, pp. 306-307.

时间概念的要义是将时间领会为“现在序列”（die Jetztefolge）。即使黑格尔的时间学说仍在这个时间观内打转，当前性就是现成存在者的时间性质。这就是说，传统形而上学的根本问题，在于没有正视时相性，因而不能开启一种可能，从本源时间上去领会存在。

正是在这样的背景上，康德的重要性突显了出来。《纯粹理性批判》的“图型法”，把所有纯粹知性概念（范畴）的图型都解释为“时间规定”——其中也包括了对可能存在、现实存在与必然存在的解释[1]。而产生这些图型也就是“时间规定”的，是先验想象力（创生性想象力）。既然图型包含对存在的时间规定，而先验想象力是这些规定的源头，则一目了然的是，对海德格尔“基本存在论”的计划而言，图型对应着“时相性”，先验想象力对应着“时间性”。正是在这个意义上，海德格尔高度评价了康德，认为只有他在存在解释和完整的时间现象之间建立了明确的联系，而不是不自觉地被某种时间样态支配了存在解释。“曾经向时间性的这一维度方向〔丁按：即时相性维度〕探索了一程的第一个人与唯一的人，是康德……只有当时相性问题之提法已经确定之时，才能成功地引入光明来照亮图型论的晦暗之处。”[2]

然而，在《存在与时间》的康德阐释中，获得高度评价的也只是时相性那个维度，而非全部时间性。在海氏那里，时间性是此在分析论的结果，没有对不同存在方式的辨析，是无法窥见完整的时间性的。康德耽搁了（仅仅是耽搁了！）此在分析论，其“我在”之说受笛卡尔“我思”“确定性”原则之牵累，致使其没

---

〔1〕参见 I. Kant, *Kritik der reinen Vernunft*,（以下简称 KrdrV）, Hamburg: Felix Meiner Verlag, 1976，哲学丛书本 37a，A138f./B177f。

〔2〕SuZ, S. 23.

有去追问“我在”之“在”的含义。这个 res cogitans(能思之物)之存在，依然受古代存在论的支配。后者将存在之意义规定为 ousia 或 parousia。这两个概念在亚里士多德哲学中一般可被译解为“实体”(或“本体”)与“临在”。而海德格尔则精密地对译为 Anwesenheit(在场性)，这就将存在论与时间论在本源上绾合在一起。由此海德格尔断言道：“〔被规定为实体或临在的〕存在之意义……在存在论—时相性上意谓着‘在场性’。在其存在中的存在者被把握为‘在场性’，亦即，存在者是就特定的时间样态，‘现前’(Gegenwart)得到领会的。”〔1〕

海氏的阐述很清楚，在“我在”那里透露的康德之存在领会，仍然受制于在场性；进一步说，受制于被“现前”主宰的“庸常时间观”。虽然此时间观仍源于时间性，但也遮蔽了那个“绽出”的本源时间性。于是，在《存在与时间》一书中，康德被阐释为虽在“时相性”上获得了空前的突破，却在“时间性”上被其存在观所累，仍在“庸常时间观”里打转。这就不难理解，此书的完整计划，仅仅是挖掘康德图型论里的以引出“时相性”问题，而将其“我在”论置于笛卡尔之下给予清算〔2〕。这就是说，在“存在与时间”这个问题的索引下，《存在与时间》这部著作积极评价了康德学说的对“时间”方面的某些贡献，而淡化处理了其“存在”方面。

但如细心推敲之下，这种处理不乏令人困惑处，值得继续深思。

首先，康德之所以在“时相性”方面值得肯定，恰恰因为时相性是存在领悟的时间性条件。如康德在存在领悟上并无什么特殊的可取之处，其图型法—时相性学说又有什么可称道的

〔1〕 SuZ, S. 25.
〔2〕 参见 SuZ，第 8 节，S. 40-41。

呢？对这个困惑或可如此解释，康德图型论的贡献或者并不在于点出了不同于前人的存在领悟，而在于首先将“存在”与“时间”联系了起来。但这个解释仍无法澄清这样一个明显的矛盾：海德格尔据以批评康德存在观的是其“我在”说，也就是知性（思维）自身之存在；而康德图型论涉及的是运用于经验对象之存在样态。两者既然不是一回事，那么仅据康德的统觉学说去判断其存在观对时间学说有什么不良影响，多少有些不公正。因此，在《现象学之基本问题》中，在“康德的存在论题”的名下，海德格尔放弃了纯粹统觉这个靶子，从“我在”之“在”，转向了康德在分析“上帝存在”这一命题时透露的一般存在观（“存在显然不是一个实在的谓词”）。而这就与图型论里涉及的存在样态相应了。

其次，康德的图型是先验想象力的产物，是知性先天地刺激内感官带来的结果。[1]这同样完全是主观之内的事。图型说值得肯定，也就意味着先验想象力意义上的主观有可取之处。但如将康德的主体学说全于“我在”名义下大加挞伐，就会牺牲先验想象力因而牺牲图型说本身。按照海德格尔自身的理路就更清楚，时相性就是存在领悟维度上的时间性，如有人于时间性学说全然受制于传统，同时却在时相性方面突破了传统，则此事殊不可解。唯一可能的解释反而是，时相性上的突破恰恰说明了时间性上有所突破。时间性上的突破恰恰说明在主体之存在方式问题上有突破。这就是说，海德格尔同样必须放弃统觉，转而到先验想象力中去寻觅康德时间学说突破的真正源头。

这就是《存在与时间》之后继续的康德阐释的内在机缘。海德格尔之康德阐释的基本机理就是“存在与时间”计划的几个基本环节——存在、此在—时间性、时相性。时相性在康德阐释

〔1〕参见 KrdrV, A140/B179。

那里找到的对应者始终是图型说。但《存在与时间》一书把存在、此在—时间性都塞到康德的统觉说那里加以批判。而其后的阐释，为存在找到的是“康德的存在论题”，为此在—时间性找到的对应物则是先验想象力。前者在《现象学之基本问题》那里发挥了重要的引导作用，后者则是《康德与形而上学问题》（下文或简称为《康德书》）的阐释中心。《基本问题》从康德之“存在”论题始，以略论康德之“时间”学说终。它比所有其他康德阐释都自觉强调了康德那里的存在“与”时间之关联及其在哲学史上的渊源与殊特。而《康德书》的全部目标就是重新回到被《存在与时间》导论指责的康德“我在”学说上，试图在激进地颠倒其与内感自我之关系的基础上，推阐其全部的“时间”学说。本文旨在探讨对康德时间学说的现象学阐释，故在文本指涉上，以《康德书》为主。

从文本上考察，《康德书》究竟是在《存在与时间》的哪一点切入，以便改动与推进《存在与时间》的康德阐释呢？

《存在与时间》导论部分对康德的基本指责是耽误了此在分析论，未能进入对自我之存在的存在论追问。而这个耽误是受笛卡尔之累。在海德格尔看来，笛卡尔所谓“我在”是“能思的物”之在，这个存在其实是被制造之在，这是一个成见，既可追溯到古代存在概念的一个环节，同时也对后世带来了决定性的影响：

> ……后世就从这个成见出发才把对心灵（Gemuet）的专题化存在论的分析论耽搁下去的；此分析论本应以存在之问为线索，并同时成为对沿袭下来的古代存在论的批判性争辩。[1]

---

〔1〕 SuZ, S. 25.

以“心灵”这个概念为衔接，可与此段文本合榫的是《康德与形而上学问题》第 34 节的这段话：

> 但这样，一下子就清楚了，作为纯粹自身激发（或译自我刺激、自我感触）的时间并不在纯粹统觉“一旁”的“心灵”中出现，相反，它作为自身性（Selbstheit）之可能性之根据，早已存于纯粹统觉之中，而且，心灵也正因为如此，才能被称为心灵。[1]

把这两处引文及其上下文相互对照，可以得到这样两个结论——这清楚地提示我们，《存在与时间》之外的工作是如何回应与推进此书的康德阐释的。

一方面，就《存在与时间》的引文可以确认，海德格尔希望在康德那里找到的、可以容纳此在分析论的突破口是“心灵”这个概念——与统觉、自我以及自身意识相比，此概念很容易被忽视[2]。要弥补笛卡尔对康德的“耽误”，要做的事情是从存在之问着眼，推进康德本应进行的、在“心灵”名下的“此在分析论”。且同时与古代存在论进行争辩。《康德与形而上学问题》就是延续康德的“心灵—此在分析论”——但限于阐释的对象，还不曾直接以“存在”引导阐释，而是反过来通过阐释引导出存在之问。《现象学之基本问题》是把康德学说置于和古代存在论的联系中，且明确地依“存在”概念引导这种联系。

---

〔1〕M. Heidegger, *Kant und das Problem der Metaphysik*, GA3（以下简称 GA3）, S. 191。

〔2〕《纯粹理性批判》中的“心灵”概念，所在多有。比较关键的地方首先是在先验感性论的一开始，用以界定感性能力。参见 A19/B33。更为重要的则是第一版先验演绎中被删除的部分，论心有三种能力，即感官、想象力与统觉。参见 A94。这是以某种激进的方式把统觉摄于心之下。海德格尔最重视此类方式，他要进一步证明的无非是心其实就是想象力，因而统觉也在想象力之下。

另一方面,《康德与形而上学问题》之引文非但在一定程度上洗刷了《存在与时间》对康德之统觉说耽误此在分析论的指责，且倾向于更深入地理解统觉学说，在统觉之内（而非之旁）挖掘心灵（对应于此在）之本性。而此工作的引导线索正是（作为纯粹自身激发产物的）时间。

所谓纯粹自身激发（康德更愿意将之称为“内在激发”[1]）是康德用来解释知性为何能先天地规定作为内感形式的时间的最关键根据。我们且来观察康德本人在时间与统觉关系上的犹疑试探。依此方可看到，海德格尔是在什么方向上用力的。

二　康德哲学与庸常时间观——《纯粹理性批判》A、B 两版演绎中的时间问题

在时间学说史中，唯一被海德格尔认为有迹象突破庸常时间观的就是康德。《存在与时间》只是指点出了这一议题,《康德与形而上学问题》则致力于阐发此点。本文第一部分已经展现了两个文本的多方面关系。这一部分关注的则是，康德哲学是否并且如何突破了庸常时间观，以及这种突破的限度何在？海德格尔对康德这种突破的展示与阐发的得失何在？为此，首先必须了解，时间问题在第一批判中——特别是在先验分析论中——是如何出现和解决的。

康德为第一批判提出的引导性问题是：先天综合判断是何以可能的？[2]先天综合判断是关于经验之对象之先天的判断。也就是说，它一方面是先天的，即不能来自经验；一方面又仅关乎可

〔1〕例如，参见 KrdrV, B156。

〔2〕参见《纯粹理性批判》之导言，特别其第 V 部分。

能经验之对象，而非超越的对象。“借助于感性，对象被给予我们，且只有感性才给我们提供直观；但这些直观通过知性而被思维。但一切思维必须……与感性发生关系，因为以别的方式不能有任何对象被给予我们。”[1]作为关于经验对象的先天知识，先天综合判断中包含着对纯粹直观的思维。根据先验感性论，此类直观就是时间与空间表象。[2]

因此，先天综合判断只能来自于思维形式对对象所与形式的先天规定，或者说判断能力对感性形式的先天规定。在先验感性论中，一切对象（而不仅仅是内感对象）归根结底都是通过内感形式也就是时间被给予的。因而，先天综合判断之可能性，最终在于思维对时间的先天规定。由于经验对象只能通过时间被给予，那么思维对于时间的先天规定，就是对于经验对象之被认识的先天条件。

诚如亨利希所言，第一批判的核心是（纯粹知性概念或范畴之）先验演绎。[3]康德“把对概念能够先天地和对象发生关系的方式所做的解释称之为对这些概念的先验演绎”[4]。严格地说，纯粹感性概念（时间、空间）和纯粹知性概念（诸范畴），都需要先验演绎，虽然它们同对象先天发生关系的方式有所不同。知性必须首先获得其对象，再以思维机能加以规定。而可能经验的对象只能通过感性而非思维自身被给予。因此，纯粹知性概念的对象关涉性必须首先包含纯粹知性概念的直观关涉性。范畴之先验演绎，作为知性对于经验对象之先天有效性的证明，是无法绕开范畴同直观的关系的。因此先验演绎的入手

---

〔1〕 Ebd., A19/B33.

〔2〕 Ebd., A20/B35.

〔3〕 参见 D. Henrich, “The Proof-Structure of Kant’ s Transcendental Deduction”, in: *Review of Metaphysics,* Bd.XXII, 1969, p. 640.

〔4〕 KrdrV, A85/B117.

部分在于揭示直观对于思维（统觉）的从属性。又因为感性直观的形式归根结底是时间[1]，因此范畴之先验演绎必定以统觉与时间的关系为旨归。第一批判两个版本的先验演绎，无论其内容有多少改动，它们在第一批判整体中的使命是一致的，因而其出入端未尝改动。两版先验演绎均从统觉与直观的关系入（第 16 节），以统觉对时间的关系出（作为时间规定的范畴之图型），就是这个道理。

两版演绎都必须建立在范畴（统觉）与直观（时间）的关系之上。而两版的差别，在于对此关系的具体阐述发生了变化。

（一）A 版演绎中的时间问题

第一版演绎建立在这样的前提上。“心灵”有三种能力，即感官、想象力和统觉。这三种能力是层累地被奠基的。感官是杂多之概观（Synopsis）的能力；想象力是综合杂多的能力；统觉是对被综合的杂多进行统一的能力。这三种能力（康德有时也在广义上称之为“三种综合”，以与狭义的想象力之综合区别开来[2]），就其先天方面而言，是经验的可能性之根据，因而也就是经验对象之可能性之根据。因为，“一般可能经验之先天条件也就是经验之对象之可能性条件”[3]。初看起来，康德是并列了三种不同的能力，而仅仅第二种能力（想象力之再生的综合）——由于再生产了前一个瞬间——才与时间有明确的联系。实际上，这三种能力的前两种是密不可分地交织在一起的。前两种交织于一体的综合之产物正是时间，而第三种综合，其根据只是统觉。在第一版演绎那里，这三种能力的内在关系，就

[1] Ebd., A34/B50-51.

[2] Ebd., A97.

[3] Ebd., A111.

是时间与统觉之关系。

杂多之概观本身，内在地拥有其时间特性。“每一个直观里都包含一种杂多，但如果心没有在诸印象的彼此后继序列中区分时间，这种杂多却并不能被表象为杂多：因为每个表象**作为被包含在一个瞬间（Augenblick）中的东西**，永远无非只是绝对的统一性。”〔1〕

康德（无论是知性的还是感性的，是纯粹的还是经验的）表象学说的入路当然是统一与杂多的内在关系。这一学说也是对传统“一”与“多”之形而上学—神学—逻辑关系的推进。但统一与杂多的内在关系在康德那里是被直接描述的。这意味着，在现象学上，它首先是一种时间关系。

在对直观之领会或概观的描述中，统一与杂多（一与多）在表象上的关系仅仅从时间方面得到了刻画。统一就是当下的瞬间、现前。作为纯粹的现前，其中包含的部分是“同时”的，以致它们可算作“同一个瞬间”之内的东西。现前之内在同时性，就是表象作为瞬间之“统一性”。然而，另一方面，直观表象是一个在自身之内包含了杂多的统一体。这统一与杂多的关系——从现象学的描述而非概念的思辨看——正是一个瞬间之同时性与诸多瞬间之不同时性的关系。任何一个现前，就其必然包含杂多而言，意味着将不同时的诸多瞬间（先前的诸多瞬间）同时地在当前唤起并整合在一个同时瞬间之内的“综合”。换言之，直观之综合中已经包含了对“先前”的再现。否则它就不可能是包含杂多的表象，而只是一个绝对统一体。

第一版演绎论及先验想象力之再生的综合时则曰：“如果我在思想中引一条直线……我也首先必须把这些杂多表象一个跟在另一个之后把握在思想中。但假如我总是把先行的那个表象……

---

〔1〕 KrdrV, A99. 黑体字原文所有。

从思想中丢失了，并且我在进到继起的表象时没有把先行的表象再生出来，那就永远不会产生一个完整的表象……甚至就连空间和**时间**〔黑体为引者所标〕这两个最纯粹和最初的基本表象也不可能产生。”这段话的意思无非有两层，即，没有同时（一个）与继起（另一个。注意继起作为另一个要和前一个同时把握，这是更高意义的同时），就没有纯粹时间表象；产生继起与同时的（同时作为现在只能作为刚刚逝去的现在把握。现在的独特性在于它只能通过继起把握——这点决定着时间的变易特性）则是想象力（之再生的综合）。这与感性论的时间阐明发生了明显的——或者说表面的——不一致。

可以试着为康德解释此处表面的不一致，即前者说的是时间内状态的同时与继起，以时间表象为前提。后者说的是产生时间表象的同时与继起，时间表象以之为前提。前者的想象不是先验的，后者则是。

此解释康德本人未必接受。他明确说过，只有一个时间，不同的时间是同一个时间的不同部分，[1]但我们可以反对的就是，康德本人就给出了不止一个意义上的时间。清理康德给出的不同时间，这就是时间现象学工作的第一步。但即使如此解释，也无法消除这里出现的崭新的东西，即想象首先产生的、先于纯粹时间表象的同时与继起。我们把这叫作原初时态。它不是属于，而是先于完整的时间表象。该时间表象本身先于基于此表象的一切时间规定，因此原初时态先于图型意义上的内感时间。再生的综合[2]无非就是产生这个原初时态。也就是在对先行者的“再生”区分出与“现在”不同的另一个现在。诚如亚里士多德所云，时

〔1〕 Ebd., A31/B47.

〔2〕 “……因而想象力的再生的综合属于心灵之先验行动……”，同上，A102。当据原文解，不从 Riehl 之校。

间在于“现在”之区别。此区别同时也是对两个现在的保留。没有这种区别，就没有时间。

无论如何，想象力之再生的综合，是将之前的瞬间与当前综合起来，因此产生时间表象本身的能力。按照康德为时间表象确认的两个基本特征—同时与继起而言，同时性（一个瞬间之内的杂多是同时的）由感官之概观的综合做出，继起则由想象力之再生的综合做出。但是，再生的综合非但再—生产了逝去的表象，而且是在当前依据当前做出这个表象的。没有过去，自然没有继起。没有当前，也就没有继起。只有把过去保留在当前之中并与当前分别开来，才有继起可言。另一方面，时间是绝对的流逝与转变，当前直接的就是绝对的另一个，是把握不住的。被时间意识以为抓住的当前，无非是刚过去的瞬间。于是，没有继起，也就没有当前。继起与当前的**俱起**，才是时间表象完整的现象学本质。康德以非现象学的术语同样发现了这个本源性时间现象，正因如此，康德才说：“把握（又译领会）之综合与再生的综合，是不可分割地联结在一起的。”[1]在A版中，康德很快将这两种不可分割的能力全部归并到想象力的名目之下[2]。然则可以确定，单单想象力就可以相当于对康德而言的完整的时间意识[3]。在康德那里，想象力对时间表象的构造，被称为对杂多的综合，也就是将不同瞬间结合在同一个瞬间——当前之内。与此呼应，B版将想象力解说为“把一个对象甚至当它不现前（gegenwart）时也在直观中表象出来的能力”[4]。这就是说，想象力就是基于已逝去的诸多先前（杂多）来构造“现前”的能力。想象力对现前的构造有两层含义，其

〔1〕KrdrV, A102.

〔2〕“想象力直接施加在知觉上的行动我称之为领会。”Ebd., A120。

〔3〕关于未来维度的缺乏以及海德格尔的辩护性解释，参见下文。

〔4〕KrdrV, B151.

一是先前的杂多在当前被同时唤起。其二就是统一了所有这些杂多的那一个当下现前。也就是A版所谓“一个瞬间”。想象力就是构造当前一瞬间的能力。

于是，心之三重综合能力中，前两重可被归并为想象力或者“时间意识”。现当考察第三重：概念中认定的综合。

康德在认定的综合中说的无非是，意识到当前所思的东西就是前一瞬间所思的东西的能力。在这个阶段呈现的是“综合的**统一**”。也就是克服了时间流逝的、完全摆脱感性杂多带来的时间性因素的概念性的东西。盖前两种能力产生的均是有时间性的表象，随时呈现、随时流转、刹那刹那、彼此外在，仍只是杂多而不能为一。例如即使概观一物，此物之样貌其实取决于看之时间、位置等等而呈现为杂多。即只惊鸿一瞥，看时呈现，与回忆时之呈现，处于不同时刻，就表象一念头说，异非同、二非一。而此物为同一物。然则此物之自身同一，不可从概观、再生之综合来。统一绝不从杂多来。想象力之**综合**带来的是作为前后秩序的“时间”。而概念机能或统觉之**统一**所带来的则是处于不同时刻（瞬间）的表象的“同一”。和“瞬间”本身一样，描述现象学地看，该同一也是对杂多的综合统一。差别在于，瞬间之统一——在B版中被称为“形象的综合”（synthesis speciosa）——仅仅依据量的先后秩序。而认定之综合——相当于B版中的“智性的综合”（synthesis intellectualis）[1]——则超越了彼此依据时间秩序展现的诸多表象之差异，指向一个依据概念内容规定的“极”。按照胡塞尔现象学的视角，概念认定的综合所带来的仿佛正是在时间这个赫拉克利特之流中保持不变的“意向对象”。发现与承认这个“统一”，对于批判哲学和现象学都是意义重大的起点。差别仅仅在

〔1〕 KrdrV, B151.

于，康德将此“统一”的根据追溯到纯粹统觉，而非意向性上。胡塞尔曾经将德国观念论的对象化学说指责为〔神话式的〕“概念构成”，以与他自己的“意识构成”相对照[1]。但对此概括，仍需补充说：在康德那里，概念和意识是难以割裂的。意识的统一性和统一方式只能来自概念。而概念的统一机能正是做出“一个意识”。在康德哲学那里，“概念”之类的东西不是本质直观的意向对象，而是意向性本身成立的根据。

概念的机能就是意识之统一，而概念就是意识统一之方式。概念不同于在内感中所遇到的、束缚于时刻之时间性表象。将两个时刻的表象认同为一，这个能力绝不可来自感性（感性的形式是时间，时间的诸时刻之间之关系是“彼此外在之杂多”），只能来自统觉。无统觉之统一、无概念，认识是不可能的。概念认同这个环节涉及的是：外于时间性的东西（某种意义上的“永恒的”东西），如何在时间性表象的基础上构造起来，却又不能还原为时间性表象，而是与时间性表象（即杂多表象）之间处于质料与形式的关系。形式与质料即使合为一体，形式即使在质料的基底上呈现，也绝不能还原为质料。

在B版演绎那里消失的A版道路的标志是，先论想象力，后发现统觉；更重要的，在A版中，知识的原理是由统觉和想象力共同构成的。切不可被康德的片言只语误导，以为仅只想象力就构成了知识之基础。康德固然提到了这句令海德格尔兴味盎然的话：“想象力之纯粹的（创生性的）综合之必然统一这条原则先于（vor）统觉而成了一切知识的……可能性基础。”[2]但康德的这个论点，只是他在以下两种可能中暂时尝试的一个：即（纯粹统觉之）综合统一性要么以（先验想象力之纯粹）

〔1〕参见 Hua VI, S. 203-206。

〔2〕KrdrV, A118. 并参 GA3, S. 80。

综合为前提，要么包含这样一种综合。所谓“先于统觉”，就是统觉以想象力之综合统一为前提。海德格尔运用了这个解释，并将上述两种可能性视为典型的康德式摇摆的标志。[1] 在一定程度上，我们可以同意海氏的解说。而且可以补充说，B 版演绎正是展开了另一种可能性，即统觉之统一性包含了想象力之综合。但康德既然在 A 版中列出了两种可能，就不会不加交代地断然走其中的一条道路。对所谓“包含”和“前提”，当再深求一步。

值得提请注意的是康德在同一小节里的另外说法：“既然统觉之本源的统一性是一切知识的可能性的基础，那么想象力之综合的先验统一就是一切可能知识之纯形式……”[2]

这才是 A 版演绎关于统觉和想象力之先验成就之间关系的完整看法，即两者都是知识的可能性之基础，只是后者偏于形式方面，可谓“形式基础”[3]。这样来看，所谓“前提”和“包含”，可谓并行不悖。形式基础可以是全部基础的在形式上的“前提”。反过来也可以说，完整基础“包含”着其形式方面。要透彻解释这个“先于”或“前提”，必须同时参考 B 版演绎。下文会显示，“vor”绝不意味着，先于统觉或思维的东西可以单独存在。

严格地说，康德归给先验想象力的大多只是“纯粹综合”这样一个谨慎的用语。在 B 版中则更为谨慎地区分了综合和统一。但在 A 版演绎的特定上下文中“纯粹综合”和“综合统一”往往置换使用，难以区分。“纯粹综合”与“综合统一”的区分或可从先验想象力的成就上窥见端倪。纯粹综合的结果仅是具有前

---

〔1〕 GA3, S. 80.

〔2〕 KrdrV, A118.

〔3〕 这只是纯粹直观的形式。在此形式中，被给予性与被规定性是合一的。

后秩序的“本源时间”。而综合统一属于概念机能。诸多具有内在前后秩序的时间表象（仅是领会与再生之产物）则同属一个唯一的前后秩序（唯一的、统一的前后秩序包含了概念认同）。此唯一秩序之统一性源于量范畴。另一方面，想象力的综合统一意味着各范畴对应之图型，意味着作为图型内容之时间**规定**而非单纯的时间。无论如何，想象力拥有统一性可以得到多方确认，现在的问题仅仅是，想象力之统一性是本源的吗？如果不是，源于何处？

海德格尔之康德阐释的核心工作是赋予先验想象力以“本源”的地位。但这样一来，他必须面对想象力的综合统一特性。换言之，他非但要论证统觉与想象力共属一体，且前者源出于后者。

但是，在康德那里非常清楚，即使想象力之综合统一在某种解释下“先于”统觉，这也绝不意味着哪怕 A 版赋予了这个统一性本身以独立的地位。恰恰相反，“对诸表象的综合是基于想象力，但想象力之综合统一……则基于统觉之统一”〔1〕。统觉是一切表象中“统一性”的来源。在这个问题上，A、B 两版毫无二致。为解决这个麻烦，海德格尔只有一个选择，正如他所做的那样，用巧妙的但破坏康德论证肌理的旁证暗示统觉就是想象力。〔2〕

（二）B 版演绎中的统觉—想象力问题及其时间论意蕴

那么，对康德自己而言，统觉之统一性与想象力的关系究竟如何？要搞清楚这点，无法绕开 B 版演绎。在那里，统觉（和范畴一起）受到了首要关注，得到了远远多于想象力的阐述。这

〔1〕 KrdrV, A155/B194.
〔2〕 参见 GA3, S. 191-194.

种与A版大不相同的论述次序和比重，并不说明康德回避统觉与想象力的关系。毋宁说，正由于从统一性入手，康德更简练清晰地解决了想象力本身的综合统一性问题。

关于统一性，A版首先阐明了概念之认同综合源于统觉。但仅仅这点尚非先验演绎。此演绎的关键在于统觉必须统摄直观中的杂多因而获得对象性。A版在发现统觉之统一性之后很远的地方才揭示了，正是纯粹统觉为一切可能直观中杂多带来了综合统一，并将这条立为“重大原理”（而非B版的“最高原理”）[1]。

B版则在引出统觉的那节（也就是先验演绎真正开始的那节）劈头就谈统觉对直观的统摄关系，且将此条进一步立为知性之“最高原理”[2]。这种论证方式本身，就是调整A版中统觉与想象力关系的最重要步骤——因为这一关系恰恰建立在统觉对直观的统摄之内。

康德统觉学说中那些带来深远纠葛的观点并不出自A版，恰恰出自B版演绎的开头几节。这些纠葛和费解归根结底是因为康德在那里不是仅就着概念机能，而是主要就着和直观的关系考察统觉。而想象力其实正是统觉与直观之**关系本身**——康德并非仅在提及想象力时才开始谈论它的！

B版演绎有一个著名的开头：

> “我思”必定伴随我的一切表象；因为否则的话，某种完全不可能被思维的东西就会在我里面被表象出来；这等

---

〔1〕 A103开始着手引出统觉。A116-117才论证统觉对直观的统摄性。

〔2〕 参见KrdrV, B132-139，虽然时空作为被给予性是感性上的“最高原理”。但下文可以看到，被给予性必然从属于被规定性，后者要追溯到作为“统觉之本源的综合统一性”之知性上的“最高原理”。因此B版实际上是将后者作为最高之中的最高。

于说，这表象要么就是不可能的，要么至少对于我来说就是无。能够先于（vor）思维被给予的表象叫作直观。所以，直观的一切杂多，在它们被发现于其中的那同一个主体里，与“我思”有一必然的关系。[1]

这开头所属的第16节，其标题虽为“统觉之本源的综合统一性”，其内容通篇说的倒是统觉和直观之必然关系。这段引文非常清楚，提出“我思”伴随我的一切表象，就是为了推出这个结论——“我思”伴随直观之一切杂多。[2]“伴随”这个概念虽引起了康德阐释者们的很大兴趣，但据其文意，伴随这个术语是用来提示此节下文所说的（直观与统觉之）“**必然关系**”，意即——更为重要的——在此节末尾结论部分说的，直观对统觉之“**从属**”**关系**。[3]

扣着此节的开头引文及末尾与它的呼应，可以引出这样几层重要的意思：首先，此节的大意，在于论证一切直观必定从属于统觉。不仅是从统觉方面出发，论证思维必定要和直观发生先验关系（其实，从统觉出发和对象发生先验关系才是先验演绎的正面目标）。复给出一个更强的论证，即这个必然关系不是两端的平等联系。从直观方面说，这个必然关系恰恰是一切直观必然从属于统觉。其基本论据是，如直观——或一切表象——不从属于统觉（思维），那么它们要么自在的是无，要么对我（思维）是无。这个强论证推进了第一批判一开始就作为基本框架引入的

〔1〕同上书，B132。

〔2〕有学者把这解析为由四个命题的构成的完整论证，结论就是统觉与直观有必然之关系。参见 Konrad Cramer, “Ueber Kants Satz: Das: Ich denke, muss alle meine Vorstellungen begleiten koennen”, in: *Theorie der Sukjektivitaet*, herausgegeben von K. Cramer etc., Frankfurt a. M.: Suhrkamp, 1987, S. 167。

〔3〕参见 KrdrV, B135。

"被给予"（直观）与"被规定"（思维）[1]。这里所主张的实质上是，如不属于"思维"，那么"被给予"的东西等于是无。

其次，应该提请那些和海德格尔一样偏爱A版"想象力先于统觉"命题的阐释者高度注意的是，那个引人遐想的"先于"一词在这里又出现了——"能够先于（vor）思维被给予的表象叫作直观"。但任何读懂了此句上下文的人都不会认为，康德在这里主张，直观是作为思维"前提"的本源性的东西。对于为A版给出透彻修改的康德来说，重复一个和A版同样的关键词的用意是难道不清楚吗？即通过再次提及"先于"，明确调整对于A版之"先于"的理解。两个版本的"先于"说的是同样的东西，即直观（想象力）在思维（统觉）之外，但并不独立存在，而是依赖于统觉。但这个道理在A版几乎无法被抓住，只有通过B版第16节才说清楚了。

康德始论统觉，就没有搁置想象力。而是在此节末尾已悄悄地引入了想象力论题。"……一切被给予我的表象都必须从属于它〔指统觉之本源的综合统一〕，但也必须由一个综合来纳入它之下。"[2]这里的综合，和A版一样，完整的说法就是"想象力之纯粹综合"。这就是说，一切表象（在这里尤其指直观表象）只有通过想象力之综合才能与统觉之本源的综合统一发生关系。

第三，那么，回到A版演绎那个致命的问题——想象力之统一性何来？

直观对思维的必然从属意味着，直观之被给予与基于思维

---

〔1〕黑格尔对此解释得最通透"'我'是作为主体的思维""在人的一切直观中都有思维。同样，思维是贯穿在每一精神活动和在一切意志、欲望中的普遍的东西"。这些观点就是康德第16节开头论证的化用。参见黑格尔：《小逻辑》（即《哲学全书版逻辑学》），贺麟译，北京：商务印书馆，1994年，第71—72、81—82页。

〔2〕KrdrV, B135-136.

之被规定，只能在反思上区分，却不能在现象上分离。不存在只被给予、却不为了思维而有的直观。直观，作为一个直观被给予的同时，就是统一的，因而也就是被规定的东西。直观自身就是内在地统一的。从统一性出发，康德这样强调直观本身的"被规定性"："所以一切杂多只要在'**一个**'（Eine，原文不定冠词大写）经验性直观中被给予了，也就在判断的诸逻辑机能上被规定了……"[1]想象力——按照A版，其成就是当前—先前的内在秩序——作为对直观杂多之综合，同样内在地具有统摄之品格。直观之统一性（作为自身相同的、对思维而言的一个直观）在时间论上的特征是，它属于一个瞬间（作为自身相同的瞬间，向客观时刻过渡的关键环节）。正如A版演绎精辟指出的，一个瞬间必定内在地具有统一性[2]。

此间方可重新提出那个问题，想象力作为其成就的时间秩序，其统一性何来？

对此，康德在B版中回答得更为深入和清晰，在上文所引段落之后，他还有画龙点睛的一句，直观作为被给予者"也就在判断的诸逻辑机能上被规定了，也就是由这一机能带到某个一般意识上来了"[3]。这也就是别处所云"在一个意识中联结起来"[4]。直观作为杂多之综合统一体（产生时间表象的想象力就是对直观杂多的综合统一行动的），其统一性来自统觉。更确切地说，就来自直观之杂多被带入或被联结入"一个意识"。这层意思还被表达为"全都属于一个自身意识""集合在一个普遍的自身意识

〔1〕Ebd., B143. 参见亨利希对康蒲·斯密的批评。前者认为不定冠词标志的是统一性，而非量范畴中的单一性。参见Henrich，前揭，p. 645。

〔2〕KrdrV, A99.

〔3〕Ebd., B143.

〔4〕Ebd., B137.

之中”。[1]

这“一个意识”之“一个”，仍然只是标志着质而非量的统一性（即单一性）。此冠词名词化之后，就是作为与“存在”概念同时产生并长期纠缠的“太一”（hen）概念。[2]它在哲学史上拥有从埃利亚学派、毕达哥拉斯派到柏拉图哲学乃至新柏拉图主义的丰富脉络。此概念一向与“多”对举出现。康德运用这对颇具哲学史渊源的“统一”与“杂多”概念作为整个先验演绎的支柱。这更多地意味着，康德的统觉—时间学说本身就是对“一/多”学说的创造性阐释。

据此传统看康德，可以将“太一”解释为“整全/一切”，或至少将“太一”理解为“整全”之抽去部分之多的纯粹超越形式。[3]将统一性解释为整全建立自身的活动特性。这样，所谓“被联结到一个意识”之中，无非指的是，意识作为整全之自身建立，就是作为整体的活动自身。被意识到就是被联结到“一个意识之中”，即指被整体纳入自身。分析的统一性盖指必然按

---

〔1〕KrdrV, B132.

〔2〕参见 W. Beierwaltes, *Denken des Einen, Studien zur neuplatonischen Philosophie und ihrer Wirkungsgeschichte*, Frankfurt/M, 1985。特别是其导论，S. 9-13。此书的缺点第一是没有把近代哲学尤其德国观念论纳入视野，虽然它以黑格尔的这句话为题辞“整个哲学无非就是对统一性（Einheit）之规定的研究”（S. 9）。第二是没有将一、是、思的主题追溯到毕达哥拉斯派、埃利亚学派与柏拉图。正是巴门尼德赋予太一概念最深远的内涵。或许就是这个理由，柏拉图那些谈论“一”与“是”之关系的对话多数系于埃利亚学派名下，参见《巴门尼德篇》《智者篇》等等。

〔3〕黑格尔在某些地方（并非处处），将太一（hen）译解为“大全”（das All）而非一。参见海德格尔“黑格尔与希腊人”（见《路标》，孙周兴译，北京：商务印书馆，2000 年，第 510 页）中对此的批评。实际上黑格尔对古代哲学的基本概念的翻译往往是灵活的，要视上下文而定。例如 nous 概念至少有三种德文翻译（理性、精神、理智等）。对 hen 的不同翻译只是透露了“一”与“全”本身就有密切的逻辑关系。康德仅在量范畴中处理了这一关系，参见 KrdrV, B106 , B110f。

时间被区分开（属于不同时刻的）的两个表象在概念上被等同起来[1]。但这种统一必以此为前提：一切时间上被区分为多的表象必须被联系在“一个意识”即意识整体之内。则意识整体之“一”是最高的条件。因之综合的统一性（即意识整体自身的同一性，而非任何表象之间的同一性）是分析的统一性之前提。整体之自身等同有异于部分之间的等同，因为所有部分都是可以在时间上区分开来的（这就是康德说的杂多），而意识整体——犹如时间本身的整体——则无法在时间上被区分。有时间性的、被区分开的杂多都只是整体之部分，而不是整体自身。先验的意识不在时间中，时间倒是在可被理解为绝对现在的先验意识之中[2]。只有整体自身才具有纯粹的、无杂多的、数的同一性。因此，被联结或综合到一个意识之中，意味着部分对整体及其形式的关系。整全是多与一之综合。整全之形式就是纯粹的“一”。于是，被综合到一个意识中，也就意味着对不包含杂多之综合的单纯的“一”之关系。用康德的话说，这就是“对‘我思’这个一（Eine）的必然关系”[3]。

“我思”作为具有数的同一性的表象，是严格自身同一的。也就是说，“我思”既非杂多，也不可能包含杂多，更不可能作为杂多被其他表象所包含。因而，“我思”不是可流逝、可被一再唤起和重复的内感知。“我思”作为整体意义上的一，至大无外，不能作为意识整体部分的表象包含在其他更高的表象之中（这就叫无法“被更高的表象所伴随”）。“我思”之所以如此，因为它是**对意识整体自身的表象**，而非**属于意识整体的表象**[4]。而

[1] KrdrV, A103.

[2] 绝对的活生生的当前或者在先验意识中，或者就是先验意识，或者是对先验意识的另一种理解。

[3] KrdrV, B140，在新柏拉图主义统绪中，Eine 这个词该翻为“太一”。

[4] 该表象如果部分化，就是无穷倒退。也可以说是整体之拓展活动。

一切其他表象，都是杂多，所以作为部分属于意识整体。理性心理学的谬误推理，以及自然反思导致的“无穷倒退”，其症结就在于把“我思”当成内感知，换言之当成作为部分属于意识整体的杂多表象。

明白“我思”之为单纯“太一”的意蕴，就可据此重新分析B版演绎那著名的首句：“‘我思’必定能够伴随我的一切表象。”**说“我思”可以伴随我的一切表象，这当然意味着，我思不属于“一切表象”。难道有什么表象不属于“一切”吗？只有“一切”（Alle）作为整体所依据的形式——“一”。属于一切表象的，是一切中之部分（多）。不属于“一切”的，是一切自身转化成整全后之“一”。我思表象——康德早已指出它是单纯的“一”——就是一切之一，而非一切中之一。**

据此前推一步，随同我思得到的我“在”，就是意识整体之在。而非具有时间性的杂多之在。但我之“在”（bin）之中，仍有时间性的东西在统觉中突显出来：这个在（bin），正是存在之“单数第一人称现在时”。我在之“现在时”，难道不正说明这个意识整体之“我”，这个思维或统觉本身具有“时间性”吗？据此推衍统觉本身的这个时间性，难道不是对仅从想象力入手考察时间性的海德格尔式进路——这是《康德书》的核心工作——的最好补充吗？不也是对他把“我在”当作“受创造的在”（意即部分之存在）观点的最好检讨吗？

这一追问标志着研究已进入了另一脉络，即“现前”（Gegenwart 或“当前”）与时间之关系——这一关系，与海德格尔用以给康德哲学定位的整个形而上学史论断（关于时间—当前—在场—存在之关联）只一尘之隔。如果说康德的“我思”学说承接的是“太一/整全”学说，那么其从“现在时”理解“一之存在”正是“太一”学说的另一面相。在首先提出太一—存在—当前之关联的埃利亚学派那里，对“当前”可以有两种理解，一方面是“无时间性”（我们照着黑格尔称之为“绝对现在”）[1]，另一面则是“与过去未来并列的时态”（可称为相对现在）。前者意味着永恒，而后者意味着时间。在后者那里，永恒成了永久，意即“充满时间轴”，成了“过去、未来、存在都存在”。

在巴门尼德的经典表述中，存在之用当前式，所表达的恰恰是无时间性。其主语就是作为不可动变、不可对待之整全“太一”[2]。康德对自我之在的用法，就是在这个意义上运用的。因为康德式的自我，和笛卡尔那种存在于每一时刻上因而断裂为杂多的自我不同，[3]不是时间内的存在者。作为一切统一者之统一性的来源，康德式自我具有大全之纯粹形式（太一），故只能以无时间性的现在时来表达。

到这一步，本文这一部分的问题才获得了基本的澄清。统觉意味着自身无杂多的、单纯的“统一性”。从时间论来看，这个统觉归属于绝对“现在”。而想象力意味着对杂多的统一后的结果，意味着（据 A 版演绎）相对现在。绝对现在意味着一与

---

〔1〕参见黑格尔：《自然哲学》，梁志学等译，北京：商务印书馆，2006 年，第 51 页。

〔2〕参见 Ernst Heitsch, *Gegenwart und Evidenz bei Parmenides*, Abb. d. Ak. d. Wiss. Mainz 1970。并参见同一作者，“Sein und Gegenwart im frühgriechischen Denken”, In: *Gymn.* 78（1971）。关于永久与永恒之区别在埃利亚学派内部的体现，例如可以参见 G. E. L. Owen, “Plato and Parmenides on the timeless present”, in: *The Monist* 50（1966），317-340。关于无时间性之现前意义上的永恒与充满时间维之永久之间的差别，特别参见 pp. 323-325。在这个问题上，维特根斯坦的以下命题很有帮助：“如果把永恒不是理解为无限的时间绵延（Zeitdauer），而是理解为无时间性（Unzeitlichkeit），那么谁现在活着，谁就永恒地活着。”（*Tractatus*, 6.4311）。这个命题清楚地在永恒—永久—现前三者之间建立了联系（虽然没有揭示这一联系）。就此而言，新柏拉图主义虽然区分了永恒和永久，但没有通过“现前性”达到这种区分。在这一点上，奥古斯丁才是深得巴门尼德—柏拉图遗意的。

〔3〕参见笛卡尔：《第一哲学沉思集》之“第三沉思”，庞景仁译，北京：商务印书馆，1996 年，第 50 页。

是，换言之意味着无对立、不变化。而相对现在意味着区分、杂多、变化，换言之时间的性质。既然统觉的产物是作为无时间性之现在的“一”，而想象力的产物是“在场—现前”[1]。那么从时间论看，统觉与时间的关系，实可转化为现—在之两重意义之间的关系。

如果从整个时间学说史及其海德格尔诠释来看，现在之两重意义就带来了极大的兴味和挑战。亚里士多德为建立所谓庸常时间观所提的论证支柱不恰恰就是现在之两重性（现在同一即无时间。时间意味着现在之区分）吗？[2]然则，海德格尔为何认为康德且唯有康德突破了庸常时间观？

这是因为，在康德多方面的时间学说中，并非仅就现在谈论时间，而是将现在以及时间与主体在本质上关联起来。现在这两重性正意味着主体之两重性。这正是康德的卓异处。除了一些富有灵感的指点，亚里士多德没有明确将现在与灵魂、意识或思想联系起来。做出这种联系的是奥古斯丁—胡塞尔统绪。但此联系的意图在于从相对时间中发现绝对现在，或者作为活生生的当前性的绝对意识。换言之，此做法基本是还原式的，从时间经过绝对当前性到达永恒或绝对意识。反向的考察极为薄弱。康德先验分析论的整个秩序则是从统觉到时间，从绝对现在到构成时间本质的相对现在。且这种理路，完全是从主体方面得到奠基的。在统觉与想象力之间的时间论题为主体性造成了裂痕。仅作为思维的先验主体不得不面临双重化。对现在与主体的这种康德式关联——现在之区分，必然导致自我之自身限制与自身区分，这才是海氏在康德那里所发现的最可宝贵的东西。这也是进入康德想象力学说的前提。

---

〔1〕参见 KrdrV, B151。

〔2〕参见亚里士多德：《物理学》，218a。

（三）自身激发、有限性与时间性

B 版演绎已经阐明，一切直观都被统觉伴随。直观一旦被给予，就已经在统觉的功用下得到了规定。这样，先天综合判断的直接前提就是一类兼有被给予性与被规定性的东西。即纯粹范畴和纯粹直观之间的中介。哪怕在将想象力尽量纳入知性的 B 版演绎中，知性也无法吸收直观。[1] 在所谓想象力的名义之下，知性不是产生直观，而是产生被规定的直观，或直观的被规定方式。知性在想象力的名义下实行的是"行动"（规定）被规定的直观只有通过想象力的先验综合才可能。这里必须提请注意的是，时间本身不仅是纯粹直观，而且是被规定的直观。[2] 作为时间表象的图型，正是所与性与被规定性的统一。康德阐释者们的所有问题都在重新挑破已被康德统一起来的所与性与被规定性。德国观念论将前者归诸后者，海德格尔则相反。但对于康德本人而言，两者之间的这个统一才是独立的。没有这个统一，先天综合判断就没有直接的原理。认识（就之做出知识）就是知性去规定被直观给予的。而先天综合判断之所以是先天地客观有效的，并非由于它仅依赖于知性，而在于知性可以先天运用于经验对象之被给予的条件之上。换言之知性可先天地规定感性之形式条件——这也就是规定经验对象之被给予的形式条件。

知性对感性的先天作用，产生的结果就是对作为感性一般形式之时间之各种规定。这也就是纯粹知性概念之图型法。一切图型无非是某种时间规定。图型正是知性与感性的中介，是把概念和直观统一起来的第三方。图型之"时间性"，来自感性之形式

〔1〕参见 KrdrV, B153。
〔2〕Ebd., B154.

条件，也就是作为纯粹直观的时间表象；而图型之“规定”，则来自知性先天地对作为内感形式的时间的作用。这种作用，就知性那方面看，称为纯粹知性概念之图型法，把此作用追溯到作为知性与感性之外的第三种独立机能，那么此机能就叫作先验想象力。对象通过纯粹知性概念只是被思维，通过直观只是被给予，通过图型才是被认识。因此先验想象力，作为纯粹知性与感性的先验结合，才是严格意义的认识机能本身。

无论《纯粹理性批判》在其第一版与第二版之间就统觉与想象力的关系做了多大调整，可以确定，图型（时间规定）来自知性去先天地规定内感形式，也就是在没有物自身激发的情形下，主体的知性去认识主体的感性条件——行规定的是主体知性，被规定的是主体之感性形式。即使想象力不再被立为是心灵中独立的认识源泉，知性对内感之激发之义仍不会受到影响。例如在海德格尔颇有微词的第二版，有这样的概括——“所以知性在想象力之先验综合这个名称下，对于被动的主体（其权能即知性），实行着这样一种行动，对此我们有权说，内感官由此受到了激发。”〔1〕

这立刻产生了一个问题，这个行思维的我（知性）与行直观的我，以及通过直观被给予了的我，如何区别开来，而又可均被称之为我？〔2〕康德充分了解此问题的困难，同时他将主体之内的困难（主体的双重运用）转成了主体被客体化的困难：

> 行思维的我如何与直观自身的我……区别开来，而又与后者作为同一个主体是相同的……这困难不多不少正是如下困难：即我对我自身如何可能是一个客体，且是一个直观和

---

〔1〕 Ebd., B154.

〔2〕 Ebd., B 155. 实际上第 24 节的结尾与整个第 25 节，都是为了解决这一困难的。

内知觉的客体。[1]

但康德并未解决这个困难，而只是说“这实际上必定如此”，正如外感规定是用来在受到外部激发的情况下认识客体的，对我们自身的认识也只能通过内感规定实现。这就是说，主体只能被认识为“显像”（Erscheinung）[2]只能通过时间认识。不能进一步解决的东西，就是“本源现象”，没有更本源的东西去解释它。

我对我自身在内感中的显现因而是本源性的，这个本源性的“纯粹自身激发”区别了四者：我思（思维着的我，思维本身、自我）、我直观（直观着的我）、被直观的因而被认识的我（我之显像）、与我自身（与我之显像对应的、和物自身一般激发外感一般激发了内感的我自身，在康德那里绝不同于我思）[3]。在康德对自我做出这些区分的时候，他运用了一些对于海德格尔来说十分敏感的术语：

> 〔为了认识我们自己，除了统觉之统一意即思维外，还需要我们对我们自己给予的内直观，〕所以，虽然**我本己的此在（mein eigens Dasein）并非显像……但我的此在这一规定却只有适应于内感的形式、按照我所联结的那杂多在内直观中被给予的特殊方式才能发生（geschehen）。**[4]

上面标出了那些对于海德格尔的读者来说十分熟悉的、对

〔1〕KrdrV, B155-156。如不从 Vaihinger 校，则“行思维的我”当作“思维我的我”，以与“直观自身的我”相对照。

〔2〕Ebd., B156.

〔3〕参见同上，第 25 节开头。

〔4〕Ebd., B157-158.

基本存在论来说十分关键的概念（此在与发生或演历），虽然康德的译者不会径直把 Dasein 翻为“此在”或“亲在”等。对持“基本存在论”态度的康德阐释者来说，这里最有兴味的不仅是术语，更是在术语下展示的思想生机。从海氏眼光看，康德在这里说的无非是，虽然此在自身不是在时间中被给予的显像，但“**此在只能按照时间发生**”。时间性的机制不同样如此吗？按照时间发生——或者用海德格尔的术语说，时间化（Zeitigung，一译到时）——正是自我之自身激发。

在批判哲学之内，人类的直观都不是理智直观，都来自某某对主体之激发（Affektion，或译刺激、感触，也可译为感发）。外感质料来自物自身对主体之激发，内感质料（情绪等等），源于自我对自身之激发。按照康德的处理，对时间或空间表象之规定（例如去认识作为几何学概念的直线），也来自内在的激发（即所谓自身激发，因无感性质料，是为“纯粹自身激发”）。倘非如此，仅凭感性自身的能力（接受性而非自发性，无法综合因而无法联结），连一个简单的几何学表象（例如直线）都是无法做出的：“因此，知性决非在内感官中已经发现了对杂多的这样一类联结，而是通过它激发内感官而产生了这种联结。”[1]

如果说，没有质料的纯粹表象（作为时间规定）来源于自身激发，那么，这种自身激发所包含的首先是，统觉必须将内感官视为自身。换言之，在一切产生时间规定的自身激发之前，必须预设产生时间这个内感形式本身的纯粹自身激发。即将不在时间中的（或者说处于绝对现在中）的统觉自身激发为能够产生全部时间规定的纯粹内感官。这就是说，思维或自我，将自身限制为想象力或时间性。在此前提下，所有特定的时间规

〔1〕 Ebd., B155.

定，才得以可能。

对康德而言，纯粹自身激发是范畴图型化之先验条件。自我将自身限制为内感、自我将自身限制为想象力或“时间性”、自我将自身限制为可有直观对象者——这三者是一回事。统觉将自身限制为“时间性”，才能产生特定的时间规定，范畴才能通过图型认识对象。认识客体的先验条件正是自我的时间化—对象化。自我首先将自己在自身激发中对象化为与自己相同的（都是我）、但又区别着的（单纯自身联系着的、统一着的思维之我与必有对象性的直观之我）。从这种原初的、作为纯粹统觉的自我到可拥有对象之自我才是认识纯粹异己对象（客体）之条件。统一性转为有对立的二——杂多之始基。

上文第（二）部分依当前性之两歧性考察了康德先验演绎学说的时间论意蕴。顺此理路，可以相应地将从纯粹统觉到先验想象力的纯粹自身激发学说在时间论说上的意涵把握为：从“我在”那里透露的绝对的当前性（Gegenwart）到在先验想象力定义中的、将非当前的东西构造在当前中的当前化（Vergegenwart）。从当前性到当前化，或者说从至大无外的绝对现在，到与过去及未来交织的相对现在（也就是时间轴）的机理，被康德从主体性方面理解为“自身激发”。要之，无对象之纯粹自我将自身有限化为有对象之自我，其时间性意义即在于绝对当前之相对化、现在之差异化、此在之时间化。这就是从德国观念论的自身联系（综合统一）到海德格尔的自身绽出的义理机制。依此机制，康德被海德格尔认为突破了亚里士多德以降的庸常时间观。

在此，我们依以上对康德统觉与想象力学说时间论意蕴的研究，对康德与所谓庸常时间观之关系做一小结，然后进入对海德格尔阐释的评论。

在海德格尔看来，源于亚里士多德的所谓庸常时间观，其精义无非是将时间领会为“现在序列”。据亚里士多德本人的时间定义，时间是“运动上被计的数”。[1]仅当现在（海德格尔解释为当前）能被区别出来，计数才是可能的。因此，所谓“现前之序列”，其实是对运动计数的时间观之内所包含着的。

从表面看，亚里士多德式时间定义的要素是运动、数以及作为该定义前提的现在。虽然在康德时间学说那里找不到对此三点明确的继承性，但仍有踪迹可寻。康德在先验感性论中对时间的先天性的定义，意味着明确拒绝了被他视为经验的“运动或变化”对于作为纯粹表象的时间的定义权。[2]但另一方面，他却在先验感性论之外援引了某种先验的、智性之内的“运动”来解说时间[3]。这点与其说是向亚里士多德经典的时间定义靠拢，不如说是某种接近亚氏“没有灵魂就没有数”或奥古斯丁“灵魂之延展性”之类观点的迹象。这种“运动”属于产生“相继”也就是在诸现在中进行“区别”的主体活动。但其背后仍有更为本源的东西。

至于数与时间的关系，康德则完全颠倒了亚里士多德，将数追溯到产生时间本身的直观中去。[4]

从运动与数这两个亚氏时间定义的构成要素看，康德显然已经倒转了亚氏的时间定义。但这些并非海氏在解读康德时注重的。他用庸常时间观概括的并非亚氏时间定义本身，而是作为此定义前提的“现在序列”。没有那个“现在序列”，计数是不可能的。运动是连续不可分的，[5]数则是离散的。任何对连续体的度量，都必须首先将之分割，赋予界限。现在，就是度量活动赋予

〔1〕参见亚里士多德：《物理学》第4卷，第11章。

〔2〕参见 KrdrV, A41/B52。

〔3〕Ebd., B154-155.

〔4〕KrdrV, A143/B182.

〔5〕参见亚里士多德：《物理学》，219a10。

连续体的界限。连续体的可度量性，才是时间在其表面定义背后被理解为“现前之序列”的要义。这与为度量之故**不得不**将直线理解为“点之序列”[1]的道理是相通的。

然而，度量界限意义上的“当前”或“现在”在亚里士多德那里还不是最本源的考察。关于现在，他首先这样发问，它们是同一的呢？还是有区别的？[2]这个追问当然为计数活动奠定了基础，但还包含了更多的东西。这就是现在两歧性之内部关联。计数活动的前提就是对相对现在观之建立。现在之同一与差异的提出，意味着亚里士多德的视野中本来就有绝对现在观。他在现在观两歧性之间的思辨，显示了他与奥古斯丁的绝对现在观之间，并非全然隔离。[3]既然亚里士多德，或者说庸常时间观，同样包含了现在之两歧性，那么，康德那里所展现的对庸常时间观的突破，并不仅在于从原则上承认现在之区别，而在于给予此区别更深的解释。对于亚里士多德时间学说而言，康德的解释意味着在《形而上学》第十二卷—《论灵魂》第三卷的“思想自身的思想”与《物理学》中灵魂的计数理智活动（dianoia）之间，也就是智觉与思考这两种灵魂活动之间，完成了从统觉式绝对现在到想象力之相对现在的过渡。绝对的、至大无外、总是自身同一的现在之所以能够自身区别为相对的、在序列中彼此外在的现在，其要义在于“思想自身的思想”有了对方。或者说，自身联系、自足的自我，被限制成自身超越、自身绽出的此在。这，就是海德格尔眼中的那个康德真正突破

〔1〕严格地说，点与现在作为离散的“单子”，只是直线或时间之类连续体的“界限”，连续体只是通过离散的东西得到度量，却不是离散的东西构成的序列。“现在不是时间的部分……就像点不是直线的部分一样。”（亚里士多德：《物理学》，220a）

〔2〕参见亚里士多德：《物理学》，218a。

〔3〕海德格尔实际上承认了这一点，但没有给出理由。参见 GA24, S. 310。

亚里士多德的地方。

三　有限、无限与绽出：评海德格尔对康德时间观的阐发与批评

（一）海德格尔对先验想象力之时间性的解释与弥补

现在可以回过头来认真审视海德格尔之康德阐释的论旨了："但这样，一下子就清楚了，作为纯粹自身激发（或译自我刺激、自我感触）的时间并不在纯粹统觉'一旁'的'心灵'中出现，相反，它作为自身性（Selbstheit）之可能性之根据，早已存于纯粹统觉之中，而且，心灵也正因为如此，才能被称为心灵。"正如这几个句子所展示的，海氏阐释的精义就是在康德的统觉学说本身中（而非仅仅在想象力中）找到本真时间性的起源，而引导着这种寻觅的乃是：纯粹自身激发对于统觉本身具有的建基意义。

统觉是第一批判的A、B两版演绎共同重视的原理，在后一个版本中，统觉的地位更为重要。然而，海德格尔对《纯粹理性批判》第一版先验演绎的重视程度，恰等于他对第二版演绎的敌视程度。如果说胡塞尔已把A版演绎看成"现象学的"工作了，那海德格尔可以说已将之视为"基本存在论的"较深层面的工作了（比《存在与时间》那些迷人的生存论分析在哲学上更为重要）。但同样，海德格尔对等地把第二版看成黑格尔逻辑学的（也就是思维、知性或无限自我的）预先胜利。[1]

就康德哲学的内在脉络来看，海德格尔的这种处理方式，无疑宣告康德调和知性和想象力工作的失败。被康德在第二版全部

---

〔1〕参见GA3, S. 244。

调整的内容，本应是海德格尔式基本存在论阐释主要依赖的文本。但让人略觉奇怪的是，即使海德格尔对此做了细密的阐释，却把其关键的论点（即自我之有限化—时间化）落实在并非A版独有的“纯粹自身激发”之上。当然，这一论点的引入，恰恰是以对A版演绎的精心阐微为铺垫的。

康德本人在**第一版序言中**就区分过主观和客观演绎，即客观演绎关注知性的对象，范畴之客观有效性，而主观演绎则着眼于知性本身，“它的可能性和它立足于其上的认识能力”[1]这种“知性立足于其上”的认识能力，在A版演绎的引导部分，被归为“心灵”之三种本源的源泉（彼此独立的能力），具体为感官（对杂多的先天概观）、想象力（对这种杂多的综合）、统觉（对这种综合的统一）[2]。

对这三重认识能力的描述和彼此之间紧密而细微的内在关系的梳理，构成了A版演绎独具的内容。由于一切知识都是心之变样，因而属于内感，而内感的形式是时间，因此康德强调说，表象必须“在时间中整理、结合和发生关系”。这对海德格尔来说是令人兴奋的。因为它既将所有的认识能力都归给“心灵”（心灵是可被激发以至产生直观可能性的、有限的“自我”），更把这种能力的实现归于某种时间的事情。

按照海德格尔康德阐释的基本规划，是把先验想象力尽量地阐释为时间性。康德在这里的工作在一定程度上满足了这个意图：对当前与过去的构造都已出现，且不可分割地交织在一起。但他也在很大程度上，没有完全满足这个意图：即一方面，只有对当前和过去的构造，而缺乏对未来的构造；另一方面，想象力在这里只是再生了过去，无法被转释为完整的时间性。

---

〔1〕KrdrV, A XVII.

〔2〕参见同上，A94之脚注。此脚注第二版删去。

海德格尔如何弥补这两个缺陷的呢？想象力的问题容易解决，他将作为图型之全部源泉的创生性先验想象力而非此间的再生性想象力解释为完整的时间性即可。麻烦在于时间性的未来向度何处寻觅？

海德格尔从康德的《形而上学讲义》中发现那里的想象力学说包含对未来的形—象（Vorbildung）。这固然是正确的，但问题在于，他现在面对的是《纯粹理性批判》。此书涉及时间向度的，只有直观与再生的想象力，且根本没有明确使用现在—过去—未来这样的时态。这或者是因为，创生性想象力产生的图型虽然是“时间规定”，但作为运用于经验对象的、源于知性之“客观统一”的时间规定，其中不应该包含实际上只能用于“主观统一”的三种时态。而A版演绎部分论及的第三种认识能力，叫作概念中认同的综合，此综合产生的是克服了时间影响的“同一性”，恰恰开始出现了“外于时间”的东西，海德格尔却试图从中寻找向着“未来向度”的绽出。[1]

康德在认同的综合中说的无非是，意识到当前所思的东西就是前一瞬间所思的东西的能力。在这个阶段呈现的是“综合的**统一**”。源于概念机能而非想象力。概念机能也就是统觉。概念就是统一之方式。概念之为概念，不同于时间性表象，在内感中所遇到的都是束缚于时刻之时间性表象。将两个时刻的表象认同为一，这个能力绝不可来自感性（感性的形式是时间，时间的诸时刻之间之关系是“彼此外在之杂多”），只能来自统觉。无统觉之统一，无概念，认识是不可能的。统觉之统一，此干“未来”的事？毋宁说，这个环节涉及的是：外于时间性的东西（一定意义上的永恒的东西），如何在时间性表象的基础上构造起来，却又不能还原为时间性表象，与时间性表象（意

〔1〕GA3, S. 183.

即杂多表象）之间处于质料与形式的关系。形式与质料即使可为一体，形式即使在质料的基底上呈现，也不能还原为质料。海德格尔对这个环节的解释，不能令人满意。但他紧接着把统觉归摄入想象力的工作，却恰可用于解释认同之综合，足以弥补此缺憾。

就对三种认识能力的阐发而言，康德其实更接近胡塞尔现象学。前两种认识能力类似内时间意识现象学层面的工作——知觉当前、持留过去。对于客观化立义来说的、抽去了意向形式的质料，在内时间意识的层面看，仍具最基本的意向形式，即在内时间意识中呈现的时间意向性的形式（知觉、原呈现、持留记忆、回忆、前瞻等）。胡塞尔在《内时间意识现象学》中的工作，也和康德此间类似，对过去和当前的构造描述入微，对未来不加重视，但其他文本则否。而康德第三认识能力则相当于胡塞尔大《观念I》中还原出的客观化意向性。胡塞尔本人对此两个层面之间的渊源有清楚的自觉和提示。[1]

（二）纯粹自身激发与自我对象化问题：论海德格尔与德国观念论的分歧

海德格尔的阐释，就总体意图而言，实际上是对第二版演绎的彻底颠倒，他工作中的关键部分是把统觉混同于乃至归摄于想象力之下，以为无时间性的东西是从时间性（确切地说，是从时间性的一个样态—当前性）衍生出来的，统一性就是当前性，而当前性只是特定样态的绽出，因此“统一性”没有独立的来源，换言之不是最本源的。本源的倒是时间性。就海氏本人言，这一理路丝毫不乱。但要就阐释康德论证此理，可依赖的文本实非上述认同之综合，而是纯粹自身激发。

---

〔1〕参见胡塞尔：《观念I》，第81节。

海德格尔在对纯粹自身激发意即心灵学说的阐释中，将康德哲学的贡献彻底—激进化了。他敏锐地抓住了康德对自我与时间的各自描述的相通之处，试图据此论证自我与时间之本源的自同性（urspruengliche Selbigkeit）[1]。

一是“因为持立常驻的自我（das stehende und bleibende Ich）——纯粹统觉——构成了我们一切表象的关联者”[2]；另一是“时间不流逝……时间本身是不变的和常驻的（bleibende）”[3]。

康德前者说的“我思”必定可能伴随一切表象（此间所谓一切表象之关联者），而自身为同一（表现为我等于我这个分析命题之综合统一）。我思之持立常驻，表明毫无时间性的东西，与时间性分离，是统一性之源—体。上文已将之解释为太一自身的绝对当前性。

而时间之常驻，是说时间是“实体”范畴本身的图型。实体是主词，其图型就是时间中一切变化中不变之基底。按照康德哲学，实体图型之持续，本身是统觉之统一性在图型中的体现。如将时间之持续与统觉之统一性混同，无异于将形而上学之灵魂实体与纯粹自我混同。时间的常驻性正是充满时间维的“永久性”，这与源于绝对当前之永恒性仍差别。

更有甚者，如按海德格尔的一贯处理，那种将时间本身视为常驻的观点，恰恰是相对现在独大为绝对现在之结果，是把时间之绽出机制牺牲在“当前—在场”中了。“我思”之在，“我在”，在《存在与时间》中被斥之为中世纪—笛卡尔式“受造存在”的东西，归诸当前—在场的东西，在这里却被论证自我同于时间。这些地方的海氏阐释，细细推敲，都是缺乏足够说服力的。因

[1] GA3, S. 192.

[2] KrdrV, A123, GA3, S. 192.

[3] KrdrV, A143/B183, GA3, S. 192.

为，“但我们在内直观中根本没有什么常驻性的东西，因为自我就是对我之思维之意识”[1]。

海德格尔对此并非毫无觉察，因而他更多地强调，自我的这个常驻必定在同表象的关联中呈现。他抓住了自我的出场依赖于“让对象化”这个事实，来提示“‘持立的和常驻的’自我所意谓的无非是自我在时间（亦即作为本源时间）之本源的构形（uspruenglichen Bilden）中构形了那个对某某的让对象化及其境域”[2]。我持驻不是自我极，而是揭示了一个境域，对象在此境域中方可被经验为自身同一的。[3]这就从根本上解释了此前难以解释的“认同之综合”问题。将“自我”阐释为境域，与本文第二部分将之阐释为整全之一，实可相通。因为整全与境域的存在方式与自身统一方式均不同于，且先于整全与境域之内的东西。

海德格尔在这里阐释的微妙之处在于，康德之“我思必然能够伴随一切表象”，被他十分聪明地转成了一切表象必然可能伴随我思。即我思必定拥有不同于自身的其他表象、拥有“对方”。经此一转，自我就只能在一个对方—境域中把自己呈现为持驻的。持驻引入，则当前引入。境域引入，则一切原初时态引入。一切原初时态引入，则时间性引入矣。

自我之必定有对方—境域，是为自身超越。自身超越的机制，在于时间性之绽出。自我伴随着境域呈现，意味着这个自身超越也还返回到自身上来。[4]这个结构，与在一个绝对的现在中把握包含现在—过去—未来的完整时间境域，何其相似。而这个境域，也就是经验对象之可被表象性，在康德那里是自

---

〔1〕 KrdrV, B413.
〔2〕 GA3, S. 193.
〔3〕 同上。
〔4〕 GA3, S. 192.

我作为心灵将自身激发的结果。那个与时间同源的自我，乃是有限自我。有限自我之在，不是被创造之在（现成之在），而是源于时间性的自我超越—绽出，也就是此在。海德格尔最重视的就是统觉之自身激发学说中所蕴涵的自我有限化机制。在康德哲学内部，这个机制正是先验想象力——作为一切时间表象的创生者——产生于统觉之内（而非“之旁”）的论证。因之，对海德格尔来说，自我有限化—先验想象力正是此在—时间性的前身。

回到第一批判本身，原理分析论的实质结论无非是，一切先天综合知识之至高原理在于：自我将自身限制为一个有限的自我，即感性本身。但自我之有限性究竟是否有更高的来源（即无限者——思维——之自我限制），还是真正的“基本”（基本存在论之所以为其基本）：这就是海德格尔与德国观念论争辩的实质。转为康德哲学之内的概念，这争辩即在于，本源究竟是思维，还是想象力？转为海德格尔的术语，这争辩就是，本源究竟是“我思”意义上的主体，还是时间性意义上的此在？

对于这样一个本源性的先验条件（它是先天综合判断之所以可能的最切近的根据），德国观念论和基本存在论都能得到各自需要的东西。

德国观念论可以抽出这样的原理，自我之对象化是对象本身的机理。自我设定自我，是自我认识非我之条件。但这种理解，是用统觉之先验综合下贯到纯粹自身激发，牺牲了这样一个事实——自我的对象化在康德那里并非指自我产生对象的概念（先验对象＝X），而是产生作为直观主体的我。自我的对象化不是概念化，而是直观化、“时间化”。德国观念论把康德哲学在所与和规定、直观和思维、我思和我思所伴随的直观表象之间建立的基本界限抹杀了。

对于基本存在论，则反过来，强调自我本身（在纯粹自身激发—先验想象力那里）成为“时间”本身，才是自我超越自身到对象那里去的条件。有对象（“意向性”）奠基于自我成为时间（“时间性”）。

这里更透彻地分析一下康德的纯粹自身激发的意蕴、困境与不足。希望通过这种分析，德国观念论与基本存在论的出处与分野或可被康德阐释的内在之光照亮。

纯粹的自身激发，对于康德哲学而言，意味着纯粹直观的出现。纯粹直观虽非感性直观，却仍然是有所朝向的。与德国观念论的指摘不同，纯粹直观并非探视我自身的理智直观，而是探视我之显现条件之直观。纯粹直观同样是受对象限制的——这个对象被思维为与思维同一的我，却被直观为与思维不同的内感对象，因其作为直观不同于思维。自我作为思维本是纯粹的自发性，却只能作为接受性直观自身，并且将自身直观为一般感性，也就是对非我—自身之接受性。这就是说，自我自在地是自发性（无限性），但对自己而言（自为地）却是接受性（被自己限制的有限性），这个对自己的接受性同时也是对他物的纯粹接受性（被他物限制的有限性）。总之，认识之原理，在于无限自我之有限化。德国观念论对此强调的是无限自我之自身限制。基本存在论强调的是，有限自我自身就是第一“前提”。

在康德那里，自我之对象化（时间表象就是这个对象化的产物）是经验对象之被认识之先验条件。当自我作为直观被给予思维后，作为直观的自我才能成为认识物之显像之先验原理。在纯粹自身激发中包含了双重对象化：即时间化与经验对象化。时间化是经验对象化的条件：自我将自身对象化为时间；在作为图型的时间规定中，可以发现经验对象（物之显像）被认识之先验条件。问题在于，这个自我之时间化本身之机能是什么？《纯粹理性批判》第一、二版之间的主要改动，在于纯粹知性概念的先验演绎。这两个版本都明确将自我之时间化称为先验想象力或“创生性的想象力”。这种想象力是范畴图型法的来源。两版的差别在于想象力的地位。在第二版演绎中，康德云“知性在想象力之先验综合这个名义下”激发内感。换言之取消了想象力的单独地位。德国观念论更多地依靠第二版演绎背后的原理，也就是将出发点建立在思维自我上，而基本存在论更依靠第一版演绎，将出发点建立在作为先验想象力的时间化、有限化自我上。非但如此，基本存在论还要将思维自我，摄于时间化的有限自我之下——“我在”之本质出自时间样态。

（三）纯粹自身激发与有限/无限问题：再论海德格尔与德国观念论的分歧

在海德格尔对先验演绎以及图型论的内在阐释中，将时间追踪到纯粹自身激发。这本不无依据。但他进一步将纯粹自身激发追溯到自我的有限性，并因而与通向“存在问题”的“无限性”牵连起来，这就得小心对待了。

在《康德与形而上学问题》的结尾，海德格尔终于罕见地触及了“无限”——他的康德阐释的关键词“有限性”的对方——来引发存在之问：

> 根据人的最内在的有限性，即他需要“存在论”，亦即，根据他需要存在之领悟，将其把握为“创造性的”并因而是“无限性”的——但在关于无限的本质之理念所如此极端排斥的正是“存在论”的地方，这样说有意义吗？有权利吗？
>
> 如果没有一种“被预设的”的无限性，此在之中的有限性还能哪怕仅仅作为难题（Problem）被发展出来吗？……这样“被设定的”无限性意味着什么？在所有这些问题性（Fraglichkeit）中，带有其原初冲击性与宽广性的存在问题

（Seinsfrage）会重新脱颖而出吗？[1]

这段引文实质上就是康德书的终结。它正出现在对从《纯粹理性批判》第二版到黑格尔逻辑学的德国观念论传统的检讨之后。这一传统在（展露在时间性与先验想象力那里的）此在之有限性“大大动摇了理性与知性之统治”之后，又回到了“知性”和逻辑在形而上学中的统治。海德格尔援引了黑格尔《大逻辑》导论中关于逻辑学的这样一段话：“因此，逻辑学要作为纯粹理性的体系、纯粹思维的王国来把握。这个王国就是真理……这个内容就是上帝的展现，就像他在创造自然和创造某种有限精神之前的永恒本质中所是的那样。”[2]他就此质问道：“还有什么比这更有说服力的证据，来证明隶属于人的本性的形而上学，乃至‘人的本性’自身，其自明性是如何之少吗？”[3]

这两段话合勘，可以显露海氏康德阐释的几层究竟意涵。其一，此在之有限性（“人的本性”）之中——通过存在之领悟——包含或预设了有无限性。其二，这种预设和包含本身就意味着原初的存在问题，因而有限性“之内”的无限性是（基本）存在论意义上的；其三，德国观念论牺牲了康德自身激发学说中的“有限性”动机。在知性与逻辑的统治下，上帝展现而人的本性晦暗不彰。

但如回到德国观念论的问题脉络，就会发现海德格尔此间陷入或展现了一个奇妙的纽结。他对之完全保持沉默的是，康德与黑格尔用知性—理性进入的主题，不是别的，正是他在全书接近、在这里逗留的有限—无限问题。在他作为标靶的黑格

〔1〕GA3, S. 246.

〔2〕同上书，S. 244。黑格尔引文参见黑格尔：《逻辑学》，杨一之译，北京：商务印书馆，1982 年，第 31 页。省略号是笔者加的。

〔3〕GA3, S. 244.

尔引文中，围绕着的难道不正是“无限”吗？黑格尔逻辑学与康德先验逻辑的根本区别在于，后者是属于知性因而属于有限的，前者则属于理性因而是关乎无限者的。在对这个基本区别丝毫不加鉴别的情形下，把黑格尔的逻辑学与纯思维王国作为康德知性学说的延伸，是一种极严重的误导——“须知，一说到思维，我们必须把有限的、单纯知性的思维与无限的理性的思维区别开……真理本身是无限的，它是不能用有限的范畴表达并带进意识的。”[1]在黑格尔看来，正是康德，最早明确提出知性和理性区别，而这也就是有限与无限的区别。“康德明确地指出，知性以有限的和有条件的事物为对象，而理性则以无限的和无条件的事物为对象。”[2]除了将康德那里谨慎的术语有条件/无条件等同于他自己术语体系中的有限/无限，黑格尔在这里的概括是完全准确的。理性的对象——理念就是无限者，这是康德与黑格尔的共同出发点。他们的区别在于，康德认为思维只能用以规定被给予的东西，因而只属于有限的知性，而黑格尔的真正工作恰在于把思维从知性那里提升到理性，将无限性赋予了思维，因而等同了理念与思维。这样一来，理念的无限王国就是思维的王国。看似研究思维的逻辑学就成了“研究纯粹理念的科学”[3]，换言之关于无限者的科学。

于是，从海德格尔的阐释进路看，德国观念论的问题不在于接近无限，而在于以一种偏离人之本性（也就是此在）的方式接近无限，在于将源于“先验想象力”的、“被预设的”无限性转赋思维了。这既是思维的自身僭越，也是无限性的错误显露，更是（在海氏解释的纯粹自身激发—先验想象力中的）本然有限性

〔1〕黑格尔：《小逻辑》，前揭，第96页，译文有改动。

〔2〕同上书，第126页。

〔3〕黑格尔：《小逻辑》，第63页。

的遮蔽。

这个进路，作为海德格尔的自身阐释，没有丝毫不妥。但当他试图将康德阐释中引出这个进路时，就会遇到一个麻烦。而这个麻烦有利于黑格尔，而不是海德格尔。

海德格尔是从对先验想象力——“时间性”这个概念的康德式表达——的细密追究中清洗出有限性的。这个“预设了无限性”的有限性，其存在方式在存在论上就是存在之悟与存在之问。换言之，有限性自身就是向着无限超越的。有限性自身内在地就包含着——或毋宁说就是——对无限性的关系。然而，就海德格尔阐发出这个论旨的康德文本而言，先验想象力或自身激发中，并不包含这种对无限性的关系。有限与无限的关系，在康德那里毋宁说是知性与理性的关系，两者的中介并非先验想象力，而是“目的论判断力”[1]。先验想象力是感性与知性之间的能力，包含的是思维与经验对象之间的，因而就是有限存在与内在的、有限对象之间的先验关系，而非有限与无限之间的超越关系。

这与其说是海德格尔文本抉择的错误，不如说是诠释学上某种奇妙的拓扑学转换。这意味着，海德格尔一方面接过了德国观念论的无限性话头，并将之与存在问题接榫[2]。另一方面，却有

---

〔1〕 参见康德：《判断力批判》“第一版序言”，邓晓芒译，北京：人民出版社，2002年，第2页。正因为如此，在黑格尔对康德的苛评中，仅把《判断力批判》一书视为“达到了思辨的高度”。因为那里无限性并不处于和有限性的外在对立之中。参见黑格尔：《小逻辑》，前揭，第144页。

〔2〕 从康德哲学的脉络，特别从海氏对黑格尔的直接批评来看，作为康德书阐释意图关键词的“有限性”以及无限性概念在这里直接来自德国观念论。甚至可以说这对概念的用法更接近于黑格尔而非康德。在这里没有任何希腊哲学或其他传统的意涵窜入。皮罗的考证是缺乏焦点的。参见皮罗：《海德格尔和关于有限性的思想》，见刘小枫选编：《海德格尔与有限性思想》，孙周兴等译，北京：华夏出版社，2002年，第78—99页。

意破坏了康德哲学的内在机理，以自己的方式——这个方式就是基本存在论的出发点——将想象力—时间性嫁接上无限性—存在问题。这个嫁接本身就已不言而喻地包含了对黑格尔乃至整个德国观念论的批判。

德国观念论对海德格尔这个进路的可能批评，可分为两端。

一方面，无限性与存在问题的接榫，在康德黑格尔哲学的内部，是有其根据的，但其偏重正好颠倒。在《现象学之基本问题》——康德书的时期之后三十余年，海德格尔又回到了康德的存在论题。这次他悄悄进入了那个更合适的文本——《判断力批判》，在被谢林称赞过的第76节做了停留。表面上仅仅为了重复《基本问题》中出现过的解释：在康德那里，无论可能存在还是现实存在，存在之意都是“设定”（或译断定）。[1]但深意在于借助康德在那里对概念（可能存在）与直观（现实存在）两分的界限的检讨，重新提出“思想与存在”的关系问题。这个问题及其出现的有关文本，是比康德书末尾更合适的地方，来同德国观念论对话。《判断力批判》正是德国观念论展开其关于无限—有限思辨的真正起点。存在论题在这里之所以被重新思考，恰恰因为它属于无限者或理念。对于无限者、绝对必然存在者而言，可能性与现实性，或者说思想与存在的分别是失效的。[2]换言之，存在论题在德国观念论那里确实与无限性密切联系，但必须置于其下。存在与思想的同一性恰恰是对于无限者（超越的存在者）而言的真理。黑格尔逻辑学之所

〔1〕参见海德格尔：《康德的存在论题》，见《路标》，前揭，第549—551页。

〔2〕康德那里的意思实际上已和自己批判上帝存在之本体论证明时相反，倒与捍卫此证明的黑格尔暗合。即对于超越的存在者而言，“一百塔勒”那里所有的可能性与现实性的区分是失效的。参见黑格尔：《哲学史讲演录》第4卷，贺麟等译，北京：商务印书馆，1996年，第283—286页。相反，海德格尔从这里读出的康德存在观和“一百塔勒”之例完全一样。对海德格尔来说，超验的存在者的存在方式与经验对象的存在方式的差异根本不具有基本存在论上的意义。

以可以成为关于无限者的科学，正因为对于无限者（理念）来说，思想和存在是同一的。

另一方面，海德格尔将先验想象力或纯粹自身激发作为阐发（以存在之问的方式预设了无限性的）有限性的依靠。对此康德文本无法提供直接的证据。纯粹自身激发是思维自我的自身限制。思维至少在康德那里还没有无限者的资格。如依靠黑格尔将思维提升为无限者，那么海德格尔到哪里去发现有限存在的那个自明性呢？这种将时间追溯到有限内在地包含的对无限的关系的进路，可以在其激进化形态中得到澄清甚至辩护。列维纳斯，这位依傍海德格尔因而经常对他做批评式推进的犹太现象学家，同样运用激发（affect）解释本真的时间性。但他明确拒绝了“自身激发”。指出激发必定是被他者（无限者、上帝）导致。按照列维纳斯，“激发”一词已经表明了，他者无法“进入”自身。[1]在他看来，“他者在自同中”（the Other-in-the-Same）才是首要的范畴。时间是无限者这个“更多”在有限者这个“较少”中的爆破，因而“时间就可归结为无限者之‘存在’方式。这也是承受无限者的方式：耐心”。[2]

列维纳斯的这种更彻底的海派阐释，当能弥补海德格尔本人的缺陷，将时间归为无限者在有限那里的现身。但这样一来他必须让无限性超越海氏的存在，又突破必定将无限性转为“总体性”的德国观念论的纯思维，于是也就破坏了作为阐释对象的康德文本。

列维纳斯或者跳出了作为康德阐释者的海德格尔，但是否跳出了那个不依傍康德思索有限性的海德格尔？不好说。几乎在他出

---

〔1〕E. Levinas, *God, Death and Time*, trans by B. Bergo, Stanford University Press, 2000, p. 115.

〔2〕同上，p. 116.

版康德书的同时，海德格尔在 1929—1930 年的冬季学期的讲座里，这样描述有限性："有限性不是属性……而是我们存在之基本方式"，"我们自身就是这个'在路上'、这个过渡、这个'既非这一，亦非他者'（Weder das Eine, noch Das Andere）……"这个非（Nicht）之不安息……我们称之为**有限性**"[1] 他者本来就是在欠缺中所拥有者。无非海氏说了欠缺，列氏说了拥有。本真的时间性是此在之绽出。从自身性去思考绽出，必定无法绕开自身的对方—他者。康德时间学说的全部意义或者在于有机会通过"激发"学说释放出"他者"的动机。因而突破了源于亚里士多德的所谓"庸常的时间观"。其之所以庸常，缘于把时间看成"现在之序列"。

但现在是什么？这仍然处在晦暗之中。现在似乎是自身封闭，天然与他者绝缘的东西？[2] 或者，还是应该回到亚里士多德那里，随着他发问："现在究竟是自同者和同一个呢？抑或永远是他者复他者？（allo kai allo）"[3]

2012 年 9 月初稿

2013 年 10 月改定

〔1〕 GA 29/30, S. 8.

〔2〕 "在每一个现在中现在都是现在，因而它持续地作为自同的东西在场着……" SuZ, S. 423。

〔3〕 亚里士多德：《物理学》，218a10-11。

海德格尔“形式指引”中的象征性义涵

一　前言

本文先从《宗教生命的现象学》看海德格尔对于“形式指引”的释义，接着以《何谓形上学？》里从“无”向“存有”的指引为例来说明，并表示出其中可能有的神学义涵，然后在《存有与时间》里找出“指引”的记号性与非记号性的用法，并指出海德格尔在此时已预告出一种非记号性的指引是一种象征性的用法。我们到《艺术作品的起源》来看海德格尔对于“象征”一词的解释，并参照吕格尔（Paul Ricoeur）在《恶的象征》中对于“象征”的说明，以了解海德格尔在“艺术作品的起源”举出例子的意义。文末再对这种象征性意义和基督教神学的象征相比较，回顾海德格尔的整个思想是否有一种隐含的神学象征意义，其分别以不同方式表现在早晚期的著作里。最后在结论里，将透过一个实务的研究案例来具体说明全文的意旨。

*　作者：汪文圣，台湾政治大学哲学系。

二 “形式指引”的释义

1920—1921 年冬的《宗教现象学引论》讲课之初，海德格尔很认真地讨论方法的问题。因他认为现象学毕竟是一种哲学，哲学的方法之所以异于科学方法就在于哲学主要起源于事实性的经验生活，不同于科学之源于认知的、理性或计算的（rationales）行为活动；而“事实性”意味着非自然实在、非因果规定、非物体实在，它并非作为既定的认识论所预设，而是从“历史之物”（Historisches）出发来理解。[1]

当海德格尔评论特尔慈（Ernst Troeltsch, 1865-1923）的宗教哲学时[2]，即认为他实以科学的方法处理宗教，其根本原因在于他对于哲学本身的理解有问题。依海德格尔之见，当特尔慈以心理学、认识论、历史与形上学的四种本质概念去规定宗教时，哲学实对于宗教仅采取了对象化的认知态度。故海德格尔面对的问题是：如何建立一种“宗教现象学”？现象学如何面对宗教？但海德格尔作为论述的概念如何别于特尔慈的方式产生出来呢？[3] 若哲学源于事实性生活经验，而事实性从历史的东西出发理解，那么宗教现象学就源于事实性经验，源于“历史”。这该如何解释？而历史的意义究竟是什么呢？

在海德格尔指出历史是何意义之前，曾说历史具有“直接的生命性”（unmittelbare Lebendigkeit）[4]。他虽不赞成过去一些哲学家企图求安定而对抗历史性，但却重视他们提出类型学（Typik），以便将历史关联到永恒的理型世界（例如柏拉图），或

〔1〕 Martin Heidegger, *Phänomenologie des religiösen Lebens*, GA 60（Frankfurt a.M.: Klostermann, 1995）, S. 8-9.

〔2〕 A. a. O., S. 19ff.

〔3〕 A. a. O., S. 29-30.

〔4〕 A. a. O., S. 33.

是直接作为对历史认识的依据（例如斯宾格勒），或是去建立普全的历史方向，以对于现今与过去做区别以及对未来做规定（例如齐美尔〔Georg Simmel, 1858-1918〕）。[1]海德格尔以为类型学呈现出从事实性生活经验形塑出概念的趋势，这是对后来他提出的形式指引方法做准备。唯海德格尔仍反对他们对于历史之见解，因为他们皆局限在一定的立场中，故批评上述这三种路径皆是“合乎立场的”（einstellungsmäßig）。相反的，现象学的路径需将立场搁置在旁。[2]

由上可知，海德格尔提出形式指引方法的直接动机是要处理“宗教现象学”的，并认为这需用哲学而非科学的方法。因为哲学即源于事实性生活经验，而生活经验具历史性。从而他面对的问题是，当以真正的哲学态度来处理宗教问题时，将如何建立一门“学科”？概念如何形成？而且这种哲学的态度与方法不只针对宗教，也将针对其他领域，乃至针对整个存有者或存有。故齐兹尔（Theodore Kisiel）[3]认为形式指引的方法在整个海德格尔哲学中占了举足轻重的地位；海德格尔自己也说过：“‘形式指引’的问题隶属于现象学方法的‘理论’本身。”[4]

海德格尔以为哲学仍具有这样的任务：分类存有者，并将之所归属的不同领域安置在不同的科学中。但他批评一般的存有论分类（ontologische Einteilung），像是康德与胡塞尔都陷于此分类的窠臼里，反倒是早先的亚里士多德有后人所未见之处。[5]

---

〔1〕Martin Heidegger, *Phänomenologie des religiösen Lebens*, S. 38ff.

〔2〕A.a.O., S. 48-51.

〔3〕Theodore Kisiel, “Die Formale Anzeide als Schlüssel zu Heideggers Logik der philosophischen Begriffsbildung,” in: *Heidegger und die Logik*. Hrsg. Alfred Denker und Holger Zaborowski（Amsterdam/ New York: Rodipi, 2006）, S. 49-64.

〔4〕Martin Heidegger, *Phänomenologie des religiösen Lebens*, S. 55.

〔5〕A. a. O., S. 56. 尽管海德格未明说这指的是什么，但这显示亚里士多德曾提出和形式指引相关的方法。

分类、概念化等皆是在形成理论。我们面对的直接问题是：如何从事实性生活经验形成概念、产生分类？这涉及对于个别物一般化的问题。承续胡塞尔区分“一般化”（Verallgemeinerung）有两种：“种类化”（Generalisierung）及“形式化”（Formalisierung），海德格尔进一步解释：前者是合乎类别（gattungsmäßig）的一般化，它和事物的种属等类别相关联，像红之类别化为颜色，颜色之类别化为感官性质。而后者形式化却脱离了事物的关联性，像感官性质之形式化为本质，本质之形式化为一个物体。[1]

海德格尔以为种类化是基于事物的关联，形式化是依据纯粹的立场关系（Einstllungsbezug）为动机而建立的；[2]它们皆和前面所批评的合乎立场之三种路径类似。故海德格尔说：形式化与种类化皆是建立在合乎立场的动机上[3]；因种类化是就事物内容关系，形式化是就形式逻辑与形式存有论关系以形成规定，它们皆以理论的科学为根据[4]，故海德格尔也说：形式化与种类化皆是建立在理论的动机上[5]。相反的，真正的哲学对海德格尔而言不设定立场，不是理论的科学[6]。

总结前面所论：海德格尔首先问如何从事实性生活经验形成概念；因哲学是一种概念化的活动，故他进而问哲学如何源于事实性生活经验；海德格尔批评目前的概念化活动有所立场，建立在理论上，因为它们没有源于事实性生活经验。故形式指引作为一种方法，让概念形成于事实性生活经验；形式指引也让真正的

---

〔1〕 A. a. O., S. 57-58.
〔2〕 A. a. O., S. 58.
〔3〕 A. a. O., S. 64.
〔4〕 A. a. O., S. 61-62.
〔5〕 A. a. O., S. 64.
〔6〕 Martin Heidegger, *Phänomenologie des religiösen Lebens*, S. 62.

哲学建立在事实性生活经验上。

海德格尔以为事实性生活经验为一种现象（Phänomen），现象只能被形式指引，也就是经验在被形式指引之下去问它的原始内容（Gehalt）、关系（Bezug）与实作（Vollzug）。“形式”（formal）表示事物是合于关系的，“指引”（Anzeige）表示现象的关系要先前（vorweg）被指出。内容是被经验的原始对象（Was; what），关系是现象被经验的原始方式（Wie; how），实作则是关系意义被实作的原始方式。这三方面的意义（Sinn）构成一个整体，现象学就是在让这个整体意义明晰化（Explikation）。换言之，现象学是赋予现象的lógos，但lógos不是以逻辑性的意义，而是现象的“内在之词”（verbum internum）。内在之词表示内容、关系与实作的意义比逻辑性表示出的意义更为原始。逻辑是有某立场或理论为前提的，任何立场与理论皆片面地固守住某个内容、关系或实作的意义。现象的意义不应被嵌入于任何一个实事的领域，故它们皆应处于一种流动的状态中。[1]

事实上海德格尔的释义还嫌抽象，故不少学者试着对于“形式指引”提出其义涵，企图对它做进一步厘清。齐兹尔与尼尔森（Eric Sean Nelson）[2]皆提出海德格尔形式指引概念建立了一种涉及事实性生命的诠释学逻辑，以别于一般以形式逻辑表现出来的分析性思考方法；布鲁恩（John van Buren）[3]强调海德格尔借形式指引方法寻找一种非对象化的语言，让我

〔1〕A. a. O., S. 63-64.

〔2〕Eric Sean Nelson, “Die formale Anzeige der Faktizität als Frage der Logik,” in: *Heidegger und die Logik*. Hrsg. Alfred Denker und Holger Zaborowski（Amsterdam/New York: Rodipi, 2006）, S. 31-48.

〔3〕John van Buren, “The Ethics of *Formale Anzeige* in Heidegger”, *American Catholic Philosophical Quarterly*, Vol. LXIX, no.2（1995）: 157-170.

们可以对神秘者言说，他并指出这是具伦理与神学义涵的，常以爱、奉献、泰然任之等“语言”来表述，故带有十字架神学（theologia crucis），而非荣耀神学（theologia gloriae）的色彩；史密斯（James K. A. Smith）[1]也是在这个立场上，指出海德格尔为解决如何概念地，但非理论地描述“事实性生活经验”的问题，而提出形式指引作为方法学上的策略，以建立一种“‘新的’现象学”（“New” Phenomenology），如同后来法国的列维纳斯（Emmanuel Levinas）、马里翁（Jean-Luc Marion），或之前的奥古斯丁及祁克果一样，以一种非对象化的语言去对于超越者述说。

不论诠释学逻辑或非对象化的语言，它们皆是对于神秘者或超越者去言说的方式。此即是说，一种非对象化的语言既可表示出神秘与超越的意义，又可让神秘者保持神秘，超越者保持超越。

例如我们熟悉于对“至大”与“至小”定义为“至大无外”与“至小无内”，而不是以一种量度来对它们做规定，因为任何的规定皆是一种限制。至大与至小是内容、对象，“无外”或“无内”表示让我们回到一种在经验中原始的关系意义，关系的实作在我们的经验中去体会。“形式”即意味不以度量规定而以关系来表示，“指引”即是从“无外”或“无内”向“至大”或“至小”去指示，而关系是先行被指出的。

无独有偶的是，海德格尔在《何谓形上学？》里就形上学而言的超越，也从“无”的概念来言说。他强调人对于“无”（Nichts）而“畏”（Angst）的感受是对于整体存有者流逝的“畏”，这种流逝是对于“此有”（Dasein）的一种“超越”

〔1〕James K. A. Smith, *Speech and Theology: Language and the logic of incarnation* (London & New York: Routledge, 2002), pp. 75-113.

(Transzendenz)，在这根本的“超越”意义下，本真的“存有”(Sein)才有开显的可能，而处理“存有”的形上学才能突破传统对于真正存有遗忘的窠臼。[1]“无”“畏”“整体存有者的流逝”皆是原始的关系意义，它们为此有所体验而被实作，它们先被指示出来，以便对“超越”言说。海德格尔在晚期常出现的表示方式，如 das Sein west, die Sprache spricht, die Welt weltet, die Zeit zeitigt, das Nichts nichtet 等等，皆表示作为动词的关系意义对作为名词的内容去言说，关系的实作是基于 Sein, Sprache, Welt, Zeit, Nichts 等被此有所体验，它们不是在其自身的实体(Substanz; entity)，而是作为现象本身呈现给此有。

本文接着试图参照海德格尔的著作与一些学者的诠释，去阐发上述关系意义与其实作有着神学的义涵，从而去说明形式指引蕴涵有类似基督教神学里的象征意义。

三 “形式指引”的象征性义涵

在《何谓形上学？》“后记”中，我们观察到存有被此有体验所形成的二者间关系；鉴于此，海德格尔使用的“牺牲”或“献祭”(Opfer)概念倒颇有神秘或宗教的色彩。他说：“牺牲乃是在通向对存有之恩宠的维护过程中对存有者的告别。”[2]故海德格尔似乎鉴于“无”的状态所关联到的存有者整体的流逝，进一步表示为对存有者的告别而呈现的牺牲之意。或许因这也意味将存有者拿来献祭，故海德格尔说：“在牺牲

[1] Martin Heidegger, *Was is Metaphysik?*, Framkfurt a. M.: Klostermann, 1986, S. 38-40; 海德格尔：《路标》，孙周兴译，台北：时报，1997 年，第 117—119 页。

[2] Ebd., S. 50; 海德格尔：《路标》，第 310 页。

中发生着隐蔽的谢恩，而唯有谢恩尊崇恩典。”又说：“原初思想乃是对于存有恩宠的回响。”[1]牺牲也好，献祭也好，是为了能让存有得到维护，从而来自存有的恩宠得以持续。又当海德格尔一方面以为“作诗（Dichten）、谢恩（Danken）与思维（Denken）是相互指引又分开”，另一方面主张：“思想家道说存有。诗人命名神圣者（das Heilige）。”[2]实不禁让读者将存有与神性联想在一起，从而将谢恩、恩典与恩宠的概念模拟于神学的概念去了解。

我们忆及在“艺术作品的起源”（1935）里，海德格尔强调一件作品的真正建立是奉献和赞美意义上的树立。也就是建立一个作品如神庙时，是作为对于神的奉献与赞美之用途，让神被召唤现身于神庙所在之处，让神圣被开启出来。[3]这里的神庙不只是器具、艺术作品，实更为一种“象征”。

海德格尔在“艺术作品的起源”开始时即赋予艺术作品一种特殊与深刻的义涵：“艺术作品虽然是一种制作的物，但是它所道出的还不只是纯然的物本身。作品把其他的东西公诸于世，把其他的东西敞开出来；它是一种譬喻（Allegorie）。在艺术作品中其他东西被带到和制作物结合在一起。‘带在一起’（Zusammenbrigen）在希腊字是symbállein。作品是一种象征（Symbol）。”[4]象征的意义犹待我们进一步阐释，否则其深刻意义仍不能在这里透显出来。

象征不是记号，也不是符号，因为记号与记号所指涉的对象

---

〔1〕 Ebd., S. 49; 海德格尔：《路标》，第 309—310 页。

〔2〕 Ebd., S. 51; 海德格尔：《路标》，第 311 页。

〔3〕 Martin Heidegger, “Der Ursprung des Kustwerkes”, in: *Holzwege*（Frankurt a.M.: Klostermann, 1980. S. 1-72）, S. 27-29; 海德格尔：《林中路》，孙周兴译，台北：时报，1994 年，第 23—25 页。

〔4〕 Ebd., S. 4; 海德格尔：《林中路》，第 3 页。

不同，符征与符旨也有所区分，但象征和所象征所指涉的对象却是合而为一的。

胡塞尔在《逻辑研究》“第一研究”里曾区分了记号（Zeichen; sign）与标号（Anzeichen; indication）的不同，当时他以抽象的语言或文字表述是记号，而具体的图像是一种标号。表述借着知觉可关系到对象自身，如字音先以物理对象呈现，再成为被意义所灵化的（sinnbelebt）知觉过程，让表述和对象建立关系；但它们之间没有共同性，只有相邻性（Kontiguität）。图像先借着感觉为我们所摄取，然后经由想象力连接到所指引的对象；图像不能关系到对象自身，却能和对象之间有相似性，但也始终和对象之间保持距离。[1]

记号与符号虽不一定为语言与文字的表述，但它们之所以不是象征，根本上在于它们和所指涉的对象间没有共同性。共同性包括了相似性；而相邻性表示二者之间的关系是抽象的，犹如康德的图式学（Schematismus）仍不是作为具体的图像来建立知性范畴和对象之间的关系。从某个角度言，它们是隐喻的（metaphorical），如果隐喻的表述是从原先直接与具体地关系到世界，转嫁为去指涉一个意义更丰富的抽象理念。[2]但是否标号或图像和所指涉的对象只在相似中保持着一段距离，这对于海德格尔的思想脉络而言并不尽然，图像之表现为象征的意义就是个例子。

事实上，海德格尔在《存有与时间》第十七节，已透露出记号之不同于象征。当他在针对原始世界的人们在拜物与巫法中使用记号时说道：“记号的使用完全‘直接地’为在世存有之

---

〔1〕Edmund Husserl, *Logische Untersuchungen II/1: Untersuchungen zur Phanomenologie und Theorie der Erkenntnis*, Tübingen: Niemeyer, 1980, S. 32- 63.

〔2〕Hannah Arendt, *Vom Leben des Geistes*, Herausgegeben von Mary McCarthy, aus dem Amerikanischen von Hermann Vetter, Munchen: Piper, 1979, S. 106-107.

内。”[1]并且说：“对原始世界的人们而言，记号和它所指涉的对象合而为一。”[2]换言之，如果记号只是作为中介的角色，被当作一种器具在使用，而且作为一种工具以达到某一目的，那么这种记号的角色在海德格尔所指出的例子里就消失不见。相反的，若记号和所指涉的对象合而为一，那么记号就成为了象征。因为象征若仍属于一种标号的话，那么这种标号和其所指引的对象不可分开，因所指引的对象“体现”在标号里，致使它们之间反而没有距离。

吕格尔（Paul Ricoeur）对于象征做的本质性分析显示出下面几个要点：

（1）象征是一种记号，但不是所有的记号皆是象征，这和我们上述的说明一样，但他举的例子更可助我们了解象征的深刻意义：不洁（defilement）的字面意义固然是沾污（stain），但它的象征意义可指向人在宗教的处境，譬如犯罪所引起的不洁状态。[3]

（2）虽然字面意义与象征意义有模拟（analogical）的关系，但这个关系不能以数学关系的比例来客观化。借用布隆得（Maurice Blondel）所说，这不是建立在“概念的相似性”（notional resemblance），而是建立在“内在的激发”（interior stimulation）与“同化的要求”（assimilative solicitation）上；而这指的是，字面意义的运动让我们参与到隐藏的象征意义，或使我们同化到被象征的对象，但这不是基于我们理智做主去成就此相似性，却是基于字面意义模拟地给予了象征意义，故象征是个

〔1〕 Martin Heidegger, *Sein und Zeit*, Tübingen: Max Niemeyer, 1979, S. 81.

〔2〕 Ebd., S. 82.

〔3〕 Paul Ricoeur, *The Symbolism of Evil*, translated by Emerson Buchanan, Boston: Beacon Press, 1969, pp.14-15.

赠予物（donative）。[1]

（3）象征和譬喻（allegory）不同。在一个譬喻里，字面意义和所指引意义的关系是一种翻译（translation），这个翻译意味着诠释；一旦完成此诠释后，可以将譬喻舍弃，这表示所使用的譬喻是偶然的。但象征和所象征意义之间是前于诠释的关系，象征形成于“记号的自发创造”（spontaneous creation of signs），这表示所使用的象征记号是必然的。[2]

（4）象征和符号逻辑的符号（symbol）虽用字一样，但意义不同。相反于符号逻辑的符号只是字母代号，符号逻辑是和内容无关的绝对形式主义，象征属于一种和其内容有必然性关系的思维。换言之，象征物或语言的字面意义内容和象征意义内容有必然的关系。[3]

（5）神话和象征的区分有些不易，神话固可以用象征或譬喻的不同方式来诠释，但象征的理解是更原始的，所模拟的意义是自发地形成与直接地指涉的。神话是以叙述性故事来表示的象征，是象征的一种，但不是原始的象征意义。

原始的象征是直接透过象征物或语言来表示的象征。[4]

吕格尔虽没有直接说象征和被象征的对象是合而为一的，但他强调象征的字面意义直接地、自发地、必然地，并带有赠予意义地，让我们同化于象征的意义。但赠予既是来自象征物或语言本身，这个同化性（assimilation）实表示象征物本身同化于被象征的对象；从这个观点来看，象征物与被象征的对象合而为一。

---

〔1〕 Ibid., pp. 15-16.

〔2〕 Ibid., p. 16.

〔3〕 Ibid., p. 17.

〔4〕 Ibid., p. 18；柯志明：(《谈恶——吕格尔〈恶的象征〉简释》，台北：台湾书店，1997年，第27—32页）对以上有着深入浅出的说明，虽然有些方面他并未提及。

吕格尔将譬喻和象征区别开，但海德格尔将艺术作品说成一种譬喻、一种象征；或许海德格尔在此并没有严格分辨清楚。而海德格尔在"艺术作品的起源"之所以视作品为象征，因为它们不单是拥有"有用性"（Dienlichkeit）的"器具"（Zeug）[1]，并更拥有"可靠性"（Verläßlichkeit）[2]，让存有开显；事实上，艺术作品是一种象征，它被依靠以带出被象征的对象。海德格尔举例的农鞋或神庙作品之所以是象征，因它们和所指引的象征意义有必然的连接关系，它们不是成就意义后可舍弃不用的，它们不是过渡到目的之手段而已，它们本身同化于目的、和目的合而为一，它们是目的之"体现"（embodiment）。

在1951年的演讲"建筑 居住 思维"中，海德格尔针对桥之为一物（Ding）也提到象征的概念。他以为桥将天、地、神性者、终有一死者聚集起来，聚集（Versammlung）在德文古字是thing，故桥聚集这所谓的"四大"（das Gevierte）即成为物（Ding）。海德格尔鉴于桥虽然聚集四大，但它"是一个物且就只是这个"（is ein Ding und nur dies）解释道：它不是先是一单单的桥，然后再作为表示四大的象征（Symbol）；它也不是先只是一种象征，而所表示的东西不是属于桥自己的；甚至严格说起来，桥永远不显现为一种表示。[3]

事实上，海德格尔要表达的是，桥不是本为一物理之物，然后被意义所灵化（sinnbelebt），就像胡塞尔对于记号的了解一样；桥也不是一个属于理念的世界，而无法具体化到现实世界。

[1] Martin Heidegger, "Der Ursprung des Kustwerkes", S. 13;《林中路》，孙周兴译，第11页。

[2] Martin Heidegger, "Der Ursprung des Kustwerkes", S. 19;《林中路》，孙周兴译，第16页。

[3] Martin Heidegger, "Bauen Wohnen Denken", in: *Vorträge und Aufsätze*, Teil II（Pfullingen: Neske, 1967）, S. 27-28.

因而，聚集四大的桥本身是四大的“体现”，它可以是个象征，但不和物分离。它本身甚至就是个象征，但象征和被象征的对象合而为一。

四 “形式指引”的神学性象征义涵

不论在《何谓形上学？》“后记”与“艺术作品的起源”里，我们见到现象的关系意义被实作、先前被指出的形式指引具有神学性的义涵，现在我们参照一个对海德格尔神学思想的诠释，以进一步察看基督教神学如何转化为海德格尔的存有论神学（Onto-theo-logie），从而形式指引也显示有神学性的义涵。

在众多讨论海德格尔与神学的二手资料中有一本书可提出来，这是普拉德贺姆（Prudhomme）所写的《上帝与存有——海德格尔与神学的关系》。[1]我整理出几个要点如下：

（1）上帝在古希腊的宗教经验中是时间性地发生在世界中，在这个意义下神圣的事件（divine event）介入了世间。Divine 的希腊字为 to theion，对立于特定的诸神（theos, theoi）本身，它宣告并显示于世，提供为希腊哲学对于神进行反思的依据。海德格尔对 to theion 曾诠释为覆盖与围绕我们的穹苍，人被抛掷其中，受其征服。但至基督宗教时期，因上帝从无中创造万物，故 to theion 是一切受造物的总称。[2]

（2）在早期海德格尔区分基础存有论和非神学与神学学科的不同关系：基础存有论指导（direct）、衍生（derive），或

〔1〕 Jeff Owen Prudhomme, *God and Being. Heidegger's Relation to Theology*, New Jersey: Humanities Press, 1997.

〔2〕 Ibid., pp. 20-21.

带领（lead）非神学学科到存有论的基础去；而基础存有论修正（correct）、协同指导（co-direct）、形式地指引（formally indicate）或强调出（point out）基本的神学概念所源起的存有区域之存有论特性。[1]

（3）将神学关系到基础存有论，是将基本上以信仰作为基础的神学，向批判的哲学反思去开放。海德格尔寻求的不单单是上帝为赞颂、告白与忏悔（confessed），而是被理解（conceived）的对象。[2]

（4）耶稣作为被钉在十字架的上帝是一个基督宗教的象征，它宣告为上帝的现象，而以神性的否定来显示，这种以否定合并在神性即是对神性的批判式反思，而这种十字架的象征说出了更普遍性的价值与意义，可让意义显示在非信仰中的社群中。[3]

（5）上帝以对神性否定的耶稣来显示，可表示为“上帝以非神性来显示其存有”（God is God as the non-divine）或“上帝以拿撒勒人耶稣来显示其存有”（God is God as the man Jesus of Nazareth）。海德格尔的存有论神学正呼应这种“被肉身化之神性的象征”（symbol of incarnate deity）义涵。[4]

（6）与之对照，海德格尔的神学象征性义涵表示为：“上帝以存有来显示：存有以上帝来显示。”（God is God as Being: Being is Being as God.）从前者来看，存有是上帝的象征；从后者来看，上帝反而是存有的象征。从前者来看，似乎还未排除上帝为现象后的一种实体，但从后者来看，上帝本身就是一种现

〔1〕Ibid., p. 85.

〔2〕Ibid., pp. 93-96.

〔3〕Ibid., pp. 99-101.

〔4〕Ibid., pp. 156-158.

象，而非实体。[1]

（7）若就海德格尔晚期将语言或诗和神或存有关联在一起而言，那么神学象征性义涵更可表示为："存有以语言来显示。"（Being is Being as Language.）以及"存有以诗来显示"（Being is Being as Poetry）。于是语言与诗皆是存有的象征，从而也是上帝的象征。[2]

五　结论——从一个实务研究案例来看"内在之词"的神圣性象征性义涵

我们回到海德格尔在针对"形式指引"时说："形式"表示事物是合于关系的，"指引"表示现象的关系要先前被指出；再看普拉德贺姆所说："基础存有论修正、协同指导、形式地指引或强调出基本的神学概念所源起的存有区域之存有论特性。"

从上面所述，存有本身被指引是以关系而非对象来显示的，且关系是在无先前的立场与理论，即原始地呈现给此有的；此有本身没有一个既定的依据去指导此关系，至多只是修正或协同指导某某已经呈现出来的关系。

海德格尔强调我们的"事实性生活经验"让存有以原始的关系状态呈现给我们，他虽也强调事实性要从历史之物出发来理解，但本文对此并未多着墨，以详述这历史的意义究竟是什么；故存有以原始的关系状态呈现时，历史又有何相干呢？

我已在另一篇文章处理过此课题，大体上是指出事实性生活的实作关系会让一种事实性生活的时间形成，一般所谓静态与动

〔1〕 Ibid., p. 162.

〔2〕 Ibid., pp. 154-157.

态的时间乃由之导出；海德格尔在“宗教现象学”讲稿里特别就上帝“临现”的时间来讨论，并以之取决于个人在事实性生活中的实作关系。[1]从时间再衍生出历史的概念，海德格尔在“宗教现象学”讲稿里似乎并未指明，但我们可参照后来的《存有与时间》后面的章节来理解其义。

我要强调的是，海德格尔在“宗教现象学”讲稿中以形式指引的方法，将基督教神学往个人事实性生活经验的“存在性与存有论的”（existential-ontological）层面去找其基础。但事实性生活中对于原始关系的实作是超乎个人的自主能力之外的，当时所分析出的一些概念如承担、挺得住、尊重、爱、谦卑、敬畏、赞美、祈祷等，[2]它们足以显示在事实性生活经验中的原始关系是有从尘世往神圣性过渡的性质。

这是因为海德格尔处理“宗教现象学”的问题所致的结果吗？其实不尽然，因我们从一个现象诠释心理学家研究的实例可见，真情的流露即展现了一种神圣的世界。这是刚逝世不久的余德慧一项“探讨癌末处境‘圣世界’的形成”的研究，他在这篇论文的“绪论：‘金浩现象’的发生”里首先即预告了一件颇近乎海德格尔在“《何谓形上学？》后记”所说“一切惊奇的惊奇”（das Wunder aller Wunder）[3]：

> 一位住在东部的癌末病人金浩（男，34岁），在医石罔效之后，移住缓和照顾病房，金浩的下肢全部被切除，腰部以下长满淋巴肿瘤，以及非常大区块的褥疮伤口。从住院乃

[1] 汪文圣：《处于伦理内在性与宗教超越性之间：胡塞尔与海德格的宗教现象学之比较》，刊于《“中央大学”人文学报》第43期，2010年7月，第227—264页，其中第249—250页。

[2] 同上，第251—252页。

[3] Martin Heidegger, *Was is Metaphysik?*, S. 47；海德格尔：《路标》，第307页。

至过世，金浩的出现似乎显露一种不寻常的领域，走进这领域的人都受到震撼，其中有医师、护士、志工师兄、师姐，乃至于心理师、神父，都受到这领域的滋润而发生改变——医师哭泣、护士忏悔、志工有所启悟、神父也不再说教，心理师发现沉默的奇妙、师姐自觉的成长，几乎凡是走近他身边的人都受到他的影响，但是大家却又说不上来为什么；金浩既非智慧大师，从来不曾给出智慧的语丝，也不是高尚的道德者，提供模范懿行当作典范；他和常人一样怕死，一样依赖着志工 SY 师姐的照顾。可是，金浩身边的人却领受到一种“金浩领域”所带来的氛围，深深地感动着，人们奔走相告，这到底是怎么一回事？[1]

余德慧借用巴塔耶（Georges Bataille）的神圣论观点，即对反于一般宗教经验之从语言“意义”的立足点出发，反而主张一种“域外”的经验，得以和神圣性接壤。余德慧描绘道：

对巴塔耶来说，宗教经验必须是能将内在体验淋漓尽致地“彻底地活出”，必须让真切的情如水银般地流泻，内心绵密地流着不可遏止的情感，不受理性所拘，不为世情所绊，更不能有认知的意识造作。[2]

于是，在田野的研究里，余德慧观察到：

“圣世界”里的欢乐并不是单纯的欢乐，就像癌末处境的

〔1〕余德慧、石世明、夏淑怡:《探讨癌末处境“圣世界”的形成》，刊于《生死学研究》第 3 期，嘉义：南华大学人文学院，2006 年 1 月，第 1—58 页，其中第 5 页。
〔2〕同上，第 13 页。

> 嘉年华会，并不是欢乐的单一层面，而是透过（令）深层的“悲哀”才能衬托出嘉年华的气氛；同时我们也在病房的处境看到悲伤孕育着快乐，或者快乐孕育着悲伤，但是，圣世界里的情绪不会仅仅是由快乐与悲伤构成，有更多的隐藏性的失落与获得、在与不在、你与我、幸福与不幸，这些错综复杂的双重情绪，都悄悄地、吊诡地并存在圣世界里头。[1]

这个述说与语言之所以显示神圣性的义涵，是因为真心朗现，让“真切的情如水银般地流泻”。

回顾海德格尔的问题是：如何从事实性生活经验中形成概念？以及他所说，事实性生活经验为一种现象，现象学是赋予现象的lógos，但lógos不是逻辑性的意义，而是现象的“内在之词”。余德慧也是在论述以及在实务中执行着，如何从真心里产生这内在之词；因他深信它所显示的意义，比在特定立场或理论为前提的心理学所表示的意义更为原初与恳切。

本为内在之词的语言，根本上是个对海德格尔而言让存有显示，进而让上帝显示的象征。从这里的实务研究例子中，看到余德慧让叙说与语言显示出神圣性的义涵，这固然是因为议题涉及临终的受苦经验所致；但临终的处境正透显出：常规生活所恃以为据的特定立场或理论全部不再受用，在抛掷了这些前提后，反而可让真心——也就是事实性生活经验——朗现，以至于让内在之词涌现出来。

发生上述“域外”的“金浩现象”，根本上也是因为真心朗现，从而“真切的情如水银般地流泻”所致的结果。我们从“金浩身边的人却领受到一种‘金浩领域’所带来的氛围，深深地感动着，人们奔走相告，这到底是怎么一回事？”的叙述中可理

---

〔1〕余德慧、石世明、夏淑怡：《探讨癌末处境“圣世界”的形成》，第31页。

解，这个气氛不是所有氛围内的人可以主导，是金浩的实作不经心地酝酿出与此氛围的关系，产生了此氛围中人与人的真心真情。这“这到底是怎么一回事？”似乎是象征与被象征之间永远的谜，也是形式指引如何被指引与指引向何处的谜。

海德格尔与西田论他者的经验*

一

他者的问题是现代哲学的主要问题之一。这个问题主要来自于笛卡尔哲学的思考方式。笛卡尔认为哲学应该建立在绝对确然的基础之上，对此他所找到的起点是“我思”。但是以“我思”作为起点的哲学面临着如何解释“他者的存在”的问题。笛卡尔在《第一哲学的沉思》当中，先透过普遍的怀疑获得自我意识的确然性，探问自我是什么，再从意识的内容来证明外于我思的其他东西，例如上帝与物体的存在等等。当然，笛卡尔不是独我论，他者的存在问题在上帝的全善之下而获得保证。但是问题在于，这样所理解的“他者”是不是穷尽了他者的意义。

一般来说，独我论往往是一个哲学家用来批判其他的哲学家的语词，哲学家本身不会认为自己是独我论。笛卡尔不会认为自己是独我论，我们只有从别的哲学的立场来看，质疑笛卡尔用来保证外在世界与他者之存在的上帝存在论证无法成立的时候，我

作者：黄文宏，台湾清华大学哲学研究所。

* 本文的主体部分曾以繁体中文发表于《政治大学哲学学报》(台湾，第 31 期，2014 年)，题为：《从西田哲学来看前期海德格“实存论的独我论”》。感谢台湾政治大学哲学系和《政治大学哲学学报》授权此简体版收入本文集。

们才会认为笛卡尔哲学陷入了独我论。更恰当地说，如果我们从胡塞尔超越论的现象学的角度来看，笛卡尔才会是独我论，因为笛卡尔将我思单纯地理解为一个主体极，不能将我思彻底化为超越论的自我，这样所理解的我思不能看到我思所包含的超越论的经验领域，不能理解他者如何在我思中自我构成。在胡塞尔看来，传统哲学的超越问题在现象学必须转型为“内在超越”才行，超越论的交互主体性必须建立在超越论的自我学之上（Hua I, 69）[1]。同样的，如果我们从海德格尔的角度来看，胡塞尔在《笛卡尔沉思》中透过“移情”与“类推”的说法，也不能够完全说明他者的经验，这样所显现出来的他者并不是真正的他者，移情与类推反而必须建立在此有的“共存在”之上。

换言之，如果哲学的目的在合理地解释我们的经验的话，那么哲学家大概都不会自以为是独我论。他者的存在是一个事实，问题只在如何解释这个事实。这样来看的话，胡塞尔与海德格尔都不会自以为是独我论，只有谁的理解更能够符合于我们对他者的理解。这在现象学来说，就是谁的方法最能够让他者作为他者而自我显现。但是，我们也注意到一点，不论是胡塞尔或海德格尔，各自在其哲学当中，却都不经意地要以“模拟的方式”指出自己的哲学是一种独特形态的“独我论”或“唯我论”。胡塞尔在《笛卡尔沉思》中，试图将超越论的现象学的想法联结到笛卡尔的思维方式的时候，他提到超越论的现象学类似一种“超越论的独我论”（transzendentaler Solipsismus）（Hua I, 69），海德格尔在《存有与时间》则自比为一种“实存论的‘独我论’”（existenzialer “Solipsismus”, GA 2, 250）[2]。换

[1] E. Husserl, *Cartesianische Meditationen und Pariser Vorträge*, Hua I, Hrsg. von Stephan Strasser, Den Haag 1950.

[2] M. Heidegger, *Sein und Zeit*, GA 2, Frankfurt am Main: Vittorio Klostermann GmbH 1976.（下引该书随文标注页码）

言之，这两位具代表性的德国现象学家虽然都在某种意义下提供了不同的让他者作为他者而自我显现的方法，他们都不是传统意义下的独我论。然而在这些不同的解释之间，我们仍然可以询问，不同的哲学家所经验到的他者是不是真正的他者？换言之，对现象学来说问题并不在他者存不存在，而在如何让他者作为他者而自我显现？什么样的哲学才能让他者自我显现自身？回归实事本身、让事物得以自我显现自身，这大概是这两位德国现象学所共同强调的地方。对于这个问题，本文打算从西田与海德格尔的角度来进行反省。

我们知道，海德格尔哲学批评传统哲学开始于一个无世界的主体，将主体理解为无世界性的存在，导致只能将世界从对象化的立场来看，而主客对立的想法并不能显示我们的世界经验。这种要求打破传统哲学中主客对立的想法，也同样是西田哲学的出发点。换言之，不论是西田或海德格尔都认为主客对立的想法不能看到真正的世界，不能真正地解释他者的经验，因而两者也都试图在一个更深的层次来寻求传统"移情论"的理论基础。不论是从此有的"脱自性"（Ekstasen），或者是先于主客分别的"纯粹经验"，对海德格尔与西田来说，主客对立也与独我论一样，是用来批判别人的哲学的一个判准。在这个意义下，两人同时皆转化或超越了胡塞尔作为联结能思与所思的意向性。海德格尔虽然批评胡塞尔以意向性为中心的思考方式，但是却将意向性转化为此有的"行为"（Verhalten），而保留于自身的哲学中。[1] 反之，西田在迈向绝对无的过程中，先将意向性视为一种意志，以内在指向的意向性作为意向性的本质，乃至最终超越了意向性，将意

〔1〕 Fr.-W. von Herrmann, "Die Intentionalität in der hermeneutischen Phänomenologie", in: *Die erscheinende Welt: Festschrift fur Klaus Held*, hrsg. von Heinrich Huni und Peter Trawny, Berlin: Duncker & Humblot, 2002, S. 557ff.

向性包含于绝对无当中。换言之，在西田看来，意向性的能所对立，仍然是一种有待超越的主客对立。[1]

笔者尚无能力广泛地进行两种思维模式的比较，仅能将重点在置于海德格尔与西田对他者经验的说明。在文献的处理上，海德格尔的部分集中于前期的《存有与时间》(1927年)，西田的部分则集中于中期西田的“我与汝”(1932年)与相关的著作。在行文上，本文区分为三个部分：首先(一)在阐明独我论的问题之后，我们随即(二)进入《存有与时间》中海德格尔对他者经验的描述，我们沿着海德格尔的思路从手许物的周遭世界开始，铺陈沿着手许物所经验到的他者。这样所经验的他者只是显示了他者的一个可能性，不能穷尽他者的意义，但厘清这一部分将有助于我们了解在“不安”中存有者全体的滑落的意义。接着(三)我们讨论作为共同世界中的他者的经验，特别是关于“本真的相互共存在”与“本真的自体存在”的关系。前者在逻辑上依赖后者。也就是说，自我必须先本真才能有本真的相互共存在。笔者认为这是因为在海德格尔思想当中，不容许他者本真，自我才本真这样的说法。自我与他者之间并不处于真正的平等地位。我们最后(四)讨论西田对他者经验的描述，在这里，我们以“我与汝”这篇论文为主，西田的这篇论文讨论的问题很广，汝的意义也不限定于通常所谓他人而已。[2]本文在此只局限于其中交互主体性的问题，在西田看来，我与汝是互为存在条件的，也就是说，我之为我是以汝之为汝为条件，反之亦然。在简单铺陈西田的想法之后，笔者接着思

[1] 参见黄文宏：《论西田几多郎中期“绝对无的意义”——以“睿智的世界”为线索》，载《台大文史哲学报》，第78期，2013年，第117—142页。

[2] 参见坂部恵：《西田哲学と他者の问题——“私と汝”をめぐって—》，载于上田闲照编：《西田哲学——没后五十年纪念论文集》，东京都：创文社，1994年，第51—73页。

考西田与海德格尔的差异。笔者认为其中的关键在于，海德格尔虽然批评笛卡尔的“我思”，但却以“我在”或“实存”作为思想的起点，以“我在”为起点的哲学，正如海德格尔的自我理解一样会形成一种“实存论的独我论”。反之，作为西田思想之的起点的“纯粹经验”，却是先于我与汝之分别的经验。不是先有我才有经验，而是先有经验才有我。最后笔者一些粗浅的看法也表达在这里。

二

海德格尔在《存有与时间》当中，最先谈到他者经验的地方，是关于手许物（Zuhandenes）的问题，手许物是在日常生活经验中所遭遇的非此有的存有者。对于这种在操烦中所关涉的手许物，海德格尔也称之为“用具”（Zeug）。但是，用具并不是用具存有（Zeugsein），后者是在操烦中的认识，属于此有的存有理解，前者则是一个经验的对象，用具存有使得用具得以被经验。换句话说，我们遭遇存有的方式，不同于遭遇存有者的方式，存有虽然不是经验对象，但是在我们与存有者进行任何往来之前，我们必然先拥有某种存有理解。作为此有的存有构造的“世界内存在”就是对此有的存有理解的一个说明。

我们知道，在《存有与时间》中所谈的“世界”是一个实存范畴（Existenzial），它是此有的世界内存在的一个构造环节。海德格尔的世界分析开始内在世界的存有者，这是我们在周遭世界中所遭遇的东西。“日常生活的世界内存在，我们也称之为**在**世界**中**（in）并且**与**（mit）内在世界的存有者的来往。”（GA 2, 90）海德格尔认为，此有的世界内存在已然拥有一种存有理解，而这个存有理解也已然“散列”（zerstreut）为各种不同的样式，我们与内在世界存有者的往来关系，海德格尔用操烦（Besorgen）来描述，而手许物就是我们在与内在世界存在物的操烦当中所遭遇到的东西，也是此有遭遇内在世界存在物的最近侧的样式。用具所属的操烦样式，海德格尔用“操作的、使用的操烦”（hantierendes, gebrauchendes Besorgen）来说明。我们知道，操烦拥有属于它自己的认识，这种认识是对用具存有的把握，我们在认识中所把握的东西并不是“存有者”，而是“存有者的存有”。海德格尔的分析也集中于揭示作为“用具的存有”的“手许性”。

海德格尔认为“严格说来，用具从来不会‘是’**一件**。用具存有总是包含着一个用具全体，用具唯有在这个用具全体当中才能成其所是〔才能成为用具〕”（GA 2, 92）。换言之，就用具的用具存有而言，任何用具皆属于一个用具的全体，不会是单独的存在。单一的用具并不存在。单一用具之所以不存在，是就用具的存有来说，每一个用具的存有都具有一种“手段性”（Um-zu），或“为了某物（某物的手段）”（etwas, um zu ...）的构造。手段性拥有不同的样式，例如“有用性、有益性、合用性、方便性等等”（GA 2, 92）。[1]在这里的“手段性”“有用性”“合用性”“方便性”谈的不是有用的东西、合用的东西与方便的东西，这些都是“存有者”。海德格尔关心的是“存有者的存有”，手段性属于手许物的存有，它是用具的存有论构造。用具都具有一种手段性的构造，也就是说，就其存有来看，用具的存有都是为了某种别的东西。这种发生在存有理解中的手段性构造，海德格尔称之为“指示性”。“在这个‘手段性’的结构中，存在着一种从某物指向某物的**指示性**（**Verweisung**）。”（GA 2, 92）也就是说，用具所具

〔1〕“用具在本质上是‘为了某某的东西’。‘手段性’（Um-zu）的不同样式，例如：有用性、有益性、合用性、方便性等等，种种不同的样式构成了一个用具全体性。”“手段性”是渡边二郎的译名。请参见原佑·渡边二郎《存在与时间》的日译本。

有的“手段性”构造是“指示着在自身之外的东西”。例如，榔头为了钉钉子，钉子是为了固定房屋，等等。用具指示着其他的用具，这构成了“指示的全体性”（Verweisungsganze）。同样地，透过指示而相互关联在一起的用具，海德格尔称为用具全体。这样来看的话，“指示”（Verweisung）构成用具存有的一个重要成素，形成了用具本身的“在其自身的存在”。而对这个“用具全体性”（Zeugganzheit）的体验，海德格尔称为“环视”（Umsicht），环视是一个存有论概念，表示一种理解的观看，在这个观看当中，我们揭示了用具全体性。

就手许性来看，手许物指示着另一个手许物。“存有者是在这样的方向上被揭示出来的，即它作为这个存有者，它之所是是已然指示着某物的。”（GA 2, 112）对于这个在用具的存有中所拥有的已然指示着某物的性质，海德格尔也用“趋向”（Bewandtnis）来表示。海德格尔说：“这个存有者对某物拥有其趋向。手许物的存有特性就是趋向性。”（GA 2, 112）在这里，趋向性其实是海德格尔对胡塞尔意向性的一个改造，也是海德格尔对手许物的是什么的一个最终的说明。海德格尔说，“在趋向性中包含着：让某物趋向于某物。这种‘某物趋向于某物’的联系，应该透过‘指示’这个语词来标志”（GA 2, 112）。

在这里，我们注意这个“让某物趋向于某物”（bewenden lassen mit etwas bei etwas）的构造。在这个“让某物趋向于某物”的趋向性构造中，包含着能趋向（Womit）与所趋向（Wobei），以及“让趋向”（bewenden lassen）这三个构造环节。其中的“所趋向，就是效用性的用途性（Wozu），就是合用性的利用性（Wofür）”（GA 2, 112）。用具的利用性又拥有其趋向性。例如：榔头趋向敲击，敲击趋向牢固，牢固趋向风雨的防护；风雨的防护是“为了”此有能避居于其下，最终是“为了”此有的存有的一种可能性（GA 2, 112）。在这里，比较重要的地方在于，此在的存在的可能性不能是一种用途性，因为此有并不是手许物，不具有趋向性。因而海德格尔在这里区别开“手段性”与“目的性”（Worum-willen）。这样来看的话，从用具所拥有的指示性，指向各个不同的用途性，这些用途性又再指向其他的用途性，最终指向此有的存在可能性作为最终的目的性。用具的指示最终指向在作为终极目的的此在的存在可能性。

我们注意第三个环节“让趋向”。这一整个事态，如果我们反过来看的话，就会有“让趋向”（bewendenlassen）的语词出现。让趋向是一种在存有论的层面上的“让存在”（Seinlassen，让存有者存在）。“‘让趋向’在存有者的层面上意指：内在于某种现实的操烦当中，让一个手许物如其现在所是的样子而存有，并且因而就是如此而存有。”（GA 2,113）让趋向其实是一种“释放”（freigeben），让内在世界存有者的存有释放出来，而且是一种“先行的释放”（vorgängige Freigabe）。“趋向性是内在世界存有者的存有，而它〔内在世界存在物的存有〕总是已然在最初的时候就释放出来了。”（GA 2, 112）“释放”将原先处于隐蔽之中的内在世界存有者存有释放出来，从此有的角度来说，它是一种“揭示”（entdecken），是内在世界存有者的揭示。在这里，我们可以看到，让存在、释放、揭示都是从此有的角度来说的语词，由于让存在、释放、揭示，因而一个手许物得以让遭遇（begegnen lassen，GA 2, 113）。在这个意义下，我们可以说，让趋向是从不同于用具的指示的方向，从目的而来的“自我指示”（Sichverweisen），而这个自我指示所发生的“所在”（Worin）就是世界的现象。“此有的自我指示的根柢的结构，就是构成世界的世界性的东西。”[1] 在这个意义下，世界是让手许物得以遭遇的所在或场域。这样来看的

〔1〕“自我指示的理解的所在作为让存有者在趋向性这个存有样式中得以让遭遇的根柢（Woraufhin），就是世界的现象。”（GA 2,115-116）

话，让趋向其实是从最终目的而来的让手许物得以遭遇。“理解让自己在这些关系中指示，并让自己从这些关系本身指示〔接受这些关系的指示〕。我们将这些指示的种种关联的关联性把握为‘赋予—意义’。”（GA 2,116）于是“最终目的对手段性赋予意义；手段性对一个‘用途性’赋予意义，这个用途性对让趋向的‘所趋向’（Wobei）赋予意义，让趋向的所趋向对趋向性的‘能趋向物’（Womit）赋予意义”（GA 2,116）。这是一连串的意义赋予的过程。由于此有已然内存于世界当中，因而就存有论来看，这整个赋予意义的关系全体先于用具的存在，海德格尔称为“赋予意义性（有意义性）”（Bedeutsamkeit）。赋予意义性就是此有的世界内存在这个构造当中的“世界的世界性”，也是此有在最初与最通常的情况下所内存于其中的世界。

我们的问题在于，此有究竟如何在这个“赋予意义性”的世界构造当中遭遇到其他的此有？海德格尔认为在用具的操烦中，我们最先遭遇到的是被“制造出来的东西”或者“制成品”（Werk）。然而，一个制成品，除了指示着用途性（Wozu）、原料（Woraus）之外，还指示着“使用者”与“利用者”（Träger und Benutzer，GA 2, 95）。换言之，此有通过制成品指示着他者的存在的可能性。“因而，借由成品，我们所遭遇到的，并不只是少许的存有者，也遭遇到人这种存有样式的存有者。”（GA 2, 95）但是在这个意义下所遭遇到的他者，是通过手许物的指示关系而遭遇到的他者，这样的他者其实仍然是手许物。在操烦当中，我们只能经验到手许物，经验不到他者。换言之，他者虽然具有手许物的一面，但他者不只是手许物，通过制成品所遭遇到的他者，是从手许物的指示关联性构成的他者。这样的他者，严格说只是他者的一个侧面，并不是他者本身。通过手许物的指示脉络并不能让他者从其自身而显现。

他者在此有与手许物的操烦中无法自我显现自身，而之所以能这样主张，是因为他者不止是手许物而已，而是另一种存在。但是，海德格尔的意思并不是说，先有一个与他者无关的此有存在，然后再设法联结两者（例如移情或推论）。而是主张此在的存有构造就是世界内存在，并不是先是无世界的主体，然后再与他者或非此有的存在物建立起关系，也就是说，此有在本质上就与非此有的存有者以及他者共在。海德格尔在《存有与时间》第四章中称此有的这个实存论的现象为“共存在”（Mitsein）。“此有在本质上就是共存在……”（GA 2, 161）。共存在与世界内存在皆是以同本源的方式而属于此有的实存构造。在这里，对于他者或其他的此有，海德格尔称之为“共此在”（Mitdasein）。

三

此在的世界是“共同世界”。此在的“内存在”是与他者的“共存在”，他者则是“共此在”。[1]换言之，共存在属于此在在实存论上的基本构造，此在本质上就是“共存在”，而“共此在”则是他者的此在的存在样式。这是从自我的角度来谈他者的存在样式，他者对我而言是共此在。由于此在本质上是共存在，因而即使一个人“单独存在”（Alleinsein），也是一种共存在，单独存在是共存在的一个缺如的样态。同样的，此有的“我在”或“实存”是共存在，同时也是与他者的“相互共存在”（Miteinandersein），此有与他者在相互共存在当中相互遭遇。此有因而在某种意义上，也是相互地为他者而存在，相互地为他者而操虑。

---

〔1〕“此有的世界是**共同世界**（Mitwelt）。内存在就是与他者**共存在**。他者的内在世界的自体存在是**共此在**（**Mitdasein**）。”（GA 2, 159）

海德格尔认为此有的操虑包含两种具积极性的极端样态，一者为“取代的支配的”（einspringend-beherrschend）操虑，另一者为“率先的解放的”（vorspringend-befreiend）操虑。前者是取代他者，从他者身上取走其操心并支配着他者。“操虑可能从他者身上仿佛将‘操心’取走而且在操烦中将自身置入其位置、取代他（einspringen）。这种操虑是为他者将他所操烦的事承揽下来。”（GA 2, 163）取走他者的操心，免除其负担（entlasten），而支配着他者。后者则“不是要从他者那里将‘操心’取走，而是要将‘操心’本真的作为操心而归还（zurückgeben）给他”（GA 2, 163）。换言之，率先的解放的操虑是一种“归还”，将他者的操心归还给他者。海德格尔认为这样的操虑才是本真的操虑，而本真的操虑来自于本真的操心。“这种操虑在本质上牵涉本真的操心，也就是说，牵涉他者的实存，而不是牵涉他者所操烦的**什么**，这种操虑有助于他者**在**他的操心当中得以透视自身，并且让他者得以自由”。（GA 2, 163）

虽然在这两个极端的操虑之间，还存在着许多操虑的样式，例如“互不相干”（Einander-nichts-angehen）等等。但是在这里，我们仅注意“率先的解放的操虑”，海德格尔说这样的操虑所牵涉的是“本真的操心”，而在本真的操虑中所牵涉的是“他者的实存”。我们知道，他者可以是手许物，也可以是另一个此有，这可以从海德格尔“操虑的操烦”（fürsorgendes Besorgen）与“操烦的操虑”（besorgende Fürsorge）这两组概念的交互使用中看出来（GA 2, 165）。海德格尔认为在我们的实存当中，还存在着让他者得以成为他者的可能性，这是率先的解放的操虑。在本真的率先的解放的操虑中，能解放他者的实存。这样来看的话，操虑其实也是一种让遭遇，本真的操虑让本真的他者可以被遭遇，或者说可以从作为世人的他者中解放出来。但是，究竟如何让他者以他者的身份而被遭遇呢？

海德格尔在思考这个问题的时候，是从日常生活的非本真的取代的支配的操虑开始。在日常生活的最初与最通常的情况下，我们并不是我们自己。在日常生活的取代的支配的操虑当中，真正支配的人并不是任何具体的个人，而是“世人”（das Man）。世人是日常生活世界的主人。海德格尔说世人是一种实存范畴，属于此在的积极构造，它并不是一种抽象的普遍存在，而是日常生活中“最实在的主体”（GA 2, 171）。换言之，世人作为此有在日常生活性中的主体，它并不是独立于自我的他者，而是自我的陷落（Verfallen）的样式。“世人是一种实存论范畴并作为本源现象而隶属于此有的积极构造。”（GA 2, 172）这样来看的话，世人其实是一种实存范畴，不是任何特定的他者，而是“谁也不是的人”（Niemand）。而正是这个谁也不是的人主宰着日常生活的此有，这是我们作为日常生活的此有的真正实在。而世人之所以是一种“积极构造”，因为它标示了此有的存有的“自我遮蔽”的倾向。此有在最初与最通常的情况下逃离自身且避居于公众性当中，陷落于“闲谈”等等非本真的样式。在这非本真的实存样式中，此有遭遇不到本真的自我，也遭遇不到本真的他者，所遭遇到的他者，其实是谁也不是的世人。在世人当中，并没有自他的区分。

但是我们知道，虽然此有的本真性与非本真性不是文化或价值上的语词，也就是说，海德格尔用“本真性”这个语词所要表示的，并不是在价值上较高或文化上的“渴望”〔（追求的对象）（Aspiration, GA 2, 221）〕。两者的区别虽然无关于“真实”（echt）与“非真实”（unecht），但是可以肯定的是，两者之间是可以相互转换的。海德格尔说：“本真的自体存在并不是建立在与世人脱离的主体的一种例外的情况，而是作为一种本质的实存范畴的世人的一种实存的变样。”（GA 2, 173）“本真的自体存在自我限定为一个世人的实存的样态。”（GA 2, 355）反之，世人自体则是“本真的自体的一个实存样态”（GA 2, 420）。本真性与非本真性是此有的两个可以相互转换的样态。从《存有与时间》的结构来看，海德格尔的分析论的策略是从作为日常生活的世人（非本真的自我）指向本真的自我，着重于从非本真性到本真性的转换。这个转换在《存有与时间》中是透过对死亡的“先行的决意性”（vorlaufende Entschlossenheit）。非本真性是此有的一种陷落的样式。然而从非本真到本真则不会仅仅牵涉一种单纯的自我的转换而已。因为不论是本真与非本真，自我总是内存于一个世界，仍然是世界内存在，因而与周遭世界的存在物、与他者之间的关系皆必须相应地有一个转变。姑且不论这么一个转变可不可能，无论如何可以肯定的是，此有在对死亡的不安当中，被孤独化为“独我”。但是，实存论的独我并不是说自我变成一个孤独的主体，存在于一个无关痛痒的空虚世界，也不是成为无世界的存在。不论是本真与非本真，此有都是世界内存在，并且是与其他的此有的共存在。

换言之，海德格尔实存论的独我论的基本想法在于：本真的自我是从世人的支配的非本真的自我中转变过来的，它所要脱离的是世人的支配。而这么一个转换的完成，海德格尔认为需要一种“稀少性”（Seltenheit）现象的介入，将隐藏在世人当中的本真性开显出来（GA 2, 252f.）。这在《存有与时间》中是“不安”（Angst）的基本情态性。

“不安”并不是针对某特定存在物的“害怕”（Furcht）之情，而是“存有者全体”的“离去”（Wegrücken）与“滑落”（Entgleiten）的体验（GA 9, 112）[1]。存有者全体的滑落或离去并不是存有者的不复存在，而是指手许物的世界与世人的世界的滑落与离去。世界由原先的“有意义性”（Bedeutsamkeit）在不

〔1〕 M. Heidegger, *Wegmarken*, GA 9, Frankfurt am Main 1976.

安中变成“无意义性”（Unbedeutsamkeit，GA 2, 247）。“无意义性”意谓着原先在最初与最通常的情况下所开显的“有意义性的”世界的离去。有意义性的离去，才得以让在最初与最通常的情况下所覆盖的世界与他者得以开显。海德格尔认为此有的不安是向死的不安。此在的“本真的死”是此有之最本己的（eigenste）而与他者无关（unbezüglich）的可能性（GA 2, 333）。换言之，本真的实存只能是孤独的实存，此有在这里只能孤独地自我承担。但是，我们知道“共存在”是此在的构成环节，换言之，此在即使是孤独的，他仍然是共存在。“共存在”并没有在本真性当中消失，同样的，包含在共存在当中的“相互共存在”（Miteinandersein），也必须随着从非本真的状态，转化为本真的状态，而形成“本真的相互共存在”。在海德格尔的措词当中，日常的相互共存在是被世人所支配的。“唯有此有对其自身的决意性（Entschlossenheit），才能将此有带向这种可能性，即让共存在的他者在其最本己的能存在中存在……”（GA 2, 395）在此所说的决意性是对死亡的决意性，而且是此有的孤独而不可替代的死亡的“决意性”。

海德格尔的思路是这样的：由于此有在最初与最通常的情况下埋没于世人之中，因而需要死亡的介入，将其从非本真性透过“单独化”（Vereinzelung）带向本真的自我。然而作为此有之终结的死亡，是最本己的且与他者没有任何关系，由于死亡的不可替代性，拥有死亡的觉悟的此有是孤独的。由于在海德格尔的想法当中，日常的相互共存在是由世人所支配，一个本真的相互共存在必须是建立在本真的自我之上。因而“唯有从决意性的本真的自体存在，本真的相互存在才能够形成〔……〕”（GA 2, 395）换言之，“本真的相互共存在”取决于“本真的自体存在”。唯有在此有的先行的决意性当中，他者才得以本真的成为他者。“本真的自我”是“本真的相互共存在”的条件，而“本真的自我”

则是自“非本真的自我”转化而来。换句话说，在海德格尔的想法当中，我们只能从本真的自我来了解他者的意义。解放他人必须先行地解放自己，在这样的哲学当中，我们不能说“本真的自我”来自于“本真的他者”，因为此有的分析论只能从此有的实存开始，而此有的实存是各自性的（jemeinig）。然而，这样所遭遇到的他者是不是真正的他者？对此，我们要从西田几多郎的哲学来探讨。

四

我们知道，西田哲学开始于《善的研究》，在这里西田也采取了一个笛卡尔式的出发点。但是，西田认为真正的确然而不可怀疑的存在并不是“意识的自我”，而是先于主客分别的“纯粹经验”“直接经验”或“直觉经验”。而这样的经验是先在于认识的“主体”与“客体”之前的直接经验，是分别对立之前的无分别。而西田哲学的目标就在根据直接经验的事实来说明主客分别的形成，直接经验是先于人我分别之前的经验。“不是有个人才有经验，而是有经验才有个人，从经验比个人的区别更根本的想法，让我可以脱离独我论。”（NKZ 1, 7-8）〔1〕经验的无分别面自然可以视为一种特殊的体验，但其实是我们日常经验的一个构成环节。〔2〕虽然在《善的研究》中，西田仍然用“意识现象”来称呼“纯粹经验”，但纯粹经验作为“直觉的经验”也是“根源的意识”或“真我”。而整个前期的西田思想，其中心的方向就在深

〔1〕《西田几多郎全集》，东京都：岩波书店，2003年以下。（以下简写为NKZ，随文标注卷次和页码）

〔2〕参阅黄文宏：《西田几多郎的“直观”论》，载《台大文史哲学报》第73期，2010年，第173—196页。

入自我的内部探求真正的自我。真正的自我并不是意识自我，而是意识的自我的根源。在这里自我即宇宙，心体即性体。西田对这个问题基本上是沿着自觉的角度来思考。

就字面上来看，“自觉”意谓着“自我在自我之中观看自我”。在这里，我们可以区别开三种自我：观看的自我、被观看的自我，以及这两个自我所内存于其中的另一个自我。前者可以思想为“能思”，后者可以思想为“所思”。由意向的相关性，我们知道能所是相生相成的，能所的相生相成，意谓着还有另一个观看着这个能所分别的自我，用场所逻辑的语言来说，这个纯粹的“能观看的自我”是“能所分别”所内存于其中的“场所”。因而对这纯粹能观看而不为所观看的自我，西田也用“场所”或“真我”来形容。这三个自我，虽然各有不同的意义与活动，但仍然是同一个自我。真我或场所将观看的自我与被观看的自我包含在内，这样的自我不能再是被观看的自我，然而却是能观看与所观看得以发生的“绝对无的场所”。换言之，自我是能思，也是所思，也是将能所包含在内的自我。而这个将先前的能所包含在内的自我，在更深的自我当中又成为所思，而没入一个更根源的自我，成为这个更深的自我的自我映照自身的影子。在《睿智的世界》一文中，我们可以看到西田沿着这个想法，以“所”没入“能”或“能”包含“所”来形容之，并且沿着“能”收摄“所”的方式来讨论各种不同场所的推移。在这里，西田主要讨论了“判断”“自觉”“睿智”这三个全般者的场所。每一次的场所推移都是为了解决前一个矛盾冲突，然而却又遭遇到另一个矛盾冲突，即使最终的道德理性，亦不能免于良心的责难。然而这意谓着良心其实内存于一个更深的场所中，在西田看来，最终的解决只能在作为宗教体验的“绝对无的场所”中寻获。在这个意义下，绝对无的场所积极地来看，也可以称为“能思之思”

(noesis noeseos)、“真我”或“心之本体”。[1]整个前期西田的场所逻辑作为自觉的逻辑，可以说都是以解决“能思之思”“真我”的认识而一步步的推进。

前期西田的思路主要环绕在自我与自我内部真我的关系在进行，收录于《全般者的自觉体系》中第四论文的“睿智的世界”(1928 年) 可以说是一个典型的代表。自我不能成为所思，只能在能思的方向上一层一层地来超越，作为意识的超越之所在的“意向性”则被解释为“内指的”。西田认为指向自身的意向性才是意向性的真正意义，指向对象的意向性反而是衍生的，在“外指的”意向性中，我们遭遇不到真正的自我。因而西田强调，西洋哲学沿着所思的方向来思想意向性，不论在所思的方向上有多少的超越发生，它都不能够达到真正的自我自身。自我作为意识的根源，只能在能思的方向来寻找。换言之，自我存在于能思的极限，能思的极限就是绝对无的场所，在这里，自我超越了意向性而不再以意向的方式而自我指向自身，而是在绝对无的场所中以体验的方式自我直觉自身。因而，任何认识都必须关联着自我的根源。自我认识即是实在的认识。[2]沿着自我的内在而去的思路，对他者的说明并不明显。

在《无的自觉的限定》当中，西田不再从自我与根源的自我的关系出发，而是从绝对无的场所中回过头来说明现实世界的构造，收录于其中的第八论文的“我与汝”(1932 年) 可以说是西田的他者论。在这里，西田批评了对他者经验的“类推说”与“移情说”(NKZ 5, 291)，认为两者皆无法恰当地说明他者的存在，而与海德格尔站在同样的立场，试图从自身的理论来说明

〔1〕 参见黄文宏：《论西田几多郎中期“绝对无”的意义——以“睿智的世界”为线索》，同前。

〔2〕 参见同上。

“类推”与“移情”的可能性。但是西田的解决方式是与海德格尔不同的。西田不是超越论的独我论，也不是实存论的独我论，而是思考一个先在于我与汝之前的“纯粹经验”或“绝对无的场所”。在绝对无当中，一切的事物才能如其所如地自我显现，真正的交互主体性才能够产生。虽然“我与汝”这篇论文所牵涉的不只是交互主体性的问题，反而是接近于胡塞尔的做法，以历史社会为自我的根柢。[1]但是西田哲学并不局限在历史社会当中，在这里，还包含着西田的“绝对的辩证法”以及与“神”的关系说明。[2]在此，我们无法讨论这些问题，而仅根据交互主体性来思考西田对海德格尔可能有的批评。

在西田看来，他者并不是透过移情所能经验。这是因为移情所能经验的他者，并不是真正的他者，而是自我的投射。在这个意义下的他者，其实是自我的一部分，它是自我的扩大，而不是“绝对的他者”。换言之，“汝”在西田看来，必须是绝对的他者。反之亦然。我与汝必须互为绝对的他者。然而互为绝对的他者，并不代表两者之间毫无关系。西田认为不存在着没有汝的我，也不存在着没有我的汝，两者互为存在的基础。换句话说，如果汝不存在，自我就无限地扩大，如此膨胀的自我并不是真正的自我。汝作为我之为我的存在的条件，同时也限制住了我的存在。反之亦然。问题在于我们如何遭遇到这样的汝？

西田认为这个让我与汝的关系得以成立或让我与汝得以相遇的地方，即是先在于我与汝之分别的“场所”。我们知道，绝对无的场所在自我底部，但并不属于自我。自我在自我的底部中遭

〔1〕关于胡塞尔的笛卡尔思路，最终是以历史社会为自我的根柢。请参见 Burt Hopkins, *The Philosophy of Husserl*, McGill-Queen' s University Press, 2010。

〔2〕参见坂部恵：《西田哲学と他者の问题——“私と汝”をめぐって—》，载于上田闲照编：《西田哲学——没后五十年纪念论文集》，东京都：创文社，1994 年，第 51—73 页。

遇到汝，但是自我并不是汝，汝也不是我，两者互为绝对的他者。自我唯有透过在自我自身的底部中观看到绝对的他者才能成为自我，反之亦然。“自我自身的存在的底部存在着他者，在他者的存在的底部中存在着自我。我与汝都是绝对的他者。”（NKZ 5, 297）换句话说，自我与他者并不是先是两个独立的存在，然后再相互地关联在一起，如果是这样的话，在两者之间必须再思想一种媒介。我与汝的相遇是我透过我的底部与汝结合，汝通过汝的底部而与我结合。我之为我是以汝为条件，而汝之为汝是以我为条件，我与汝互为存在的条件。对于这种互为存在条件的说法，西田也借用了“死而生”来说明。“自我在自我之中观看到绝对的他者的时候，拥有我们的自我透过死而生的意义，透过认知到他者的人格，自我成者自我，可以说在我的根柢中有汝，在汝的根柢中有我。”（NKZ 5, 301）换句话说，作为绝对的他者的汝是否定自我的汝或绝对的他者，在我与汝的底部中皆存在着自我否定的绝对的他者。因而西田认为这种在自我的底部中遭遇到汝，类似宗教上的“死而生”。我与汝是透过相互的自我否定而相互地联结，这是一种“非连续的连续”。而这种相互自我否定的相互联结形成了西田的“我与汝的辩证法”的基本格式，也是后来的绝对矛盾的自我同一的辩证法的前身。在这里，我们可以看到在西田的我与汝的辩证法当中，我与汝处于相同的位阶，他者是作为汝而遭遇，没有我就没有汝，没有汝也没有我。互为主体性先在于自他的分别。

相对于此，我们来看看海德格尔在《存有与时间》中的思路。海德格尔无疑地不是胡塞尔意义下的独我论，对于海德格尔实存论的独我论，我们可以从实存的分析论的出发点来思考。海德格尔批判了笛卡尔“我思”的出发点，认为笛卡尔忽略了“‘我在’的意义”（Seinssinn des “sum”, GA 2, 33）。而在这里所谓的“我在”的意义要从“实存”来理解。实存的意义是“脱自的”，也就是说，海德格尔的“我在”并不是先是一个独立的自我的存在，然而再与世界或他者建立起关系，而是自我本身在本质上就是与他者、世界共在。此有是脱自的，它总是已然外在于自己而与内在世界存在物、与他者共存在，“共存在”“共世界”与“共此在”都是此有的实存范畴。但是，此有与他者的共存在是不是就是表示着交互主体性？是不是就表示着此有与他者处于一个“等位相交”的位置？[1]

如果我们用交互主体性的想法来看海德格尔的话，海德格尔在《存有与时间》当中虽然没有使用这么一个概念，然而与之相近的概念是“相互共存在”。海德格尔在这里区别开“日常的（非本真的）相互共存在”与“本真的相互共存在”。但是海德格尔在思考的时候都是以此有的实存为中心，前者建立在此有的非本真性，后者则建立在此有的本真性之上。非本真往本真的转换，需要先成为本真的自体存在。但是，此有在最初与最通常的情况下并不是本真的自体存在，而是失去自我而陷落于世人之中，随之而来的相互共存在、共同的世界也不是本真的。此在就陷落于这样的世界当中，而受到世人的主宰。但无论如何，海德格尔实存论的独我论虽然指出此有在最初与最通常的情况下就包含着他者的经验，但是这样所经验的他者并不是他者本身而是“世人”。世人严格说根本不是真正的他者，而是此有的一种实存样态，它其实是此有的一个非本真的样态。在最初与最通常的情况下，此有失去自身而成为他者，处于一个非本真的世界当中，而在这个非本真的世界中，其实并没有我，也没有汝。如果我们将重点置于本真的他者，那么本真的他者的遭遇必须透过本真的

〔1〕“此‘存活独我’与彼‘存活独我’之间”是一种“等位相交”。请参见关子尹：《海德格论“别人的独裁”与“存活的独我”》，载《鹅湖学志》第6期，1991年，第152页。

自我。换言之，在《存有与时间》所谈到的两种与他者的遭遇，严格说都是间接的。前者以手许物为媒介，后者则以本真的自我为条件。

如所周知，海德格尔《存有与时间》的动机是要“具体地展示对存有的意义的探问”，对于这个问题，海德格尔认为在正确地展示存有全般的意义的问题之前，我们必须需要一个具体的存有者作为“问题之所投向”（Befragtes）。因而一个问向“存有意义全般”的问题，必须从此有开始。如海德格尔所说，此有在存有问题上拥有三重的优先性。另一方面，海德格尔将“现象学”拆解为“现象”与“学”这两个部分，并将“现象”理解为“自我显示自身者”，而“学”或“逻各斯”则是“让所说者从其自身而被观看”，因而海德格尔认为现象学的意义就在“让那自我显现者，从其自身地显现自身、从其自身地被观照到”（GA 2, 46）。在实际的分析上，我们看到海德格尔相对于笛卡尔的“我思”，以“我在”或“实存”作为分析的起点，并且认为自古以来的哲学，都没有“从其自身”（von ihm selbst her）来展示此有的实存，因而一个实存论的分析论必须根据现象学所提供的方法来进行这个工作。因而现象学对海德格尔来说，意谓着一种“方法”，也就是说，不从对象来规定现象学，而是在“如何”（Wie）让实事本身自我显现自身。

笔者认为在这里，我们要注意的是“从其自身”这个语词。让实事本身“从其自身”而显现，表示实事本身不能透过任何的媒介而显现。换言之，在现象学言说的过程中，并不是“我”将事物说出，而必须是事物在言说当中自我显示自身，言说的主题必须由实事本身来带领。倘若事物必须经由“我”来显现，以我的本真为条件的话，那么事物可以说是透过我而媒介，透过媒介的显现并不是自我显现。这样来看的话，现象学的方法必须是一种无我的观看，更恰当地说，必须是一种无观看者的观看。而无观看者的观看，无听闻者的听闻正是西田几多郎哲学的一个重点。

诚如海德格尔所说："比现实性更高的是可能性。要理解现象学，唯有将其把握为一种可能性。"（GA 2, 50-51）现象学真正的判准，并不在现实的现象学，而在现象学的可能性。作为可能性的判准就在于是不是能够"从其自身"来显示实事本身。就他者的经验问题来说，就在于是不是能够让他者作为他者本身而自我显现。而不同的思维在这个问题上，提供了不同的遭遇的方式。现象学的"现象"就意谓着某种特殊的遭遇到某物的方式（Begegnisart von etwas，GA 2, 41）。不同的哲学提供了不同的遭遇到他者的方式，在这里判准只能在于是不是能够让他者作为他者而自我显现。

如果我们沿着海德格尔的思路，我们只能说当自我成为本真的自我之时，他者才能成为本真的他者。或者如关子尹所说："人必先经过独我化，才能真正投入出于责任与本心的人际关系中。"[1] 但是，我们无法反过来说，当他者成为本真的他者之时，自我才能成为本真的自我。这是因为本真的自我是透过脱离作为自我的一个样态的世人而获得，然而世人并不是他人而是自我的非本真的样态。这样来看的话，自我彻底地"孤独化"仍然属于自我内部的问题，自我从非本真的样态过渡到本真的样态，在这里并不需要透过绝对的他者，也没有绝对的他者的存在空间。海德格尔虽然以"我在"（sum）取代笛卡尔的"我思"，但是作为实存论的起点仍然是"我"，而且是具各自性（Jemeinigkeit）的实存的自我。各自性是此有的一个实存范畴，实存论的独我论就表示了这么一个思维方向。也就是说，自他的关系在实存论的独我论中，虽然不是断裂而是在本质上相互连结在一起，但是自我仍然拥有优先性，自我的本真性与他者无关涉，一个真正的交互

〔1〕关子尹：前揭文，第155页。

主体性并不能建立。从西田哲学的眼光来看，实存论的独我论所遭遇到的他者，仍然是自我的扩张，不是绝对的他者。这样的话，我们可以说海德格尔仍然保留在一种笛卡尔的思路当中，自我仍然具有优先性，只是在这个时候首出的并不是笛卡尔的“我思”，而是实存的“我在”。然而他者如果真是一个与我的此在同位阶的话，那么“他者成为他者，自我才能成为自我”也必须要成立。笔者的问题在于：他者的自我显现如果建立在本真的自我，而本真的自我并不以本真的他者为条件的时候，这样所经验到的他者是真正的他者吗？还是只是膨胀了的自我？如果现象学是让实事本身自我显现自身的话，自我与他者就必须互为存在条件。在海德格尔的想法里面，此有仍然具有优先性，无法建立一个绝对的他者的观点。然而，他者之为他者在本质上就必须是绝对的他者。就这一点来看，似乎唯有在绝对无当中，才能让他者自我显现自身。

《形而上学导论》

怎么存在物存在而无反倒不存在?

一

“Warum ist ueberhaupt Seiendes und nicht vielmehr Nichts？”在西方哲学的尺度内，在西方思想史上，就我所能思想到的东西来说，这是一个最具天命性质的质句。莱布尼茨提出了这一问句，谢林在自由的本质的追问中接续了这一问句，海德格尔以《存在与时间》为母本终其一生都沉浸在此一问句的追问中。这实际上是在追问以希腊性为开端的西方哲学所不允许追问的东西，也是一个不可能追问到结果的问句，但通过这个问句却能划出西方哲学的边界，却能穷尽西方哲学的限度，能由此看出一种思想传统何以是伟大的，何以是具有深刻的天命性质的，这种伟大和深刻借以参照的坐标是什么。

而就西方哲学的近代性来说，这个问句又是一个德意志问句，不管这个问句本身说出了多少以及实际上说出了什么，它都不可避免地成为西方哲学近代性的深度，并一直主导了西方哲学现代性的深度。抛开这个问句，仅就德语思想界以非凡的强力意志思想路径来抗衡近代西方的机械动力学思想而言，其思想就足以成为近代西方哲学的深刻性尺度。因为机械动力学

* 作者：陈春文，兰州大学哲学社会学院。

（以笛卡尔和牛顿为代表的）所表列的是一种纯粹空间和无限空间的思想，而强力意志（以歌德、叔本华和尼采为代表的）试图去表征的则是一种时间性思想。海德格尔把自己的母本著作命名为《存在与时间》已把自己的思想抱负表露无遗。而前述的这个问句则更进一步，径直向哲学本身发问，准确地说是径直向物理—后物理发问。西方的世界指向、现实世界、现实性、思想世界和世界本身，所有这一切皆是由物理—后物理阐发而来，这无疑就意味着向一切担保的最终担保者发出质疑，在此一质疑中，已有的思想以及体系不可能不产生裂隙，将要产生的思想不可能不生成新的路径。在哲学尺度上谈论什么革命，不是什么思潮学派意义上的东西，而是这种问句所带来的基于哲学自身的转向。

二

“Warum ist ueberhaupt Seiendes und nicht vielmehr Nichts？”这个问句在西方哲学内对西方人而言理解起来很困难，要准确翻译成汉语句式就更加困难，甚至可以说是几乎不可能的事，对这类句式的翻译，与其说是翻译还不如说是阐释。直译似应这样：“为什么存在物就存在而无反倒不存在？”这样译对吗？“ueberhaupt”和“nicht vielmehr”的语气体现出来了吗？就整个问句的语气而言，这样译可不可以：“怎么存在物存在而无反倒不存在？”这样是不是更能体现出这个句子的疑惑和诅咒感？这样译就对了吗？“das Seiende”怎么译才对？“存在物”吗？如果把“存在物”和“存在”改作“是者”和“是”：“怎么是者是而无反倒不是？”这样译就对或错了吗？这根本不是译的问题，而是阐释的问题。“是译”和“存在译”都依据了一个相应的多层次的解释系统，根本就不是谁对谁错的问题，也根本不是排他性的问题。

如果从语言学入手，势必会出现系动词的结构，那毫无疑问，就形式条件而言，应将“Sein”译为“是”，“Seiende”译为“是者”。但语言学仅仅是西方哲学的一个实证层面，语言学之所以是语言学本身就有赖于哲学的整体规定。如果从逻辑入手，势必要把“Sein”译为词项意义上的谓词，但“Sein”（Verbal）可以是谓词，也可以不是谓词，不能把不是谓词的“Sein”排除在外，更何况“das Sein”不是一个谓词。难道把“Sein”译为“存在”就更好或更对（只有对与错，依语义坐标而定，对错有层次之分，但不存在更对更错的问题）吗？在西方语言中，只要言说，“Sein”就无处不在，除了系词和谓词的分际外，如“es ist”，可以说什么都不是，又同样可以说什么都是，凡不用“是”与“不是”、“存在”与“不存在”去说的又非说不可的，都可以这样虚拟地去说。况且在“es ist”之外还有一个“es gibt”的问题。“es gibt”也同样不是实存与虚无的问题，而宁可说它是“es ist”的前提，而“es ist”又是“ich bin”“er ist”等等的前提。“存在译”同样也绕不过怎么就存在了这个问题，在这个翻译中同样绕不过 das Sein、dass-sein 和 Was-sein 的问题。Das Sein 不是谓词，汉译中除了“存在”难以他译；dass-sein，无论在阐释还是描述还是显示的意义上，“存在译”只能说比“是译”更容易被汉语语境所接纳，不存在对错的问题，但可能对准确全面吸纳西方哲学语言有负面作用；Was-sein，是物理—后物理哲学的基本质料，无此，西方哲学以及哲学的希腊性就不会有如此刚性的卓越，也会流于泛泛的智慧，就不会有如此清晰的分析特性和知识品格。

无论 das Sein、dass-sein 还是 Was-sein，即使对西方人而言也不是不需要花费力气就能自明的问题，人们更习惯于根据它们（把它们当作自明的）来构筑体系，而不是对这些构筑物理—后物理体系的基础质料提出质疑，而且即使质疑也有一个拿什么来质疑的问题。困难远不止这些。在上述的翻译中，无论“怎么存在物存在而无反倒不存在？”还是“怎么是者是而无反倒不是？”都有让人瞠目结舌的地方，都有一个古怪的“无”横亘在那里。就“存在译”而言，“存在”与“无”无以应对，既不是对位概念，也不是派对概念。与“存在”对应的是“非存在”，与“无”对应的是“有”，“有”不等于“存在”，“无”也不等于“非存在”，若把“das Nichts”作“虚无”译就更扯不着边际了，因为“虚无”作为汉语境对应的是“实有”，与“存在”更加不能照应。若作“是译”，“是”与“无”更加无关，非要把“无”重新解释成否定的集合以与“是”相照应，这在具体的翻译中是不可能一以贯之的，只有回到佛学的“是无等等”上才能消弭一切。但翻译是筑路，不是消弭和隐遁，作为实施的对策也是不可行的。

本文以“存在译”为铺展线索，但不拘泥于一种格式化的翻译，也不想得出什么结论，而是在逐层的阐释中试图把翻译的困局和思想的困局推展开。

三

“怎么存在物存在而无反倒不存在？”在这个问句中，首先是存在物问题。按照海德格尔的分际，存在物有三种情况，一种是“变易不居的存在物”（das veraenderliche Seiende），一种是“恒静的存在物”（das ruhende Seiende），还有一种是“共主意义上的存在物”（Exzellenz），它是存在物意义上最高的存在物，这个存在物常常被命名为存在本身。[1]如果我们不能对存在物做出更多的区分，仅就海德格尔所做出的三种区分而言，第一种所谓“变易不居的存在物”实际上指谓的是实存意义上的存在物，也即被希腊人称为质料的东西，对存在物的流俗解释大多从此衍生而来，20世纪上半叶的存在主义与虚无主义语境也大体如此。这里暂不细节地展开。

第二种所谓“恒静的存在物”则是指巴门尼德意义上的“存在物存在，它不可能不存在”。我们试图用汉语的“是”去翻译的，就是指这个层面的存在。所谓苏格拉底这个人可以死去，但苏格拉底是不死的，指的就是这个意思。从这个意义上说，“恒静的存在物”就不是存在物，只是与存在物有同一的分词结构而已。如果非把“恒静的存在物”这种非存在性的东西硬说成“存在物”，那就会导致巴门尼德的忧虑：说不存在物存在，这是一条在思想上走不通的路。这是一条不可能的路。不存在物与存在物对应，是对存在物的具体否定，但否定了此一存在物，又会导致另一存在物，它并不能否定存在。因为存在物是从存在差异而来，非存在物并不能从存在中差异而来。与存在对应的是非存在，但存在能差异存在物，而非存在并不能差异出非存在物，存在是实指的，而非存在只不过是对存在的虚拟否定，而此一否定的进行时完全取决于实指的进行时，非存在只是时时伴随存在的影子而已。说不存在物存在，这在思想上是一条走不通的路，能走通的路乃存在物存在。不管有多少歧路，存在物存在是一条路；不管有没有歧路，说不存在物存在，这根本就不是一条路。西方哲学从存在物存在这条路上走下来了，准确地说，西方哲学走出了一条存在物存在的路，而不是什么其他的路。不存在物存在这条“不可能”的路自然

---

〔1〕参见 Martin Heidegger, *Wegmarken*, Vittorio Klostermann, 31996, S. 397。

就胎死腹中。

如果跳出存在语境之外，说“恒静的存在物”就不是存在物，而是“恒静的是者”，就巴门尼德的忧虑来说无甚妨碍，“是者是，它不可能不是”，“说不是者是，这是一条在思想上走不通的路”，汉语的翻译不仅没有问题，甚至更为准确和顺畅。但仔细追问下去，似乎没有这么简单。是者是，无所谓静动，静与动是存在属性，不是“是”与“不是”的指谓，“是”与“不是”甚至没有属性。这样看来，之所以要说“恒静的存在物”，就是在西方哲学这一物理—后物理的发问样式中，把与存在物同一分词结构的“是者”（由于其暗示了不同的思想道路，所谓逻辑的道路）从其他存在物样式中区分出来，把不同类的“是者”类同于其他存在物，使“恒静的存在物”这种非存在的东西存在物化了。这里隐含了一个海德格尔与巴门尼德的差异：在巴门尼德那里，“是者是”这一逻辑论断就是一条实实在在的思想道路，无所谓什么物理—后物理的已成道路问题，但对海德格尔来说，它则是一个物理—后物理的已成问题，那就是说，并非各种存在物都是“是者”的变种，相反，“是者”只是存在物的一种，虽然是知识性非常显著的一种。对海德格尔来说，“是者”（恒静的存在物）无关乎存在命运的遣送，而“存在物”则变成了西方人进而人类的魔咒，这是攸关人之为人的问题，攸关基于存在而来的人（das Dasein）的命运问题，进而也是物理—后物理意义上的哲学还何以可能的问题。

第三种存在物，所谓“共主意义上的存在物”（Exzellenz），这个存在物中最高位的存在物，这个经常被误认或置换存在本身的存在物，则是西方哲学史上最不纯粹的存在物，自然也是最无辜的存在物。“绝对精神”“最高理念”“上帝”“终极真理”“绝对意志”“最高价值”，几乎所有基于有限与无限概念来思想的思想家和对“终极”有信念和思想诉求的人（一般来说，近代以来的哲学家和思想家），都在这个意义上理解和使用存在物。能为此一存在物赋予无限度语义合法性的是超越的路径。

四

超越（Transzendenz）之所以能超越，那是基于存在物与存在的脱离，是脱离了存在的存在物向存在的超越，这种超越的存在物越是能够超越，就越是远离存在。同一序列的存在物，从此一存在物向彼一存在物的过渡被认为是超越，不同序列之间的存在物的过渡也被理解为超越，单一序列存在物向极限（最高的存在物）“目标”的趋近被当作超越，存在物向存在概念而不是存在本身的靠拢也被理解为超越。

基于存在来思，就不会有什么超越的思想。超越的思想之所以盛行，那是思想者早已远离了存在，而在关于存在的关于中兜圈子。超越之所以构成了超越，那是因为有存在物为存在物的界限，并且思维自以为跨过了这一或那一存在物的界限，直至思维者在思维的逻辑中认为跨过了重重界限，并到达了超越者所能到达的极限，所谓最高的存在物，上帝、无限、有限无边、绝对价值云云。此一存在物区别于彼一存在物的界限，有的是知识界限，有的是价值界限，有的干脆就是信念的界限，相应的是知识体系、价值体系和信念信仰体系。例如康德的“物自体”就是知识体系存在物超越逻辑的结果，也可以说是超越的剩余物，而尼采的“最高价值”和“上帝”就是价值体系存在物超越逻辑的终极归宿。这都是存在物的思想，并因是存在物的思想，才会出现超越哲学的土壤，并为了给不同路径的（如前述知识路径的、价值路径的、信念及信仰路径的）存在物物色一个共同的归宿，而出现了“共主”意义上（Exzellenz）这种复合的最高存在物。

如果在近代主体哲学意义上，人不仅是价值和信仰意义上的存在物，而且还是知识意义上的存在物；人不仅是以上各种意义上的存在物，而且还是它们当中的最高存在物，那么超越（Transzendenz）就可以被置换成了超验和先验，区别只在于“先验”是经验（当然是人的经验）启动前的事，也就是经验之所以可能的事，而超验则是对经验的提升，升至单凭主体之人所不能及的地方，也就是人所不能自足的地方。说近代以来的哲学是超越的哲学，那是说不通的事，而说它是超验[1]的哲学则是恰到好处的事。无论超越哲学还是超验哲学都可以命名为存在物哲学，只是超越的存在物哲学在存在转身而去之后（也就是在物理—后物理的界定方式完成之后）就已经开始了。从这个意义上说，人们只要认识到西方哲学从根本上说就是一种物理—后物理奠基的思想，就可以说这种超越是伴随着哲学同步发生的，海德格尔所谓西方哲学的历史就是一部存在的遗忘史说的就是这个意思。这就是说，哲学之所以是哲学，那就是存在物地思想，存在物超越地思想，不能把存在转换成存在物，那就谈不上什么思想（实际上是思维），更谈不上从思想中必然得出的知识，更谈不上什么思想体系。更进一步，如果只把存在转换成了存在物，而不能完成存在物存在物地超越，那也只是半吊子哲学家，未能完成体系建构的思想家，那就不能在哲学史中代言一个时代并从而留下自己的位置。严格地说，如果西方哲学（哲学的希腊性）不是存在物超越哲学（物理—后物理）的话，不仅以上帝为目标的神学是不可能的，而且以无限空间为目标的科学也是不可能的，更严格地说，甚至连上帝和

〔1〕超验以经验为前提，经验以人的经验为前提，人的经验以非经验的先验为前提。

无限空间这些概念也是无从假设的，那根本就不会出现一个我们如今所面对和遭遇的哲学地阐发出来的世界。

超验哲学则是纯近代的产物，它是哲学近代性的标志。超验哲学意味着，不是存在物在超越，而是某类特殊的存在物在超越，也就是作为经验着的人在超越，作为主体的人在超越，人在此一超越中不仅更加强化人的主体地位，而且成为所有存在物（知识、价值、信念及信仰）中的最高存在物，此一存在物不仅失去了基于存在而与存在的初始规定产生的联系，而且刻意主张为存在赋予主体存在物的联系，并基于人的生存意志任意取舍存在的功能，把存在置于工业化大生产的原料基地的位置。在这种超验哲学中，不仅存在与人的关系被颠倒，而且干脆由人制作存在物，甚至视人的需要制作存在。在“恒静的存在物”那里，还有一种基于存在而来的概念关系，虽然不是基于存在自身的关系。但在超验哲学这里，存在则完全变成了主体意志的生存关系，完全模糊了不同层次存在物之间的界限，尤其将“变易不居的存在物”和“共主意义上的存在物”混为一体，成为共谋人类主体意志的动力源泉。这已经不是严格意义上的存在物哲学，而是工业化文明制作的大工厂。海德格尔所说的“哲学终结了”，指的就是存在物哲学终结了，而依生存意志随意制作存在物的大工厂已转入行星语言，早已把存在之地基的大地连根拔起，也就是说，沿用存在物哲学的路径已经无法解释这一连根拔起的思想幅度。

五

“怎么存在物存在而无反倒不存在？”如前述，如果狭义的哲学指的就是希腊哲学，就是存在物哲学的话，这个问题实际上就是在向物理—后物理的阐释方式发问。物理—后物理，实际上就是把自物着的物的涌现转化为有条件的出现，从而分延出有条件的存在物秩序，亚里士多德的卓越就表现在这里。在亚里士多德那里，物理指有条件的存在物，后物理则是条件的划定者，不同的条件（bedingt）形成了不同的存在物，而条件则要基于物的显示，这就把存在物从存在那里列举出来了，被列举出来的存在物又通过属加种差的辨析法获得存在物的类本质（同一类存在物拥有共同的在场方式），进而不同类的存在物的类本质通过“第三者”连续地集合就置换了存在本身。亚里士多德的类本质不是取缔了存在的在场，而是把存在的在场转化为存在物的在场方式，再用存在物的在场方式组合出作为在场的“存在”。物理—后物理作为存在物哲学的奥妙就在这里。因为存在只能显示，而显示不能成为知识。把存在转化为存在物，则把显示的存在纳入如此这般的显示方式，通过如此这般而提取类的共性，从而形成类本质意义上的知识，这就建立起知识意义上的存在物自行衍生的路径。作为物理—后物理阐释方式的西方哲学就是存在物自行衍生的路径以及由此一路径延展出来的历史道路。

“怎么存在物存在而无反倒不存在？”这无疑是在问，为什么希腊世界是以物理—后物理的哲学样式所展开的世界而不是非哲学的世界？莱布尼茨能提出这一问题，这本身就意味着对希腊以来哲学的物理—后物理阐发世界的沉思性质疑，此一发问已经显示出近代德国哲学在缘起上的非同凡响。这个疑问表明，哲学近代性的德国哲学向度足以与哲学希腊性的物理—后物理向度在最深层次上对话，是德国的表象哲学[1]与希腊的存在物哲学之间

〔1〕 Die Vorstellung，通译表象，此译与印象相对应有关，不及它所表征的德国哲学的深度，译为“在先摆置”更准确。

进行的极富思想创造性的对话。但莱布尼茨的这一问到底在问什么呢？在希腊哲学中，并没有近代意义上的“时间”和“空间”的概念，在希腊的世界图景中，“原子”和“虚空”是真实的，并由原子和虚空的位移而造成运动。根本就没有“das Nichts”这个概念。原子并非只有空间，虚空也并不意指不占有空间。是哲学的近代性创造了无限空间的概念，并创造了无限空间的伴随物——无限时间。莱布尼茨本人就参与了解析几何的创造，而解析几何从根本上说就是将欧几里得几何函数化，更实质地说就是引入无限空间的坐标，正是基于无限空间的坐标系才有可能发展出一套广延的概念和学说。就哲学的近代性取向而言，由无限空间扩展出来的广延学说是非常成功的，并将希腊的存在物哲学的世界图像从根本上更新了。在近代哲学的图景中，有空间就有密度，有密度就有质量的差异，有质量的差异就有中心和边缘之分，有中心和边缘之分，就有实体与虚无之分，从而在他们中虚无就是一个实实在在的问题。

基于广延的概念，近代哲学信奉反射（反映）性知识体系，所谓现实的世界即是对广延物的一种投射和反射，不能投射和反射的即是虚无。投射和反射光的事物之所以被认知者信以为真，不是因为那些物就摆在那里，而恰恰是因为它们自身不在那里（只作为反射性而在那里），它们本身实际上在不在那里并不重要，重要的是它们作为无限空间的光阻被投射出来和反射出来，如果无以投射和反射，那就是空间性虚无并进而是实体性虚无。就近代知识系统的功能取向来说，这种反射性知识是实实在在的知识，这种实在性在他们看来比希腊人的“是”意义上的存在物更加是之为是。因为反射性虚无不是定义性虚无，它可以进一步被反射（发现），有转化为实体的无限可能性，端看科学假设和仪器进展的情况如何，因此这样的虚无是可推及和延展的，在近代人心目中并不是令人恐惧的东西，并且此一虚无也可以变成这样或那样的存在物，也就是说虚无也可以变成存在，并且这种存在是由远及近的存在，更具有知识的成就感，当然也更有主体意志的铺展和伸张感，这是一种令近代人非常兴奋的存在张力。卷入到这种张力的漩涡，就意味着虚无是一种创造，甚至非常规的巨大的创造，虚无更可能显现为奇迹的实存，甚至是最高的存在物。

“怎么存在物存在而无反倒不存在？”这是一个让近代哲学困惑的希腊问题，也是一个让近代思想家扼腕的存在物哲学问题。但对希腊人来说，这根本不是问题，哲学就是物理—后物理地提出问题，就是由存在来产生和生产存在物，若不是这样，那就无所谓哲学地规定和阐释世界。问题是，希腊人的天命就在于走出了一条哲学的路，后人都是基于这一哲学道路在差异出自己的哲学与“非哲学”道路，即使自认为是非哲学地提出疑问，也会牢牢地被哲学所桎梏。

六

“怎么存在物存在而无反倒不存在？”海德格尔也接过了这个疑问，但却是在完全不同的意义上，而且是在穿越哲学的意义上。

海德格尔最早是在他的教授任职演讲《什么是后物理》中接过莱布尼茨这一质问的。在这篇演讲中，海德格尔接过这一莱布尼茨质问的语境是针对科学家的研究风气，研究受存在物视野的限定，在领域意识中故步自封，不仅如此，凡存在物领域之外皆视为无物，即使是其他领域的同属存在物性质的东西也被不同的科学所互为排斥。在海德格尔看来，由科学主导而盛行起来的这般研究风气，不仅使大学赖以维系的思想地基整体塌陷，而且也使科学摆脱了由物理—后物理所规定的基于存在而来的存在物哲学道路，更要命的是，人们甚至不知道还有存在这回事，并视此一无知为理所当然。

通过这篇演讲，海德格尔预告知此类科学家和哲学家的是，科学家们基于存在物而来的虚无甚至连虚无的资格都没有，一个只沉迷于存在物中或沉迷于存在物之间思考的人，压根儿就思索不到无，因为无并不是对存在物的否定，也不是用此一存在物否定彼一存在物，更不是对存在物的整体否定。恰恰相反，无即是存在物的昌盛，存在物的昌盛史就是无的历史，这实际上是在说，一部西方（严格意义上）的哲学史就是一部无的历史，这与说一部西方哲学史就是一部存在的遗忘（与柏拉图的回忆相对应）史是一样的，存在早已不存在了，早已转身而去了，早已经在遮蔽性保护中全身而退了，所以它才有可能显示为无蔽的真理。不是在存在物中没有存在了，而是存在不能以存在的到场而存在了，它必须转译为存在物才能在存在物关系中折射存在自身，这种被折射的存在却始终是推想尺度的。

由此可以看出，在海德格尔的思想中，无并非简单的正面—负面的语词，对无的认知与对存在的认知是同步的，也就是说，无的问题是虚无和实无的问题。哲学史是存在物史，存在物是存在的退出史，存在的退出史是虚无的支配史，而到底是虚无还是实无全视评判哲学史的参照系是什么，如果这个参照系是存在那就是实无，如果是存在物，那就是虚无。问题的重心不在于无，无只是存在的伴生物，“怎么存在物在而无反倒不存在？”这个质问真正要问的是存在。这个质问的奥妙就在于，问句中并没有因果关系，而是一种并列关系，但在思想的还原中却发现它们实质上构成了一种因果关系：因为存在物存在，所以无无以存在，而虚无却存在了。无之所以无以存在，乃因为存在无以存在。最艰困的困难在于，整个希腊以来的哲学史就是存在物哲学的现身史，要思考就要哲学地思考，这是希腊开辟出来的西方思想的天命，而只要哲学地思考就思考不到存在，准确地说，因为哲学地思考而愈加不能思考到存在。

在西方的哲学内思考，到底该怎么思考才能助存在以显现？简单的答案当然是：要么在哲学内，要么游离到哲学外。但对内生于哲学传统的思想家来说，要游离到哲学外来沉思谈何容易！海德格尔尝试着将 Sein 写成打叉的 Sein，又尝试写成 Seyn，都是试图在非哲学地沉思存在。因为只要问"什么是存在？"那就落入存在物哲学的发问，就会又增加一个物理—后物理体系中的存在物，而存在之所以不能存在了，恰恰在于此一追问的何所是（Washeit）的存在物生产上。"与无一样，存在绝少'是'，但两者都给予。"（Das Sein "ist" so wenig wie das Nichts. Aber es gibt beides.）[1]很自然，海德格尔不再问什么是存在，而是转向存在的给予。

要想转入海德格尔这里说的给予，需要排除一些（哲学的）障碍。不是人规定存在，也不是人发问存在；更不是主体的人规定和发问存在；人不是给定者而只是被通过者；存在通过人，但并非由人来决定；人由存在抛出并基于存在而来的思想对抛存在；不是人在言说，而是语言在言说；在语言的言说中，语言是存在的家，沉思到语言言说的人才是存在源头的守护者。我在这里列出的这些所要排除的哲学障碍，都是海德格尔思想中所固有的，也就是说，如果不排除固有的哲学障碍，不仅进入海德格尔的思想很困难，而且要打开存在之思的门（从存在物哲学的桎梏中释放出来）几乎是不可能的。在这些亟须排除的哲学障碍中，近代主体哲学中人的问题是最恒常的障碍，离开作为主体的人的发号施令，近代以来的人已经

〔1〕 Martin Heidegger, *Wegmarken*, S. 419.

不能思想到任何思想地规定的东西。只有从深层次上解构掉近代主体性哲学的迷思，作为思想者的人才能完成最基本的思想解放，人才能理解自己在思想上只是被通过者，才有可能去沉思被什么所通过的问题，才有可能创造出接应海德格尔存在之思的必备条件。但是，只完成了从主体哲学解放出来这一步也还只是第一步，这一步并不必然地就能洞察到哲学希腊性的存在物哲学这一历史天命。要完成解构存在物哲学这一几乎不可能完成的任务，就必须有能力并敢于从哲学抽身出来，这要以物理—后物理地质问物理—后物理思想体系和它的展开史为前提，这只有至少与物理—后物理思想等深的思想家才能做到，至少是有希望做到。

海德格尔无疑是与物理—后物理存在物哲学等深的思想家，他甚至是比存在物哲学更深邃的思者。“与无一样，存在绝少‘是’，但两者都给予。”这句话不是具体的排除，也不是一个层次的撇开，而是把整个“es ist”这个物理—后物理的存在物哲学的话语衍生体拿掉了。“与无一样，存在绝少‘是’，”这里的“是”，并非什么具体的基于“是”而来的分析判断，而是物理—后物理的结构性衍生的“大我”，即那个“es ist”，匿名的后物理大我，这个大我作为匿名的压迫性结构把思想压迫到无尽的存在物繁衍进程中，只要一思想就要何所是（Washeit）地思想，而只要何所是地思想一次就强化了一次存在物哲学。海德格尔的存在之思洞破了整个哲学史的这个匿名的物理—后物理大我的支配方式，不再纠缠具体的“是”，而是从这里抽身而去，转向“两者都给予”。马丁·布伯曾以“Es ist”和“Es gibt”为线索区分了西方的两重世界：以“Es ist”为导向的我—它世界和以“Es gibt”为引领的我—你世界。马丁·布伯把我—它世界理解为物理—后物理的世界，认为那是一个冰冷的桎梏的世界，而把我—你世界理解为上帝恩赐的温暖的持续给予的世界。海德格尔也意识到了这个分际，但他对“Es gibt”的理解不是我—你世界，也不是希伯来信仰的世界。海德格尔的理解是：危机在哪里发生，救渡也将在哪里发生，虚无主义只是无的命运的浅层次的时代反射，无又是存在被遗忘的伴生物，存在之所以被遗忘，那是因为存在物更容易迎合人的主体意识的觉醒，希腊人的存在物哲学已经决定性地走上了这条路，因此救渡也将从希腊世界那里开始，而不是希伯来世界或其他什么东方世界的救渡。

“两者都给予”，谁在给予？存在与无都在给予；怎样给予？在让予（Gelassenheit）中给予。我们能沉思的，都是存在以及与之相应的无让我们沉思的东西，我们只能沉思那在存在和无的让予中已有的东西，我们绝不能沉思到那没有让予的东西，沉思不到那让予中所没有的东西。海德格尔一生的思想都在沿着存在由之而来的路返回到存在那里，也同样可以说沿着无由之而来的路回到无的源头。从这个意义上说，“无”始终是存在物哲学的悬疑，无始终是存在的回忆（柏拉图意义上），无始终是由存在物抽身而去返回存在的契机，基于存在而返回存在的契机，无也是从根本上消除由存在物哲学带给西方人进而人类以宿命的希望所在。现在，只是这个在让予中给予的世界被物理—后物理的那个存在物哲学的大我深埋在历史的最底层，存在的寂静的轰鸣和思者对存在的寂静之所早已被存在物哲学的机械化大生产的轰鸣声所吞没。但在海德格尔的理解中，存在物哲学尤其是主体性存在物哲学的极度昌盛导致了大地连根拔起，此一连根拔起迫使思想在行星语言中流浪，这一在技术摆置中的流浪也为主体性存在物哲学自身掘好了坟墓，这既是迎向技术摆置的思的任务（而非存在物哲学能够胜任的任务），也是思在物理—后物理坍塌中调头回到存在源头的契机，重回存在的思—诗同源，从而一举扭转由存在物哲学带来的虚无主义天命。

七

这里只是出现了扭转虚无主义天命的契机，但怎样扭转并由谁扭转呢？最终还是要回到人上。在这里也要先排除几个哲学障碍：人不是人本主义上的人，人也不是人道主义或人文主义意义上的人；人并不是主体性哲学中人类中心主义意义上的人；人既不是历史的主人，也不是现实的主人；人既不是为自然立法的人，也不是主宰一切的人；人更不是存在的主人和语言的主人。在海德格尔的思想中，人是基于存在开辟而来，这是人之为人（人的在场）的本有规定，思想的任务就是守护人之为人的存在规定，唯此，存在——人——思想才能紧守同一的尺度，也唯此，思想才有可能是严格的思想，思想思想着思想本身的思想，而不会沦为存在物哲学的对象化思想。要理解这一基于存在而同一的思想，不仅人要从主体性人中解脱出来，思想从对象化思想中解放出来，而且存在也要从存在物哲学中解放出来。"自希腊早期一直到我们世纪的晚期，'存在'始终在陈说的是：到场。"〔1〕在与无"两者都给予"，其给予的方式即是到场，只有在让予中给予的存在到场了，让存在让思想了，作为从存在开辟出来的人才能够在存在中在场，并基于存在的思想在思想中肩负起存在，人才是在场中人，才会在思想中重合于存在的到场性事件（Ereignis），并使人之为人本身就成为一个事件。

由存在的到场而来的人的在场，并非简单地回避了"es ist"的发问结构，而是向事件回归，人是一个惊天动地的事

〔1〕 Martin Heidegger, *Wegmarken*, S. 400.

件，人存在，人在存在的绽出中存在，这是一个百思不得其解的事件，更是一个聚集了所有惊奇、惊讶、惊愕和惊恐的事件，有了存在事件的人，人就成为存在与无的中介，成为存在与无互为规定的幽暗筹划的中介，人就见证并烘托了存在和无的事件，并在此一事件中横空出世。人是被给予的，人也只能被给予说出，即便是人说人，也不能从人说起，而是被给予之人的思想说出人的被给予，说出人在存在和无的双重给予中的横空出世。

人怎样肩负起这一双重的给予？我在本文的开始曾说，海德格尔在他思想的母本《存在与时间》中，整本书都在回应“怎么存在物存在而无反倒不存在？”这一质问，甚至可以说他一生的思想著作都是在回应这一质问。海德格尔回应这一质问的思想路径就是让人退回到在存在的到场中在场（Dasein）。从这个意义上说，也可以称海德格尔的思想是在存在的到场中在场的思想，作为在存在的到场中在场的人，首先要从存在物哲学中脱序出来，这才有可能转身到存在到场性的等待；其次要在沉思中迎向存在的抛出，使思想成为存在的对抛，在对抛中语词如花；再次，思要让存在显示，人要聆听存在显示的言说，人只是此一言说的通过者，把主体性之人的关于……的表达转回到存在通过人的言说，是存在的语言言说出了人，而不是相反。基于这个路径，海德格尔等待性地认为，作为在存在的到场中在场的人，有义务也有能力扭转“人”也参与其中的虚无主义运动的颓势，让虚无主义退回到无的寂静的轰鸣中，并使人不再由存在物哲学来产出，不再代言存在物哲学的虚无主义，而是契合到无中去，甚至说“人是无的代位者”[1]此一代位非在存在的到场中在场的人所不能，非虚位以待所不能，但要虚位

〔1〕 Martin Heidegger, *Wegmarken*, S. 419.

以待，就必须从存在物哲学中抽身出来。这个抽身的难度可想而知，因为人已经历史地成为“关于”意义上的人，成为人文主义、人道主义和人本主义的人，一言之，已经事实上成为存在物哲学的人，现在要把存在物哲学给人的种种“关于”统统卸掉，人就一无所有了。

但海德格尔就看准了人可能出现的这种一无所有，若真能在思想上把存在物哲学净空，变成一无所有的人，人就更有资格作为“无的代位者”，并由代位无而直扑存在。如若不能成为无的代位者，那人就只能在对存在物的解构中通过沉思性的还原而把存在物整体（das Seiende im Ganzen）聚拢在一起，在存在和存在物整体间画出界限，在清理废墟中挖掘存在的地基。但后一种方式更多的是思想的穿越，很难实现作为在存在的到场中在场的人的现场到达。因此，海德格尔非常看重20世纪前半叶欧洲盛行的虚无主义运动，认为这是存在物哲学终结的信号，并认为卡尔·马克思和尼采已经事先捕捉到了这一信号，现在已成熟到转身回到存在的时候，他在大学的实践就充分证实了他的此一信心和决心。从这一返回存在的思想的内部观察，可以说这是一个思想的巨大悲剧事件，虽然海德格尔借助虚无主义运动向无的回归充满悲剧的味道，但毕竟海德格尔还没有沉浸到虚无的虚无，他的思想始终如一地紧守住思的严格，他仍然是源头的居住者，居住在源头的人，断难流离。如果看一看维特根斯坦，那就更加毅然决然，他不仅把存在物哲学摧毁为废墟，甚至连废墟也不留下，清理得干干净净，一粒尘土和一片瓦砾也没有留下。由此观之，海德格尔欲借虚无主义的东风向无的深渊劲吹的期待也并非完全是个人的思想悲剧。

说海德格尔的思想是存在哲学，可说是一种极深刻的误解，说深刻是因为海德格尔的思想确实是向存在的返回步伐，说误解是因为海德格尔的思想严格地说根本就不是哲学，因为严格的哲学就是物理—后物理奠基中的存在物哲学。说海德格尔是存在主义者那就更是无知的表现了。但海德格尔的存在之思确实支撑和鼓舞了存在主义运动，也加剧了虚无主义向深渊的坠落。虚无主义本身虽然算不上什么严格的思想，但它松动了由“Es ist”所支配的存在物哲学，鼓舞了对存在物哲学进行怀疑的正当性，正是这一正当性大大地充实了存在主义运动的动力，虽说这一运动并不能必然导致基于存在的沉思，但无疑为这种沉思创造了解构和下沉的条件。语言是存在的家，向存在的返回步伐，语言转向的步伐，从语言学的语言转向语言言说的语言，从用语言分析和通过语言进行分析到对语言自身进行分析直到把分析本身消解在语言的言说中，这不是海德格尔的路，而恰恰是维特根斯坦走过的路。由此可以看出，虚无主义与存在主义的合流实际上暗含了回归存在家园的深层次历史的反动，支持此一反动的动力不是别的什么，而是语言自身，出现了所谓研究意义上的语言转向问题。此一深层反动的伟大事件被轻描淡写地说成语言转向，这本身就说明描述者的存在物哲学视野和惯性，而真正能在思想上回应此一深层次反动的是这一质问：“怎么存在物存在而无反倒不存在？”这一质问当然不是造无运动的号角，但这个质问本身就足以让整个物理—后物理大厦（所谓形而上学大厦）松动以至于坍塌。阿伦特说不是海德格尔直接推倒了西方的物理—后物理大厦，但他预判并见证了物理—后物理大厦的坍塌，捍卫了思想的尊严。阿伦特的这个评价已足以看出海德格尔一生坚守质问的力量。

八

在存在的到场中在场的人（Dasein）不仅为海德格尔所期

待，而且也被云格尔、马尔库塞等很多思想家所看重，将其称为“新人”，这种被期待的在存在的到场中在场的新人，新就新在对存在物哲学失去了信任，他们想从生产存在物哲学的物理—后物理思想秩序中走出来。但这种走出来不是走出历史的表面，也不是走向虚无主义的末端，而是走向存在的源头。这是海德格尔与其他思想家相互区别的地方，也是显示他与他们的思想层次差异的地方。海德格尔所期待（准确地说是等待）的在场的人，说到底是迎向存在的到场，迎向到场物劲吹不息的风，并经受此一基于存在而来的思物之风的凛冽。因此，海德格尔不可能像其他思想家那样，沿着存在物哲学的某一平面“向前看”，也不是某一平面的左顾右盼，也不追求什么新学说新思想，而是沉思地缓步转身，转到作为到场之存在的退隐之处。这个退隐之处就是海德格尔打叉的存在，也可权译作叉显的存在。这个叉显的存在原初就是向着人的在场而来的存在，它向着人之为人的方向到场，助人成为在场之人，如果人之为人完成了自己的在场性，那存在到场之到场性也臻于完成，这当然是非哲学的时间道路，这条道路并没有实际地展开出来。为什么没有实际上展开出来？因为“人之为人同居于那在叉显的存在中所负载的思，这是一种由更原初的呼告（Geheiss，在1956年第一版中则是Ereignis）的律令而来的思。到场正是基于这一向着人的向而到场，这一叉显的存在的向着人的向给人的在场指派了用场，而人的（实际）在场则挥霍了这一指派的用场”[1]。海德格尔的这段话说得很清楚，作为达在（Dasein）的人并不是什么现代的发明或发现，并不是通过发现什么新人来对存在做出什么新的发现，叉显的存在本来就蕴有这一在场的人，只是人在存在物哲学中随波逐流，失去了能思叉显的存

〔1〕 Martin Heidegger, *Wegmarken*, S. 411.

在的思，热衷于“Es ist”的存在物界定，而不知存在的呼告为何物，错失了能思之人对存在呼告的响应，也就是错失了在存在的到场中在场的人的（原本应有的）伟大事件，是存在物哲学中的人“挥霍了这一指派的用场”。

这一挥霍意味着：能思的思在存在的存在物化中成为虚无主义的存在物哲学（因为通过定义和使用存在的办法，使存在反射为存在物），而自觉地在存在物中思维并由此认为是更卓越或最优越的存在物的人也沦为虚无主义的奴隶。脱离了叉显的存在的呼告，人就远离了叉显存在的栖居之所，作为非在场的人已经无所谓什么人的本质了，人就注定成为虚无主义的人。由此可以推出，人并非什么虚无主义的牺牲品，而是虚无主义的共犯，并必将成为虚无主义宿命的最终承受者。在海德格尔的思想中，单纯思考虚无主义是没有任何思想意义的，因为统摄着虚无主义的是在底层游荡的那个幽灵——无，而无又基于非叉显的存在（存在物化的存在），非叉显的存在又受超越逻辑的驱使，主导超越并愈加超越地思考的仍然是物理—后物理的发向方式。这就是为什么海德格尔要解构或洞穿后物理的思想动力。

怎么存在物存在而无反倒不存在？这首先是基于哲学的近代性的一个质问，其次这是一个德国哲学的发问，最后才是海德格尔的追问。作为发端于哲学近代性的发问，无论莱布尼茨还是谢林都是基于对最高存在物的好奇，把实际展开的存在物哲学和没有展开的无的“哲学”并行思考，和达·芬奇一样，把无的存在当作最伟大的事物来期待。前面已经说过，之所以说它是发端于哲学近代性的发问，那是因为只有近代人所秉持的无限空间、纯粹空间和连续空间的信念才把无的非空间性衬托出来，它才看上去像一个严肃的哲学问题。而在近代之前，这根本就是一个不可能的问题，完全不正当的一个问题。但近代人把希腊人的虚空转化为空间概念，取缔了希腊人世界图景中原子与虚空的占位思想，也就是说在希腊人那里，虚空也是实有，原子也是位置，而近代人的空间概念则是广延，空间函数的实质就是广延函数，如果不能成为广延的函数，那就无法被理解为存在物，就不能形成“实在”或“真理”意义上的知识，那就是无效的，没有意义的，甚至是不可思议的。在这一近代发问中，隐含着一个更深的（基于近代自身的尺度来说）的意图：在已实现的存在物之后还有更高的乃至最高的存在物，而且仍然是空间意义上的存在物。就连康德也把时间和空间并列为两种“先天形式”，但康德在讨论空间时言辞凿凿并言之有物，但在讨论时间时，除了将时间空间化，没有任何时间之为时间的东西。时间怎么会有形式（即使是先天的形式）？所谓时间的形式就是时间的空间化，在表述上便是可逆的时间，而可逆的时间就不是时间，即便不可逆的时间也是基于可逆时间的有限假设，并非时间本身。怎么存在物存在而无反倒不存在？若停留在哲学近代性的视野来寻觅答案的话，即便无存在了，这个无也只能是更高的存在物或什么假设推论中的最高存在物。

“怎么存在物存在而无反倒不存在？”我之所以说这是一个德国哲学的发问，那是因为在这个发问中隐藏着在先摆置（表象）的意志，这种意志既有对存在物哲学横空出世的好奇，也有对其还原自身的深深的不信任，德国近代哲学（广义地说是整个德国的浪漫主义运动）的非同凡响之处就表现在这里。在歌德的生命世界里，存在物以存在物的方式存在，无也可以以无的方式无着，让空旷中的无人使存在物哲学的人归于无迹。歌德不是以有机的世界观去抗衡被认为是真理的无机的世界观，而是用时间的创造之流去抗衡在广延空间中编造的世界秩序，这是何等的思想抱负！叔本华、尼采、斯宾格勒还有贝多芬、瓦格纳，这些露出来的人只是为德国的意志在先摆置的哲学路径提炼符号的人，实际上，在先摆置的意志无论在康德、黑格尔那里，还是在费希特、谢林那里都是一样的，“自我”“自由”“绝对精神”“物自体”“绝对意志”所有这些都隐约闪烁着“为什么存在物存在而无反倒不存在？”这一质问的影子。德国哲学为什么显得深刻一些，并且总是显得深刻一些，原因就在这里。德国哲学以自己的表象哲学区别于德国之外的反映哲学，把精神理解为实体，人只是精神的通过者和兑现者，人的表象是意志的在先摆置，而不是主体性存在物的反射性知识，反射性知识是“有效”意义上的知识，不是“真理”意义上的知识，真理自有其自身的实现方式，有效的并不必然地意味着真理，真理也并非一定有效，效用是以认知主体为指归，真理则以意志的显现为依托，这是全然不同的话语体系。

但海德格尔并没有局限于德国表象哲学的传统，而是沉思地直扑存在的时间性。我说《存在与时间》这本书是海德格尔思想的母本，我的判断就在这里。从存在物哲学返回到存在，这已经是穿越了整个哲学史的事；把存在送回到它到场的地方——时间，这是让思想重新焕发创造的光辉，因为穿过了存在物哲学就意味着解构掉了物理—后物理的空间构造方式；而作为在存在的到场中在场的人（Dasein）才会真正基于时间而创造历史、物色思想的语词。《存在与时间》就是这三个层次的严格递归，简约地讲就是到存在中去，敢于从存在物抽身出来，转身而去，纵身一跃，跃入存在的在场性，响应存在悠远而又切近的呼告，在簇拥着存在的语言的言说中绽出思的语词。海德格尔的这些思想常被人们指责为晦涩难懂，之所以难懂是两方面合力的结果：一方面，他的这些思想，后物理的逻辑和辨析法是无法思想到的，逻辑和辨析法皆是对逻各斯的阻隔，而逻各斯恰恰是语言言说；另一方面，人们在理解海德格尔的这些思想时，只能在哲学中去理解，也就是在存在物哲学中去理解，这种理解恰好把海德格尔解释成不是海德格尔的东西。

海德格尔的真正问题是“时间”这个概念。固然，海德格尔没有像康德那样把时间理解为一个范畴甚或是先天形式，毋宁说在海德格尔的理解中，时间与存在是可以画等号的。但即便如此，时间终归是近代世界图像的衍生物，是一种非希腊的添加，对希腊的世界图像来说，嵌入一个时间，这是巨大的变数，此一变数之大，希腊世界能不能承受已是一个问题。希腊的世界图像是非时间性的，这与海德格尔的存在—时间相去甚远；存在物哲学的时间纯属存在物哲学的空间性的伴生现象，时间根本就属虚拟，海德格尔也不是用此一意义上的时间去消解此一意义上的空间；那就只余下一种可能:《存在与时间》中的时间是海德格尔自己的时间，也就是 Dasein 意义上的时间，在存在的到场中在场的时间，直接地说，时间就是到场，一如存在就是到场。存在到场的呼告叫醒了在场者，在场者聆听并思想到了这一到场的呼告，这就是海德格尔在 Ereignis 中要言说的，海德格尔的“时间”也是 Ereignis 绽出中的时间。

要把这一时间传达给近代以来的人尤其是现代人是十分困难的。因为他们把时间当作实体，当作性质，当作属性，当作身外之物，当作先天形式。而时间就在这里，并且无所谓这里那里（这又是空间概念作怪），时间就在（而非就是），给予地在，让予地在，创造地在。因为有时向给予地创造、给予地在这回事（海德格尔常用“处所”来指谓这回事），才会有空间的（存）在这回事。从这个意义上说，空间是对象物的形式，时间是知觉的形式，而不是康德在并列意义上所说的两种“先天形式”。作为知觉意义上的时间不过是与对象物秩序的一种对应，还根本不是创造本身，更不是返回式的创造。如果时间是指一切生成和创造的可能，那么与时间对应的存在就变成了这一切生成和创造的集约表达，这同样会滑向海德格尔思想相反的方向。

存在是海德格尔思想中创造性解释的部分，随处都闪耀着真知灼见；时间是海德格尔思想中创造性生成的部分，语词的分娩阵痛而又难产，充满了对到来者（技术—摆置）的预感和敬畏，少了许多思在回眸时的成竹在胸和气吞山河的豪迈。“怎么存在物存在而无反倒不存在？”此一追问所推展出来的恐怕只有作为筹划者“无的存在”这个貌似悖论的短语。

海德格尔与荷尔德林和索福克勒斯

1935 年，海德格尔开设了一个学期“形而上学导论”课，讲课稿直到 1953 年才整理出版。〔1〕这次讲课标志着海德格尔思想的重大转折，其中所表达的基本思路在海德格尔随后的讲课和著述中得到充分展开——比如，其中所尝试的“亲在”解释学（这是我的命名）便初次展示了后来海德格尔广泛施展的对古希腊诗人和现代德语诗人的“解读方式”，对后现代派一路的古代经典解读方式产生了深远影响。

海德格尔所展示的解读方式，具体体现在《形而上学导论》中对索福克勒斯《安提戈涅》第一肃立歌长达 16 页的解释。这一解释使得索福克勒斯的这部在文学史上具有经典地位的肃剧诗进入了“第一哲学”，从而在思想史上也显得不同凡响。〔2〕我

---

* 作者：刘小枫，中国人民大学文学院。

〔1〕该书初版于 1953 年（Tübingen），本文引用的是第六版（1998 年）；参考熊伟、王庆节中译本，北京：商务印书馆，1996 年，以下均仅随文注页码。

〔2〕黑格尔晚年在《美学讲演录》和《宗教哲学讲演录》中对他称之为“悲剧的绝对典范”的《安提戈涅》做了如下著名评论：“永恒的义”（die ewige Gerechtigkeit）的出现，是两种片面的伦理力量的冲突所要求的。参见黑格尔：《美学》，朱光潜译，北京：商务印书馆，1979 年；或陈洪文、水建馥编：《古希腊三大悲剧家研究》，北京：中国社会科学出版社，1986 年，第 144—151 页；黑格尔：《宗教哲学》，魏庆征译，中卷，北京：中国社会出版社，1997 年，第 548 页。虽然并非仅限于美学或者悲剧理论，而是基于“政治的神学”，黑格尔对《安提戈涅》的解释毕竟过于简要，而且是在“宗教哲学”（转下页）

们应该追问：海德格尔讲授“形而上学导论”为何要用如此篇幅来解释一部古希腊肃剧中的肃立歌？这一解释行动的思想史含义何在？

通过探究海德格尔的这一解释行为及其历史渊源——对荷尔德林的《安提戈涅》翻译和注疏，我尝试搞清楚海德格尔提倡的“亲在”解释学的基本方式和意图，与此同时，也免不了要探讨《安提戈涅》第一肃立歌的思想史意蕴。

肃剧诗人在《形而上学导论》中的位置

1872 年，尼采发表了轰动一时的《肃剧的诞生》，其中所讲的最重要的一件事情就是：苏格拉底的理性精神毁灭了以索福克勒斯为代表的肃剧精神—或者说得直白些：哲学毁灭了诗。

作为古典语文学家，尼采当然清楚，历史上的苏格拉底不着文字、杳然无文迹，为他树立高大历史形象的是柏拉图。说苏格拉底毁灭了肃剧精神，无异于说柏拉图毁灭了肃剧精神——或者说得学究些：柏拉图（主义）哲学毁灭了诗。按尼采的看法，柏拉图主义是西方精神走向虚无主义的根源，要克服虚无主义，就得尝试恢复沉醉的古希腊肃剧精神（诗）。

1953 年，海德格尔正式出版 1935 年的讲课稿，题为《形而上学导论》（*Einführung in die Metaphysik*）。过去，形而上学的大方之家也写“导论”——比如，康德就有《任何一种能够作为科

（接上页）“美学”之类的所谓次级哲学中出现的。结合《安提戈涅》文本讨论哲人（黑格尔、海德格尔、利科尔、德里达等）对索福克勒斯这部悲剧的解释，参 Th. C. W. Oudemans/ A. P. M. H. Lardinois, *Tragic Ambiguity: Anthropology, Philosophy and Sophocles' Antigone*, Leiden 1987，pp. 204—236。

学出现的未来形而上学导论》，[1]有的虽无“导论”之名，其实也相当于“形而上学”导论（比如黑格尔的《逻辑学》）——这些书说的不外乎上下四方无极的“在”（本体）。相比之下，海德格尔的《形而上学导论》看起来委实不像“形而上学”的“导论”。

一开始的简短“前言”是18年后的追述，作者首先告诉我们，他对眼下这个十多年前的讲稿做了重新分段、润色，还提醒读者要“体会此课的全景”。按照作者本人的如此提示，我们首先就得留意全书的分段安排乃至各章节的篇幅。

《形而上学导论》全书分四章，共157页（按德文版计算），但篇幅并非平均分配，第四章非常显眼地占全书一半还多一点篇幅（87页）。

第一章题为“形而上学的基本问题”（Die Grundfrage der Metaphysik），约39页，算全书篇幅次长的一章，主要说的是西方形而上学的时代处境——这或许就是作者要我们留意“体会”的“此课的全景”：美苏两个现代超级大国崛起，与此相应的是科学主义霸权的确立和马克思主义力量的增长，结果是“大地的沉沦”……海德格尔由此引出尼采的诊断：“在”作为形而上学的沉思对象，如今不是迷雾一团，就是一团迷误——如今即便要把握尼采的这话，也已经难乎其难。在这里，海德格尔把形而上学与政制变革联系起来：似乎形而上学问题决定了现代政制的形态。反过来说，政制问题的根本在于形而上学。因此，在这一章最后，海德格尔提出了西方的“命运”或者说西方世界的“危机”这个概念，其含义是：源于柏拉图主义的西方传统形而上学将精神理解为智慧，不仅是决定性的误解，也是西方世界政治危机的根源——这话听起来很像尼采的声音——正是在这里，海

〔1〕参见康德：《任何一种能够作为科学出现的未来形而上学导论》，庞景仁译，北京：商务印书馆，1982年。

德格尔引述了自己当年的“校长就职演说”。言下之意，当年的“校长行动”旨在从改革大学教育入手，行挽救西方精神退败的历史之举，从根本上为西方政制的现代走向纠偏。

第二章题为“追溯‘在’这个词的语法和语源”，仅17页，通过追究“在”这个语词的古希腊词源，海德格尔开始提出如何扭转传统形而上学的方案。说到“在”这个“语词”的古希腊语源时，海德格尔主要提到赫拉克利特的残篇，尤其讲解了这位前苏格拉底哲人的名句“战争是万物之父”，还提到柏拉图的《蒂迈欧》。第三章篇幅最短，不到14页，题为“追问在的本质问题”，显然是第二章的延伸。在这一章里，海德格尔将解析“在”的古希腊词源推展到解析现代西方语言，尤其德语的“在”的语义。顺着这条思路，我们不难体会到，海德格尔赋予了德语思想独立担当历史使命的角色。海德格尔用德语思考和写作，如此论述所显露出来的个体抱负昭然若揭。

接下来是全书篇幅最长的第四章，题为 Die Beschränkung des Seins（中译本译作“对在的限制”）。在这个题目下，海德格尔分出四个子题，前面有两页多的引子。全书唯有这章下分子题，整体结构看起来有如书中之书，似乎前面三章都仅仅是引言而已。不过，第四章80多页的篇幅也并非平均分配。

第一子题“在与生成”，仅两页，引出了另一位前苏格拉底哲人帕默尼德，并通过解释帕默尼德的“教诲诗”，将他与赫拉克利特相提并论，从而与第二章的论题勾连起来——“生成”这个概念虽然是赫拉克利特提出的，但帕默尼德说的是同样的东西。海德格尔说，柏拉图主义走错路，根源就在于把赫拉克利特说的与帕默尼德说的看作不同的东西。

第二子题“在与表象”也不太长，13页多一点，讲解古希腊人理解的所谓“表象”（Schein）与真理的关系。在这里，海德格尔转向了古希腊的诗人，分别讲解了品达的《奥林匹亚凯歌》第九首（9：100）和索福克勒斯的《俄狄浦斯王》。随之再承接前一子题（“在与生成”），进一步解释帕默尼德残篇，似乎力图通过古希腊的诗人来接近和理解前苏格拉底哲人。苏格拉底之前的哲人和苏格拉底之前的诗人从前被看作不同的两类人，现在被海德格尔粘在了一起。海德格尔似乎想告诉我们，这两类人（哲人和诗人）其实是同一类人，要搞懂帕默尼德、赫拉克利特，还得依赖，或者说先搞懂索福克勒斯、品达。换言之，海德格尔在这里展示出一条进入赫拉克利特残篇的解释（理解）路线：通过索福克勒斯来理解→品达→帕默尼德→赫拉克利特——通过古诗人来解释（理解）古哲学。

结束这一子题时，海德格尔将合唱抒情诗人品达与箴言诗人赫拉克利特相提并论（比较前一子题将帕默尼德与赫拉克利特相提并论）。言下之意，从品达到索福克勒斯的诗作，“在”这一形而上学的终极沉思对象的古希腊词源还没有变味——海德格尔似乎从尼采的教诲（柏拉图主义败坏了肃剧精神）中领悟到，柏拉图主义最终败坏的是苏格拉底之前的哲人对“在”的理解。

接下来的第三子题为“在与思”（Sein und Denken），此节不仅是第四章，也是全书中篇幅最长的一节，共 62 页，占全书三分之一长。海德格尔用这样多篇幅要说什么呢？扼要地讲，经过前面的铺垫，海德格尔试图站在苏格拉底之前的哲人（和诗人）的“在”的理解这片土地上，推倒从柏拉图到康德—黑格尔—胡塞尔的整个西方形而上学的“主义”大厦。

海德格尔提出这样的问题：什么是思？从柏拉图主义到黑格尔主义的整个西方形而上学传统都把“思”理解成逻辑（不妨比较胡塞尔对哲学的理解）。但如果回到古希腊先贤的源头（通过分析逻格斯的词源，尤其赫拉克利特论逻格斯与自然的关系），按海德格尔的精心谋篇和悉心解释，逻格斯（思）并非与逻辑相关，而是与自然相关。结论可想而知：自柏拉图以来，整个西方形而上学传统误解或者说背离了自己的精神源头，对“在”的误解就发生在索福克勒斯之后的苏格拉底—柏拉图时期。

随后的第四子题为“在与应当”（Sein und Sollen），篇幅也不长，仅九页。从子题的题目来看，此节要说的是形而上学（Sein）与实践哲学（Sollen）的关系——这也是“形而上学导论”的题中之义。然而，海德格尔在这一子题中首先攻击康德伦理学，然后指出，康德哲学的错误来自柏拉图，最后提到尼采毕生关心的虚无主义问题。这一节明显与全书第一章相呼应，其关联含义是：当今世界的大地沉沦、科学主义霸权和马克思主义势力都与康德伦理学相关。因为，美苏两个超级大国具有形而上学的同质性，都是西方近代形而上学结下的怪胎（康德—黑格尔—马克思哲学的后果）。言下之意，如今的哲学教授们一边批判现代性，一边膜拜康德，是再滑稽不过的事情。尽管如此，要找历史的真正罪人，海德格尔说，还得找到柏拉图头上。

从全书内在结构着眼，可以看到这样的思想线索：美国和苏联这两个现代利维坦是世界沉沦的表征，如此沉沦与西方形而上学传统有关，因此当理解尼采对西方形而上学传统的批判（第一章）。现代性的生活实践原则（伦理）由康德奠基，如此奠基依赖于柏拉图主义的形而上学（第四章第 4 节），要彻底批判柏拉图所开创的形而上学开端（第四章第 3 节），就得回到柏拉图—苏格拉底之前。然而，回归路程艰难曲折，得通过苏格拉底之前的诗人如品达、索福克勒斯（第四章第 1—2 节），才有可能理解西方源头真正的形而上学。

结束全书时，海德格尔意味深长地引用了诗人荷尔德林的几行诗句（值得想起马基雅维利《君主论》的结尾）。

从前面勾勒的论述线索来看，为什么第四章第 3 节篇幅最长，也就大致可以理解了。海德格尔并非仅仅要指出西方精神厄运的根源就了事，而是力图完成尼采没有完成的使命：终结黑格尔—康德—柏拉图主义的西方形而上学“传统”，重新开启西方形而上学的真正宝藏。说到底，第四章第3节有如一场与柏拉图形而上学展开的肉搏战。

在这场肉搏战中，谁充当了海德格尔攻击西方形而上学“传统”的尖兵？

在第四章第3节中，海德格尔用了近三分之一（20页）篇幅来解释（其中16页用来逐段解释）索福克勒斯《安提戈涅》中的第一肃立歌，并在结束时将这段解释所得与赫拉克利特和帕默尼德对“在”的理解联系起来。[1]《形而上学导论》讲解了好些高古的诗人（赫拉克利特、帕默尼德、恩培多克勒、品达、索福克勒斯），唯《安提戈涅》第一肃立歌的解释篇幅最长，最细致、深入、具体，甚至可见系统，堪称全书关节、重点或要害所在。

“形而上学导论”变成了对古“诗”的解释——这就是为什么说，这部《形而上学导论》不像“形而上学的导论”，它所要“引导”的并非传统意义上的“形而上学”，而是反抗西方形而上学传统，其用意刚好与康德的《任何一种能够作为科学出现的未来形而上学导论》相反。

---

〔1〕海德格尔解释索福克勒斯的《安提戈涅》有两次，第一次在1935年的“形而上学导论”课中，第二次解释在1942年所开的“荷尔德林的颂歌Ister”课中（见《海德格尔全集》，53卷，Frankfurt 1983）。两次解释明显不同，差异源于海德格尔在批判西方形而上学传统的思考历程中的思想变化。按Geiman的研究，随着“技术”批判思考的深入，海德格尔的第二次《安提戈涅》解释有根本性的改变。参见Clare Pearson Geiman, “Heidegger’ s Antigones”, in: Richard Polt / Gregory Fried (eds.), *Heidegger’s Introduction to Metaphysics*, Yale Uni. Press 2001, pp. 161—182。在笔者看来，需要关注的是海德格尔的《安提戈涅》解释与其形而上学批判的基本关系及其思想史含义，或者说海德格尔的《安提戈涅》解释的形而上学前设，而非跟随海德格尔的形而上学批判本身的思想行程跑。

含混的“人颂”与民主政治

直到今天，西方还不时上演索福克勒斯的《安提戈涅》——汉语演出首演于1982年（依据罗念生先生的翻译，其子罗锦麟执导）。要充分理解海德格尔在《形而上学导论》中精心逐段解释《安提戈涅》第一肃立歌的用意，我们先得熟悉这首肃立歌。要熟悉这首肃立歌，我们最好先大致了解一下《安提戈涅》这部剧作的总体面貌，然后再顺着剧作的展开进入第一肃立歌所在的文本位置。

《安提戈涅》的剧情是在俄狄甫斯杀父娶母这一古希腊著名传说上嫁接出来的故事：俄狄浦斯的两个儿子波吕涅刻斯和厄忒俄克勒斯为争夺继位厮杀双亡，克瑞翁（俄狄浦斯的妻子/母亲的兄弟）当王执政。新王克瑞翁宣布，波吕涅刻斯是敌人，死后应暴尸荒野，厄忒俄克勒斯则是“共和国”的捍卫者，为自由的新生而死，理当厚葬。然而，波吕涅刻斯和厄忒俄克勒斯的胞妹安提戈涅却认为，新王的法令抵触神律，她不能容忍自己的兄长波吕涅刻斯暴尸荒野遭禽兽噬食，决意掩埋尸体。于是，安提戈涅陷入两难处境：若依传统宗法埋葬自己的兄长波吕涅克斯，安提戈涅就会因忤逆国法被处死；若依从国法不埋葬自己的兄长，安提戈涅则会因忤逆神律遭天谴——安提戈涅做或不做都陷入忤逆之罪。

荷马诗作已经提到俄狄浦斯杀父娶母的事情，虽然非常简略，具体情节不得而知，但足以证明关于俄狄浦斯的忒拜传说相当古老。品达的《奥林匹亚凯歌》之六叙述到俄狄浦斯的儿子争夺王位的厮杀，虽然没提到安葬波吕涅刻斯的事情，同样足以证明，俄狄浦斯子女们的故事在民间也早已绘声绘色，即便品达妙笔生花，也绝非一无所本。肃剧诗人并不无中生有或从无到有“创作”某个题材，而是多以古代传说为题材。诗人之所以为诗人的试金石，在依据传说编构具体情节上见功夫。品达的神话诗记叙过的七雄对七雄的故事，在埃斯库罗斯的名剧《七雄攻忒拜》中变得更为具体、生动。不过，在索福克勒斯之前所有涉及俄狄浦斯三代的忒拜传说的成文诗作中，都没有出现过安提戈涅（仅有一些涉及安提戈涅的妹妹伊斯墨涅的民间原始材料）——埃斯库罗斯的《七雄攻忒拜》结尾部分的哀歌体咏唱中，出现了安提戈涅，但一般认为，这部分并非出自埃斯库罗斯手笔，而是后来重演《七雄攻忒拜》时根据索福克勒斯的《安提戈涅》添加的。由此看来，索福克勒斯笔下的安提戈涅故事八成是他的演绎——“安提戈涅”这个名字的希腊文的字面含义是“反一出生”，与荷马笔下的奥德修斯一样，名字就带有寓意。

索福克勒斯编织《安提戈涅》的故事用意何在？

《安提戈涅》这部剧作行动简单，但戏剧人物的连接方式错综纠结，在索福克勒斯的传世剧作中也显得颇为特别。就戏剧结构而言，单一戏剧形象是肃剧的写作原则，索福克勒斯自己的其他剧作也大多是单一戏剧形象。但《安提戈涅》却打破了这一套式，剧作名称是“安提戈涅”，中心形象却显得是克瑞翁。安提戈涅在剧情发展到四分之三时就因赴死而出场（行 943，全剧 1353 行），克瑞翁的戏却贯穿始终，若非克瑞翁从头到尾在场，整场戏就显得断了情节线索。可以说，这部剧作实际具有双重戏剧主角：安提戈涅和克瑞翁。安提戈涅的戏在剧中其实不多，但角色明显非常重要，克瑞翁戏很多，但明显不是这部肃剧中的“英雄”——结构与角色的如此交错配置，未见于索福克勒斯的其他传世剧作。因此，与其把双重戏剧主角视为索福克勒斯在戏剧做法上的突破，不如理解为索福克勒斯所要表达的戏剧主题：这场戏剧冲突既是两个有血亲关系的人（舅舅与外甥女）的直面冲突，又是国法与不成文习惯法的直面冲突，同样重要的是，这场冲突是男人与女人的冲突。冲突双方都既赢了也输了：安提戈涅因克瑞翁的国法而死，克瑞翁则因安提戈涅的死而家破子（儿子和妻子）亡。对此，黑格尔做出的著名解释是：这是两种片面的伦理力量的冲突——“家庭亲情、对弟兄的义务”与“国家的公共法律”的冲突。这一解释使得我们只能把眼泪平分给安提戈涅和克瑞翁。然而，黑格尔的解释背后却隐藏着形而上学的辩证法原则：出现对立面的矛盾冲突是必然的，随后出现更高的综合也是必然的。

索福克勒斯写下《安提戈涅》为的是展现黑格尔的形而上学原则？

不得埋葬敌人的尸体，也不准亲属祭祀，只能让飞禽走兽来吃食，其实也是古老的政治伦理（参见荷马的《伊利亚特》开篇）。但在索福克勒斯笔下，这一古传伦理变成了人为的立法——在写于《安提戈涅》之前的《埃阿斯》的结尾部分，索福克勒斯已经涉及这一古传伦理：埃阿斯死后，墨涅拉厄斯下令任何人不得收殓尸体（行 1047—1048）。墨涅拉厄斯的一长段戏白清楚说明了为何要下这样的命令（《埃阿斯》，行 1052—1090）：埃阿斯是敌人，死了就应该暴尸，任由飞鸟果腹，任何人都没有权利掩埋尸体（《埃阿斯》，行 1062—1065）。墨涅拉厄斯还强调，自己颁布的禁令就是法律，法律必须有威严，因为“在城邦之中，法律如果离开了敬畏，就不可能给这个城邦带来繁荣”（《埃阿斯》，行 1074—1075，沈默译文）。在这里我们看到，不得埋葬敌尸这一古传伦理已经被索福克勒斯用来体现城邦统治者的立法——雅典城邦从王政走向民主政制，是以一系列法制改革来实现的；可以说，人为的立法是民主政制的成因，也是民主政制的体现（参见亚里士多德《雅典政制》6.1：梭伦“制定各项法律〔νόμους ἔθηκε〕，勾销种种债务”）。因此，《安提戈涅》中的克瑞翁颁布同类法令，可以看作是民主政制的体现。

由此来看，索福克勒斯关注的问题很可能是：民主政制的人为立法的限度究竟何在。在《安提戈涅》中我们可以看到，墨涅拉厄斯式的法令遭遇到强硬挑战：来自亲情原则的挑战——《安提戈涅》的剧情显得是从《埃阿斯》的结尾衍生出来的，或者说，《安提戈涅》的故事被编织出来，为的就是考验人为立法的威严：安提戈涅这个名字的原文既可以理解为"反抗出生"，也可以理解为"针锋相对的出生"。然而，在索福克勒斯笔下，"家庭亲情、对弟兄的义务"与"国家的公共法律"是两种片面的伦理力量吗？倘若如此，我们就很难解释整部《安提戈涅》的结构：这部剧作的真正主角是克瑞翁。尽管克瑞翁不是这部肃剧中的"英雄"，但也绝非坏君王。他显得相当有理性，坚持自己的"国家理由"——可是，克瑞翁这个新王的法令一经颁布便遭遇抵抗，而且步步升级：从歌队（忒拜老人们）、卫兵（普通人），到安提戈涅（外甥女），再到自己的亲生儿子海蒙。可以说，《安提戈涅》的情节推动力就是抵抗法令：法令显得片面，抵抗却显得颇为全面。戏开场时（前台戏），天还没亮但快要亮，安提戈涅把妹妹伊斯墨涅找来商议掩埋兄长的事情（行1—99）。两姐妹一见面，强烈的血缘感情就自然而然流露出来。可一涉及是否掩埋兄长，姐妹俩马上产生分歧甚至冲突。诗人索福克勒斯让我们看到：新王的政令撕裂了血缘感情——伊斯墨涅对违忤法令心有余悸，安提戈涅决定独自担当，履行妹妹的义务，用尘土掩埋兄长。安提戈涅的决定显得完全是自投法治罗网，明知故犯，决意要让克瑞翁这个新王过不去——戏就这样开场了。在剧情的发展过程中，安提戈涅的戏剧性格没有变化，始终坚定、执着。与其不同，随着剧情的发展，对克瑞翁的法令充满恐惧的伊斯墨涅看到姐姐的困境，胞妹之爱又使得她抑止不住重新与姐姐站在一起。她最后质问克瑞翁："你竟然要杀自己儿子的未婚妻。"（行568）

面对安提戈涅的挑战，克瑞翁的态度起初非常强硬，先知忒瑞西阿斯出场时，他还在抵抗，直到自己的儿子海蒙（安提戈涅的恋人）得知父亲要处死安提戈涅，决意以死反抗父命，克瑞翁才不得已放弃自己的原则——与伊斯墨涅相似，海蒙起初也惧怕父亲颁布的法令，但后来却认为自己的父亲根本就丧失了理性（行 726），于是也立场鲜明地与安提戈涅站到一起。克瑞翁把安提戈涅关在囚洞中，并未真的想要处死她，但安提戈涅却毅然决然自我了断。海蒙闻讯随即自杀，其母（克瑞翁的妻子）闻讯也跟着自杀，王室一家最后仅剩下神经接近崩溃的国王，有如一具行尸……克瑞翁起初为何态度强硬？因为他有自己的政治信念，然而，索福克勒斯却让这样的政治信念陷入自然亲情的罗网，最终作茧自缚。说到底，从剧作的情节和结构来看，《安提戈涅》并非如黑格尔所说的那样，让国家理由与亲情伦理显得都是片面的，而是在展现民主政治崇尚的人为立法的困境——索福克勒斯身处民主政制鼎盛期，他可能更关注种种人为的制度创新，而非片面伦理的辩证冲突。

现在我们来看位于第一戏段（行 162—331）之后的第一肃立歌。

前台戏一开始就展示了新的立法如何导致姐妹俩亲情瓦解，随后，忒拜老人组成的合唱歌队唱着进场歌（行 100—161）进场，进一步铺展姐妹俩亲情瓦解的戏剧情景：外敌的威胁一旦解除，国内政治纷争跟着就来了——政治问题不仅在于共同体之间的相互敌对，更多在于共同体内部的相互敌对。第一戏段一开场，便是新王克瑞翁发表的一通有如就职演说的长篇讲辞（行 162—210，近 50 行），在宣告自己当王的同时，克瑞翁宣告：不准安葬国家的敌人波吕涅刻斯。这位新王的抱负或政治理想似乎是：通过最低限度的律令来建立政治秩序，有如我们今天所说的建立一个法制的社会，或者实现技术化的统治。

诗人让笔下的忒拜老人组成的歌队马上表示异议（行 211—222），从而表明新的政令与习传伦理相抵触（与《埃阿斯》行

1091 以下相同）……这时，卫兵前来报告，发生了神奇的事情：波吕涅刻斯的尸体已被掩埋，看上去还举行过应有的仪式。克瑞翁大怒，把这件事定性为蓄意挑战国法的政治事件，要严肃查办。歌队也感到大惑不解，觉得国内没谁会有这么大的胆子，于是想“这事会不会是神力所为”（行 236—278）。

克瑞翁新立的国法基于维护城邦利益，尽管显得是一种全新的政治价值，仍然具有自足的政治正当性。安提戈涅依据习传伦理掩埋波吕涅刻斯，则无异于质疑了民主政治的立法—克瑞翁不顾及传统习俗，在神法之外人为立法。不过，眼下的疑问是：掩埋波吕涅刻斯的事究竟是谁干的，谁有这么大的胆子，竟然不怕死——作为观众，我们知道是安提戈涅干的，因为她在前台戏中已经誓言要掩埋哥哥的尸身，但在剧中，究竟谁干的却是个谜。这一疑问首先引出的进一步疑问是：竟然有人胆大妄为！正是在这一语境中，歌队唱起了被后人称为“人颂”的第一肃立歌（行 332—375）——让人费解的是，第一肃立歌通过揭示 Dinanthropus sapiens〔有心智的人〕来提出谁如此“胆大妄为”这一主题。

肃立歌起头两句是修辞性的起兴：

〔第一曲节〕[1]
〔332〕神奇的东西何其多，
没有什么比人更神奇；

一般来讲，修辞性起兴仅仅为的是引发观众关注诗人接下来要说的内容，此乃古希腊抒情诗的习传手法（比较萨福，残篇

〔1〕依据 Th. C. W. Oudemans / A. P. M. H. Lardinois, *Tragic Ambiguity: Anthropology, Philosophy and Sophocles' Antigone*（前揭）中的“第一肃立歌”释义（第 120—131 页）和 Mark Griffith, *Sophocles: Antigone*（《安提戈涅笺注》, Cambridge Uni. Press 1999），并参考罗念生先生译本移译。

16；品达，《奥林匹亚凯歌》1，1）。但这里两次用到的 δεινός〔神奇的〕这个形容词本身，已经引人关注，因为这个形容词具有多义性：令人惊骇的、令人敬畏的、让人惊诧的、令人可怕的……这里的含义很难确定。不仅中文难以确定，西方语文同样很难，即便我们读了索福克勒斯接下来让歌队咏唱的内容，仍然难以确定这个语词的意涵。可以确定的仅是，索福克勒斯在这里用这个形容词表达了对人的惊叹：人的意志潜能简直不可限量，神奇无比。因此，我们先权且选用"神奇的"译法。当守卫尸体的卫兵前来报告尸体被人掩埋时，已经率先用到这个形容词：卫兵说，自己遇到了一桩 *τὰ δεινὰ*〔神奇的事情〕（行 243），这里同样可以理解为"让人骇然"或"令人感到可怕的事情"。随后歌队说，"这事会不会是神力所为"〔μή τι καὶ θεήλατον；行 278〕，使得我们可以先权且选用"神奇的"含义。

这指的是安提戈涅的胆大妄为让人感到神奇或者惊讶或者可怕吗？看似如此。不过，克瑞翁的立法行为同样算得上胆大妄为，在歌队或普通人看来，同样是一桩 *τὰ δεινὰ*〔神奇的事情〕——守卫尸体的卫兵在合唱歌队唱起肃立歌之前，第二次用到这个形容词，就是用在克瑞翁身上（行 323）。在肃立歌之前，卫兵两次用到这个语词，分别用在安提戈涅和克瑞翁身上，如果不是诗人无意为之，就很可能表明，诗人让安提戈涅和克瑞翁分享了这个语词。这样一来，肃立歌起兴的 δεινός 这个形容词究竟指安提戈涅的"胆大妄为"，还是指克瑞翁的"胆大妄为"，就让人难以琢磨了。

雅典观众听到歌队唱起"神奇的东西何其多"时，很可能还会想起埃斯库罗斯的《祭酒人》中第一肃立歌的起兴句："大地养育了许多神奇的东西……"〔πολλὰ μὲν γᾶ τρέφει δεινὰ，行 585〕埃斯库罗斯笔下的歌队咏唱的是：女人一旦爱起来会意志决绝、不顾一切（比较欧里庇德斯，《美狄亚》第二肃立歌的起兴，行 627—634）——似乎女人的爱既可以说是"神奇"，也可以说是“可怕”。无论“神奇”还是“可怕”，总之说的是女人的“胆大妄为”。因此，如果要说索福克勒斯这里的用词首先是让观众想到安提戈涅，也顺理成章。毕竟，显而易见的是，随着民主政治的发展，女人在政治事务中的作用越来越重要，或者说，女人参政是民主政治成熟的标志——古希腊戏剧从肃剧到谐剧的发展，可以清楚地看到这一点。在《安提戈涅》中，诗人索福克勒斯让我们看到，挑战国王法令的竟然是一位年轻女子，的确让人感到既“神奇”又“可怕”（比较行376—383），尽管在我们今天看来，这既不“神奇”又不“可怕”。

埃斯库洛斯的《祭酒人》中的歌队咏唱的是大地上有“许多神奇的东西”，索福克勒斯的肃立歌唱的是“神奇的东西何其多，没有什么比人更神奇”——索福克勒斯明确用到“人”这个语词，而且第二次用的是形容词比较级 δεινότερον〔更神奇〕（行333），从而可以说，歌队的意思已经不仅是安提戈涅和克瑞翁的“胆大妄为”让人既感到“神奇”又感到“可怕”，而且上升到对“人”的哲学思考。

果然，接下来肃立歌分三段递进述说“人”这一族类如何“更神奇 / 更厉害”，从头到尾没有提到安提戈涅或克瑞翁的名字。

首先咏唱的是人类征服自然环境的能力（行334起）：人的 δεινός〔神奇 / 厉害〕首先体现于征服人类生活于其中的大自然——大海、土地和天空。虽然大海变幻莫测，人却能不畏风险，敢于航行；虽然大地“默然恒在”“不知疲倦”，通过长年累月耕作，人也能把大地折腾得疲惫不堪，累累伤痕。

> 这家伙非要
> 〔335〕顶着冬日的南风
> 跨越茫茫大海，在层层浪壑中
> 驾驭翻腾四涌的波涛；神们中

最为年长的大地呵，

默然恒在、坚韧不疲，这家伙偏要翻来覆去消磨，

〔340〕年复一年犁头来回，

用马类逶迤翻耕。

这一段读起来让人觉得诗人似乎在揭示人类自身中蕴藏着的无限能力，听起来还带有启蒙的音韵——置身现代启蒙运动洪流中的荷尔德林在给弟弟的一封信中（1795年4月13日），曾经归纳过“费希特哲学的一个主要特点”，如果与肃立歌的这一段对照，不难看出两者在思想韵律上的一致：

人心中蕴涵着一种通往无限的追求，一种行为，它使任何限制、任何静止的状态都根本无法持久地在人身上成为可能，而是力图使人变得更为开阔，更自由，更没有依赖性。（《书信选》，页115—116；全集，卷4，页188）[1]

“顶着冬日的南风”和“驾驭翻腾四涌的波涛”凸显出人的胆大（或勇敢）：竟然敢于跨过大海去到海的另一面；“翻来覆去消磨”的宾语为“大地”，围绕这个宾语有三个修饰语词：“神们中最年长者”—“默然恒在的”—“坚韧不疲”。在诗人笔下，大地显得非常不情愿听任人为了人的好处来折腾自己；仅仅为了

〔1〕荷尔德林著作的标准本为 Friedrich Hölderlin, *Sämtliche Werke und Briefe*，四卷本，Berlin 1970；笔者所用为1995年第二版，简称《全集》（以下仅注明卷数和页码）。晚近有包含历史文献的12卷本全集：Friedrich Hölderlin, *Sämtliche Werke, Briefe und Dokumente in zeitlicher Folge*, Leseecke 编，D. E. Sattler 笺注，Darmstadt 2004。荷尔德林作品的汉译有：戴晖译：《荷尔德林文集》（简称《文集》），北京：商务印书馆，1999年；张红艳译：《烟雨故园路：荷尔德林书信选》（简称《书信选》），北京：经济日报出版社，2001年；另有篇幅不大的顾正祥译注：《荷尔德林诗选》，北京：北京大学出版社，1994年。

温饱，人类完全没必要如此“翻来覆去消磨大地”——按赫西俄德《劳作与时日》中的说法：人类当初根本无需太多劳作，劳作一整天就可以轻松得到一整年的食粮（行42—46）。

这一曲节实际上还高度概括了人类的技术文明成就：征服大海和陆地（如今征服太空）必须得用人发明的器具。难以断言的是，歌队要强调的是人发明了船和犁一类器具，还是要强调人挑战自然时的大胆和坚定。一开始就提到航海，为整首肃立歌定下了含糊的基调：一方面像在肯定人敢于冒险和有技术性操控能力，另一方面，又像是在指责人鲁莽、没有约束，人的贪欲超出了人的自然需求（比较贺拉斯，Odes，1.3.9以下）。

〔第一对称曲节〕
〔342〕诱捕快活无忧的
鸟儿类，驱赶
野栖的猛兽裔，
〔345〕捞捉大海里的水下游儿族，
用的是精心密织的网罗，
人呵心思真周密；甚至
想出法子制伏栖息
〔350〕山野的林中兽，给鬃毛蓬松的
马套上驯服之轭，
还有不肯就范的犟牛。

承接前一曲节，歌队的咏唱转向人征服自然界中的动物；虽然鸟儿在天上飞、鱼儿在水底游，人却能通过发明鸟笼、渔网之类器具捕获它们；即便凶悍的动物，也敌不过人的聪明才智之“轭”。这里实际上提到两类动物：供人吃食的动物和被驯化后供人指使的动物。不仅如此，在第一曲节，“人”类的征服范围在大海和大地的平面，这里说到天上的飞鸟和海底的游鱼，表明人的征服范围伸展到天上和海里（说到鱼儿时用的是“大海里的水下造物”，“大海里”和“水下”是叠词修辞手法，与开头的“海面”形成对比）。让人费解的是歌队在这里说用（驯服的）马耕地，因为人类耕地一般用骡子或牛，很少用马，何况下文（350行）才说到驯服马。要么，这里说的并非用马耕地，而是泛指驯服马类，要么，歌队说“用马类”耕地意带有讽味：人贬低了马这一高贵的畜类。

歌队说，“人”类征服供人吃食的动物时所用的工具是“精心密织的网罗”——“网罗”实际上针对三类动物（不仅捕鸟用网罗，猎兽也用网罗，打鱼更少不了“网”），似乎对各类动物一网打尽。说到征服被驯化后供人指使的动物时，诗人用的是所谓“法子”〔μηχαναῖς=ἡ μαχανή〕，这个语词（＝拉丁语 machina）就是如今所谓“机器”的词源，其字面含义是“用篱笆、围栏”，似乎削弱了人的支配和控制能力，但“法子”在这里也可以指驯养马和牛的驯具（轭、缰绳、嚼子之类），包含驯化术的意思，实际上表明了人的支配能力。

不过，“制伏”支配的宾语究竟指哪类动物并不清楚。“栖息山野的猛兽”指不同于马和牛的单独一类动物吗？形容词“栖息山野的”与“山林中的”显得矛盾，因为后者可用于几乎所有可驯养的家禽动物，比如牛、猪和马，以及羊和山羊之类（比较荷马《奥德赛》卷九，155；《俄狄甫斯王》1100；柏拉图《法义》677b）。不过，行350以后似乎区分了这两个动词所支配的宾语为不同类的动物：“制伏”狂野的动物（走兽），驯化温顺的马牛羊。歌队似乎要说的是，人征服动物的目的在于：减少动物的野性，驯化动物为人服务。“制伏”和“套上驯服之轭”两个动词表明，人征服动物不外乎采取两种方式：要么杀、要么驯服——对不容易驯服的动物就杀，对可以驯服的动物就驯服，尽管对后一类动物，人要成为统治者也还是需要大动脑筋（从“精心密织的网罗”到发明驯具的“法子”)。

人对人的统治岂不同样如此？对不驯服的就杀（克瑞翁要杀安提戈涅，威胁要处死卫兵），对可以驯服的就用“网”（法律）来驯服——“精心密织的网罗”这个复合形容词的前半部分 δὶκτυον〔猎网〕就是后来的拉丁语 dictator〔专政官〕的词源。这并非随意联想，因为，“人呵心思真周密；甚至想出法子制伏〔περιφραδὴς ἀνήρ· κρατεῖ δὲ μηχαναῖς〕……”这个句子显得颇为惹眼：动词“制伏”的希腊文原文的字面含义是通常所谓“统治、强制”，一看就带有强烈的“支配、操纵”的政治义涵，与前面说到人与大自然的关系时用的动词完全不同，甚至与用于人无法驯服的动物的动词（343 行：ἄγει）也不同，倒是与剧中克瑞翁的用法相同（行 61—64，173，485，679—680)。给马“套上驯服之轭”〔ὀχμάζεται ἀμφιλόφῳ ζυγῷ〕的动词 *ὀχμάζεται* 本义为“抓紧、捆紧”，引申为“驯服”，也就是用器具把某物牢牢套住，尤其指套住马。但校勘家大多倾向认为，这里的动词本来是 ὑπαγάγετ’〔＝*ὑπ-άγω*（带到下面、征服；慢慢引导），被动态含义通常为（被欺骗)〕。倘若如此，“套上轭”便无异于解释了“制伏”带有的政治寓意，或者说表明了政治支配的整全方式：既要严法管制（套住)、又要循循善诱（蒙骗)。无论如何，两个动词的含义最终要表达的都是“驯服”—“驯服”民人从古至今都是政治的基本难题。

肃立歌接下来就说到人的政治生活。从开始的征服大海到这里的征服野性动物进而到驯服温性动物，人的征服对象在上升，征服能力和技巧在提高，最后是人对人的统治。

〔第二曲节〕

人教会自己语言和风一般快的

心思，以及有规有矩的

〔355〕群性，无法耐受的
天寒地冻以及
雷暴的鞭打都能躲避，
〔360〕真样样有办法；人绝不会没有出路，
即便面对的是未来，唯有哈迪斯
无法逃避；
甚至无可奈何的病痛
也想得出办法对付。

所谓人“学会语言”，与如今探究的所谓“语言起源”问题毫不相干。按照古希腊的习传说法，人的语言来自于 θέσει〔神的安排〕，而非靠人的 φύσει〔本性〕，索福克勒斯当然熟悉这一习传的说法。在这里，歌队用“自己学会”这一说法，似乎要强调的是，人为了自己的好处、通过自己的努力而发明了语言。这种说法固然会让人想起埃斯库罗斯《被缚的普罗米修斯》中普罗米修斯的说法，“我怎样使他们变聪明，使他们有理智”（行 444，罗念生译文）；但更值得联想到的还是民主时代的著名智者普罗塔戈拉提出的“文明起源论”。[1] 语言与思想连在一起，有了语言就会产生出思想。“风一般快的心思”的比喻来自荷马（比较《伊利亚特》卷十五 80—83：“有如一个人的思想捷驰”，“用敏捷的智慧翩翩想象”；《奥德赛》卷七 36：“他们的船只迅疾得有如羽翼或思绪”），但荷马的意思不是说有思想如何崇高、如何了不起，而是说“心思”一类的东西行走快捷、迅疾，从而像“风一般”。但在智者那里，含义就不是这样了——雪莱在《被解放的普罗米修斯》中说：普罗米修斯给人带来语言，语言又产生出思想，从而，思想成为万物的尺度。

〔1〕详见刘小枫：《普罗米修斯之罪》，北京：生活·读书·新知三联书店，2012 年。

人“自己学会”的第三种（最后一种）非自然性的东西是“群性”——原文 ὀργς（=ἡὀργή）的意思是“冲动、脾气、情绪；激情、愤怒”，相当于古汉语中的“情性”，因为 ὀργή 本为人“自身上长出来的东西”，通常指天生的禀赋（参见《埃阿斯》行 639），但也可以指人通过学习获得的品质（参见西蒙尼德辑语 7,11）。但在这里，“情性”带有形容词“有规有矩的”〔ἀστυνόμους〕界定，这个形容词是个复合词，由“城市、乡亲”（与异方人相对）〔ἀστυ-〕+“宗法”〔νόμος〕复合而成。因此，ὀργὰς 当译作“群性”，所谓“有规有矩的群性”，意为人类组成共同体生活的类似于本能的情性，也就是人的政治本能。亚里士多德在《政治学》中就说道，ἀστυνομία 是人区别于其他动物的标志，这一标志与人类发明出语言相关：语言被发明出来为的是解释，什么是有益的、什么是有害的，什么是公义的、什么是不义的。只有人才有善恶感和正义与不正义感，有了这种感觉，人们才组织起家庭和城邦（卷一，1253a10—19）。

值得注意的倒是，按肃立歌的说法，这种本能形成于人支配自然之后，与当时的自由民主知识分子智者的说法相同，而与柏拉图笔下的苏格拉底的说法相反：人的政治本能在人支配自然的能力形成之前就有了。按肃立歌的说法：人自己学会语言、理智和生活规矩，似乎为的是“逃避”自然状态，进而逃出自然状态——这意味着政治的起源来自人逃避自然状态的冲动。

第一曲节描绘的是人与自然的关系，第二曲节转向了人的政治方面，从学会语言、理性、立家、建立城邦到学会医术，人为自己设计出避难所（政治源于逃避），逃避所有对自己有害的东西，面对未来，人“方方面面有出路”。唯一无法对付的只是死亡——人与无所不能的神已经差不多，唯一的差别是：人会死、神不会死（比较现代政治原则基于逃避死亡）。在短短五行里，“逃避”一词出现了三次，“逃避”自然与人类政治文明的关系在这里得到揭示。

到这里我们才看到，人类的 δεινός〔厉害〕何在，或者说“人”类凭靠什么而显得“更为神奇”——凭靠人自己学会的“语言和风一般快的心思”，用哲学语言来概括，就是人的心智，因此这首肃立歌被后人称为“人智颂”。事实上，歌队这里所咏唱的的确可与现代西方哲学相互发明——语言与思想在现代西方哲学中被黏得很紧，其无需证明的前提便是：人的语言能力不是神赐予的，而是人“自己学成”的。[1]不仅如此，人类的群体生活法则（法律）也是人自己给自己订立的，而非来自神的规定——“自己学成”的含义有如康德所高扬的人的理性“自律”（自主）或人“自己给自己立法”。幸好还有死亡能结束人无休无止的折腾，但倘若人“风一般快的心思”找到了不死的方法（比如今天的基因工程），人的“神奇/厉害”还会更为“神奇/厉害”。

〔第二对称曲节〕
〔365〕实在聪明哦，总有制器的
法子对付出乎意料的事情；
于是，人时而卑劣，时而高尚。
谁织成地上的法律
和发誓要履行的神们的义，
〔370〕谁就会使城邦繁荣昌盛；但也会毁弃城邦，倘若谁得意地胆大妄为。
我才不愿与这号人

〔1〕现代的语言学诞生于18世纪的启蒙运动，参见 Ulrich Ricken, “Sprachetheorie als Aufklärung und Gegenaufklärung”, in: Jochen Schmidt（hrsg.）, *Aufklärung und Gegenaufklärung in der europäischen Literatur, Philosophie und Politik von der Antike bis zur Gegenwart*, Darmstadt 1989, S. 316—339。

有交情，不愿与干这类
〔375〕事情的人为伍。

肃立歌在最后这一曲节出现了转折：前面三个曲节明显是对人之成人的描述，说的是人的一般性，这里却突然转向人的实际生存，或者说突然转向剧情的具体语境，最后歌队甚至还表明了具体的政治态度。不仅如此，整个这一曲节的文义也显得非常含混。首先，前三行仍然承接第二曲节的文义，因此，“于是，人时而卑劣，时而高尚”一句显得颇为突兀，文义似有断裂。“谁就会使城邦繁荣昌盛；但也会毁弃城邦”与第二曲节最后的“真样样有办法；人绝不会没有出路”的句式呼应，两句之间都是分号，如此连接带有转折意味——“真样样有办法；人绝不会没有出路”的连接似乎意味着：人固然样样都行，但总有难以应付的时候。同样，“谁就会使城邦繁荣昌盛；但也会毁弃城邦”连接起语义完全相反的两句，似乎在具体说明“人时而卑劣，时而高尚”。前面说到“人”有时好、有时坏，在这里进一步说到“无论谁”（行370）和“这类”（行374），肃立歌从一般的立场转到了更为具体的立场。然而，这一具体的立场显得含混：要是有人做了“大胆妄为”的事情，就会危害整个城邦，因此歌队要与这种人划清界限。“我才不愿与这号人有交情”表明了歌队的政治立场，但“这号人”指谁，并不清楚：可能指克瑞翁，但也可能不是，或不仅仅指他，因为，368—371这四行中出现的四个关键语词（“地上的法律”“凭神们发誓要遵守的义”“城邦”和“胆大妄为”）把克瑞翁和安提戈涅这对冲突的双方都涵括在内。“织成”〔παρείρων〕的本义是把丝线织进织体（比较色诺芬《会饮》6，2），支配的宾语为“地上的法律”〔νόμους χθονὸς〕，意思是把法律编织进人们的生活中，从而显得是在肯定克瑞翁的立法，否定安提戈涅的违法。但“地上的法律”和“凭天神发誓要履行的义”连用，又表明歌队认为地上的“法律”与“凭神们发誓要遵守的义”〔θεῶν τ' ἔνορκον δίκαν〕应该一致，从而似乎又在否定克瑞翁的行为，肯定安提戈涅。

“谁就会使城邦繁荣昌盛；但也会毁弃城邦”，原文仅两个语词：ὑψίπολις· ἄπολις，均为省略系词的表语句。这两个语词都是复合词，词干都是 πολις〔城邦〕，不同的前缀使得两个语词构成反义词：ὑψίπολις 的意思是“在城邦中有光辉形象”（类似的构词法参见品达《皮托竞技凯歌》8,2：μεγιστόπολις；8,22：δικαιόπολις；《俄狄甫斯王》510：ἁδύπολις），隐含的前提是：让城邦繁荣昌盛。换言之，谁让城邦繁荣昌盛，谁就是 ὑψίπολις。与此相反，ἄπολις 意为使得城邦不复像城邦。但何种行为会使得城邦不复像城邦或会让城邦繁荣昌盛，在这里并不清楚。如果按克瑞翁在开场的演说中的说法，ἄπολις 就是破坏城邦法律的人（行 185）；克瑞翁的确认为，自己通过建立法律秩序〔νόμοισι〕，就会使城邦繁荣昌盛（行 191）。但如果按“凭天神发誓要履行的义”来衡量，ἄπολις 就不会是指安提戈涅，而是指克瑞翁。

无论如何，有人做了“大胆妄为”的事情，既可以指安提戈涅，也可以指克瑞翁。

荷尔德林与索福克勒斯

荷尔德林在研究古希腊文学时，对《安提戈涅》第一肃立歌印象特别深刻，不然，他不会两次翻译这首肃立歌。1799 年（一说 1801 年），荷尔德林将肃立歌的第一句译作：Vieles Gewaltige gibts, doch nichts ist gewaltiger als der Mensch〔强大的东西多又多，可没有什么比得过人强大〕（见《全集》，卷 3，页 252）。1804 年，荷尔德林的《安提戈涅》译本问世时，这句的译法为：Ungeheuer ist viel, doch nichts ungeheuerer, als der Mensch〔骇然的东西多又多，可没有什么比人更骇然〕(见《全集》，卷3，页410)。[1]

将 τὰ δεινὰ 的译法从“强大”改为“骇然”，仅仅是为了“语言生动”？会不会是对人类本性认识的修改？法国大革命也好，康德的启蒙哲学也好，都可以说体现了人的重新立法行为——或者说人类心智力的极致，说“大革命”或启蒙哲学体现了人性的“了不起”(马克思)或者“骇然可怕”(迈斯特〔de Maistre〕、柯特斯〔Donoso Cotes〕)都可以，端看你如何看待人性。

在这里提到荷尔德林的索福克勒斯翻译，并非信笔而至。海德格尔在《形而上学导论》中解释《安提戈涅》第一肃立歌时虽然没有提到荷尔德林，但在先前解释《俄狄甫斯王》时，已经提到荷尔德林的索福克勒斯译注(参见中译本，页108)。此外，将肃立歌的文义与康德—费希特的形而上学对比，也并非随意比附，而是在带出一个解释学的具体语境：康德—费希特的启蒙哲学是海德格尔的肃立歌解释的前辈荷尔德林的解释语境。海德格尔对《安提戈涅》第一肃立歌的解释看起来在重复尼采《肃剧的诞生》说过的东西，其实不然。尼采虽然攻击苏格拉底—柏拉图，为肃剧精神张目，却既没有翻译，也没有注疏索福克勒斯。相反，有充分的文献证明，海德格尔的16页《安提戈涅》第一肃立歌解释表明他在追随荷尔德林。

τὰ δεινὰ 是整首肃立歌的关键语词，如何理解这个语词，决定了对整首肃立歌的理解。麻烦的是，δεινός〔厉害〕(τὰ δεινὰ 是这个形容词的名词化)这个语词本身就含混，既可是贬义，也

〔1〕如今的《安提戈涅》德文研究版的译法与荷尔德林修改过的译法几乎没有差别：Vieles ist ungeheuer, nichts ungeheuerer als der Mensch。参见 Sophokles, *Antigone*, Wilhelm Willige 德译(希—德对照), Studienausgaben, Düsseldorf 1999, S. 29；亦参 Sophokles, *Antigone*, Norbert Zink 德译(希—德对照), Stuttgart 1981, S. 31。

可是褒义，而且含义还颇多：“骇然的 / 令人惊骇的”“能干的 / 有能耐的”“令人生畏的 / 可怕的 / 吓人的”“神奇的”“奇异的”“机灵的”“超出常规的”等等（比较 τὸ δέος，“令人惊骇的”事情既可以是好事情，也可以是坏事情；δεινός 的词根为 δεF-〔害怕〕，索福克勒斯在这里的用法因此多半是指：因事情做过了头而感到害怕受到神的惩罚的惊惧）。[1] 人被肃立歌描画为 δεινότερον（δεινός 的比较级），由于这个词的语义本身含混，使得整首肃立歌的含义也变得含混起来：人 δεινότερον〔更为厉害〕到能上天入地，成为自然的主人，凭靠聪明才智可以事事得心应手，掌握未来，从善作恶由己，甚至跨越自己的界限挑战神法——从字面的确不容易确定这位肃剧诗人究竟在夸还是贬“人”。事实上，与好些动物相比，人在气力和体形方面都算不上“厉害”；面对种种自然力量，人本来明显软弱无力，但肃立歌似乎有意借人的生理弱势来衬托人的 δεινός：人的“可畏”就在于他能无所畏，总想使不可能成为可能，费尽心机要去做超出自身的自然的事情——法国大革命就是如此壮举，康德的主体性哲学同样如此。

如果从启蒙观点看，人类的如此 δεινός〔厉害〕当译作“强大”，以赞美人类的了不起；如果从反启蒙的立场看，人类的如此 δεινός 就当译作“骇然”（或“可怕”）——并非指人“强壮”得令人毛骨悚然，而是指“阴森”“可畏”。在索福克勒斯含混的“人颂”面前，我们遇到一个解释学上的困难：应该从启蒙（或者反启蒙）的视域来理解索福克勒斯，抑或从索福克勒斯的视域来理解启蒙。

荷尔德林在世时，仅发表过诗体小说《许佩里翁》、索福克

---

〔1〕参见 Mark Griffith, *Sophocles: Antigone*（《安提戈涅笺注》），前揭，第 185 页；Marion Giebel, *Sophokles Antigone: Erläuterungen und Dokumente*（《安提戈涅：注疏与句解》），Stuttgart 1992, S. 10. Dain/ Mazon 的英译本将 τὰ δεινὰ 译作 wonders；Robert Fagles 译作 terrible wonders。

勒斯两部肃剧的德译—注疏和少量诗作，30多岁患病后一直病魔缠身，没有再笔耕，死后也没有什么名气——20世纪初，当时的学界泰斗狄尔泰（Wilhelm Dilthey）的著作《体验与诗》（1905年）才使得人们的目光投向这颗高古的心灵。[1]自此以后，研究荷尔德林成了学界显学，其“索福克勒斯注疏”也一并受到重视，被看作荷尔德林“最重要的理论著作”（Norbert von Hellingrath语）。从接连不断问世的研究性专著来看，甚至古典语文学界也开始承认，荷尔德林翻译的古希腊文学作品（索福克勒斯和品达）理应具有历史地位——到了20年代，先后有两个荷尔德林全集版陆续问世。[2]很难设想，像海德格尔这样的思想家、学者，会不清楚学界当时的荷尔德林研究进展。[3]

---

〔1〕狄尔泰：《体验与诗》，胡其鼎译，北京：生活·读书·新知三联书店，2003年，第287—378页。

〔2〕Norbert v. Hellingrath编、Friedrich Seebaß/ Ludwig v. Pigenot续编的六卷本历史考订版《全集》（Berlin 1922—1923）和Franz Zinkernagel编的五卷本《全集》（Leibzip 1914—1926）。

〔3〕请注意下列专著的出版时间：Norbert v. Hellingrath, *Pindar übertragungen von Hölderlin*（《荷尔德林的品达翻译》）, Jena 1911; Günther Zuntz, *Über Hölderlins Pindar-Übersetzung*（《论荷尔德林的品达翻译》）, Marburg 1928; Friedrich Beißner, *Hölderlins Übersetzungen aus dem Griechischen*（《荷尔德林的希腊语作品翻译》）, Stuttgart 1933。

古典语文学界对荷尔德林与索福克勒斯的关系的经典论述，当推莱因哈特的“Hölderlin und Sophokles”一文，见Karl Reinhardt, *Tradition und Geist: Gesammelte Essays zur Dichtung*（《传统与精神：古诗论集》），Hrsg. von Carl Becker, Göttingen 1960（中译见刘小枫、陈少明主编：《经典与解释19：索福克勒斯与雅典启蒙》，北京：华夏出版社，2007年）。

1934—1935冬季学期（开“形而上学导论”课之前的学期），海德格尔讲授过荷尔德林的诗（见《全集》卷39）——在以后的十多年里，海德格尔悉读荷尔德林不辍，仅二战初期就两次授课解释荷尔德林的颂诗：1941—1942冬季学期（《全集》卷52）、1942年夏季学期（《全集》卷53）；著名文集《荷尔德林诗的解释》（中译见孙周兴译，北京：商务印书馆，2000年）初版于1944年，海德格尔生前多次再版，两次扩充内容，定本含六篇讲演和文章，时间顺序为：1936—1939—1943（两篇）—1959—1968（参见中译本，第251—252页），由此可见海德格尔与荷尔德林深交至少长达30多年。

在解读肃立歌之前，海德格尔将荷尔德林与黑格尔做了一番比较。据海德格尔说，其实，黑格尔和荷尔德林这两位好友都已经站在赫拉克利特的思路上，只不过 in ihrer Weise〔以各自的方式〕寻思的方向相反：黑格尔往前看，要为整个西方形而上学传统总其成（所谓最终完成形而上学），荷尔德林往回看——也就是说，要依据赫拉克利特思想为西方形而上学另寻起点（中译本页 127，原文页 96）。

康德哲学是形而上学的新开端，抛开康德到赫拉克利特那里重寻形而上学的开端，无异于否定启蒙哲学的新开端。可是，批判康德哲学早在康德哲学诞生之初就有了，[1] 到叔本华的时候，德语思想界对康德的批判可以说已经达到“捅底脱落”，以至于尼采觉得，除了还可以挖苦康德几句，批判康德已没什么可说的，剩下的问题是如何展开“未来哲学”。

既然如此，海德格尔为何还要重提批判康德的事情？

《存在与时间》也许是海德格尔在尼采精神引领下奔向“未来哲学”的尝试——几年后，海德格尔用《形而上学导论》表明，尼采所标志的对康德形而上学的了结深值怀疑——何况，尼采死后，新康德主义仍然如日中天。看来，重审荷尔德林、黑格尔、谢林以“各自的方式”反驳康德—费希特的哲学构想是必须重补的一课。因此，问题仍然是：如何了结康德哲学，如何为走出启蒙哲学的形而上学另寻起点。

在比较过荷尔德林和黑格尔与赫拉克利特的思想关系后，海德格尔马上说到尼采与赫拉克利特的关系，说明他早已经懂得尼采提示的重返希腊之路。可是，如今海德格尔觉得：尼采虽然非常信赖赫拉克利特，但对赫拉克利特的理解颇成问题，

〔1〕参见 Jan Philipp Reemtsma：《自我之书》，莫光华译，上海：华东师范大学出版社，2007 年。

成了“流行而不真实的说法的牺牲品”——这说法就是：帕默尼德与赫拉克利特是对立的。结果，虽然尼采致力重新理解希腊思想的伟大开端，在形而上学问题的关键之处仍然走错了道。接下来海德格尔就明白断言：就重新理解希腊的方式而言，荷尔德林超过了尼采。

海德格尔这段话的意思不大可能是在说，后人（尼采）没有赶过前人（荷尔德林）。毋宁说，海德格尔在思考形而上学批判时，一开始追随尼采的思路；三十年代初，通过潜心读荷尔德林，海德格尔感到，尼采不如荷尔德林想得彻底——至少，尼采与黑格尔一样，往前看，要替康德所开创的现代形而上学寻个终处（克服形而上学的“超人”），相反，荷尔德林毅然决然往回看，要为西方形而上学寻个新起点——《形而上学导论》全书以荷尔德林的诗作结，并非一种修辞，而是竖立新的路标。〔1〕

为什么借助荷尔德林而非尼采才能拾回赫拉克利特的真髓？搞清楚这一点，对于把握海德格尔解释索福克勒斯的肃立歌时的视域非常关键。

---

〔1〕 海德格尔从追随尼采转向追随荷尔德林经历了一个过程：在1934年开设的荷尔德林课中，海德格尔还把荷尔德林的“诗人”等同于尼采的“超人”，把荷尔德林对“历史的生存本质”的理解，等同于尼采有关狄奥尼索斯和阿波罗类型的说法（参见《海德格尔全集》，卷39，第166、191、294页）。《形而上学导论》中的这段话也许表明，海德格尔对自己与两位思想前辈的关系的看法有了根本改变。到了1941—1942年，海德格尔在讲授荷尔德林时自己就攻击起类似于他在1934年的荷尔德林—尼采比较：尼采的“权力意志的形而上学”压根儿不是植根于古希腊的思想，而是植根于他所批判的现代形而上学本身，荷尔德林才是真的“克服所有形而上学的先行者”〔Die Unterscheidung Nietzsches und ihre Rolle in seiner Metaphysik des Willens zur Macht ist nicht griechisch, sondern wurzelt in der neuzeitlichen Metaphysik. Hölderlins Unterscheidung dagegen müssen wir verstehen lernen als den Vorboten der Überwindung aller Metaphysik.〕（《海德格尔全集》，卷52，第143页，亦参第78页）。这里引人注目的是“克服所有形而上学”而非“一种形而上学”的说法——克服了“所有形而上学”的西方哲学会是一种什么哲学呢？

海德格尔的论述线索是这样的。

为了克服康德形而上学，同时也为了最终完成形而上学，黑格尔将赫拉克利特的逻格斯学说与基督教教义结合起来。在海德格尔看来，这种结合是对赫拉克利特的粗暴歪曲，而且早在基督教教义产生之初就有过了。为了革除逻格斯与基督福音的结合，必须重新理解赫拉克利特。重新理解赫拉克勒斯的关键在于，搞清楚为什么帕默尼德与赫拉克利特是一致而非对立的。

接下来，海德格尔再次试图解释帕默尼德的教诲诗，尤其其中关于人是什么和亲在的理解。这时，海德格尔便花费了 16 页来解释《安提戈涅》第一肃立歌——经过这一长段解释，海德格尔才再回到帕默尼德和赫拉克利特，并做了如下总结：

> 逻格斯是起公开作用的采集，作为这个采集的在，就是有自然的意义的合式，而逻格斯作为起公开作用的采集，就成为历史的人的本质之必需品。为要懂得这样理解的逻格斯是怎样来规定语言的本质，以及逻格斯是怎样变成言谈而取的名称，只需从此处跨前一步就行了。人的在按其揭开历史作用的历史本质说来，就是逻格斯，就是在者的在之采集与讯问，就是那个苍劲者的事件，在此事件中制胜者就通过强力行事而出来现象，并被置于常驻。但从索福克勒斯的合唱诗《安提戈涅》中我们听到：与显现于在中同时出现了置身于言词中、语言中。（中译本，页 171）

初看起来，海德格尔解释《安提戈涅》仅仅是为了透彻理解帕默尼德和赫拉克利特的一致。可是，海德格尔接下来再次提到前一节（四章 2 节）中解释过的索福克勒斯的肃剧《俄狄甫斯王》片段，然后接上本章（第四章）开头对柏拉图和亚里士多德的形而上学的批判。这样的论述线索表明：《安提戈涅》第一肃立歌不仅对理解前苏格拉底哲人至为关键，而且对于批判从柏拉图到康德的西方形而上学传统至为关键。

既然荷尔德林的“方式”如此重要，我们便得先了解荷尔德林翻译—注疏索福克勒斯的解释视域，才能深入理解海德格尔解释肃立歌的具体意图。

法国大革命的讯息传到德国时，正在图宾根大学神学院念书的荷尔德林兴奋不已。德国虽然没有发生大革命，在荷尔德林眼里，康德哲学的意义并不亚于法国大革命——在革命后的岁月里，费希特的形而上学成了康德形而上学的通俗版本——所谓“自由的理想主义”（或译“自由的唯心主义”）。对荷尔德林这样的青年才俊来说，费希特有如我们今天所谓的学界“精神领袖”——毕竟，法国大革命爆发时，荷尔德林年仅 19 岁。24 岁那年，为了接近费希特哲学，荷尔德林干脆到耶拿租房住下来，“每天去听费希特的讲座，有时同他交谈”（狄尔泰，《体验与诗》，前揭，页 307）。

后来，这位青年才俊与自己的大学同学黑格尔、谢林一样，对费希特的革命哲学产生了疑虑——不过，荷尔德林并没有怀疑康德哲学，仅仅怀疑费希特的形而上学把康德哲学搞歪了。从人的主体性出发，康德将思想定义为（逻辑思辨的）判断——所有判断都基于“我思”，从而预设了一个在思的先验主体。费希特对康德的这一先验哲学提出反驳，要用主体的行动（=“绝对自我”）来代替纯粹的我思，以此推进康德形而上学的革命性。

1795 年 1 月 26 日，荷尔德林写信给自己可以推心置腹的朋友黑格尔说，费希特的“绝对自我”其实等于斯宾诺莎的“实体”，[1]“它是一切，除此以外别无他物”。

---

〔1〕通过雅可比，荷尔德林早就熟悉过斯宾诺莎的哲学，参见《评雅可比关于斯宾诺莎学说的信》，见《文集》，前揭，第 184—186 页。

对于这个绝对的我而言，不存在客体，否则的话，在它身上就不会存在一切的现实。但没有客体的意识是不可想象的。如果我自己是这一客体的话，那么，作为这样的东西必定是有限的。如果客体只存在于时间中，那就不是绝对的。如果在绝对的我中没有意识是可以想象的，那么，我作为绝对的我就没有意识，倘若（对我而言）我什么都不是，（对其自身来说）那个绝对的我就什么都不是。（《书信集》，前揭，页 111—112）

从这段文字可以看出：1，荷尔德林对康德—费希特形而上学狠下过一番功夫，能够在这种形而上学精神世界中“思辨”一番；2，荷尔德林没有提到康德，换言之，没有将康德与费希特看成一回事。在随后不久给弟弟的信（1795 年 4 月 13 日）中，荷尔德林向弟弟扼要讲述了费希特哲学的要义，然后说：

我一直在钻研这个问题，直到今年初冬，这事令我有点头痛，更何况因为我通过康德哲学习惯了在接受之前先予以检验。（《书信选》，前揭，页 116）

荷尔德林甚至要用康德的哲学原则来检验费希特的哲学，可见，即便费希特的主体性哲学有问题，在荷尔德林眼里并不等于康德哲学有问题。差不多一年以后，荷尔德林还在给友人的信（1796 年 2 月 24 日）中写道：

我打算研究康德和莱茵哈特（〔译按〕此人为康德哲学的鼓吹者），并希望在这项工作中把我的因徒劳努力而变得涣散和削弱的精神重新集中并强健起来。（《书信选》，前揭，

页 134）

法国大革命十周年（1799）的那个元旦日，荷尔德林给弟弟写了封长信（以下简称“元旦书简”）[1]——如果考虑到荷尔德林的写作生涯在1804年就终止了，这封信就不仅对理解荷尔德林思想的发展，也对把握其思想的最后位置十分重要。

信的话题是荷尔德林一直关怀的“启蒙”（=“民族教育”）。围绕这个话题，荷尔德林谈了自己对思辨哲学、政治读物和诗的看法。

荷尔德林觉得，与其他民族相比，德国人的民族性格尤其需要改善——因为，德国人过于依恋乡土，鼠目寸光，缺乏活力和冲动。对于德国人的如此德性，荷尔德林认为，“新哲学”（die neue Philosophie）“更为有疗效”（heilsameren），因为，“新哲学极度主张旨趣的普遍性（Allgemeinheit des Interesses），揭示人胸中的无尽追求”；当然，新哲学并不完美，因为它“片面坚持人的天性极大的自我能动性”（die große Selbsttätigkeit der Menschennatur），但“作为这个时代的哲学，却是唯一可能的哲学”。从上下文看，这里所谓的“新哲学”，当指康德哲学所催生的包括费希特哲学在内的形而上学——在费希特等人推动下，这种形而上学在德国正逐渐成为普通知识人的意识：“主体”“客体”“绝对自我”“普遍性”一类语汇，开始成为民族语言的特征。荷尔德林相信，由于德意志人“更美好和生动的天性”一直在“那些变得垂死的、冷漠且没有意义的习俗和观念”“埋没下正像一个被囚禁在幽深的监牢之中的人在无声哀叹”，“新哲学”是必需的。

法国大革命已经十年了，荷尔德林仍然是个热诚的启蒙主义

〔1〕参见《书信选》，前揭，第164—167页；《文集》，第409—413页；《全集》，卷4，第336—341页；译文依据《书信选》，据德文稍有改动。

者。他在这封似乎是因法国大革命十周年有感而写的长信中接下来说：

> 康德是我们民族的摩西，他引导民众走出埃及的颓弱，进入他的自由而孤寂的思辨荒漠（in die freie, einsame Wüste seiner Spekulation），并为他们带来圣山上充满活力的律法（das energische Gesetz vom heiligen Berge）。

这话引人注目，因为，它表明荷尔德林清楚康德这个哲人作为形而上学家与人民的关系——“他”与“他们”，而且比喻的关键词是革命性的“摩西”；从而，荷尔德林也清楚，启蒙的形而上学可能会把德意志人民引向康德这个形而上学家自己所喜好的“自由而孤寂的思辨荒漠”——尼采会问，把民众引到“思辨荒漠”去干什么？让整个民族成为形而上学家？但荷尔德林没有这么问，他觉得，对于改造国民性来说，这种引导未尝不是好事。既然启蒙被比喻为“出埃及”，启蒙形而上学被比喻为摩西在“圣山上”颁布的“充满活力的律法”，启蒙形而上学所具有的政治性质荷尔德林当然了然于心，正因为如此，他才在信中将“新哲学”与启蒙时代的“政治读物”（politische Lektüre）同等看待，并断言两者都“足以培育我们的民族”。

可是，“新哲学”对人性的理解毕竟是“片面的”。接下来，荷尔德林便抱怨对“诗”、对“美的艺术培育人的作用”的误解和轻视——言下之意，“诗”或“美的艺术”有与新哲学和政治读物同样的作用（启蒙），但能避免对人性的片面理解和启蒙。荷尔德林写道：诗看起来是“游戏”，似乎仅有消遣作用，其实不然。诗给人带来“安宁，不是空洞，而是生动的安宁，在此时，所有的力都是活跃的，只不过由于其内在的和谐，没有人认识到这些力是能动的（tätig）”。这里的意思是，诗的启蒙才是最终的启蒙，诗对人性的培育，才是全面的培育——因为，诗才能全面把握人性的和谐。

将启蒙仅仅看作张扬“理性”，即便从历史角度看，也是片面的——卢梭对早期启蒙运动的“理性”片面性提出过尖锐批判，对此，无论康德还是年轻荷尔德林都印象深刻（参见1795年9月2日荷尔德林致友人的信）。康德恐怕不能被算作“片面的”理性主义者，不然的话，“第三批判”就不容易解释——荷尔德林当时还有一个崇拜对象：席勒，正是从康德的体系出发，席勒提出了自己的“审美教育”论说。片面发展启蒙哲学的理性方面的哲人是费希特，荷尔德林长期追随席勒，相比之下，与费希特的短暂热恋关系实在算不上什么——1794年4月给友人的信中，荷尔德林记叙过自己读到席勒的《秀美与庄严》时如何激动（参见《书信集》，页85—86）。[1]可以说，荷尔德林是由卢梭—康德发其端、席勒随之张扬的诗意的启蒙的热切追随者。

在“元旦书简”中，荷尔德林把诗看作救治德意志民族病的最佳良药，因为其功效和目的与理性形而上学和政治读物都不同——由于“哲学—政治的教育（die philosophisch—politische Bildung）本身蕴涵着不当之处”，民族在“经过政治—哲学疗程（nach der politisch—philosophischen Kur）后”，还得经过诗的疗程，因为，哲学—政治“虽然为了本质的、绝对必要的关系，为了义务与权利，把人联结在一起，但又能为人类和谐（die Menschenharmonie）做多少呢”？按荷尔德林的构想，诗应当是启蒙的最后阶段——康德形而上学把民族从传统习规中引出来，但思辨形而上学只会把人性引向“思辨荒漠”，唯有诗可以让“荒漠”变成栖居的绿洲大地。

荷尔德林并不反启蒙，当然也不反康德，而是像他崇敬的前辈席勒那样，要接着康德往下想、往下讲。“人类和谐”是席勒在《审美教育书简》中张扬的提法——青年荷尔德林热切追随席

〔1〕 荷尔德林与席勒通信长达七年（1794—1801）之久，与费希特的通信未见一封。

勒到这样的程度：甚至自己打算写类似的书简来宣扬启蒙。在给友人的信（1796年2月24日）中，荷尔德林写道：

> 我想在哲学书信中找到这样一个原则，它向我解释我们在其中思考并生存的那些分隔（Trennungen），并还能消除抵牾（Widerstreit），介于主体与客体之间、我们自身与世界之间、甚至理性与启示之间的抵牾——从理论上讲，在理智的直观中，定然无需我们的实践理性（praktische Vernunft）来帮忙。我们为此需要审美感（ästhetischen Sinn），我将把我的哲学书信称作《人类审美教育新书简》，我也会在其中从哲学谈到诗歌和宗教。(《书信集》，前揭，页136；《全集》，卷4，页230；译文据德文稍有改动）

这一写作构想是席勒式的，问题来源甚至语汇则是康德式的。荷尔德林给自己立下了这样的志向：推进康德—席勒提出的“审美感”，推进方式是：作诗＝新的“思”。因为——荷尔德林在“元旦书简”中继续写道：

> 诗能够把人聚集起来，带着所有纷繁复杂的苦难、幸福、追求、希冀以及恐惧，带着他们所有的观点和谬误、全部的美德和理念，带着他们中的一切伟大和渺小，不断聚合成一个生动的、有千万个分支的、内在的整体，因为恰恰这个整体才是诗本身，有其因，必有其果。

即便与席勒《素朴的诗和感伤的诗》相比较，荷尔德林对“诗”的如此看法也显得有所不同。荷尔德林的如此诗感是哪里来的？

来自他在青少年时期就迷拜的古希腊——从传记材料中我们

得知，荷尔德林在青少年时期就喜欢古希腊作品——早在 20 岁（1790 年）时，荷尔德林的诗作就已经援引古希腊的爱的观念入题。对古希腊文学的热爱随着荷尔德林的成长在他身上逐渐与启蒙理想融为一体，从写给黑格尔的信（1794 年 7 月 10 日）中我们看到，康德和古希腊人是荷尔德林思想的两大支柱：

> 康德和希腊人的著作几乎是我唯一的读物。我打算先熟悉一下批判哲学的美学部分。(《书信选》，页 93;《全集》，卷 4，页 150）

在“元旦书简”中，我们读到，荷尔德林谈到德意志民族的天性时，不仅将德国人与现代的其他民族相比较，还与古希腊人比较。在说过自己对“诗”的理解后，荷尔德林突然带着万分感慨写道：

> 噢，希腊，你带着你的天才和虔敬去了何方？还有我，满怀善良的愿望，用行与思艰难地摸索这个世界上独一无二的人，因为我就像是长着平脚掌的鹅站在现代的水域（wie die Gänse mit platten Füßen im modernen Wasser）里，无力地向希腊的天空举起双翅。

黑格尔写了一堆形而上学著作来反驳康德形而上学——反驳也可以是为了发展，不妨称之为“内在的批判”。荷尔德林天性喜欢文学、喜欢诗，于是，他找到了“自己的方式”——通过写诗和翻译、注疏古希腊文学（索福克勒斯和品达）对康德的启蒙理想实施内在的批判：完成《许佩里翁》(1797 年）后，荷尔德林马上着手翻译索福克勒斯和品达。

荷尔德林翻译索福克勒斯的肃剧与翻译品达诗的残篇，有不同的目的。在荷尔德林看来，品达的诗体现了古希腊的歌手意识——古希腊精神的最高典范，荷尔德林力图通过翻译品达的诗来接近这一典范，通过在精神上与古希腊诗人生活在一起来为自己找到人性和谐的理想——这是时代的启蒙所需要的理想。因此，翻译品达时，荷尔德林力图保留品达诗的古希腊原味。[1]然而，既然荷尔德林的“平脚掌”“站在现代的水域”，所谓保留“原味”就仍然是从启蒙理想来设想的——换言之，启蒙需要一个关于“人类和谐”的理想，对于荷尔德林来说，这理想只能在古希腊那里才找得到，既然如此，荷尔德林所理解的品达依然是从“现代的水域”来设想的品达。[2]

荷尔德林翻译索福克勒斯肃剧，目的是用德语重现索福克勒斯的诗文，为受过教育的德国人提供一个德语化的索福克勒斯译本——这意味着翻译时无需死守原文。[3]可以这样子讲，翻译品达，荷尔德林为的是自我的启蒙教育，翻译索福克勒斯则是为了民族的启蒙教育（事业）——在荷尔德林眼里，索福克勒斯代表了古希腊精神理解人性的顶峰，当然，这个顶峰是一位启蒙时代

---

〔1〕在后来的古典语文学家看来，荷尔德林的品达诗翻译对原文理解多有误解，为他辩护的文学史家说，荷尔德林的品达翻译并非翻译，而是精神练习——通过翻译接近古希腊的歌手意识。参见 Wilhelm Michel, *Das Leben Friedlich Hölderlins*（《荷尔德林传》), Darmstadt 1963, S. 387—409。

〔2〕Theunissen 在其长达千页的论著中考察了品达的精神天空，并在结尾时考察了海德格尔的思想如何追随荷尔德林，而荷尔德林对品达的理解其实是自己对某种理想的理解，而非品达自己对自己的理解。Michael Theunissen, *Pindar: Menschenlos und Wende der Zeit*（《论品达》), München 2002, S. 943ff.

〔3〕据德国古典语文学家说，荷尔德林的译本无异于用德语句法和风格来改写希腊文本（1802 年交出版商），参见 Wilhelm Michel,《荷尔德林传》，前揭。关于荷尔德林的“索福克勒斯注疏”的形成史、影响史和迄至 20 世纪 90 年代的研究状况，参见 Helmut Hühn, *Mnemosyne：Zeit und Erinnerung in Hölderlins Denken*（《记忆：荷尔德林思想中的时间和回忆》), Stuttgart 1997, S. 166—182（含丰富的研究文献）。

的天才诗人眼中的顶峰。

既然翻译索福克勒斯的肃剧是为了民族的教育事业，荷尔德林对译文的要求自然有所不同：译文刚刚出版，荷尔德林就对译文感到不满意，打算重新写篇总的导论。在给出版商的信（1803年12月8日）中，荷尔德林写道：

> 我在翻译索福克勒斯的肃剧译稿的工作上瞻前顾后。在我能更随意地综观译稿时，我还想再修改几处翻译和译注。我觉得《安提戈涅》中的语言（〔引者按〕指译文）不够生动；注释还没有充分表达出我对古希腊艺术的信念〔Überzeugung〕以及这部〔肃剧〕的含义。所以，〔这个译本和注疏〕我觉得还不够。如果您愿意的话，我想明年下半年或者在适当的时候给您寄一份精心编写的关于这两部肃剧作品的导论……（《书信选》，前揭，页223；《全集》，卷4，页476）

这封信是荷尔德林患病前最后的四封信中的一封—对启蒙的热情让他仍然对译文精益求精。更值得注意的是荷尔德林“对古希腊艺术的信念”——什么“信念”？启蒙式的“人类和谐”理想，也就是通过索福克勒斯肃剧的翻译和注疏荷尔德林想要传达给自己的民族的东西。

与《俄狄浦斯王》和《安提戈涅》两部肃剧的译文一并于1803年出版的，还有“索福克勒斯注疏”（die Sophokles-Anmerkungen）。“注疏”由三个部分组成，前两个部分主要集中分析《俄狄浦斯王》和《安提戈涅》的形式结构法则（文本结构分析），后一部分是对肃剧性的思辨——荷尔德林想要告诉自己的民族的信念。这种“信念”与其说是一种所谓Geschichtstheologie des tragischen Konfliktes〔种种肃剧冲突的历史神学〕，不如说是一种启蒙式的形而上学人性思辨——比如说这样的句子：

> 肃剧的展现首先基于 das Ungeheure〔骇然的事情〕——神与人结伴（der Gott und Mensch sich paart），自然力量与人最为内在的东西在愤怒（Zorn）中无止境地相与为一（Eineswerden），由此懂得，无止境的相与为一靠无尽的分离（Scheiden）净化自身（“关于《俄狄浦斯》的说明”，见《全集》，卷 3，页 393—394；译文据《文集》，页 269，稍有改动）。

从语言和思辨上讲，读这一部分，人们会感觉到与读黑格尔的形而上学书没有什么分别，算得上康德形而上学与古希腊肃剧的精美结合——也许是凑巧，海德格尔在《形而上学导论》中解释《安提戈涅》第一肃立歌时，用的是同样的语式。

其实，荷尔德林本来可以用非形而上学的语言来表达这段对肃剧的理解。1800 年的那个冬天，荷尔德林在给友人的信中也说到肃剧，其中一句可以说是上面那段肃剧解释的非形而上学行话的表达：

> 诗的艺术就其完全的本质而言，就其热忱、就其素朴、就其平实而言，是欢快的崇拜（ein heiterer Gottesdienst），从不把人搞成神们或者把神们搞成人，从不搞邪门的偶像崇拜，而只是让神们和人们彼此可以更靠近。肃剧则从反面表现这一点。神和人看起来是一个（eins），随之是命运，命运引发出人的所有谦卑和骄傲（Stolz），并且最终一方面存留下〔人〕对上天（Himmlischen）的敬畏，另一方面又把〔人的〕经过净化的情感（ein gereinigtes Gemüt）作为人的财富保留下来。（《书信选》，前揭，页 193；《全集》，卷 4，页 419；译文据德文有改动）

在公开出版的肃剧注疏中，荷尔德林的表述语言采用了康德式形而上学行话，表明荷尔德林的索福克勒斯翻译、注疏的确带有启蒙形而上学的意图——所谓古典翻译服务于民族的教育目的，就是要用翻译古典作品来完成启蒙形而上学无法完成的时代任务精神。荷尔德林虽然没有像自己的老同学黑格尔或谢林那样去写形而上学著作，但他的索福克勒斯翻译—注疏都是形而上学式的——与黑格尔的“道成肉身”的形而上学、谢林的神话形而上学（启示形而上学）属于相同类型，都属于启蒙运动之后要想建构“新神话”的一族。[1] 在翻译索福克勒斯和品达前后和同时，荷尔德林还写了不少诗——诗风经历了从仿席勒到仿品达的转变，没有转变的是写诗的意图——通过作诗来建构启蒙式的人性和谐理想。[2] 翻译—注疏和作诗，形式不同，意图一致。

海德格尔跟随荷尔德林“往回看”

前面说过，在思考如何为形而上学重新奠基时，海德格尔

---

〔1〕黑格尔、谢林、荷尔德林与18世纪末德国“新神话”宗教思潮的关系，参见 Manfred Frank 关于“新神话”（die neue Mythologie）的著名讲演的第9—10讲，见 Manfred Frank, *Der kommende Gott: Vorlessungen über die neue Mythologie*（《即临之神：新神话学系列讲座》), Frankfurt am Main 1982, S. 245—306; 亦参 Gerhard Nebel, *Weltangst und Götterzorn: Eine Deutung der griechischen Tragödien*（《对世界的恐惧与诸神的愤怒：古希腊悲剧的一种解释》), Stuttgart 1951, S. 174—198，尤其 S. 180ff.，作者基于黑格尔，尤其荷尔德林的索福克勒斯解释对《安提戈涅》的分析，联系到施米特，对《安提戈涅》做出了政治神学的分析。

〔2〕1795年，荷尔德林在题为《判断与存在》的文章草稿中力图搞清楚“判断”与“存在”究竟是什么关系——据说，自此以后荷尔德林就没有离开这一问题，并用作诗歌颂“自然”来回答这个问题——精通形而上学问题的海德格尔对于荷尔德林的这些“自然”诗心领神会，而且早在1935年前就已经了然于心。参见 Stefan Büttner, “Natur：Ein Grundwort Höldelins”（《自然：荷尔德林的一个基本语词》), in: Thomas Roberg（hrsg.）, *Friedrich Hölderlin: Neue Wege der Forschung*, Darmstadt 2003, S. 227—273。1939—1940年，海德格尔多次讲解了荷尔德林的诗《如当节日的时候……》，其中涉及荷尔德林的“自然”理解。参见海德格尔：《荷尔德林诗的阐释》，前揭，第55—91页。

很可能花费过不少心思来想这样的问题：自己的前辈们究竟想了些什么。从三位图宾根神学生那里，海德格尔最终选择了跟随荷尔德林。

讲授“形而上学导论”之前的一个学期（1934/1935年冬季学期），海德格尔在讲课中讲解了荷尔德林的《莱茵颂》（Rhein-Hymne），将荷尔德林的诗解释为对生存的重新解释：荷尔德林的诗要求从命运来把握人，从而对人的生存负责——海德格尔很可能清楚：荷尔德林的《莱茵颂》是对费希特形而上学（《知识学说》）的批判。[1] 我们记得，海德格尔的《形而上学导论》正是在讲到人的问题时，引入了对《安提戈涅》第一肃立歌的解释。跟随荷尔德林的索福克勒斯解释，海德格尔从古希腊肃剧诗人那里找到了反驳启蒙理性的见识：理性不是人值得引以为自豪的本性，穷尽人的理性，并不能使人变得完善、生活世界变得更美好。[2]

可是，我们不能忘记询问，海德格尔的如此启蒙批判是在什么“水域”展开的——倘若是在与荷尔德林所站立的同样的“现代水域”中展开的，情形会怎样呢？

---

〔1〕参见 Stephanie Bohlen, “Dichtung und Denken des anderen Menschen: Zur Heideggers Überwindung der Subjektivitätsphilosophie im Zwiegespräch mit der Dichtung Höldelins”（《诗与其他人的思：论海德格尔在与荷尔德林诗的对话中克服主体性哲学》), in: Thomas Roberg（hrsg.）, *Friedrich Hölderlin: Neue Wege der Forschung*, 前揭，第193—194页。

〔2〕《形而上学导论》中对《安提戈涅》第一肃立歌的解释从人的“无—家园—本性”过渡到对“技艺”的分析，然后落脚在对肃立歌中的 δίκαν〔义、合宜〕的解释。如此解释路向也是追随荷尔德林。完成索福克勒斯两部悲剧的译注后，荷尔德林着手“品达笺注”（Pindar-Kommentare）。为什么荷尔德林翻译、注疏了索福克勒斯要进一步笺注品达？从挑选来翻译和作注的品达残篇来看，荷尔德林十分关注古希腊的“义”（dike）这一观念的起源——在笺注品达的《奥林匹亚凯歌之八》（die Achte Olympische Ode）时，荷尔德林将品达与赫西俄德的《神谱》（910以下）中的“义”之母联系起来。也许可以设想，荷尔德林的“索福克勒斯注疏”的中心动机就是“义”，由于追溯“义”的思绪在“索福克勒斯注疏”中尚未穷尽，于是有“品达笺注”。

在《形而上学导论》正式发表的六年之后，海德格尔又做了一次关于荷尔德林的讲演，题为“荷尔德林的大地和天空”（中译见《荷尔德林诗的阐释》，前揭，页184—226），解读荷尔德林的《希腊》一诗草稿，这篇海德格尔的晚期作品当可代表他对荷尔德林的最终定见。

解读一开始，海德格尔就提到康德的指引——康德告诉我们：一旦人们得到该往何处看的指示后，就很容易找到想要找的东西（参见《荷尔德林诗的阐释》，前揭，页184）。这话不会是口水话（海德格尔从来不说口水话），或者仅仅为了引出荷尔德林专家 Hellingrath 发掘荷尔德林遗稿的贡献。事实上，进入荷尔德林诗中的“大地和天空”的“指引”，并非是 Hellingrath 发现了荷尔德林的未刊诗稿《希腊》，问题还在于，如何来读解这篇诗稿。海德格尔提供的“指引”实际上是荷尔德林在病倒前不久写给友人的一封信（约1800年11月），在信中，荷尔德林热情洋溢地畅谈了自己对“希腊人的真正本质”的理解——这“理解”在海德格尔看来当是读解诗稿《希腊》的“指引”。

荷尔德林如何理解“古希腊人的真正本质”呢？或者问，理解荷尔德林对“古希腊人的真正本质”的理解的“指引”是什么呢？

“指引”就在这封差不多算荷尔德林最后的书简中的一句话：

> 地球上所有的圣所都环绕着一个地方，而现在萦绕着我的窗户的哲学之光是我的欢乐；愿我能留住这我一路至此的所在！（《书信选》，前揭，页219；《全集》，卷4，页474—478）

这话的关键句子“环绕着我的窗户的哲学之光是我的欢乐”可以倒过来读：“我的欢乐”是“环绕着我的窗户的哲学之

光”——这“光”看来就是荷尔德林理解“古希腊人的真正本质”的“指引”。

什么样的“哲学之光”？

海德格尔为我们提供了解释：

> 这种光乃是那种光亮，它在“让……重新显现”的能力中，在反思力中，使一切在场者具有在场之亮度。这种光的特殊之处，即它是“哲学的”光，来自希腊；这一点已经由它的名称 φιλοσοφία〔哲学〕透露出来了。在这里，存在之真理已经作为在场者的闪现着的解蔽而原初地自行澄明了。在这里，真理曾经就是美本身。(《荷尔德林诗的阐释》，页 197—198）

“反思力”不会让人想到康德形而上学吗？奇妙的是，海德格尔通过解释荷尔德林把“反思力”解释成“希腊意义上的最高智慧”。难道我们不可以设想，讲究修辞和篇章安排的海德格尔在开篇时说到康德的“指引”的含义至此才“自行澄明”起来——其含义是：通过荷尔德林，我们认识到“古希腊人的真正本质”的“指引”乃是康德启蒙哲学所高扬的“反思力”。

为了把这一点弄确实，让我们接着往下看。

随后，海德格尔解释了《希腊》诗稿中荷尔德林歌唱的古希腊“大地”所“跟随的伟大法则”——还特别指出，这法则乃“安提戈涅谈论的”法则。在引证了两行《安提戈涅》诗行后，海德格尔接着解释说，荷尔德林已经清楚表达：古希腊的“大地”所顺应的“伟大法则”是“科学与柔和”：

> “科学”这个词简单讲来就是如同在这里，在荷尔德林的老师费希特和朋友黑格尔意义上所指的意思：“科学”是思想家的思想，这种思想从希腊获得了它的名称以及其本

质。思想的光亮规定着这位诗人借以“往外看”的“萦绕窗户的光”。(《荷尔德林诗的阐释》，页 206)

“荷尔德林的老师费希特”的老师不就是康德吗？不正是康德通过“理性批判”使得“科学”一词摆脱陈古的拖累而获得了“思想的光亮”吗？“古希腊人的真正本质”是荷尔德林“往外看”的东西，康德启蒙哲学的“思想光亮”规定了他所看的对象的“本质”——海德格尔区分荷尔德林与黑格尔“各自的方式”为“往回看”抑或“向前看”，但“往回看”也可能是为了“向前看”——后来的尼采如此，当年的谢林也如此——谢林翻译、注疏柏拉图的《蒂迈欧》正是为自己写作新的“神话哲学”做准备。问题因而并非仅仅在于“向前看”抑或“往回看”，海德格尔的解释清楚告诉我们，更重要的是如何“往回看”——在什么样的“思想光亮”中“往回看”。

海德格尔“看”到荷尔德林的“往回看”受到某种“思想光亮”的规定，这同样的“思想光亮”其实也规定着海德格尔对荷尔德林的“看”，不然的话，他不会单单高标荷尔德林的“往回看”——毕竟，荷尔德林并非唯一，也非第一位“往回看”的启蒙时代思想者。

在荷尔德林的成长年代，有德语小说之父称号的维兰德(Christoph Martin Wieland)已经算是文学前辈和文化名人，也是古希腊文学的追慕者。早在康德的《纯粹理性批判》问世时，维兰德就觉得事情不妙，预感到某种哲学毒素将随这部大着(大作)蔓延开来。为了抵制这种哲学毒素的蔓延，维兰德着手翻译古希腊文人路吉阿诺斯和阿里斯托芬的作品[1]——为

[1] 参见周作人先生翻译的《路吉阿诺斯对话集》(两卷，北京：中国对外翻译出版有限公司，2002 年)和罗念生翻译的阿里斯托芬喜剧七种(见《罗念生全集》，上海：上海人民出版社，2004 年)。

什么首先是这两位古希腊作家？因为，这些古希腊作家刻毒挖苦过“哲学”和“哲学家”，或者说抵制过形而上学在社会中的蔓延。

荷尔德林着手翻译索福克勒斯的肃剧时（1797 年），维兰德完成了仿古希腊精神氛围的长篇小说《阿迦通》，随即着手翻译色诺芬——据维兰德自己说，这是读阿里斯托芬《云》剧得来的冲动。维兰德打算翻译色诺芬记叙苏格拉底言行的四篇作品中的两篇：《回忆苏格拉底》和《会饮》——与荷尔德林翻译索福克勒斯来推进和实现康德的启蒙哲学理想相反，维兰德翻译色诺芬是为了实现多年来要彻底批判康德哲学的宿愿。

维兰德想要如何“彻底”批判康德？

1799 年，维兰德在他创办并主编的《新德意志信使报》上写了篇文章，称赞赫尔德（Herder）的题为“纯粹理性批判之反批判”一文。奇怪的是，维兰德的称赞仅泛泛而论，顾左右而言他，根本没有具体谈赫尔德的反驳——也许，在维兰德看来，通过“纯粹理性”来批判“纯粹理性”，肯定行不通，因为这样一来，批判者已经掉进康德哲学的行话魔圈。维兰德脑子灵、眼睛尖，他看到，必须批判康德哲学，因为，随着启蒙运动的深入，“康德形而上学行话”的“信徒们”正在将哲学搞成一门独立，且最高的大学学科，“让它有权成为其余所有学科的基础并规定其可能性和界限”——到了 20 世纪，海德格尔不是还觉得这样的理想尚未实现，因此提出时代需要新的“形而上学导论”吗？但维兰德心里清楚，如果要拒绝康德哲学，首先就得拒绝康德哲学赖以为基础的纯粹理性认识论的哲学活动本身，拒绝这种哲学活动所经营的形而上学行话——只有其信徒才懂的“康德行话”。翻译色诺芬的苏格拉底作品，既可以清除康德“哲学行话”的流毒，又不至于染上这种行话的“病菌”——至于启蒙，维兰德不像荷尔德林那样认为对民族而言是一种“应该”，也不像当时有的人那样质问："谁有权启蒙人类"，而是质问："哪个人有这〔启蒙的〕能力？"[1]

在荷尔德林之前，以文学和翻译的方式"往回看"的，并非维兰德一人。荷尔德林出生的前一年（1769），哲人门德尔松（Moses Mendelssohn）发表了《斐多：或者论灵魂不死的三场对话》。[2]这部作品将翻译与戏剧创作结合起来，两头两尾为翻译柏拉图《斐多》的开场和终场场景，中间三场戏剧性对话则是自己编的——门德尔松别有用心地把康德编进对话，现身为苏格拉底的谈话对手，然后让柏拉图的苏格拉底来教训康德。柏拉图的对话作品有好多，门德尔松偏偏选中《斐多》，是因为康德的《纯粹理性批判》从批判柏拉图主义的所谓"相论"（尤其所谓《斐多》中通过论证"灵魂不死"来提出的"相论"）出发。[3]与赫尔德、费希特、黑格尔用思辨理性来批判康德的理性思辨不同，门德尔松不仅"往回看"，而且用柏拉图的写作方式来批判《纯粹理性批判》，这也许说明，门德尔松心里清楚，

---

〔1〕参见 Jan Philipp Reemtsma，"苏格拉底、色诺芬、维兰德"（朱雁冰译），见刘小枫编，《色诺芬的〈会饮〉》，色诺芬著（沈默译）、维兰德 / 施特劳斯义疏（朱雁冰、田立年译），北京：华夏出版社，2005 年。荷尔德林模仿卢梭写了诗体教育小说《许佩里翁》（1797—1799），极度美化从柏拉图的《会饮》中借来的人物形象"狄俄提玛"；维兰德在其长篇小说《阿里斯提普和他的几个同时代人》中，通过古希腊著名的情妇"莱怡丝"形象来贬低"狄俄提玛"参见 Manger，"莱怡丝反柏拉图的《会饮》"朱雁冰译，见刘小枫编，《色诺芬的〈会饮〉》，前揭）——《阿里斯提普和他的几个同时代人》动笔在《许佩里翁》之前，完稿在其之后（1800），不清楚维兰德的"莱怡丝"形象是否与荷尔德林的"狄俄提玛"形象有什么关系。

〔2〕参见 Moses Mendelssohn, *Phädon oder über die Unsterblichkeit der Seele*, Dominique Bourel 编辑并跋，Hamburg 1979；施特劳斯在编辑门德尔松《全集》时，为门德尔松的这篇作品写了长篇导言，亦见 Heinrich Meier（hrsg.）, *Leo Strauss Gesammelte Schriften*, Bd. 2, Stuttgart 2001（中译见施特劳斯：《门德尔松与莱辛》，卢白羽译，北京：华夏出版社，2012 年）。

〔3〕参见 Walter Patt, *Formen des Anti-Platonismus bei Kant, Nietzsche und Heidegger*, Frankfurt am Main 1997, S. 7—25。

以康德主义的方式来批判康德，只会衍生新的康德主义，正如以柏拉图主义的方式来阅读和批判柏拉图主义，只会衍生新的柏拉图主义。

虽然不情愿，我们实在无法打消在前面的观察中遇到的思想史谜团：尽管具有诗人天才，荷尔德林本是个康德形而上学信徒，他对反康德的文学和哲学前辈及其“往回看”的作品要么视而不见，要么反感——据狄尔泰说，荷尔德林打心眼里不喜欢维兰德（参见《体验与诗》，前揭，页291），从而表明他在启蒙与敌启蒙的斗争中意识明确、立场坚定地站在康德一边。思想史的谜团不仅在于：为何维兰德或门德尔松要模仿色诺芬和柏拉图的写作方式来抵制康德形而上学的蔓延，而且在于：何以荷尔德林这个康德信徒成了海德格尔反康德形而上学和伦理学时倚重的思想前辈？追随荷尔德林的海德格尔何以找到超越“现代水域”的水域？

荷尔德林的回归希腊精神之旅，会不会是海德格尔编造出来的一个新神话？

可以设想相反的情形吗？——通过海德格尔和他的精神“导引”荷尔德林，今人无法理解古希腊精神，当然也无法理解索福克勒斯，倒是可能很好地理解启蒙后的现代精神困境，如一位后现代思想家心有灵犀地理解的那样：站在“现代的水域”，无论诗人还是哲人的精神向古希腊的“断然回归”，都同时是对真实的古希腊精神的决然背离——据说，荷尔德林的精神疾病就肇因于这“回归”与“背离”的致命吊诡。[1]

倘若如此，索福克勒斯含混的“人颂”对于今人就仍然是尚未开启的，我们今人可能找到理解古希腊肃剧的视域吗？

如果可能，又该从何去找？倘若荷尔德林的思想最终未能离

〔1〕 布朗肖：《文学空间》，顾嘉琛译，北京：商务印书馆，2003年，第277—287页。

开德意志唯心论的地域，[1]海德格尔跟随他往回看，能站到德意志唯心论之外来看古希腊精神吗？

海德格尔如何读索福克勒斯

在《形而上学导论》中，海德格尔的基本思路是，解构逻格斯与逻辑思辨的内在关联，恢复逻格斯与“自然”的原初关联——在海德格尔看来，逻格斯脱离与自然的关联转而与逻辑（思辨）相关联，为西方思想陷入现代性厄运埋下了开端。海德格尔对索福克勒斯《安提戈涅》第一肃立歌的解释，出现在《形而上学导论》中的关键位置—全书中篇幅最长的小节（第四章第三节），标题即“在与思”。

在这一节里，海德格尔力图重新理解前苏格拉底哲人对在与思的关系的理解。当说到帕默尼德的箴言 τὸ γὰρ αὐτὸ νοεῖν ἐστίν τε καὶ εἶναι 被译作“思与在是一回事”（Denken und Sein ist dasselbe）时，海德格尔把这种译法定性为严重误解——正是这一误解决定了西方思想的未来命运；因为，据海德格尔说，如此误解和错译使得“思与在是一回事”成了西方哲学的“指导原则”。由于帕默尼德的这一说法包含着西方思想“原初的真理”（ursprüngliche Wahrheit），海德格尔觉得必须重新翻译这句箴言——他的译文为：

---

〔1〕关于荷尔德林与德意志唯心论的关系，参见 Christoph Jamme / Frank Völkel, *Hölderlin und der Deutsche Idealismus: Dokumente und Kommentare zu Hölderlins philosophischer Entwicklung und den philosophisch-kulturellen Kontexten seiner Zeit*（《荷尔德林与德意志唯心论——荷尔德林的哲学发展及其同时代的哲学——文化语境：文献和评注》), Stuttgart 2003。

> 交互讯问/倾听与在归属在一起〔Zusammenengehörig sind Vernehmung wecheselweise und Sein〕。（页 111，中译本页 146）
>
> 〔Vernehmung 在德文中既有“讯问”也有“听取”的意思，善于利用语词含混义的海德格尔在这里很可能两种含义都有，“问”与“听”不可分离，没有“听取”就没有“讯问”，反之亦然，副词 wecheselweise 紧随其后，颇有提示作用〕

重新取回这个“原初的真理”，扔掉误解和误译不就得了？

没那么简单……得搞清楚误解和误译怎么来的，不然的话，就搞不清楚西方思想何以会走到误入歧途的田地。海德格尔说，其实，帕默尼德刚说完这话，当时的希腊人就已经逮不到这话的“真实”了（Das Herausfallen aus der Wahrheit des Spruches setzte alsbald nach Parmenides noch bei den Griechen selbst ein；页 111，中译本页 147）。为什么呢？因为帕默尼德的这一说法“以某种方式把人带进了语言”（bringt in irgendeiner den Menschen zur Sprache；注意：这是海德格尔后期经常谈论的话题），要想对帕默尼德的这句话求得正解，就得事先把握帕默尼德对“人”的理解。可是，现代的我们没可能把握帕默尼德对“人”的理解，因为我们的思考方式一直受“对人的习常观念”（die gewöhnte Vorstellung vom Menschen）支配，读古人——比如帕默尼德这句话时，不自觉地就把“对人的习常观念”带进了帕默尼德的这句话，误解和错译就来了。反过来看，若要正确领会帕默尼德这句话，首先就得把我们在阅读时习以为常地带进去的“对人的习常观念”从这句话中剔除出去。

海德格尔在此给出了我们今人阅读古典文本的第一道工序，这道工序被海德格尔恰当地命名为“解构”。

“解构”什么？具体而言，什么是海德格尔这里所谓的“对人的习常观念”？海德格尔说，有三种可能性：1，基督教的人观；2，近代形而上学的人观；3，两者的混合——海德格尔给第三种加了挖苦性的形容“失去光泽而又自吹有得的杂拌儿”，看来他要“解构”的其实是第三种，即“两者的混合”（页111，中译本页147）。基督教的人观与近代形而上学的人观怎样混合呢？在解读完《安提戈涅》第一肃立歌后，海德格尔才对这种混合的人观做了明确界定：“受基督教规定的近代以及迄今的形而上学、认识论、人类学和伦理学。”（页134，中译本页176）——我们在此能够想到的最著名的例子，恐怕就是康德对“人是什么”的回答，因为，海德格尔此前已经挖苦说：“当然喽，如今有好些书的书名就叫：人是什么。”（页109，中译本143）

不消说，要对帕默尼德的这句话求得正解，就得抛弃“受基督教规定的近代以及迄今的形而上学、认识论、人类学和伦理学”的人观——抛弃康德哲学教导我们的东西，用海德格尔自己的说法就是：要把“塞满我们的耳朵”（die Ohren voll haben；〔尼采已经一再强调，如今没有倾听真实声音的“耳朵”〕）、有碍我们“正确倾听”（am rechten Hören）的东西统统清除干净（页112，中译本页147；这就好像现象学的悬置）。但“解构”不是目的，而是一道工序。既然帕默尼德的话“把人带进了语言”，要理解帕默尼德的话，就得把握帕默尼德对人的看法。可是，帕默尼德在这句话中并没有提到“人”，仅仅是——用海德格尔的说法——“以某种方式”（in irgendeiner Weise）“把人带进了语言”。因此，即便扔掉了康德，仍然不等于帕默尼德的话的原初含义会自动显现出来。

海德格尔这里提出了一个如今让我们许多想要走近古典文本的人深感困惑的问题：我怎么能知道帕默尼德本来的意思呢？海德格尔的回答起初会让我们失望：今人没法直接了解到帕默尼德

对人的看法——怎么办？

这时，海德格尔建议我们先倾听古希腊人“关于人的在的诗意构思”（auf einen dichterischen Entwurf des Menschseins；20世纪30年代以后，海德格尔一直致力于倾听各类他所喜欢的古今诗人“关于人的在的诗意构思”），以便求得“帮助和指引”——在这里，海德格尔不断用到“倾听”（Hören）这个词（其宾语是“人之在”），文脉提出的要求却是向古希腊诗人发出讯问，于是，讯问/倾听古希腊人“关于人的在的诗意构思”，就像是对他所翻译的帕默尼德的那句话的解释：“交互讯问/倾听与在归属在一起。”

索福克勒斯的《安提戈涅》第一肃立歌就是“帮助和指引”。海德格尔如何让《安提戈涅》第一肃立歌“帮助和指引”我们？

为了让海德格尔更好地教我们，不妨先问海德格尔一个问题：倘若通过索福克勒斯的《安提戈涅》第一肃立歌接近帕默尼德是一道工序，这道工序是解构还是竭力领会？反复阅读海德格尔在这里的说法，一时真还得不到明确答案——既然帕默尼德刚说完（alsbald）这话，当时的希腊人就已经逮不到这话的“真实”了，当然索福克勒斯也没有逮到，因此，我们就应当像对待康德的“人观”那样对索福克勒斯的“人观”实施“解构”……可是，海德格尔对索福克勒斯的态度又明显不同于对康德的态度——通过康德，我们只会与帕默尼德背道而驰，通过索福克勒斯我们则可以接近帕默尼德。

得不到解答就暂时不要对这道工序是解构还是竭力领会下结论，把这个疑问放在心上，这样，在读海德格尔的索福克勒斯解读时，我们至少是在带着问题学习。

海德格尔首先提供了自己的译文，但没有与索福克勒斯的原有诗行一一对应——原文为工整的肃立歌，由两个曲节加相应的对称曲节（共四个曲节）构成，每段曲节十行（共 40 行），海德格尔的译文则分为五段，第一段 11 行，第二段 18 行（中译变成 16 行），第三段六行，第四段九行（中译文变成八行），第五段三行。《安提戈涅》德文研究版的译者 Wilhelm Willige 提供的德译为对应的 40 行，可见，行数对应的译文不是不可能；海德格尔的翻译不仅不守原文行数，也不守分段（多出一段），表明海德格尔的译文不讲究恪守原诗形式。[1]

接下来，海德格尔扼要说明了自己选取的“解读方式”（die Auswahl des Lesarten；页 113—114，中译本页 150）——尽管简扼，在海德格尔后来的诸多诗歌解释中，如此说明并不多见，而如此解读方式本身则又是海德格尔自己独特的，对后人影响深远，因此我们得留心倾听。

海德格尔说，解读将分三步走：第一步是找出整首诗的 die innere Gediegenheit〔内在根底〕及其相应的语词表达；第二步是逐段解释整首肃立歌，以便展示第一步骤找出来的“内在根底”伸展的维度；第三步将跳出整首肃立歌的字面部分，以便把握整首诗的言说本身。

三个步骤如何具体实施？海德格尔随即就做给我们看……

实施第一步骤的做法是，从肃立歌的开头、中间和结尾三处挑出三个关键诗句：

> 厉害的东西何其多（332 行，第一曲节开头）
>
> 真样样有办法；人绝不会没有出路（360 行，第二曲节

〔1〕荷尔德林的翻译同样没有与原文行数对应，1799 年的译稿没有译完，仅前两个曲节：第一曲节为 11 行（海德格尔的行数与此相同），对称曲节亦为 11 行（《全集》，卷四，页 252）；1804 年的第二次翻译为全译，将四个曲节合为两大段，也就是说，把对称曲节与相应的曲节合在一起：第一段 22 行，第二段 29 行（《全集》，卷四，第 410—411 页）。

中段）

谁就会使城邦繁荣昌盛；但也会毁弃城邦……（370行，第二对称曲节中段）

〔注意：这里的翻译不是海德格尔的译文，而是笔者依据古典语文学家的希腊文笺注本翻译的译文〕

凭谁断定这三句是关键诗句？凭靠索福克勒斯的指引，还是古典语文学的解析？都不是，凭靠海德格尔所说的"对整首歌未说出来的先见"（aus dem unausgesprochenen Vorblick auf den ganzen Gesang；114页，中译本页151）——谁的"先见"？还不清楚，可能是海德格尔的，可能是索福克勒斯的，也可能是别人的；什么"先见"？这里也没说——不是不想说，故弄玄虚，也许因为根本无法说……

对第一个关键诗句的解释，海德格尔花了两页多一点篇幅（页114—116），对后两个关键诗句的解释加起来才一页（页116—117），看来，海德格尔的解释重点在于"厉害的东西何其多"这一句。这一句诗明确提到"人"，成为海德格尔关注和解释的重点，切合要求倾听古希腊诗人"关于人的在的诗意构思"的要求。

海德格尔并非不知道，δεινός这个希腊语词的含义是"可怕的、厉害的"。他接下来便对δεινός的"可怕的"（das Furchtbare）含义做了一番解释，说它包含的意思其实是"强有力的"（das Gewaltige），而"强有力的"含义不仅指"使用强力/暴力"（die Gewalt braucht）和"拥有强力/暴力"，更为根本的意思是使用强力/暴力者的"亲在"（Dasein）的基本特征，也就是作为人的"亲在"的基本特征。但海德格尔没有把δεινότερον译作"更为强有力"，而是译作Unheimlicheres〔更可怕的/奇异的〕（中译本译作"莽苍之苍劲者"，很费解，页151）……为什么？

理由是，δεινός 这个语词中还有一层意思无法表达出来："人之在的最高攀升和结合"（in der höchsten Steigerung und Verkoppellung）还没有表达出来；看到（Blick）这一点，才算看到"如此规定的在的本质"（das Wesen des so bestimmten Seins），也就是人的"在"的本质。前面说到的"对整首歌的未说出来的先见"的含义逐渐清楚了：要把握并译出 δεινός 这个索福克勒斯笔下的语词，首先就得有对人的存在的如此规定的"先见"（Vorblick）。

谁的如此"先见"？海德格尔的吗？恐怕不是。毕竟，这里他是在解释索福克勒斯。是索福克勒斯的吗？恐怕也不是，索福克勒斯用的这个语词很难说有那么哲学的含义。

解释才刚刚开始，我们不能急，需要耐心，这里仅是拈出关键诗句和语词，其含义还得等到对整首诗的解读才会明朗。从德语构词法我们可以知道，un-heimlich 这个形容词是 heimlich〔暗地里、隐藏的、隐秘的〕加上否定性前缀 un- 而成，意为"可怕的 / 奇异的"。海德格尔首先对这个德语的日常语词"使用强力 / 暴力"，让 heimlich 的含义是〔在家的〕，于是 un-heimlich 被解释为"不在家的"，亦即从 Heimischen〔在家〕—Gewohnten〔习惯〕—Geläufigen〔熟悉〕—Ungefährdeten〔可靠〕的生存状态中"被抛了出来"（herauswirft）。

这听起来像不像《存在与时间》中对"亲在"的现象学描述？究竟是索福克勒斯的"关于人的在的诗意构思"在"帮助和指引"我们，还是海德格尔的"亲在"现象学在"帮助和指引"我们？

但愿读下去会打消我的疑虑，可是，海德格尔接着就说：要理解 δεινός 的含义，关键在于理解肃立歌第 360 行的"真样样有办法；人绝不会没有出路"（注意：不是海德格尔的译文）一句，从而过渡到第二个作为"内在根底"的诗句。海德格尔

将这句诗整句译作 Überall hinausfahrend unterwegs, erfahrungslos ohne Ausweg kommt er zum Nichts〔四处奔忙无归，他（指人）没有出路地瞎摸索，直至步入虚无〕（中译本译作“出巡处处，无知无路 / 彼终归无”〔参见页 149〕）。对照一下荷尔德林的译法和当今古典语文学家的译法，明摆着的是，海德格尔的译法完全偏离了原文，如果不能说强暴原文的话，至少可以说是形而上学的译法——以新的形而上学信念（亲在形而上学）来代替原文。[1]

海德格尔解释说，关键语词是 παντοπόρος，这个复合词的词干 πόρος 的基本语义是 Durchgang durch...〔穿过……通向〕、Übergang zu... Bahn〔过渡到……的通路〕，加上形容词构成复合词 παντο-πόρος，意思就是：人在所有在者领域处处开辟 Bahn〔道路〕。正因为如此，人从天性上讲才具有“处处无一家园一本性”（die ganze Un-heimlichkeit dieses Unheimlichsten，页 116，中译本页 152），或者反过来说也一样：由于人在天性上“处处无一家园”，才会到处开辟道路——不管怎样，人之在因此终会“步入虚无”（kommt er zum Nichts）。将 ἐπ' οὐδέν 译作 zum Nichts〔入虚无〕，古典语文学家会无法接受，但这并不妨碍海德格尔的译法在自己的现象学解释关联中行得通。

第三个关键诗句“谁就会使城邦繁荣昌盛；但也会毁弃城邦……”（370 行），海德格尔的译法是 Hochüberragend die Stätte, verlustig der Stätte ist er〔处身的位置过于出头，他就丧失这一处身位置〕，海德格尔没把关键词 πόλις 译作“城邦”，而是译作 Stätte〔处身位置〕。为什么这样译？这一句与“真样

〔1〕荷尔德林 1804 年的译法为：Allbewandert, unbewandert. Zu nichts kommt er；与《安提戈涅》研究版译者 Wilhelm Willige 的译法差不多：Allbewandert, in nichts unbewandert schreitet er ins Künftige；Marion Giebel 的译文为：überall durchkommend, verlegen geht er an nichts Kunftiges。

样有办法；人绝不会没有出路”（360行，海德格尔译文：“四处奔忙无归，他没有出路地瞎摸索”）的句式相同，结构位置也相同——古典语文学家的笺注都会指出这一点。海德格尔看到的两者关联却是，从 πόρος 到 πόλις 表明了“人自身的亲在的基础和处所”（der Grund und Ort des Daseins des Menschen selbst）有一个重大的方向性转向：不再是讲“进入在者之域的所有道路”，而是 die Kreuzungsstelle aller dieser Bahnen〔所有这些道路的十字路当口〕——从而，海德格尔说，用 Staat〔国家〕或 Stadt〔城邦〕来翻译 πόλις，都不能穷尽这个古希腊语词的含义。

> 这个 πόλις 是有事情发生的场所（或译〔历史场所〕），是在此（Da），事情（或译〔历史〕）就是在此之中、由此而来且为此而发生的。（das Da, in dem, aus dem und für das Geschichte geschieht；页117，中译本页154）

越来越像《存在与时间》中的“亲在”现象学了……然而，究竟什么意思？

海德格尔要说的是：没错，πόλις 通常被解作“政治”，但“政治”并非 πόλις 的原初含义，毋宁说，有事情发生（Geschichte geschieht），才是 πόλις 的原初含义（难免让我想起海德格尔后来的 Ereignis）。人在这个发生中要有所作为，就会在“有事情发生的场所”（历史场所）中“冒出头”（Hochragend in der Geschichtsstätte），但与此同时，人又会“丧失这一处身位置”，成为没有家园（Un-heimliche）的所在。

我们禁不住又要问：这是索福克勒斯在“帮助和指引”我们？怎么听起来是生存论的政治哲学？索福克勒斯是个生存论哲人？

第一步骤到此为止，接下来海德格尔进入自己的第二个步骤。这一步骤是第一步骤的展开：用前面得到的对 δεινός 的 Un-heimliche〔无家园〕释义来贯通地解释全篇，或者说，用全篇来证明 δεινός 的 Un-heimliche 释义。

如何展开？

既然第二关键诗句"四处奔忙无归，他没有出路地瞎摸索"与第三关键诗句"处身的位置过于出头，他就丧失这一处身位置……"之间的关联是"进入了另一个在者的方向"（in eine andere Richtung des Seienden），解析的步骤就是：说明人这个 das Unheimlichste〔最没有家园者〕何以在"进入了另一个在者的方向"的历史中成了 Ausweglose〔没有出路者〕（页 117，中译本页 155）。

原诗第一曲节说到人与大海和土地的关系：海德格尔把人冲向大海、开垦土地解释为"放弃住所"，理由是，336 行的 χωρεῖ〔前行〕这个语词意为"人放弃自己的处所"（er gibt den Ort auf），还说这个语词在诗中"有如一根支柱"，意思不外乎是说，Un-heimliche〔没有家园〕得到了进一步说明（页 118，中译本页 155）。原诗接下来说到的驯服动物，被海德格尔解释成，人把动物也变成了 Un-heimliche〔没有家园的〕。

这是在谈人的原始生活或者说人的历史开端吗？海德格尔乘此机会攻击现代的人类学、民俗学、史学对人的理解（因此我们也就不可再将他笔下的 Geschichte 译成"历史"），并宣称自己宁要"神话学"对人的起源的解释，也不要这类现代科学对人的起源的解释。

对原诗第二曲节说到的语言、心思、政治，海德格尔统统从被他奇妙地译作"四处奔忙无归"（Überall hinausfahrend unterwegs）的 παντοπόρος 来解释，据说，人的本质就这样展露出来了——分析最后落脚在政治，因为原诗最后说到政治，但如已经看到的那样，政治被还原为"有事情发生的场所"〔历史场所〕，人的 Bestimmungen〔命定〕就是：“有事情发生的亲在（des geschichtlichen Daseins）的巅峰越冒得高，突然跌落进的那个没事情发生〔非历史〕（in das Ungeschichte）的深渊就越张得大”，最终在“没有出路”和“没有住所”的状态中 Wirrnis〔迷惘〕（页 123，中译本 162）。

第二步骤结束的时候，海德格尔又拈出两个在他看来十分重要的语词：τέχνη〔艺〕和 δίκη〔义〕，然后把它们放到与 δεινόν（＝Un-heimliche〔没有家园〕）的关系中来考察，由此带出第三步骤的解读（页 122，中译本 160）。就解释原诗的字面所说而言，在海德格尔看来，前两个解释步骤已经足够，但 die eigentliche Auslegung〔真正的解释〕还没有开始。什么是“真正的解释”？必须把“不再见诸文字但却说出来的东西”（was nicht mehr in Worten dasteht und doch gesagt ist）说出来，“在此，解释必然需要采用暴力”（Hier bei muß die Auslegung notwendig Gewalt brauchen；页 124，中译本 163）。

我们记得，起初解释 δεινόν 时，海德格尔说这个语词的含义之一就是“使用强力 / 暴力”（die Gewalt braucht，页 116），这里则说“解释必然需要采用暴力”（页 124）——不知道是巧合还是刻意，无论哪种情形，海德格尔的“解读方式”就显得 δεινότερον（就这个语词的字面含义而言）〔更厉害〕了。

如已经看到的那样，从解释的第一步骤开始，海德格尔就在动用“强力 / 暴力”，这里不过是“强力 / 暴力”的升级——上升到分析新挑出来的关键语词：第一步骤挑出了三个关键语词，第三步骤同样挑出了三个语词，唯有一个语词在第一和第三步骤中都有：δεινόν（＝Un-heimliche）……那么，围绕 δεινόν 来展开的对 τέχνη〔艺〕和 δίκη〔义〕的分析要说明什么呢？第一步骤升格到第三步骤获得的是什么呢……换言之，肃立歌“不再形诸文字但却说出来的东西”是什么呢？

Das Dasein des geschichtlichen Menschen〔有事情发生的人的亲在〕——海德格尔说:“如此亲在的突如其来和独一无二性质”(Plötzlichkeit und Einzigkeit des Daseins)恰是希腊人所看到的最为深刻的东西，凭此见识，希腊人才“身不由己地成为真正的有事情发生的伟大〔历史性伟大〕的基本条件”(erzwangen sie sich selbst die Grundbedingung wahrer geschichtlicher Größe；页125，中译本页164)。

古希腊人在说吗?明明是海德格尔在说自己的“先见”——这个“先见”就是:人在天性上不过是“持续的抛付”(bleibender Aufgegebenheit)中的袒露(Offenheit)，或者说，袒露在“持续的抛付”中……不断在途中奔忙，无法待在一次获得的确定位置。人的安居、劳作以及成品(das Werk)、处境、时代等等，统统不过是人“四处奔忙无归”的表征，人无论去哪里都没有家(παντοπόρος=überallhin unterwegs)，因此根本上是个Ausweglose(=ἄπορος〔没有出路〕)——人的Ausweglosigkeit〔无出路〕并非指人在做事情时遇到不可克服的外在障碍，或者没办法去做自己想做的——毋宁说，无论要做什么，人总可以想出什么办法，但却是在自己的四处奔忙的生存中“样样有办法”(Vielwendigkeit seines Unterwegsseins)，如此“样样有办法”不过是人达到自己的亲在(=无—家园—本性)的器具(den werksetzenden Menschen in seiner Un-heimlichkeit)。从而，人“无出路”指的是，人一再被抛回自己所开出的道路，被自己筑建的路牢牢捆住，只能在自己的路上爬行，待在自己的世界之中——这就是所谓人的本质展现为“持续的抛付”中的袒露。正因为如此，人实际上没有什么未来(海德格尔的译文撇下原文中的τὸ μέλλον〔未来〕一词没有翻译)，人的如亲在(无—家园)本质上与“虚无”须臾不离。总有一天，ἄτη(=das Unheil〔厄运〕)会落到人头上——说到底，人的生存根本没可能献身什么绝对(观念)，没有什么可以让人走向“纯粹的”、从个体在者的当下实际（Jeweiligkeit）和时代劳作中“抽离出来的在”（Ab-soluten Sein）。人在世间根本不会是真实、完整、肯定地 heimisch〔在家〕，从而，παντοπόρος, ἄπορος 就是人的 Bestimmunen〔命定〕，或者说人的 δεινός（＝无—家园：Un-heimlichkeit）。

可以看到，依据自己的“亲在”形而上学，海德格尔把肃立歌“关于人的在的诗意构思”确定为：人“四处奔忙无归，没有出路地瞎摸索，直至步入虚无”（ἐπ᾽ οὐδέν ἔρχεται）。因此，无家可归就是人的 ἦθος〔居处、伦常本性〕，人的生存位置一直“成问题”（Fraglichkeit）、“虚无不实”（Nichtigkeit）、“居无定所”（Übergänglichkeit）。这样一来，人身上必然会发生袒露与遮蔽的永恒争斗——如此不断的争斗就构成了人类的历史〔有事情发生〕。

这些话针对谁说？

针对启蒙形而上学——康德的主体性哲学和伦理学（参见《形而上学导论》第四章第 4 节）。[1] 主体性哲学以为，人凭靠自己的理性就可以掌握自己、掌握世界、掌握命运……海德格尔反驳说：“纯粹理性”根本是向壁虚构，哪里有“人的主体性”这样的东西？人身上的 παντοπόρος 天性根本扔不掉，除了担当起来别无他途——人固然“样样有办法”（vielwendig），却无时无刻不或时时处处都处于没出路的生存状态（ausweglos unterwegs von Jeweilgkeit zu Jeweiligkeit），从搞错到搞错、从失误到失误。人的整个“无—家园—本性”（Un-heimlichkeit）意味着，人既不能在“在者”（Seinende）中，也不能在“在”（Sein）本身之中“安居”（heimisch）；换句话说，既不能憩靠在作为“真实实在”

〔1〕 Alexander Schwan 在其《海德格尔思想中的政治哲学》（*Politische Philosophie im Denken Heideggers*, Opladen 1989）中对海德格尔的索福克勒斯解释的分析（S. 72—74）令人遗憾的没有触及这一意图。

的在者身上，也不能憩靠在作为“绝对”的在身上。Da-sein 作为人的生存状态的规定表明，人的生存仅仅是“在”（Sein）的一种 Da（在此），即在途中，没有可能把握未来，亦即找不到 Ausweg（出路），从而总得面临新的决断……人的 ἦθος〔伦常本性〕在“无—家园”状态中拥有自己唯一的生存位置。

当然，这些不仅是冲着康德说的，也是冲着黑格尔说的——我们知道，海德格尔在这里重新解释的 das Geschichte 恰是黑格尔哲学的一个关键语词。

可是，那个关键性的 Unheimlicheres〔没有家园〕的“先见”从哪里来的？

来自荷尔德林的颂诗：1935 年开设“形而上学导论”课这段时间前后，海德格尔都沉浸在荷尔德林的诗歌当中——1934 年冬季学期讲疏荷尔德林的颂诗《日耳曼》和《莱茵颂》，1936 年则有著名的“荷尔德林与诗的本质”的讲演。[1] 海德格尔没有采用荷尔德林的译法把 δεινότερον〔更厉害〕译作 Ungeheueres，而是译作 Unheimlicheres 呵？没错……不过，在“形而上学导论”课的前一年（1934 年），已经有著名古典语文学家撰文指出，Ungeheueres 的含义与 Unheimlicheres 相关。[2] 可以设想，选用 Unheimlicheres 而非荷尔德林用的 Ungeheueres，正是为了更好地凸显 Unheimlicheres 这个语词中包含的 un-heim〔无—家园〕词素，从而听取荷尔德林发出的“还乡”呼召——海德格尔对荷尔德林“还乡”（或“回家”）诗的解释，虽然是 1943 年的讲演，在文集《荷尔德林诗的阐释》中却被置于首位，摆在另外两篇比这篇讲

〔1〕参见珀格勒：《海德格尔的思想之路》，宋祖良译，台北：仰哲出版社，1994 年，第 235—239 页。

〔2〕参见 P. Friedländer 于 1934 年发表在 Hermes 第 69 期（第 56 页以下）的文章：“Πολλά τά δεινά”。

演更早些的讲演之前。[1]……我们当然没有忘记，海德格尔在这里解读索福克勒斯的目的，是为了让逻格斯与逻辑思辨脱钩、与“自然”挂钩——在荷尔德林的所有诗作中，“自然”一直是中心，包括译注索福克勒斯以前写的诗体小说《许佩里翁》。[2]

据古典语文学家莱茵哈特的看法，荷尔德林的索福克勒斯翻译不过是在变相地写自己的颂诗：“译者毫不迟疑地用自己颂诗中形成的支撑诸神权威的名词代替了古希腊众神的名字。”[3]莱茵哈特还记叙到，荷尔德林的索福克勒斯译作刚一出版，本来非常欣赏荷尔德林的席勒看了——尤其唱颂“爱欲”的《安提戈涅》第四肃立歌——以后笑得喷饭。[4]不消说，无论对荷尔德林还是海德格尔的译文，如古典语文学家莱茵哈特和海德格尔专家珀格勒所言，都不必用是否与原文相符来衡量（参见莱茵哈特，前揭，页247；珀格勒，前揭，页256）——倘若如此，无论从荷尔德林还是海德格尔的翻译和“义疏”那里，我们都没可能得知索福克勒斯实际上究竟说了什么……海德格尔的索福克勒斯解读无异于“解构”。

海德格尔与解释学的重生

在《存在与时间》中，我们已经可以见到《形而上学导论》中提出的作为一种解释学原则的“解读方式”，只不过，在

---

〔1〕参见海德格尔：《荷尔德林诗的解释》，孙周兴译，北京：商务印书馆，2000年。

〔2〕中译见《荷尔德林文集》，戴晖译，北京：商务印书馆，1999年。

〔3〕莱茵哈特：《荷尔德林与索福克勒斯》，见刘小枫、陈少明主编：《经典与解释19：索福克勒斯与雅典启蒙》，北京：华夏出版社，2007年，第235页。

〔4〕海德格尔对《安提戈涅》第一肃立歌的解释就像是尼采说的思想“翩翩起舞”，弗罗芒—默里斯对海德格尔的《安提戈涅》第一肃立歌的解释看起来就像是在跟随起舞，参见氏著《海德格尔诗学》，冯尚译，上海：上海译文出版社，2005年，第126页以下。

那里海德格尔专注于沉思的是如此“解读方式”所依赖的“先见”——“亲在”的现象学。我们知道，《存在与时间》本来计划为两部，第二部在《存在与时间》中没见到。[1]但该书导论是为两个部分而构思的，统摄两个部分，其中第5节题为“亲在的存在论分析：崭露用以解释〔Interpretation〕一般存在意义的视野”—在这一节临近结尾的地方，海德格尔告诉我们，这里和接下来要讲的涉及如何“才使我们能学着去理解Alten〔古人〕已经准备好了的种种可能性”（页23）——可见，《存在与时间》已经在为解读古人做准备……我们也注意到，“古人”在这里是打了引号的。

紧接着的第6节题为“解构〔Destruktion〕存在论历史的任务”……在这里，“解释”与“解构”是什么关系？海德格尔当初给自己的整个两大部《存在与时间》规定的任务是否就是建构一种“解构”性的解释亲在的学问？无论如何，“解释”是《存在与时间》第一部中的主导性概念——第一部的标题是：“依时间性阐释〔Interpretation〕亲在，解说〔Explikation〕时间之为存在问题的超越的视野”，通览整个第一部（亦即现有的《存在与时间》），可以看到，在展开“亲在”的现象学分析时，海德格尔都在恰当的地方谈到了“解释学”问题，如果我们不是一头就扎进海德格尔的“亲在”现象学漩涡，仅从章节标题上就可以看到，解释学问题是《存在与时间》的骨架——下面依序列出与“解释”、“解释学”（诠释学）有关的小节标题（三级标题中出现的就不计了）：

第11节：生存论分析工作与原始亲在的阐释〔Interp-

〔1〕海德格尔：《存在与时间》，陈嘉映等译，修订版，北京：生活·读书·新知三联书店，1999年，以下仅随文注页码。

retation〕;

第 21 节：用诠释学方法〔hermeneutische〕讨论笛卡尔的“世界”存在论；

第 32 节：领会与解释〔Auslegung〕;

第 33 节：命题：解释〔Auslegung〕的衍生样式；

第 42 节：由先于存在论的亲在自我解释验证亲在之为操心的生存论阐释〔Interpretation〕;

第 45 节：准备性的亲在基础分析的结果以及源始地从生存论上阐释〔Interpretation〕这一存在者的任务；

第 49 节：生存论的死亡分析与对这一现象的其他种种可能阐释〔Interpretation〕的界划；

第 59 节：生存论的良知阐释与流俗的良知解释〔Interpretation〕;

第 63 节：为阐释〔Interpretation〕操心的存在意义所获得的诠释学〔hermeneutische〕处境与一般生存论分析工作的方法性质；

第 67 节：亲在生存论建构的基本内容及其时间性阐释〔Interpretation〕的草描；

第 72 节：历史问题的生存论存在论解说〔Exposition〕（同见第 77 节）;

海德格尔在解释《安提戈涅》第一肃立歌的第三道程序时提出，“解释必然需要强力 / 暴力”（页 124),《存在与时间》的 63 节已经阐明为何“生存论分析持住地具有一种强行施暴〔Gewaltsamkeit〕的性质”(《存在与时间》，页 355）:

这种阐释若不从某种“设为前提的”一般生存论的观念，又从何处得到其指导线索呢？（页 357）

与《存在与时间》的导论联系起来看，可以推想：海德格尔不仅解释索福克勒斯是在执行“解构存在论历史的任务”（第六节标题），在解释前苏格拉底哲人时同样是在执行这一“有事情发生”的任务。倘若如此，我们从海德格尔对古代诗人的解释中何以可能听到诗人们自己的声音？

《形而上学导论》明显与《存在与时间》有内在延续性，虽然1953年才出版，毕竟是1935年写的讲稿。那么，海德格尔后来还持守自己在其中提出并践行的“强行施暴”的“解读方式”吗？《形而上学导论》在谈到die eigentliche Auslegung〔真正的解释〕时，已经没有用“解释学”这个词，海德格尔放弃了《存在与时间》中提出的“解释学的现象学”？——幸好，海德格尔对此有一个自己的生平史的说明，就在1959年出版的《在通向语言的途中》[1]里面——这个书名可以让我们知道，海德格尔没有忘掉帕默尼德的那句箴言：“把人带入了语言。”

《在通向语言的途中》是一部文集，由六篇作品组成，不仅按时间先后，也按内在“义理”排序，各篇作品的题目便提供了一条明晰的思路，把我们“带入了语言”：

> 1，“语言”（解释特拉克尔的诗）—2，“诗歌中的语言”（解释特拉克尔的诗）—
>
> 3，“从一次关于语言的对话而来”（海德格尔的夫子自道）—4，“语言的本质”（从解释格奥尔格的诗进到解释荷尔德林的诗）—
>
> 5，“语词”（解释荷尔德林的诗）—6，“走向语言之途”

---

〔1〕见海德格尔：《在通向语言的途中》，孙周兴译，北京：商务印书馆，1997年（德文版见《海德格尔全集》卷十二），以下仅随文注德文本页码，除非特别标明中译本页码。

(解构亚里士多德《解释篇》)

题目看起来都像是学院式“论文”，实际上都是解释/解构文本——我们是不是应该把这本文集看作《荷尔德林诗的阐释》的续篇?

主题是“语言”，而非“亲在”(亲在)，但既然语言是在的家，讨论“语言”便是进了“亲在”的家。海德格尔对德语诗人的解释，同样采用的是“强行施暴”的“解读方式”——我们处处可以见到海德格尔自己明确宣称(或明目张胆)的“有意改写”。就文集的内在理路而言，第三篇《从一次关于语言的对话而来》和第四篇《语言的本质》标志出一个转折：不仅荷尔德林到场，亚里士多德带着自己的《解释篇》也到场(页170)，于是，随后的解释荷尔德林诗《语词》显得是拆毁亚里士多德《解释篇》的准备——果然，被题为“走向语言之途”的最后一篇便着手对亚里士多德《解释篇》“强行施暴”……《存在与时间》导论提出的“解构存在论历史的任务”不是在这里得到继续执行吗?

同样清楚的是，荷尔德林或者说荷尔德林的诗意语言(语言的本质在其中得以显现)处于中心位置，在这个位置上，海德格尔说：

> 荷尔德林以古人为楷模，喜欢用“歌唱”这个名称来称呼诗。(页149)

看来，《存在与时间》导言中说的“我们能学着去理解Alten〔古人〕已经准备好了”，如何学会的？跟荷尔德林学会的——荷尔德林如何以古人为楷模，从他翻译的索福克勒斯，我们已经领略过了：把自己的颂诗改写进古希腊诗人的诗作。倘若海德格尔以荷尔德林为楷模，便是把他的“亲在”现象学——现在是作为在之家的“语言”现象学改写进古希腊诗人（尤其前苏格拉底的那些自然诗人）的作品，当然，第一步是改写德语现代诗人……

第三篇《从一次关于语言的对话而来》在文集中与其余五篇不同，不是解释具体文本，而是一篇对话作品，被置于作为全书枢纽的《语言的本质》一文之前——在这里，海德格尔现身说法，谈到了自己的思想经历……既然《从一次关于语言的对话而来》与《语言的本质》共同处于整个文集的中间〔枢纽〕位置，两篇作品之间的关系是什么？等我们仔细读完《从一次关于语言的对话而来》，就会明朗。无论如何，这篇著名的对话“作品”十分难得——不仅因为海德格尔在这里说到自己与解释学的关系，对我们来说，尤其难得的是：谈话伙伴是咱们中国人的一位邻居！这位邻居的源始语文与咱们汉语是一家呵……我们不可举一反三吗？

必须特别注意：这是一篇作品，而非纪实性谈话记录——在书后的说明中，海德格尔写到，该文“成于〔entstand〕”1953—1954年间，为日本东京大学一位教授的来访而作。换言之，《从一次关于语言的对话而来》虽然像是一次实际的谈话记录，实际上是海德格尔精心写就的，因此，对于其中的言辞，尤其提问与回答的安排，我们就得留心阅读——副标题为“在一位日本人与一位探问者之间”，海德格尔把自己称为“探问者”〔Fragenden〕，从而，这次谈话看起来就像是在直接呈现海德格尔在《形而上学导论》中所翻译的帕默尼德的诗句“交互讯问/听取与在归属在一起”：这个日本客人既在讯问也在听取，海德格尔既在讯问也在听取，只不过“讯问/听取”的层次不同；当然，这个日本客人与海德格尔之间也处于“交互讯问/听取”的“亲在状态”。

我们都知道，写“对话”的楷模是柏拉图，这种文学形式的原模是古希腊戏剧——凡戏剧都要讲究设定戏剧性的推动力——

海德格尔写的这出独幕剧的推动力是什么？海德格尔没有隐瞒，而是清楚指明：谈话的“隐蔽动向”〔dem verborgenen Zug〕就是搞清楚“解释学关联”〔den hermeneutischen Bezug〕(页 101)。

话题从一位日本学人搞“美学”说起——海德格尔质疑说：“美学”出生于欧洲思想，更确切地说，出生于欧洲哲学，与东方思想格格不入，为什么东方人要搞“美学”？莫名其妙呵……东方人跑到欧洲来找“概念体系”，回去后用来解释自家的东西，有这个必要？欧洲思想与东亚思想栖居的不是同一个家，语言是“在的家”，东亚人没法懂欧洲人的语言（页 76）……

说得有道理。听了这番话，我这个还在中国的大学里教“美学”、宣扬“美学”的教授感觉自己成了热锅上的蚂蚁——那么，欧洲人是否熟悉自己的家〔语言〕？

我想起了海德格尔在《形而上学导论》中的努力：帕默尼德“把人带入语言”，但欧洲人要懂自己原初的家，已经非常困难。接下来，海德格尔便现身说法，谈起了自己如何被“带入语言”的思想经历—除了胡塞尔的现象学，海德格尔提得最多的是荷尔德林，因为对他一生的思考具有指导意义的，并非胡塞尔的《逻辑研究》，而是荷尔德林的颂诗……海德格尔告诉日本客人：足以说明他的思想追寻的，非荷尔德林的颂诗《莱茵颂》莫属。当然，“对语言和存在的沉思老早就决定了我的思想道路”——海德格尔如是说，但这条“思想道路”不是《存在与时间》所走的道路，而是始于 1934 年开的《逻辑学》课……看来，《存在与时间》之后，海德格尔自己的确经历过某种“转向”……

什么样的转向、如何转向？

要搞清这一问题，更为直接的方式莫过于问：谁“帮助和指引”海德格尔走上一条新的思想道路……海德格尔没有绕弯，而是直截了当回答这一问题——再次提到荷尔德林的颂诗……看来，“帮助和指引”他走上这条思想道路的肯定不是胡塞尔，而是荷尔德林（页78—79）。

第一段“交互讯问 / 听取”是这样结束的：海德格尔表扬日本客人将他关于荷尔德林的讲演译成了日文，表扬这位客人的“思考专注于诗歌”——在我这个中国人听来，海德格尔的言外之意似乎是：他的著作中值得翻译成别国文字的，莫过于他对荷尔德林诗的解释，或者说，我们值得学习的是对自己母语的伟大诗人的沉思（注意日本客人的答语：“从我们日本的诗歌出发，要公正地合乎本质地经验欧洲的诗歌，总还感到力不从心。”）——于是乎，中国哲人的“任务”就是像海德格尔那样解释古代（甚至现当代）的中国诗人。从海德格尔那殷切的语调看来，他可能还觉得我们比他幸福——因为，我们没有“解构存在论历史”这一艰巨的“有事情发生”的“任务”……“存在论历史”〔有事情发生〕是西方哲人自己造的孽，解构这段“历史”〔发生过的事情〕乃海德格尔义不容辞的“使命”，但不关咱们中国人的事……

接下来，话题就说到海德格尔自己与解释学的关系——海德格尔在这里显得非常耐心地循循善诱。海德格尔问日本客人，为什么他的前辈在德国学习时会特别关注海德格尔的讲课笔记，日本客人便特别提到了“解释学”〔Hermeneutik〕和“解释学的”〔hermeneutisch〕这两个语词（注意：对话是海德格尔写的，因此无异于海德格尔特别提到这两个语词）……于是，海德格尔就说起自己如何通过基督教神学研究接触到“解释学”……如何力图把握狄尔泰和施莱尔马赫对解释学的理解——海德格尔尤其提到，这两位前辈掌握解释学都与神学有关，但没提到尼采（！），也没有提到比如说古典语文学的解经传统。当日本客人依据“语文学”的定义提到“解释学乃是一门关于文学作品的解释〔Auslegung〕的目的、方法和法则的科学”时，海德格尔马上说：“解释学的形成首先并且主要的是与圣经典籍的解释相一致”

（页 81），从而不动声色地纠正了客人的界定：Hermeneutik 并非一门关于文学作品的解释的科学，而是基督教神学的产物——随后，海德格尔就说，自己在《存在与时间》以后的著作中就不再用“解释学”和“解释学的”这两个语词了（页 83）。

第二段“交互讯问 / 听取”就在这里结束——日本客人于是问，海德格尔是否改变了自己的观点，海德格尔的回答看起来像是模仿苏格拉底式的似是而非，风格却是荷尔德林式的走在“还乡”路上：

> 我离开了前期的一个观点，但并不是为了用另一个观点来取而代之；而是因为，即使从前的立足点也只是一条道路上的一个逗留。（页 83）

海德格尔有过“转向”吗？这样的问题没有意义——思想乃是行路，海德格尔说他仅是在路上“逗留”了一下而已……话题转到思想如何行路——海德格尔讲述了自己的行路经验：往前走无异于往回走……回到哪里？“回到开端”……

随之，日本客人又提到“解释学因素”〔Hermeneutische〕（页 84）——这是海德格尔说他已经放弃“解释学”〔Hermeneutik〕和“解释学的”〔hermeneutisch〕之后，客人第一次再提起解释学（日本客人的德语很棒，他把 hermeneutisch 说成大写的名词 Hermeneutische，从而与 Hermeneutik 和 hermeneutisch 都不一样，真不愧为海德格尔的学生），海德格尔没有提醒客人：请不要再用这个我已经不用的语词……而是让谈话继续如亲在何谓“解释学因素”这一问题的推动下进行，似乎即便不要“解释学”这个学术名称，也没法避免“解释学因素”〔Hermeneutische〕的问题。

……谈话逐渐向着海德格尔对于“存在”的重新理解推进，话题自然会触及海德格尔在《存在与时间》和《形而上学导论》

中对欧洲形而上学的克服。这时，海德格尔提醒自己的日本客人：“克服既不是一种摧毁，也不只是一种对形而上学的否定”，那样的话，就不仅是“幼稚的僭妄”，也是“对历史〔有事情发生〕的贬低”（页91）。问题仍在于，如何使得语言与存在照面，如何进入语言这个存在的家。

这一段（第三段）“交互讯问/听取”很长，中间有一个间歇：海德格尔让对话进程停下来，以便日本客人“闭目垂首”做打坐状，“陷入长久的沉思”（有多长？不可用钟表时间来计算吧）……作为探问者的海德格尔则耐心等待，直到“客人重新开始对话”（页94）……

这个间歇意味着什么？像不像《存在与时间》前后的分野？“陷入长久的沉思”之前是《存在与时间》的思路，之后则是《存在与时间》之后的思路——甚至说是《存在与时间》的第二部也未尝不可……我们是否可以这样来理解：如果说《存在与时间》是从存在出发关注语言，后来的道路就是从语言出发关注存在——“语言的本质”问题就来了……无论如何，间歇之后，话题直奔“语言的本质”（文集下一篇的标题），“本质”这个语词被等同于“存在的家”——海德格尔笔下的日本客人的脑子接得非常快，而且准：适时地提到了海德格尔《关于人道主义的书信》和对荷尔德林《还乡》诗的解释（页95）……

第三段“交互讯问/听取”的路颇为漫长，但谈话毕竟逐渐在走向一个高潮……第三段与第四段“交互讯问/听取”的转接显得富有戏剧性的紧张——海德格尔对客人说：“不瞒您说，您把我投入一种巨大的不安中”〔eine große Unruhe〕……由此谈话就突转到第四段谈话：海德格尔主动重新提起“解释学问题”——主动提出要回答前面中断了的何谓“解释学”这一问题，海德格尔说，“前面的解说还没有多么深入”（页99）。突转的关节是“巨大的不安”与“解释学问题”——如果我们回头翻阅一下《存在与时间》就会看到：与“不安”相关的“畏”恰是海德格尔在那里所描述的“亲在”的基本现身情状（第40节），正是在那里，我们读到：“如果我们在生存论存在论的意义上把亲在之茫然失所解释为威胁……”〔Wenn wir existenzial-ontologisch die Unheimlichkeit des Daseins als die Bedrohung interpretieren...〕(《存在与时间》，页219；注意这个die Unheimlichkeit des Daseins在海德格尔解释《安提戈涅》第一肃立歌时的意义）与此情状相连的是“操心”，随之便是第42节：“由先于存在论的亲在自我解释验证亲在之为操心的生存论阐释。”

偶然的巧合？我们看海德格尔如何深入自己提出的话题。

海德格尔从当年的“解释学的现象学”说起：“解释学的”这个形容词不是“解释〔Auslegen〕的方法，而是指解释本身〔das Hermeneutische〕”（这个语词本来是日本客人最先用的哦！尽管中译不一样）……当年放弃“解释学的现象学”这个提法，可不是为了否定如此现象学呵，而是为了进一步澄清现象学……如何澄清？

从澄清“解释本身”〔das Hermeneutische〕入手……何谓“解释本身”？海德格尔回溯词源：“解释学”的名称源于希腊语的动词 ἑρμηνεύειν〔解说〕，动词源于名词 ἑρμηνεύς〔解说者〕，普通名词源于专有名词“诸神的信使”—Ἑρμῆς〔赫尔默斯〕，“他带来天命的消息”〔Botschaft des Geschickes〕，后来成为对由诗人说出来的东西的解释（页115，中译本页100）。

海德格尔抛弃了解释学？

是的——抛弃了狄尔泰、施莱尔马赫意义上受基督教神学规定的解释学……在解释《安提戈涅》第一肃立歌时，海德格尔宣称要摆脱受基督教规定的近代以及迄今的形而上学和认识论，狄尔泰、施莱尔马赫意义上的源于基督教神学的解释学显然属于这种形而上学和认识论——谈话随后通过说到狄尔泰的《体验与诗》来证实了这一点（参见页 106）。

海德格尔抛弃了解释学？

当然没有——从“解释学”这个名称的希腊语词源重新取回“解释学”，把它界定为对诗人所言说的东西的解释，而诗人——当然是原初意义上的诗人——是“赫尔默斯”，即“诸神的使者”，在此，海德格尔引用了柏拉图的《伊翁》来证明：诗人即“诸神的使者”〔der Götterbote〕这一说法乃古已有之（页 100）。

日本客人曾经说，按照“语文学”〔Philologie〕的定义，“解释学乃是一门关于文学作品的解释的目的、方法和法则的科学”，这里海德格尔则界定为对诗人所言说的东西的解释，从而，海德格尔所谓古希腊意义上的“解释学”不仅不是基督教神学意义上的解释学，也不是传统的古典语文学意义上的“关于文学作品的解释的目的、方法和法则的科学”。换言之，并非任何作品都值得去解释一番，因为并非随便哪个诗人都是“诸神的使者”——从而，真正的“解释本身”的首要任务乃是：得先看准历史上谁是值得解释的诗人，或者说，谁是真正的“诸神使者”——对索福克勒斯的解释，仅仅是一个初步尝试……我们知道，海德格尔一生中出版过的唯一一部解释诗人的专书，是对荷尔德林诗作的解释——而非对索福克勒斯的解释，在海德格尔心目中，谁是这个时代真正的“诸神使者”已经很清楚了。

经过重新取回原初的“解释学”，谈话有了新的起点和新的话题：在场者之在场的二重性（Zwiefalt，比较《形而上学导论》解释索福克勒斯时第三道工序中的 ein Zwischen-fall〔跌入其间〕），“正是这种二重性要求着人，召唤人走向其本质”；在这种二重性中“占支配地位和起支撑作用的东西是语言。语言规定着解释学关联”（页 100—101）。新一轮“交互讯问 / 听取”（第五段）带着何谓“解释学关联”的讯问重新上路——在此，日本客人用了“我们”，海德格尔跟着也用了“我们”……“交互讯问 / 听取”与

"在"第一次归属在一起。

在接下来的谈话中，海德格尔不再回避用"解释学"这个语词（页103、111、122〔两次〕、123），日本客人用到这个语词时，海德格尔也不表示异议（页103、112、119、122、123）。从第五段"交互讯问/听取"开始，谈话行程围绕着何谓"解释学关联"往回走（从而第五段与第三段形成对照）——从康德走向前苏格拉底，在这里，海德格尔不失时机地谈到了对古希腊的理解……话题从"显现"转过来（这个论题已经见于《存在与时间》，似乎从前的"解释学的现象学"以"现象学"为主体，这里则是"解释学"成了主体，以至于可以说是"现象学的解释学"），海德格尔要求摆脱笛卡尔—康德以来对"显现"的理解，要"思考希腊意义上的显现"……在这个节骨眼上，海德格尔让自己笔下的日本客人出面来澄清一个重大误解：

> 人们往往不加深究地把您对显现的规定与希腊人的规定相提并论；而且人们想当然地认为，您的思想一味地力求返回到希腊思想那里，甚至返回到前苏格拉底思想那里。（页109）

海德格尔让笔下的自己回答说：

> 这种看法当然是愚蠢的，但它也含有某种正确的成分。

模棱两可的修辞……究竟是抑或不是？鉴于海德格尔在20世纪40年代以后解读了好些前苏格拉底哲人，这问题对于我们中国的思者来说当然非常紧要——幸好海德格尔笔下的日本客人紧追不放，海德格尔回答了自己与古希腊思想的关系，尽管回答仍然呈现为引导性对话：

海：我们今天的思想已经放弃了更希腊地思希腊思想。

日：从而也就放弃了比希腊人的自我理解更好地理解希腊人。

海：不对，事情恰恰不是这样〔Dies gerade nicht〕。因为任何伟大的思想总是最好地理解自己，也即说，总是在它所具有的界限内理解了自己。

日：那么何谓更希腊地思希腊思想呢？

海：这最好就显现的本质来加以说明。如果在场本身被思为显现，那么，在场中运作的就是那种进入无比意义上的光亮之中的出现。无蔽是在作为某种澄明的解蔽中发生的。而这种澄明本身作为居有事件（Ereignis）在任何地方都是未曾被思的。从事对这一未曾被思的东西的思，意味着：更原始地追踪希腊思想，在其本质渊源中洞察希腊思想，这种洞察就其方式而言是希腊的，但就其洞察到的东西而言就不再是希腊的了，绝不是希腊的了。（页 126—127，中译本页 109—110）

多么斩钉截铁、语重心长的“恰恰不是这样”！

施特劳斯在 20 世纪 30 年代初作的一篇学术报告（未刊）中说过：“比作者本人更好地理解作者”乃康德提出的解释原则，正是这一原则支配了施莱尔马赫以后的解释学。[1] 倘若施特劳斯所言不虚，海德格尔在这里截然的“恰恰不是这样”就表明，他仍然置身在康德的解释学原则之中——不仅如此，还有过之而无不及：这里谈论的话题，恰是《形而上学导论》在解释《安提戈

〔1〕施特劳斯：《柯亨与迈蒙尼德》，见刘小枫编：《犹太哲人与启蒙》，张缨等译，北京：华夏出版社，2010 年；亦参《显白的教诲》，见《古典政治理性主义的重生》，郭振华等译，北京：华夏出版社，2010 年。

涅》第一肃立歌后谈论的话题——海德格尔在那里引述克塞诺梵尼后突然又回到解释古典的方法问题，说“我们的解释”〔unsere Auslegung〕会被“受基督教定调的近代亦即今天的形而上学”视为“一种任意曲解”〔eine willkürliche Umdeutung〕，“精确的解释”〔exakte Interpretation〕绝不会认可“海德格尔式的解释方式的强词夺理和片面偏激”〔Gewaltsamkeit（注意这个语词在《存在与时间》中的用法和位置）und Einseitigkeit des Heideggerschen Auslegungsverfahrens〕云云——对诸如此类的质疑，海德格尔理直气壮地反问：“究竟哪一种解释才是真实的”〔Welche Auslegung ist die wahre〕(《形而上学导论》，页134，中译本页176)。这话听起来无异于说，康德的“比作者本人更好地理解作者”还不彻底，因为康德的形而上学已经被基督教定了调儿，没有看到在《存在与时间》中“被解释为威胁”的“亲在之茫然失所”〔die Unheimlichkeit des Daseins〕——难怪在谈话中，海德格尔后来要让自己笔下的日本客人说，“康德对这回事情早有猜度”，以便给自己一个机会说：“但是我们的思想已经在这个源泉那儿了吗？”（页119）

海德格尔要思的东西“在任何地方都是未曾被思的”，包括古希腊人——用咱们的诗人黄遵宪在《人境庐诗草·自序》中的语词来表达，可以说，海德格尔看到了“今之世异于古”，他要思的是“古人未有之物、未辟之境”……

关于所谓“二重性”的谈话，最后消逝在一种神秘的声音之中（页111）……谈话进入第六段“交互讯问/听取”——海德格尔让自己笔下的日本客人重新用起“我们”，还特别让他为此说了一声“对不起”……前一次用到的“我们”（第五段开始）在探问过程中分化为“二重性”了，到了这里，“交互讯问/听取”与“存在”又归属在一起，因为，海德格尔的日本客人此时说，他以为自己“现在更清晰地洞察到解释学与语言的一体性的全部意义”（页 112）——海德格尔没有对客人用 das Hermeneutische 一词表示异议。

话题竟然回到了“美学”！……海德格尔在模仿柏拉图笔下的苏格拉底兜圈子么？

“交互讯问/听取”的谈话说到了席勒……说到了“秀美”……海德格尔把这个德国古典美学的概念转化为“喜悦”〔Entzücken，或可译作“迷醉”〕，为什么谈起“迷醉”来了？因为“澄明着的消息发生”〔Ereignis der lichtenden Botschaft〕啦……（页 115—116）。此时，日本客人几乎不用怎么点拨就已经懂得，德国古典美学的“秀美”概念“太容易把今天的心智引入歧途了”……海德格尔接下来一定是带着满意的微笑在听取，因为，自己的日本客人主动说，唯有求助于古希腊文来理解何谓真实的“秀美”……如何求助于古希腊语？不用海德格尔指点，日本客人自己也已经知道：通过海德格尔解释荷尔德林的诗句时所引的索福克勒斯……海德格尔高兴地接过话头，进一步补充道：索福克勒斯笔下的 Χάρις 才是“真正地作诗”〔das eigentlich Dichtende〕……“是二重性之解蔽”（页 135，中译本页 116—117）。

何等富有启发意义的谈话！……海德格尔让自己笔下的日本客人说：

> 在您的引导下尝试对解释学的沉思〔unter Ihrer Anleitung dem Hermeneutischen nachzusinnen〕……是多么明智。

——海德格尔谦虚地说：

> 我的引导必定多么微不足道；因为随着对言说之本质的洞察，思想才刚刚开始了一条道路，这条道路把我们从纯粹

> 形而上学的表象中取回来，使我能进入对那种消息的暗示的关注——我们本来就想成为那种消息的传信者。（页 137，中译本页 118—119）

“交互讯问 / 听取”的谈话看来要结束了，话题已经走向“叙说〔Sagen〕的本质”——这种“说”得“从语言的本质中被召唤出来”……

“我们如何能做这种说呢？”海德格尔让笔下的客人问了最后一个带实质性的问题，由此把谈话推向了最后一段（第七段）“交互讯问 / 听取”—海德格尔回答说：“或许只能是一种对话”（页 141；中译本页 122）。

海德格尔在这里写的不正是一场对话吗？……是又不是——当我们说海德格尔在这里写的是一篇对话时，是以柏拉图的对话为尺度来衡量的，但海德格尔说，他所理解的“对话”，其实就是所谓的“解释学循环”〔den hermeneutischen Zirkel〕…… 因为“解释学关联”最终无法用语言来表达，需要一种与此无从言说的东西相宜的“对话”—经过海德格尔最后的这番开导，日本客人很快就懂了：

> 在这种意义上来看，岂不连柏拉图的对话也不是对话了〔auch Platons Dialoge keine Gespräche〕。（页 143，中译本页 123）

“柏拉图的对话也不是对话了”——“对话”的原文前一个用的是希腊语的转写，后一个用的是德语，妙呵！整个谈话仅两次提到柏拉图：一次是海德格尔自己，引证柏拉图的《伊翁》（页 100），再就是临近结尾的这一次，由海德格尔笔下的日本客人提到的—为什么这次让日本客人提到？海德格尔相信，聪明的读者自然会明白个中的消息……海德格尔几乎是表演性地把客人的这一修辞性提问"搁在一边"，让"交互讯问 / 听取"的谈话闭幕……海德格尔把话题引回"二重性之解蔽的消息"，让自己笔下的日本客人以这样的话结束："这消息用我们为传信者"（页 126）。

海德格尔在这里的"对话"难道还没有清楚表明，古希腊诗人和哲人（其实是一回事，参见《形而上学导论》，页 110，中译本页 145）那里根本就没有需要海德格尔去读出来的东西？……海德格尔的思想"扎根"在古希腊人那里——有位精通"哲学的地缘政治"的美国学者如是说，倘若与海德格尔的这篇生平史式的谈话对照一下，这话听起来简直是天方夜谭。这位美国教授竟然写到，"海德格尔追随索福克勒斯在《安提戈涅》合唱中的洞见，宣称……"[1]海德格尔何曾"追随"过索福克勒斯的"洞见"？

通过证明中国古代的大易思想比康德，尤其海德格尔的形而上学高明，牟宗三以为他已经证明了中国思想比西方思想高明——我们高兴得可能过于早了些吧……这种结论必须基于一个前提：海德格尔把握住了"真实的"古希腊思想……然而，海德格尔已经明确告诉我们，他的"先见"来自荷尔德林……

追仿海德格尔的解释学方式，通过解释中国古代（遑论现当代的诗人）来使得中国思想"解蔽"，我们会走向何方……无论何方，总归不会是中国古典诗人原本所在的"家"——除非我们断定，海德格尔的"亲在"解释学的"先见"就是中国古典作品中已经有的东西……不然，我们学会的至多是，像荷尔德林那样，以一种"前无古人、后无来者的方式"（莱茵哈特语）翻译

〔1〕巴姆巴赫：《海德格尔的根：尼采、国家社会主义和希腊人》，张志和译，上海：上海书店出版社，2007 年，第 351 页。

和解释古代诗人。

倘若对古希腊肃剧诗的解释仍然没有摆脱德意志古典形而上学的思维，就依然是在用一种新的形而上学构想来反驳旧的形而上学构想——荷尔德林如此，海德格尔同样如此。海德格尔的《形而上学导论》想要掀翻整个理性形而上学传统，奇妙的是，他采用的是讲授“形而上学导论”的方式——即便海德格尔用对索福克勒斯诗句的解释置换了传统形而上学的根基，从而表明现代的启蒙教育最终会失败，理性教育并不能使人成长，以至于海德格尔看起来在主张回到传统的诗教，他对康德启蒙形而上学的批判说到底依然基于同样站在康德“现代的水域”中的荷尔德林对古希腊精神的歪曲……《形而上学导论》结尾时引用的荷尔德林诗句像是在指示一条走出启蒙形而上学的“路”，但这条“路”本身仍然是一种形而上学（教育）。

1951 年，海德格尔的《荷尔德林诗的阐释》出了 Vermehrte Aufgabe〔增订版〕；1953 年，《形而上学导论》出版；1959 年，可以恰当地被看作《荷尔德林诗的阐释》续篇的《在通向语言的途中》出版，这一年海德格尔满 70 岁——在我们刚才读过的生平史式的谈话的结尾，海德格尔呼唤哲人甘当作为“诸神使者”的诗人的“传信者”（解释者）。

“从德木格而来”：“柏拉图神话”“从存有而来”：“海德格尔神话”（“后形而上学”统摄“形而上学”如何可能？）*

一个疑问

《形而上学导论》（1936年）与《哲学论稿——从本有而来》（1936—1938年）写于同一时期。前者海德格尔于1958年亲自出版了；后者一直到海德格尔去世13年后的1989年为海德格尔“百年诞辰”计才由后人清理编辑问世。

熊伟先生在1996年出版的《形而上学导论》“译者前言”中说：

> “海德格尔一生都在讲形而上学。”并援引海德格尔的话作证：“海德格尔指出哲学的主导问题是追问在者的在，这也就是形而上学的问题。他还说：‘关于这个主导问题，我自从发表《存在与时间》以来，就力图发展这个问题，即不再是追问在者的在，而是追问在本身。’”海德格尔又指出，“形而上学的历史就是把区别遗忘的历史。”

---

* 作者：张志扬，海南大学社会科学研究中心。原题：《“掠过”与“跳跃”或“另一开端”对“第一开端”晦蔽地运作》。

柏拉图、亚里士多德奠基以来直到《存在与时间》，都只能看作追问形而上学的“主导问题”，即“追问存在者的存在”。《存在与时间》虽然区分了存在者与存在的存在论差异，但仍“以此在为中心”，并没有真正脱离形而上学窠臼（此系海德格尔本人承认）。此后，海德格尔才力图发展这个问题，即从“追问存在者的存在”转变到“追问存在本身”。显然，这正是《哲学论稿——从本有而来》的任务。

所以，**《形而上学导论》的“导论”恐怕不是形而上学史传统，如康德、黑格尔所专为“形而上学”的展开而写的“引导性”前言（因为“形而上学”已经是一个完成了的“整体—体系”在或将在那里了）；而是“导入”形而上学并把形而上学带向其边缘的穿透性解构，才有劈头盖脸的怪问：“究竟为什么存在者存在而无反倒不存在？”**

由此验明正身：《形而上学导论》是为《哲学论稿》出场的宣示或暗示，是《哲学论稿》之“从本有而来”[1] **的冰山一角。**

熊伟先生说的“海德格尔一生都在讲形而上学”的那个“形而上学”，只能算“第一开端”中关注“主导问题”的“形而上学”，即以1927年《存在与时间》为界面的追问“存在者的存在”之“形而上学”。其中，“存有”晦蔽着的威力稍稍“掠过”，但尚未真正牵引“以此在为中心”的人潜心“跳入”“另一开端”“基础问题”即“存有”本身底至深的深渊。意志或许具备，能力尚嫌阙如。后者至1938年海德格尔才在《哲学论稿——从本有而来》中大体“谋划”完成。

疑问：为什么亲自出版《形而上学导论》而至死不出版《哲学论稿》？“存有”〔“Vom Seyn”〕不比形而上学“本体”〔“Von

〔1〕归根结底是“从存有而来”。

der Ontologie"〕[1]更原始吗？有何不妥？

海德格尔生逢20世纪"极端年代"[2]，一切无所不用其极。一战沉沦，苏俄革命。纳粹上台，二战爆发。自己也置身弗莱堡大学校长十月。战后1946年接受审查，险些像施密特那样被"开除教职"。于是，临危而居，重门深锁，连20世纪60年代《明镜》周刊访谈"只还有一个神能救渡我们"都要求十年后发表，而《哲学论稿》藏之深山，莫非有"鱼不可出渊、器不可示众"的奥秘？

《哲学论稿》隐藏着海德格尔至深的意图，即用"从本有而来"（归根结底"从存有而来"）为整个西方形而上学从无到有逐层赋形演示其隐蔽的生成原动力——这就是为什么**"存有之神"成为高于"最后之神""诸神""基督教上帝""形而上学""政治哲学""科学技术"等诸形态的最隐蔽的根源**。由此听一视："存有之神"作为"无形神"统摄运作诸"有形神"及其在世的"形而上学史"。换句话说，海德格尔一面宣示"'体系'时代过去了"，另一面却悄悄运用来自"存有"之"本有"的非"本体"性建基（本现）重新在深渊之上靠"强力意志"由另一开端即"存有"底"二重显隐时空"（诸神形态）跃入第一开端"存在者"底"线性时间与空间"（形而上学形态），复活或还原铭记以"存有"为本源的"形而上学生成史"。简而言之：

> **"从德木格而来"到"从存有而来"，海德格尔制造了一个比"柏拉图神话"更原始的"海德格尔神话"！**
>
> **因为它更古老、更少人为的形式特征与逻辑特征，它似**

〔1〕按《哲学论稿》，"第一开端"建基为"Ontologie"，"另一开端"建基为"Ereignis"，乃"Seyn"之本现。

〔2〕《极端年代》是英籍犹太人历史学家霍布斯鲍姆"四年代系列"之一。

可算作“无形神”。

二战后，经历“理性毁坏”而终“理性战胜”的世人，信吗？

窃以为，《哲学论稿》终不过是“后形而上学”底“形而上学”，难免“形而上学”底命运。充其量如海德格尔本人曾公开申述的“把形而上学带到其边缘状况”。“边缘”的一边是形而上学界限，另一边仍是深渊黑夜，以至海德格尔最后只有雕一颗“星”在自己的墓碑上——

是西方陨落的“暮星”，还是东方启明的“晨星”？

“唯有神知道”。

一条线索

1

依据《哲学论稿——从本有而来》“三、传送”

“第一开端经验并且设定存在者之真理”（引者按：注意“设定”二字，表明其人为的技术逻辑规定），“从而吞掉了虚无，把它当作‘非’（Nicht）和‘反’（Gegen）吸收掉或者完全消灭掉”，此乃作为“主导问题”构成形而上学的历史；

“另一开端经验存有之真理，并且追问真理之存有，从而首先为存有之本现建基”（引者按：注意“存有”作为“基础问题”是自行本现的，并用“掠过”、召唤人“跳跃”进入此一在开裂的建基，即非形而上学的建基），“让存在者作为那种原始真理的真实者而产生出来”（引者按：即不同于形而上学底逻辑建构之本质与现象的同一性）。[1]

2
“第一开端”——“主导问题”——追问“存在者的存在”平面线性时间与空间

（一）作为人的“此在”时间有两个向度指向两种空间：

横向：一此在（人）为中心的“去远”，从“手边”到“上手”，从“烦物”到“烦心”，从“常人的沉沦”到“此在的澄明”。

纵向：垂直向下，烦—畏—死—无—存在

（二）不同时间段中存在者与存在之关系的不同表述：

早期——存在者与存在的“存在论差异”（1927年）

中期——语言的“显隐二重性”（20世纪30年代中期）

后期——真理底本质之“敞开即遮蔽”在“之间”中运作（20世纪50年代前后）

（三）后者（二）仍然是现象学方法描述的存在者与存在的现象学关系

（四）因而真正追问“存在即存有本身”的“另一开端”之“基础问题”，其纯粹的表述形式几乎只在《哲学论稿——从本有而来》中进行

3
“另一开端”——“基础问题”——追问“存有本身”纵深显隐二重时空

几乎所有第一开端中“主导问题”都必须放到“存有”之本

---

〔1〕海德格尔：《哲学论稿——从本有而来》，孙周兴译，北京：商务印书馆，2012年，第186页/德文版第179页。

现的“本有之真理”底“建基”中透视般的显影一番。

此处无暇详述，仅提示一二。

4

“掠过”（Vorbeigang）

die Erzitterung des **Vorbeigangs** der Goetterentscheidung（“诸神决断底**掠过**之战栗”）中的“**Vorbeigangs**”（“掠过”〔*甲*〕)。它使我想起几乎同年写出的《形而上学导论》，开篇谈“形而上学的基本问题”也有这种类似的用法（第二自然段）：Und dennoch! Jeder wird einmal, vielleicht sogar dann und wann, *von der verborgenen Macht dieser Frage* ***gestreift***, ohne recht zu fassen, was ihm geschieht（“然而，每个人都曾经，甚至或许也还时不时地为这个问题晦蔽着的威力所**掠过**〔乙〕，却不明白是怎么回事。”[1]）。

很有意思，孙周兴与王庆节两人都用了同一个中文词“掠过”去翻译两个不同的德文词：Vorbeigangs，gestreift。前者是名词，或动名词；后者是被动态动词。前者命名的是一种存在状态，即从旁错过者，擦肩而过者；后者仅仅是一个被什么擦过、划过地不经意行为。

gestreift 句完整义。“究竟为什么存在者存在而无反倒不存在？”这个问题是形而上学家、逻辑学家、技术理性者，或一般常态中人，都是提不出来也无法听懂的，因为，这个问题，不仅仅意味着问句被说出来让人听见和读到，而是意味着：“使问题得以成立，使问题得以提出，迫使自己进入这一发问状态中。”（3/1）[2]

---

〔1〕见王庆节与熊伟先生共同翻译的《形而上学导论》，北京：商务印书馆，1996年。2012年王庆节新译的《形而上学导论》略有改动，但此句仍保持了原译。

〔2〕海德格尔：《形而上学导论》，熊伟、王庆节译，北京：商务印书馆，1996年。参照德文本（Tübingen: Max Niemeyer 1958）。“3/1”前为中文页码，后为德文页码。

紧接着的第二自然段就是我们引用的那段话："尽管如此！"（Und dennoch!）[1] 地难于进入，可并不等于这个问题不存在，或只是人为地刁钻古怪，须知它以一种独特的方式使人感觉到："每个人都曾经，甚至或许也还时不时地为这个问题晦蔽着的威力所**掠过**"，尽管"不明白是怎么回事"。这里"掠过"的德文词"von...... gestreift"，是用的描述句"被什么东西轻轻划过（擦过、扫过、掠过）"，被掠过的人只是感觉到却并不知道是什么东西掠过。而那个东西就是"这个问题晦蔽着的威力"。这真是一种奇特的方式：掠过的牵引、扭身而去的召唤，让……敏感者（被牵引）**自行进入**。

Vorbeigangs 句完整义。"诸神决断底掠过之战栗"，根据上下文，诸神"决断"就是诸神特殊的第二存在时空二重性：即到达与逃遁、敞开即遮蔽、显即隐。因而它归根结底也是一种"晦蔽着的威力"，不为常态所认知。因而它也具有"掠过"的特征，带出"没有指号的指号""没有名分的牵引""扭身而去的召唤"，只是以诸神之名（故以"动名词"）决断地临近即远逝（显即隐），庶而使"感觉"成为"战栗"，即掠过惊心。就像我们迷失于探寻的山洞突然遭地穴袭来的阴风既让人有毛骨悚然之感又恍如迷途指津一般。

海德格尔就是这样描述他的"进入存在"的"感召—牵引"！

5
双向"跳跃"（Sprung）

"七、最后之神"的最后一个自然段开头说：

"神等待着存有之真理的建基，因而等待着人进入此一在之中的跳跃——知道这一点的人是多么少啊。"

---

[1] 中译本没有将惊叹号（"!"）的语气翻译出来是不恰当的。

“神等待着存有之真理的建基”，应理解为“双向地跳跃”：一是“存有”自行的本现为“本有之真理”，它也必须从“另一开端”的时空二重性“跳跃（**跃出**）”——“第一开端”的时间绽现为存在状态之此在澄明中；与此同时，但又作为“因而”的传送，“等待着人进入此一在之中的跳跃”，即从“第一开端”的开裂（“此一在”）中“跳跃（**跃入**）”——“另一开端”，经历“首先为存有之本现建基”。只有这样，才能**跳出**“形而上学遗忘存在的历史”。

此种“双向跳跃”就是后面紧接着说的：“存有的那种**‘此’之穿插到来的本有过程**”。它乃是形而上学“最无能忍受的”。因为看起来的“人等待神”，才是“最深刻的无神状态的最棘手的形式，也是昏聩无能之麻醉”，即盲目的信仰，从“神本体论”到“物本体论”，人才“杀死了上帝”。这就是尼采喊出“上帝死了”的真义。

存有之“神”与此相反，“神等待人”：“正是存有才为存在者进入真理之中并且在其中的站立提供一个场所，并且分配给存在者那种优先权，即置身于对神之掠过的最远的遥远之境中的优先权，而这种优先权的分配乃只有作为历史才发生出来。”

补充一句，1936年完成的《形而上学导论》，在“形而上学的基本问题”——“究竟为什么存在者存在而无反倒不存在？”的阐明中，主要立足于“另一开端”向“第一开端”的“跳跃”（**跃出**），由此本现“无”进入“在者”的原初过程。现在明了，《形而上学导论》背后的思想基础正是《哲学论稿》。

6
“先天性”（Apriori）

“三、传送”主要涉及第一开端的形而上学主导问题，当然是放在另一开端“存有”之“涌现”的映照中。

海德格尔问：“形而上学历史作为未经提升和不能为其本身所认识的东西，备好了什么，因而传送了什么。”（86节）列了四点：

（1）存在状态乃是**在场状态。**

（2）存有是**自行遮蔽。**

（3）存在者处于**优先地位中。**

（4）存在状态乃是**增补**[1]，**因此**是“先天性”（Apriori）（181/174）。

四点都是形而上学中的主导问题。其中唯“存有是**自行遮蔽**”着的。

“存在状态乃是**在场状态**”，说的是思想确信的“对象性”，也是技术完成着精通着的对“涌现、自然”之“尺度”的把握，因而它是“普遍者”。

“存在者处于**优先地位**中”，因为形而上学就是冲着存在者的存在状态而去的。黑格尔一句话管总了：“个别就是普遍，普遍就是个别”。

至于“存在状态乃是**增补，因此**是‘先天性’”，这就涉及存在状态的普遍性（即对特殊的存在者之“增补”——“普遍者”）是如何来的形而上学主导问题。在形而上学“备好了的”可以“传送的”范围内，“先天性”就是最后的解释，它好像解答了根基问题，而在海德格尔看来乃是“未经提升和不能为其本身所认识的东西”。于是，海德格尔把“先天性”与“存有”之本现的“涌现、自然”联系起来以揭示其生成本源，即“存有”之本现的“涌现、自然”乃是“先天性”无限“增补”的源泉。

插一句，德里达在建立他的反逻各斯中心主义的“延异”说

〔1〕“增补”原文为der Nachtrag，英译本作addendum。这里难以理解的是“增补”与句中“先天性”（Apriori）的关系。——孙译本译注。

之“无限增补”时，肯定不知道海德格尔这本隐藏着的《哲学论稿》，因而德里达的“增补”绝不是对海德格尔“增补”的挪用。事实上也不是，德里达“增补”是在“文字”的“延异”的意义空间上使用的；而海德格尔则是在“存有”之“涌现、自然”的意义上使用的。但有一点是相同的，那就是，两人都要解决同一个“词”或“文字”或“存在者”为什么会出现“意义”的无限“更迭”“替换”即“增补”。德里达毕竟在海德格尔开辟的可拆解地“存在”进路上“自由创造”。

回到文本。“111.‘先天性’与 φύσις〔“涌现、自然”〕”和“112.‘先天性’”（233、234/222、223）特别值得关注。

先看“111.‘先天性’与 φύσις〔“涌现、自然”〕”。

海德格尔解释说：“‘先天性’与 φύσις〔“涌现、自然”〕”意味着“比自然更早先者”。“φύσις〔“涌现、自然”〕”乃是赋予尺度的，是“比……更早先的东西”，是来源、本源。（233、234/222）

这意思是说，存在是比存在者更早先者，显现是比显现者更早先者；作为“φύσις〔“涌现、自然”〕”的存在或显现，乃是赋予尺度的，因而是来源、本源。

注意，这个说法含混着，即把非形而上学用语（“φύσις〔“涌现、自然”〕”）用于形而上学之中（赋予尺度的更早先的东西、来源、本源）。因而海德格尔才紧接着说：最早先者，首先在场者，在场现身，就是“φύσις〔“涌现、自然”〕”本身，**但立即就与 ἀλήθεια〔无蔽、真理〕一体地被 ἰδέα〔相、理念〕掩盖起来了**。（234/222）其所以如此，是**因为把作为 ὄντως ὄν〔真实存在者〕的 ἰδέα〔相、理念〕看作了 πρότερον〔第一性〕**。

也就是说，完全按第一开端即形而上学的思维用语表述本属于另一开端之存有二重运作。

再看“112.‘先天性’”（暂缺）

7

“诸神底逃遁与到达之决断”（der Entscheidung ueber die Flucht und Ankunft der Goetter ）

254节“拒予”第一自然段：“我们进入到关于诸神逃遁与到达之决断底时间—空间之中。”

“最后者”靠什么逃避计算而成其为“最后者”？靠“拒绝”或“拒予”，即靠“最后之神”掌有的“诸神”专属之姿态：“到达即逃遁、逃遁即到达”“远去即临近，临近即远去”这种“**二重性决断**”，并由此构成不同于“此在基本存在论”之“第一开端时间”的“**另一开端时间**”：在敞开中遮蔽、在显现中隐匿的“生成”。试想，人在所生存的线性时间——空间中能够如此吗？这是唯有诸神之神性所能为，因为诸神的“度”本身就是如此临界着的。不过这里用“拒予”表现出来。

“拒予”一开始三个自然段用了三种不同句式——反问、设问、排除——表达同一个问题：

我们返回（ruecken）到诸神关于逃离与到达之决断的时间—空间中。但这是如何发生的呢？

首先是反问（第四自然段）。理解的关键，“一方”“另一方”，所指为何？

是“逃离”为一方，“到达”为另一方吗？

还是，“我们”为一方，“诸神”为另一方？

更根本地要看如何理解如下词语或关系：

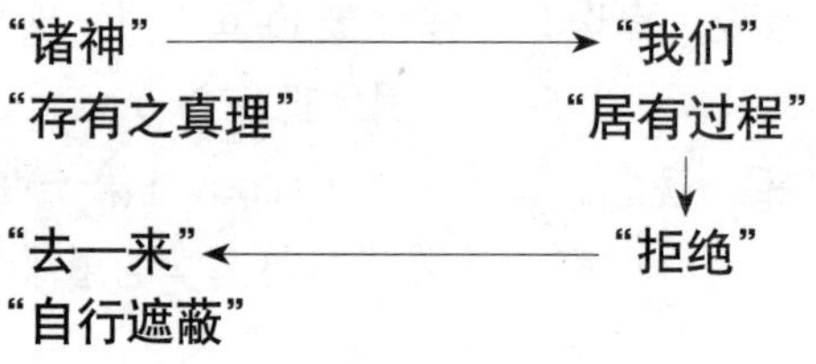

"诸神"的时间—空间是存有之真理运作的时间—空间，只有我们被带入其中或参与其中，才发生逃遁与到达的决断使存有之真理变为生发事件的居有过程。但此间，"诸神"与"我们"恐怕目的不同，"诸神"只是存有之真理的运作即生发—隐匿的二重性，而"我们"才在这生发的事件性中期待着根基的建设。由此决断开启完全不同的时间—空间。这里显然区分着两种"决断"及其"时间—空间"，在"诸神"那里仅仅是存有之真理的显隐二重性运作（第二开端），而在"我们"参与其中后才带入建基性期待的居有过程（第一开端）；而诸神则因到达即逃离的"拒绝"而保持着遮蔽的归隐力量。

其次是设问（5）。假设就算诸神逃遁就逃遁了，或者到达就到达了，单纯成为终结本身，会怎样呢？假设除此之外，存有首次作为真理被我们所把握，那个拥有拒予的"最后者"也就作为居有过程被我们把握了吗？

第三排除（6）。其实"最后者"之所以是"最后者"，根本不要想它是逃离，还是到达，或者是逃离作为到达，都不恰当的，它本来就是一种"原始性状"（Urspruengliches），以拒予的方式保持着"存有"本来就有的丰富性，建基正要把存有真理的抑制形态即君临风范的本源建基于其中。

总而言之，表面的时间—空间中，"我们"突出了建基的居有过程更像是我们成为最后的赶超者。但这不过是看来如此而已。别忘了，我们看起来的居有或居为己有的事件，它——那个最后者，本能地从"我们"这儿抽身而去了，即"自行遮蔽"了。这就是"最后者"之"拒绝"的本质。使"我们"不能因居有而成为最后的赶超者，也就是说，作为居有者的"我们"达不成最高计算的目的，喧嚣成为多余。

8
“基督教的上帝”“诸神”“最后之神”“神本身”（即“存有之神”）

“七、最后之神”的“**题词**”：

> **“这完全另类的神**
> **不同于曾在的诸神，**
> **更不同于基督教的上帝。”**

Der Gott，同一个词，在这个“题词”中不得不分三种译法：“诸神”（复数、多）、“上帝”（一神、单一、唯一）、“神”（非计算者即非数）。“诸神”是希腊的，因而是“曾在的”，一直从犹太教延伸到基督教的“一神”，乃是今天人们熟知的“上帝”，事实上已经专名化，即计算化了。海德格尔指出的“最后的神”，恰恰与它们两者根本不同，正如“数”不同于“正数”“负数”“虚数”“无理数”“零”等各种可计算的数一样。为了突出这个区别，只好用三个中文词译同一个德文词：

“诸神”——希腊“曾在的”（多）
Der Gott〈“上帝”——基督教“一神”（一）
“神”——“最后的神”（非数）

这是“七、最后之神”之特定语境中的必要区分，否则中译一概译成“上帝”，就无法体现海德格尔如此“题词”所强调的意图了。因而往下阅读“七、最后之神”，无论是翻译还是理解，Der Gott 都会给我们造成麻烦。必须小心伺候。

海德格尔的“最后的神”，坦率地说，仍脱不了计算之嫌，尽管他做了下面的规定。在西方，迈蒙尼德在《迷途指津》中也注意到同类问题，他宁可说是“无形的”，与“有形的”可计算的神区分开来。

所以，东方的“道”，其高明就高明在“逃避一切计算”上。“极高明而道中庸”，正说的是永远中途的先行。

但须话说回来，没有西方在现世领域计算的扩展，“极高明”又如何能标示？可见，西方的“建基”还是必要的。问题就出在——“限度”上，“极”而不“化”，必“硬结”成“本体”、成“霸权”，不仅丧失初衷的“自由、平等、民主”，还会根本丧失“属人”的“人义论”本身。这正是海德格尔“追问技术”所担忧的。

“七、最后之神”**最后一个自然段**：“神等待着存有之真理的建基，因而等待着人进入此—在之中的跳跃——知道这一点的人是多么少啊。”

由此开始结尾的（第 67 自然段）理解的要点如下：

这“神”乃“存有之神”，绝非希腊功能性的“诸神”（黑格尔把它们合理地叫作“度”），更非“基督教的上帝”（形而上学的神本体之“最高者”）。“存有之神”等待“存有之真理”的“建基”，因而也就必须等待“人进入此—在”的“跳跃”。

最后重申：《哲学论稿》全书中的“神”已然三分：（1）“神”是“第二开端”来自于“基础问题”的“存有之神”；（2）“诸神”已作为“进 / 出”环节而显隐二重地存在运行着；（3）“上帝”全然归属于“第一开端”作为“主导问题”的形而上学之“本体—最高者”。这个区分必须严格体现在本书的“神”之三分的翻译中。

2012 年 10 月 19 日　海甸岛

海德格尔著作翻译和研究中遇到的若干问题及体会

本人近几年的工作主要围绕“海德格尔的哲学史解读”专题展开，在翻译和研究过程中遇到了一些问题，这些问题虽说大多表现为某个词汇的翻译问题，但最终都涉及学理上的思考，本文列举几处，供大家讨论商议。

一 《形而上学导论》中“形而上学基本问题”的译法

在《形而上学导论》中，海德格尔将形而上学基本问题说成是：“Warum ist überhaupt Seiendes und nicht vielmehr Nichts”，目前的译本翻译为：“为什么存在者存在而无反倒不存在”。建议将这句翻译做些调整，比如“为什么有存在者而不宁可是虚无”，或“为什么存在者存在而不宁可是虚无”，或斟酌更好的表达，目的是为了突出虚无和存在者的差异，以及增加“宁可……而不”的含义。

理由如下：首先，这句话从汉语语感上似乎将存在者和无的地位等同了，容易使人把“无”理解为一个存在者，而按照海德格尔的一贯思路，存在与虚无是相对反的概念，存在与存

---

* 作者：赵卫国，陕西师范大学政治经济学院。

在者的差异，也就是存在者与虚无的差异，翻译需要突显出这个差异。

西方哲学基本问题通常被说成是存在与思维的关系，或存在与思维的同一性问题，存在被思维所充实，凡思想一定有所指，凡存在一定是被思想的存在，黑格尔的体系作为最典型的存在论，就是存在通过思维而不断丰富完善、得以自我认识的进程，作为神的存在之自我思想的游戏，最终达到存在与思想的同一，于是，在思维与存在同一的主旨之下，逻辑上的同一律、矛盾律在传统哲学中占主导地位。

海德格尔对传统存在论的批判，在《形而上学导论》中首先就表现在干脆将形而上学基本问题改为“为什么有存在者（存在）而不宁可是虚无”，这是对传统哲学强调同一性主旨的批判。后现代强调差异、延异的思想家之所以认同海德格尔，很大程度上是因为他首先从最高层面上把存在和思想的理论上的同一，转化为存在与虚无的实践性的发生关联（这也是他本人后期能够从道家思想中吸取有无相生思想的原因）。虚无是对思想的否定，只有虚无“视域”的展开，才可能摆脱思想的同一性强制，进而使差异性、不确定性突显。

其次，从逻辑层面，或者说，从哲学层面的逻辑学上讲，“为什么有存在者（存在）而不宁可是虚无”这句话可以说是根据律（充足理由律）的一种表达。Nihil est sine ratione cur potius sit quam non sit，习惯上通常表达为“没有任何事物没有原因”，海德格尔认为这样的翻译——比如叔本华就是这样，丧失了最关键的含义，他在《逻辑学的形而上学始基》中说：“但这个 potius 被忽略显示出，叔本华仍然走在老套路上，他只是表面性地撞上，而不是理解了问题，因为这个 potius quam，‘毋宁…而不是’（eher als），恰恰是 principium rationis（根据律）之问题的关键所在。”而海德格尔认为莱布尼茨提出了三种表达方式，“大致弄清楚了充足理由律背后存在的问题”，分别是：1、“有”为什么毋宁任何事物都存在而不是不存在的原因；2、“有”为什么毋宁这个东西存在而不是其他东西存在的原因；3、“有”为什么毋宁它这样存在而不是以其他方式存在的原因。这里的几层含义，都与他改造了的形而上学基本问题相关，因此，突出“毋宁…而不”的意思，以及虚无和存在者的差异至关重要。

二　关于“ontologisch”和“ontisch”的译法

将“ontologisch”译作“存在论的”或“本体论的”都可以，各有利弊，之所以不译作本体论，只是因为从工整对应的角度来说，把“ontisch”翻译为“本体的”有点麻烦，使人感觉是在形而上层面，其实是指一般存在性层面，译为“本体层面的”就更容易产生误解。

但这里需要强调的是，切不可将“ontologisch”和“ontisch”两个词作为一对范畴，对应海德格尔“存在”和“存在者”的差异，这就把“存在论”与海德格尔追问的“存在”等同于一个层面了，其实“存在论”反而和“存在者”是一个层面。只是为了避免这种误解，建议把“ontisch”翻译为“存在性的”，再啰嗦一些可译为“存在性层面的”，如遇“Ontisch”可翻译为“存在性的东西”。因为“ontisch”是个泛泛而指的词，在海德格尔文本中其含义就是日常一般存在着的东西、一般存在性那个层面，本来翻译为“存在者层面的”肯定没有错，但容易导致上述那种错误对应。

传统哲学向来都是存在论，探究存在者之为存在者，也就是存在者之存在的“论”，从这个意义上从来都没有遗忘存在，只不过偏重范畴化、泛逻辑化的方法，偏重“论”，这方法才是海德格尔感到不满意的，是其解构所针对的。当然，方法的改变一定牵扯着问题或内容本身的改变，去了“论”的存在本身成为追问对象，而且海德格尔言及存在论，大多就是指传统存在论，即传统形而上学，他自己则要追问更本源的作为发生性本体的存在，也就是他自己的形而上学，他的这个形而上学倒可以说是“本体论”，对于中国人来说，“本体”从来都不会朝“物体”那种含义理解。方法性的革命使得探究“存在”方式不能像探究“存在者”那样进行，不能仅仅依靠“论”，不能仅仅用逻辑系词“是”来表达，这才是所谓存在和存在者的存在论差异——这里倒是应该叫“本体论”差异。

存在论层面和存在性层面，两个“层次”都“不高”，传统存在论就是探究一般存在性的东西之存在的，一般存在性的东西就是存在者，所以，“ontisch”翻译为“存在者层面的”完全正确，一般存在者就是存在论的对象。海德格尔要讲是前存在论或基础存在论，后期直接讲非存在论式的存在之发生，传统存在论也探究存在，但将存在思想化、范畴化的方法本身使存在如何发生，存在者如何存在出来的问题被遗忘。总而言之，存在论和一般存在者“平级”。

如果硬要排个优先次序，应该是：存在——此在——存在论和一般存在者（一般存在性的东西）。但要特别强调的是，如果存在者是此在，那么存在论，甚至此在的存在论，即生存论，都要最终以本真此在为根据，这时存在性层面，或者说，作为此在的这个“存在者层面”就比“存在论层面”“层次”还高。

《存在与时间》第三节标题是“存在问题在存在论上的优先地位”，而第四节是“存在问题在存在性层面上的优先地位”，且文本中多处出现“ontologisch-ontisch”连写字样，可见，“存在论上的”和“存在性层次上的”同属存在问题“之下”的同一层次，尤其是存在论，更多是指传统存在论，决不可提升到存在本身的问题的高度，对应存在和存在者的差异。

此外，《存在与时间》第 16 页这样说："凡是以不具备此在式的存在特性的存在者为课题的**各种存在论**都根植于**此在自身的存在者层次上**的结构并由此得到说明，而此在的存在者层次上的结构包含着先于存在论的存在之领会的规定性。"

"固然先行之**生存论上的**筹划把自身保持在以前获得的此在诸结构上面并且让此在仿佛自己把自己筹划到这一可能性上去，而不是把一种'具有内容'的生存理想摆到此在面前，'从外面'强加于此在。尽管如此，这一在**生存论上**'可能的'向死存在在生存上却仍是一种想入非非的奢望。只要相应的**存在者层次上的**能在不是从此在本身表明出来，此在之本真的整体能在存在论上的可能性就毫无意义。"

可见，即使生存论地描述出死亡的各个环节特征，尽管这种生存论的存在论已有别于传统存在论，但如果论述不在存在者层面上，即生存的此在的切身展开状态中找到根据，那么就仍是形式的和有限度的，仍有可能沦为仅仅理论的或存在论层面的。这时存在性层面不但不"低于"，反而"高于"存在论，甚至生存论层面。

就存在与存在者之存在论差异与存在论本身的关系，海德格尔在《逻辑学的形而上学始基》中有句话说得比较明确："在存在之领会中蕴含有存在与存在者的这种**差别**之发生，这种**差别**首先使得像**存在论**这样的东西得以可能。因此，我们把这种首先使得像存在之领会这样的东西得以可能的差别，称为**存在论差异**。"存在论差异使得此在之领会得以可能，进而在此基础上，形形色色的存在论才得以建构。

所以，只是为避免"层次"混乱，建议不要把"ontisch"译为"存在者层面的"。

三　对“存在的意义”中“意义”一词译法的思考

一个很不成熟的考虑，是否可将“存在的意义”中的“意义”（Sinn）一词翻译为“感”“感受”，即“存在感”，或者，怎样才能突出“感”这样的意思，与此相关，还涉及对“Leben”一词在海德格尔语境中的翻译问题。

德文Sinn含义异常丰富，而汉语“意义”一词也很常用，但这个词本身的意思或意义其实并不好理解，在教学过程中，很多同学在读《存在与时间》时都会提到“意义”本身的意义问题。《存在与时间》（汉译177页）第32节“领会与解释”中这样说：“意义是某某东西的可领会性的栖身之所。在领会着的展开活动中加以分环勾连的东西，我们称之为意义。在领会着的解释加以分环勾连的东西中必然包含有这样一种东西——意义的概念就包括这种东西的形式构架。”但这样的解释还是不好理解。

改译为“感”这个考虑，起源于翻译海德格尔文本中“Leben”一词的困惑，这是在翻译第62卷《对亚里士多德的现象学解释——现象学研究导论》的时候遇到的最大难题。该书第三部分标题是：“Das faktische Leben”，通常会翻译为“实际生活”，无疑，胡塞尔的生活世界（Lebenwelt），海德格尔的“实际性”等词汇下意识地起了引导作用，但此部分一上来恰恰谈到的是通常翻译的“生命哲学”的内容，列举的也是尼采、柏格森、狄尔泰等人，而这部分第一章是“Grundkategorien von Leben”，下面三节A. Leben und Welt；B. Bezugssinn des Leben：Sorgen；C. Die Kategorien im Bezugssinn des Leben都涉及“Leben”的翻译，进而涉及了“Bezugssinn des Leben”。

究竟翻译“生命”还是“生活”，笔者只好做了一个注释如下：

德文“Leben”的意思较丰富，哲学上主要翻译为“生命”或“生活”，动词“leben”同样有“活着”“生存”“生活”“过日子”的意思。本书接下来当海德格尔评判尼采、柏格森、狄尔泰哲学时，更多指的是我们理解的“生命哲学”。但我们通常又习惯把胡塞尔的“Lebenwelt”翻译为“生活世界”，加之后面海德格尔把“Leben”和“Welt”放在一起谈，使我们倾向于把“Leben”翻译为“生活”。而中文“生命”和“生活”在一般理解上含义差别较大，除非人们把“生活”拆开并动词化理解为“生”和“活”，才与“生命”“生存”意思相近，本书除明显应翻译为“生命”的地方外，大多数情况下将“Leben”翻译为生活，提醒读者有时兼作“生命”理解。

接下来情况较尴尬，由于没敢把“Leben”大胆翻译为“生命”，又把太过熟悉的“Sinn”这个词直接翻译成了“意义”，于是B节“Bezugssinn des Leben：Sorgen”就只能翻译成“生活的关系意义：操心”，这样，中文就显得非常别扭，而这本书中还出现了Vollzugssinn，Zeitigungssinn，Gehaltssinn等，相应翻译为践行意义，实现意义，内容意义，都显得很生硬。

孙周兴教授通常把“stimmen”翻译为“调校”“校准”，这一翻译很有启发，显然是从收音机收发电波角度借用来的。从这个角度讲，存在可以比喻为电台发出的电波，时间或存在的意义（存在感）可以比喻为经过收音机接收电波而转化成的声波，此在可以比喻为收音机，三者共属一体。电波看不见听不到，声波对我们有意义，被我们感受到，所以海德格尔追问“存在的意义”，而不是抽象的与此在无关的存在，存在要展开为时间。如果去“物理化”换用“感应”来翻译这个“stimmen”，此在感应存在之发生而生存，这符合海德格尔本人无论前期或后期一贯的思想，也可对接“天人感应”这样的中国特色术语。由此，如果把62

卷中别扭的“生活的关系意义：操心”改为“生命之关联感：操心”，中文似乎能通畅一些，相应的 Vollzugssinn，Zeitigungssinn，Gehaltssinn 译为践行感、实现感、内涵感，试将该书其他的地方也结合上下文换了一下，感觉比原来要顺畅一些。

由此再涉及“存在的意义”这个翻译。我们不妨找出《存在与时间》有关“意义”表述的地方，也试着换了一下，有些地方感到至少还说得过去，比如在解释“意义”的两个地方：

第 32 节：“意义是某某东西的可领会性的栖身之所。在领会着的展开活动中加以分环勾连的东西，我们称之为意义。在领会着的解释加以分环勾连的东西中必然包含有这样一种东西——意义的概念就包括这种东西的形式构架。”

第 65 节：“从存在论上看，提到操心的意义时，寻找的是什么？意义意味着什么？……意义就是某某事物的可理解性持守于其中之处，而同时这某某事物本身却并不明确地专题地映入眼帘。意义意味着首要的筹划之何所向，从这何所向方面，某某事物作为它所是的东西能在其可能性中得到把握。”

同一节：“严格来说，意义意味着此在之领会的首要的筹划之何所向。”

本节最重要的结论：“时间性绽露为本真的操心的意义。”

这些地方符合海德格尔的思路，理解某某事物，首先要感应其存在，即拥有存在感，虽说此时“某某事物本身却并不明确地专题地映入眼帘”，这种感应先于任何存在论或科学理论，“在领会着的展开活动中所表达出来（atikuliert）的东西（这里“分环勾连”似乎翻译太过），我们称之为意义”。可见，“意义”就是作为领会的感应，通过感应而进一步理解，范畴化，于是“意义”就是“某某事物可理解性的栖身之所”，“首要的筹划之何所向”。这些意思应该说得过去。而存在感就是时间感，“时间性绽露为本真的操心感”，这似乎也符合生存性语境，突显海德格尔把情感、情绪提升到形而上学层面的特点。

当然，这样的改变存在着诸多问题，即使“存在的意义”可以翻译为“存在感”，但如果这个词单独使用，翻译为一个“感”字显然别扭，翻译为“感受”“存在的感受”又太容易导致误解，何况原文也不是“Seinssinn”，所以仅为粗浅考虑。

四 对《存在与时间》第三章“世界之为世界”中关键词汇译法的思考

《存在与时间》第三章“世界之为世界”应属本书翻译难点，虽说海德格尔在这里没有像后期那样生造词汇，但几个很日常的词被他做了较重的使用，致使翻译难度增加。其中“Bewandtnis”“Bewandtnisganzheit”“Womit”“Wobei”“bewendenlassen”一系列词汇相互交织，牵一发而动全身，现译本采用了佛教文化中的一系列术语与这些词汇相应，有翻译经验的人都可以切身感受当初的翻译此章之艰难。从整体来看，这些都没有什么问题，但由于一些读者对佛教本身的理解，或由于想象力过剩而学理功底欠缺，这一系列词汇从结果上看，误导了很多“中国头脑”。

佛教本身讲因缘，物因缘和合而生，也是红尘境界，最终要跳出轮回破因缘，如果不恰当地借用海德格尔术语，生存于因缘关联中当属“非本真”状态，跳出因缘才有可能“本真”。对此，海德格尔本人说的也很清楚，第40节讲“畏”的那一章他说：“畏之所畏不是任何世内存在者，因而畏之所畏在本质上**不能有任何因缘**……在世内被揭示的上手事物和现成事物的**因缘整体本身也无关紧要**，这个整体全盘陷没在自身之中，世界有**全无意蕴**的性质……”总之，世界断了因缘关联，只有这种情况才接近此在之本真状态。这样看来，翻译更加没错。

可惜的是，有些读者一听佛教术语，第一反应就是将之和所谓主客二分的自然科学态度区分开来，由于海德格尔也确实在此章节中反思或批判了笛卡尔式的、作为抽象“客体”的世界概念，于是，这些读者就把非本真状态仅仅等同于主客二分的知性抽象状态，当然后者确实是非本真状态的一种，但操劳于因缘关联的世界之中，上手状态，同样是非本真状态，而且这种“熟悉”是更加“严重”、更加“隐蔽”的非本真状态，但有些读者偏喜欢读半本《存在与时间》就了事，这时，“因缘关联整体”“了却因缘”“何所缘”等这些词汇，连同“上手状态”等就成了导致误解的重要原因。

翻译只要不错，词汇所造成的误导问题，我个人认为责任主要在读者的哲学功底，他本人的主观能动性。因为每个中国人即使汉语的语感也是不一样的，从翻译方面来说，这种情况只能期待多出版本，别无他法。从迁就读者角度出发，如果有其他人再想翻译的话，不妨把这部分译得“俗”一些，比如，某个英译本把“Bewandtnisganzheit”翻译为“功用性关联整体”，这个翻译虽说有些“过”，我们可以另寻它词，但这个词带来的“实用主义”式的“俗气感”或“非本真感”却表明这部分翻译是可以“俗”化的，如果相应词汇都俗化掉，或许可以避免一些读者的想入非非。并且，这一章从学理上说得直白一些，只不过就是马哲上说的事物的普遍联系，只不过普遍联系不是抽象的自然界之自在规律，而是要通过此在之生存活动才得以展开，这样翻译的话，其非本真状态意味就比较明显，可以防止因读者的误解而归之于译者的误导。

《哲学论稿》

未来之思的臆测

海德格尔一直把自己的思想视作一个过渡，这一点在20世纪30年代之后更加明确，直到他最后的日子。过渡包含两个显而易见的要素。一是上一个时代的结束，即形而上学时代的结束。二是下一个时代尚未开始。

在海德格尔那里，理所当然，未来之思参照于他对形而上学时代的刻画。它是“另一个”开端而不是“第二个”开端。抑制规定着另一开端中的开端性思想的风格。未来的思想乃是一种思想过程。未来之思是存有历史〔性〕的思想。

它不是对象性的把握。关键不再在于“关于”某物进行论述，把某个对象性的东西描绘出来，……而是……Vom Ereignis。

我们无法列举海德格尔对Ereignis的种种讲述，甚至无法列出要点。好在海德格尔后期在很多不同上下文中对Ereignis有所论述。本文只选取《物》一文，管窥Ereignis之一斑。

未来之思从Ereignis出发来思，并经由这一思想而各自归其本己，在此之际互相生发，互相镜映。

* 作者：陈嘉映，首都师范大学哲学系。

过渡之思与未来之思

海德格尔一直把自己的思想视作一个过渡，这一点在 20 世纪 30 年代之后更加明确，直到他最后的日子。

过渡包含两个显而易见的要素。一是上一个时代的结束，即形而上学时代的结束。二是下一个时代尚未开始。

形而上学时代

海德格尔对形而上学时代有多种刻画，本文强调两个相互联系的要点。

一是整体性及普遍性。《哲学的终结与思的任务》第一节开始就说："哲学即形而上学。形而上学着眼于存在，着眼于芸芸存在者在存在中的联属而把存在者——世界、人、上帝——作为一个整体来思考。"[1] 然而，"'体系'时代过去了"。[2] 形而上学的终结在于：形而上学完成了——"完成了的形而上学的时代就要开始了"。[3]

二是哲学发展为科学。只有对象化的研究方式才能达至整体性。物理学家把这种整体性的探求称为"统一理论"或"终极理论"。

---

〔1〕海德格尔：《哲学的终结与思的任务》，载于《海德格尔选集》下，上海：上海三联书店，1996 年，第 1242—1243 页。本文所有引文都出自海德格尔的文著，都是由孙周兴翻译的。引文出处我都标出中译本，但译文可能是我自己的。

〔2〕海德格尔：《哲学论稿》，北京：商务印书馆，2012 年，第 4 页。

〔3〕海德格尔：《形而上学的克服》，载于《演说与论文集》，北京：生活·读书·新知三联书店，2005 年，第 80 页。

过渡之思

“并非随着哲学的终结思也一道终结。思正向另一个开端过渡。”[1]海德格尔一般把自己定位于过渡之思。

为什么不是新时代的开创者呢？因为有待思想之事太巨大、太伟大。

今天还没有一个足够伟大的思想家说话，直接地、以清楚成形方式把思带到思之质的核心从而也就把思引上正途。对于我们今天的人，有待思想之事的伟大处是太伟大了。我们也许最多只能努力沿着所行不远的狭窄小路为过渡到有待思想之事稍事修建。[2]

稍事修建狭窄的小路，“这一任务只是准备性的而不具建树性质。它满足于唤醒人为一种可能性做好准备，而这种可能性的轮廓却仍晦暗不明，它的来临仍悬而未决”。[3]

未来之思是否来临仍悬而未决。的确，我们还有没有未来，这本身就悬而未决—“如果历史还将存在的话”。[4]

那么，我们为什么还要不懈地探究思的历史？正因为“这种可能性的轮廓却仍晦暗不明”，我们才需要不懈地探究思的历史，并不是为未来指明道路，而是无论怎样走上未来之路都有所追忆。“更原初地去深思那种原初地被思考的东西，这并不是一种要恢复过去之物的荒谬意志，而是一种清醒的期备态度。”[5]

---

〔1〕海德格尔：《形而上学的克服》，第 83—84 页。
〔2〕海德格尔：“只还有一个上帝能救渡我们”，载于《海德格尔选集》下，第 1317 页。
〔3〕海德格尔：“哲学的终结与思的任务”，载于《海德格尔选集》下，第 1247 页。
〔4〕海德格尔：《哲学论稿》，第 26 页。
〔5〕海德格尔：“技术的追问”，载于《演讲与论文集》，第 21—22 页。

未来之思的可能性

关于思的新的可能性是否来临，海德格尔并不总是这样犹豫，有时他说得很肯定。

无论如何，事涉思想在未来的可能性，海德格尔说了不少。

理所当然，未来之思的可能性与他对形而上学时代的刻画相对照。

它不是对一切价值的重估。在海德格尔看来，尼采一方面颠覆整个形而上学传统，另一方面自己仍处在这个传统之中。尼采判断，最高价值已经废黜，而最高价值曾在的“那个旧位置”还作为空位保留着，将由新价值来填充。[1]这不是海德格尔眼中的新的可能性。

未来之思将从形而上学过渡到存有历史〔性〕的思想。[2]它是“另一个”开端〔4页〕。“另一个”，不是一般意义上的“第二个”；换言之，它不是在同一条长江里后浪推前浪。未来之思恐怕是一种对我们来说极为陌异的思想。它不是对象性的把握，不是“关于”某物进行论述，“把某个对象性的东西描绘出来，……而是……Vom Ereignis”〔2页〕。未来之思乃是一种思想过程〔2页〕。规定着这另一开端中的开端性思想的风格是“抑制”〔Verhaltenheit〕〔17页〕，即“向Ereignis之转向的克制着的先行跳跃”〔40页〕，“在离—基深渊中的创造性的经受”〔41页〕。

我们真能对其来临尚悬而未决的未来之思有何种轮廓加以猜度吗，甚至能够知道规定未来之思的风格？只是眼下正在做准备的思不可能取成形而有所建树的方式抑或未来之思将永远如此？

---

〔1〕海德格尔：《尼采的话“上帝死了”》，载于《林中路》，上海译文出版社，2004年，第237-239页。

〔2〕海德格尔：《哲学论稿》，第1页。本段其他引文亦出自该书，随文注出页码，不另立脚注。

从海德格尔对他自己的思想的刻画来看，从他对过渡之思的刻画来看，过渡之思与未来之思的特点似乎相同。

实际上，倘若我们不是站在思外面对思的过去与将来做一番观察和猜度，而是从所思之事的本质出发去思，那么为未来的思做准备恐怕已经是未来之思了。“在此小路上，不可预先思考的东西却能得到思考了。”〔1〕

Ereignis 与物

从所思之事的本质出发去思，就是思 Ereignis。但 Ereignis 是什么呢？

“Ereignis 是什么”这一问本身不成立，因为 Ereignis 不是一物，不是“什么”；一问“Ereignis 是什么”，我们又陷入了表象思维，又把 Ereignis 当作对象来考察了，而不是从 Ereignis 来思，Denken vom Ereignis。

但仍然让我们用类似的方式提问。即使海德格尔本人也没有什么别的办法，他说，阻碍 Denken vom Ereignis 有种种方式，讲演即其一，但他还是就 Ereignis 做了不少讲演。

我们无法列举海德格尔对 Ereignis 的种种讲述，甚至无法列出要点。在 20 世纪 30 年代后，他无处不讲 Ereignis，在他对早期文著的边注中，处处把关键词改写成 Ereignis。好在我不必做这项工作，罗列海德格尔的种种论述，对这些，在座比我更熟悉。我这里只打算结合海德格尔的一段论述来谈 Ereignis。

谈 Ereignis，一个严重的困难，如周兴深有体会，在于“纯形式地描述存在—存有—Ereignis？〔或，纯形式地从 Ereignis

〔1〕海德格尔：《哲学论稿》，第 441 页。

道说〕这是如何可能的”。[1] 人与存在的共属，“事涉神之掠过与人类历史之间”，“其中的本己化之支配地位。本己化既是归本又是转本”，[2] 等等。这里的困难远远不止在于这些论述中出现的都是抽象语汇，更主要的困难始终在于，这些“纯形式的描述”中的几乎每一个词，不仅像 Ereignis 这样的词，而且也像 Stimmung、Verhaltenheit〔“这种基本情调几乎不能用一个词语来加以命名，除非是用 Verhaltenheit 这个名称。但这时候，这个语词就必须在整个原始的丰富性中被看待”[3]〕等等，海德格尔都宣称它并不是平常所说的那个或那些意思，实际上他也是在不同寻常的意义上使用它们。就仿佛海德格尔自有一套语言，每个语词的含义都须在这个特殊的语言系统中才能锚定——如果真有可把握的含义的话。[4]

为此，我们在《物》一文中选一段文字，其中的语词多数还是在寻常意义上使用。

在《物》一文中，海德格尔考证，“物”的古德文 thing 本义就是召集，特别是召来会商适切的事务，从而它又指因涉乎人而入于言谈的东西。

物不是现成摆在那里等待归类和利用的东西；物是存在者的现形，这一现形吁请万物到场，而其现形本身就受到吁请的制约。从而 dingen 又同 bedingen 连到一起：使作为物存在，作为有条件的、具时间性和有限性的物存在。

今有一瓮，盛水盛酒，或来自深井或来自溪泉。溪中有石，石下有土地，土地能领天上的雨露。水之饮酒之醉，赠与凡人息渴，祭祀不朽的神明。瓮之为物，拢集天地人神，是为四大。天

〔1〕孙周兴：“译后记”，载于海德格尔：《哲学论稿》，第 581 页。

〔2〕海德格尔：《哲学论稿》，第 30 页，第 338 页。

〔3〕同上书，第 422 页。

〔4〕海德格尔会自辩说：“所有基本语词都被用滥了。”见《哲学论稿》，第 1 页。

地人神集拢于物的给赠，不为占有，不因占有而起纷争，故得共享这礼品而相亲信。物吁请四大，使齐聚共居，却非强求暴阻。此四大者，各携其光，照耀它方而复映本身，与它者嬉游而不失本真，各容它者自由而统归于相向相映的单纯朴一。

这种戏游，海德格尔称之为 der ereignende Spiegel-Spiel，从上面所述，同时参照海德格尔其他文本，我们可以把这个短语大致理解为“各自归本生发的镜映戏游”。唯在这种相互镜映之际，“每一物都如其所是地存在”。[1] 再次引用前面已引用的一句话：“其中的本己化之支配地位。本己化既是归本又是转本。”与本己化同时，每一物得其所哉，天地人神各得其所哉，自然其乐融融。得其所哉与欢乐有着内在联系，并通过互相镜映而镜映其欢乐。海德格尔在荷尔德林诗释中谈到诗歌创造的自得其乐，他说：“这个自得其乐者本身又能使他物欢乐。”[2]

而 der ereignende Spiegel-Spiel 即世界。“物挽留四大。物吁请世界。”[3] 物自到来，不靠人来制造。但若人不从表象思维退步抽身，就没有物的到来，而只有对象与人面面相觑。

海德格尔的论物，无意求得一种符合于一切物体的普遍概念。他讲“物的本质”，并不是要建立一个新的类加种差之类的定义。“两足无翅的动物”或可普遍适用于所有人，却仍无涉于人的本质。物与对象不同，它不是以类中的种或个例的方式显现其存在，因而也不由归纳或演绎的方式得到叙说。物要求具体而微的经验，这经验不是在共相殊相中打转，而是在物的拢集中体认，在触类旁通中叙说。

---

〔1〕这是荷尔德林《泰坦》中的一句，海德格尔在《荷尔德林的大地与天空》中引用，见《荷尔德林诗的阐释》，北京：商务印书馆，2000 年，第 217 页。

〔2〕海德格尔：《返乡——致亲人》，载于《荷尔德林诗的阐释》，第 13 页。

〔3〕海德格尔：《物》，载于《演说与论文集》，北京：生活·读书·新知三联书店，2005 年，第 189 页。

究竟何者为物？瓮与坐椅，小桥与耕犁，溪塘丘树，书与画，鹿与马，王冠与十字架，一件件都是物。但与纷杂客体相比，物却为数寥寥。“唯连环出自世界的，才一朝成其为物。”[1]

怎样翻译 Ereignis ?

我上面的引文很多直接出自孙译，只有 Ereignis 照录原文。Ereignis 这类用语，在海德格尔那里，本来无法翻译。强为之译，周兴从前译作“大道”，现在译作“本有”。不谈翻译，单谈解说，若挑出一个比较主要的意思，海德格尔所说的 Ereignis，指的是这样一些事情，在这样一些事情中，有一些存在者被牵连进来，在这种牵连中，它们各自成就自己，同时让他者成就他者自己。再举一例吧——人所周知，海德格尔反复谈论诗思比邻，有一段说：“把诗与思带到近处的那个切近本身就是 Ereignis，由之而来，诗与思被指引而入它们的本质之本己中。”[2]

依此，强为之译，我会建议把 Ereignis 译作“归本生发”，有时译作“各自归本生发”，例如上节说到的 der ereignende Spiegel-Spiel，可以译作“各自归本生发的镜映戏游”。

顺便说一句我对这些蹩脚译名的一般看法。孙周兴在译后记里提到，他对这些译名“能否顺利进入汉语思想表达体系”还没有把握，但他的主要关心不在于此，而在“希望它们不至于给读者造成太多的阅读和理解上的困难”。[3]我会在这个方向上走得比周兴更远一点儿。我觉得这些译名大多没什么机会“进入汉语

[1] 海德格尔：《物》，载于《演说与论文集》，第 192 页。
[2] 海德格尔：《语言的本质》，载于《在通向语言的途中》，北京：商务印书馆，2004 年，第 188 页。
[3] 孙周兴：“译后记”，载于海德格尔：《哲学论稿》，第 583 页。

思想表达体系”。说到“进入汉语思想表达体系”，人们常谈到佛经翻译，但就我所知的一点儿，佛经汉译其实并没有为汉语一般论理〔即，不是佛学内部的论理〕引进很多新词，尤其考虑到佛经汉译创制了那么多新词。我认为——这里不谈我这样认为的琐琐碎碎的理由——我们一般说来应当把汉译过程中创制哪些新词与用哪些语词从事汉语论理分开来考虑。这样，我们在翻译造词时可稍减负担。

未来之思

很多很多人，从很多不同的角度，谈论一个时代的终结，一个新时代的开始。这个判断越来越急促。海德格尔只是其中之一。“我们是那种现在正急速走向其终结的历史的末代子孙吗？”〔1〕当然，海德格尔的未来之思有他独到之处。

关联性取代普适性

与普世性或普适性相对。〔虽然海德格尔不愿跟任何东西相对而言，但这是言说无可避免之事。〕

海德格尔曾谈到 Ereignis 之为法则〔Gesetz〕，他说：“Ereignis 不是那种无所不在地凌驾于我们之上的规范意义上的法则，不是什么对某个过程起调控作用的规定。”〔2〕

不再是普适性或普世性，而是家乡性。“依然完好保存下来

〔1〕 海德格尔：《阿那克西曼德之箴言》，载于《林中路》，第 342 页。
〔2〕 海德格尔：《走向语言之途》，载于《在通向语言的途中》，第 260 页。

的东西，在其本质中就是‘家乡的’。”[1]

取代整体性的是关联性。是牵连进 Ereignis，各自成就自身，互相镜映，互相归属。海德格尔经常谈到在场者与非在场者的互相归属，例如，他在阿那克西曼德之箴言中说：“当前在场者之为当前的，是因为它让自身归属于非当前的在场者中”，[2]“始终逗留者让一方归属于另一方：即相互顾视”〔380 页〕；“在场者作为始终逗留者相互给予牵系”〔382 页〕，而牵系是说：“重视某物，同意某物而允许某物成其自身”〔381 页〕，“始终逗留者即 eonta 在界限内成其本质”〔390 页〕。这里的“始终逗留者”指的不是“始终逗留者寻求坚持于一味持存意义上的逗留”〔377 页〕，的确，在场者的确有一种持续的危险，“出于逗留着的固守而僵化于单纯坚持”〔391 页〕，然而，正当理解的始终逗留者“并没有完全消散于向单纯坚持的持续而展开这样一个过程的无限制自拗中，以至于在相同的渴望中出于当前在场者而相互排挤，因此，它们让嵌合〔Fug〕有所归属”〔381 页〕。

前面说到，过渡之思与未来之思的特点似乎相同。在一种极其重要的意义上，未来之思不仅与过渡之思相似，而且与过去之思相似。每一位思想家都往复走一条道路，把他所经验之事形诸语言；不仅未来的思想家如此，过去的思想家也如此。就此而言，过去的思想也不是普遍主义的。我们今天说，不再有体系，但以往的哲学体系，会不会在相当程度上，也只是在想象中成其体系？区别在于，我们今天领悟到这一点，而过去的思想家没有领悟到这一点而自以为其思想是普遍主义的。——本质的东西在历史过程的最后才显露出来，“那个起支配作用的涌现方面来看

〔1〕海德格尔：《返乡——致亲人》，载于《荷尔德林诗的阐释》，第 15—16 页。

〔2〕海德格尔：《阿那克西曼德之箴言》，第 378 页。本段其他引文亦出自该文，随文注出页码，不另立脚注。

更早的东西，对我们人来说成了更晚公开的东西”。[1]海德格尔多次这样说。

对　话

于是，未来之思，明显地，是一场对话。海德格尔引用荷尔德林：“自我们是一种对话，而且能彼此倾听”，[2]并对这句诗做了深入的阐释：人植根于语言，而语言唯发生在对话中。

对话的核心在于倾听，这一点海德格尔经常以各种形式谈到。在海德格尔看来，这也是希腊的伟大之处。“通过这种对他们来说异己的东西……希腊人才占有了他们的本己之物。”[3]这又何尝不是未来之思的道路？的确，不仅希腊人是这样，“未来德国诗人的本质”要得到奠基，也“唯当对异己之物的经验和对本己之物的熟练已经找到进入其历史性的本质统一的道路”。[4]未来之思的确与过去之思相似。

海德格尔一向倾向于从思想发展的内在理路来谈论历史，不屑多看纷纷杂杂的历史演进。然而，在我眼里，内在理路并不是什么事先注定的道路，而是我们在回顾纷纷杂杂之时努力清理出来的线索。

在我看来，共同文本的消失是这样一条线索。这条线索被无数纷纷杂杂的历史事实环绕着，两千多年的文字时代的积累，印刷术的发明，民众时代的兴起。总之，我们现在不再有共同文

〔1〕海德格尔：《技术的追问》，载于《演讲与论文集》，第 21 页。
〔2〕海德格尔：《荷尔德林和诗的本质》，载于《荷尔德林诗的阐释》，第 41 页。
〔3〕海德格尔：《追忆》，载于《荷尔德林诗的阐释》，第 105 页。
〔4〕同上书，第 137 页。

本，这一点，回想一下《诗经》对春秋时代人，“四书五经”对宋朝明朝的儒生，荷马对希腊人，《圣经》对中世纪人，再清楚不过。

与此相应，未来之思不再有唯一一个真实的或想象的主流传统。边缘的东西，对主流的偏离和反抗，不再是将成为主流的前奏。

反过身来读到“思的最大的困境在于今天还没有一个足够伟大的思想家说话”，我们也许会想，形而上学的终结同时就意味着：不再有传统意义上“足够伟大的思想家”。

从这个角度来思考未来之思的可能性，算是对 Ereignis 的一种应和吗？与“教化时代趋于结束”[1]这样的断言相应和吗？“本真的听恰恰包含着这样一回事：人由于未听见根本性的东西而可能听错。”[2]

---

〔1〕海德格尔：《科学与沉思》，载于《演讲与论文集》，第 66 页。

〔2〕海德格尔：《逻各斯》，载于《演讲与论文集》，第 228 页。

Ereignis 与 Besinnung

——海德格尔的《哲学论稿》与其中两个核心概念的中译及其他

一 《哲学论稿》及其问题域

《哲学论稿》是近年来海德格尔哲学出版物中最勾人兴趣阅读的一本，即便现在看来它远不能与《存在与时间》比肩。[1]海德格尔本人在撰写该文稿的同时曾对其内容做过一个简短说明："这些《哲学论稿》应当展示在一个新启程（Anlauf）中的存在问题之广度；这里并不需要做出具体的展开，因为这种展开会过于轻易地使本真的视野变得狭窄，并且使发问的基本特征丧失殆尽。然而在这里也仍未达到我恰恰为作为'著作'（Werk）的出版所要求的那种形式；因为这里必须宣示出思维的新风格——在存有（Seyn）之真理中的样态（Verhaltenheit）；静默的言说（das Sagen des Erschweigens）——为单一者之本质性

---

* 作者：倪梁康，中山大学哲学系。

〔1〕在写于1937—1938年的题为"道路的回顾"的文稿中，海德格尔自己将《哲学论稿》更多视作"著作的准备工作"（Vorarbeiten zum Werk），而非像《存在与时间》一样的"著作"本身〔M. Heidegger, *Besinnung*（1938/39）, Hrsg. F.-W. von Herrmann, Frankfurt am Main1997, S. 424〕。该书的编者封·海尔曼于1989年出版这部《哲学论稿》，以纪念海德格尔诞辰100周年。他在"编者后记"中提出：《哲学文稿》是在《存在与时间》之后对存在问题进行发问的第二次尝试，但却是"首次最全面的"，也是"更为原始的"发问尝试。二十多年后的今天，从国际学界的研究状况来看，这个说法有言过其实之嫌。

所做的准备（Reifmachen für die Wesentlichkeit des Einfachen）。”[1] 由此说明可以得出海德格尔本人对这部文稿两个主要特点的把握：其一，它的思考具有广度；其二，它在风格上应当开启一个新的行程。

对于第二个特点，海德格尔自己并不满意。原因可想而知，他所说的存在历史思考的新开端本身并非从 1936 年甚或更早从 1932 年开始，[2] 而是至迟从马堡的《时间概念历史导引》讲座与《存在与时间》的出版便已明显形成。[3]《哲学论稿》只是试图通过一种新的风格来展示这个开端，但他认为这个尝试并不成功，是“只能略作准备的‘著作’”，[4] 因而在生前并未将其作为著作付诸刊印。[5]

而就第一个特点来说，《哲学论稿》无疑是当之无愧的，因为它前所未有地在这个新开端的众多可能方向上给出了指引，包括后期的艺术、语言、上帝 / 诸神、生活 / 生命等等方向或路径（Stege）。从海德格尔的总体思想道路来看，这组思考很可能是

---

〔1〕 M. Heidegger, *Besinnung*（1938/39）, a. a. O., S. 427.

〔2〕 按海德格尔的说法，甚至“从 1932 年的春天起这个计划在基本特征上就已确定了，这个计划在‘从本然而来’的提纲中获得了它的第一个形态。”〔M. Heidegger, *Besinnung*（1938/39）, a. a. O., S. 424〕也就是说，它基本上是与《存在与时间》的思考相衔接的。

〔3〕 或许更早，因为按海德格尔自己的说法：他在 1916 年的执教资格论文《邓·司各特的范畴和意义学说》中就已经“把对范畴的探问当作进入存在论的历史通道的尝试”。而 1927 年的《存在与时间》则“通过现实的操作尽可能彻底地使存在问题在形态上映入眼帘。这个存在问题虽然在本质上超越了迄今为止的一切追问方式，但它同时又回溯到与希腊和西方哲学的争执”〔参见：M. Heidegger, *Besinnung*（1938—1939）, a. a. O., S. 411ff〕。

〔4〕 参见海德格尔：《哲学论稿》，中译本，孙周兴译，北京：商务印书馆，2012 年，16，第 50 页。

〔5〕 海德格尔在这篇为我们多次引用过的文字中还解释说：“这些‘启程’（Anläufe）不是要使《存在与时间》‘完成’，而是在于使全部提问得到更原初的把握，并将其转移到相应的视野中去。”〔M. Heidegger, *Besinnung*（1938/39）, a. a. O., S. 424〕

他在哲学上——或者更确切地说：以哲学的名义——所做的最后一次全面的努力。我们完全可以将1944年之后的海德格尔称作“后哲学的海德格尔”或“海德格尔 II”。

这里之所以将1944年作为海德格尔思想道路上的一个界碑，主要是因为海德格尔在第二次世界大战期间曾做过一系列的思考，准确地说，从1936年开始撰写《哲学论稿》起，至1944年完成《开端的路径》文稿止。构成这个思想系列的文稿共有五部：除了第一部《哲学论稿》之外，与它有内在关联的还有其他四部文稿：第66卷《思义》（*Besinnung*, 1938—1939）、第70卷《论开端》（*Über den Anfang*, 1941）、第71卷《本然》（*Das Ereignis*, 1941—1942）和第72卷《开端路径种种》（*Die Stege des Anfangs*, 1944）。对《哲学论稿》思想内容的全面而深入讨论，必须联系这四部文稿来进行。

就目前的情况来看，这个思考系列在**存在论**上的明确标示是“Ereignis”，即一种本于自身的“开端”和“启程”，而在**方法论**上的明确标示则是“Besinnung”，即一种“另一开端”的方式：存在历史的存在问题之思考发问方式，有别于“第一开端”的方式：形而上学的思考发问方式。

我曾将这两种思考方式都称作“形而上学”：**结构的**（静态的、共时的）**形而上学**与**发生的**（生成的、历时的）**形而上学**，或者说：讨论感性与理性之区别的**横向形而上学**和讨论开端与生成之分野的**纵向形而上学**。事实上，在海德格尔那里也存在两个“形而上学”的概念（即第40卷《形而上学引论》标题中的新形而上学与第67卷《形而上学与虚无主义》标题中的传统形而上学），它们的含义与我前面所说的两种形而上学的意义大致相符，我们甚至可以以海德格尔的口吻将它们称作“第一形而上学”和“另一形而上学”。只是海德格尔本人并未在概念上用它们来明确标示上述两个开端：形而上学的开端（我所说的**结构的形而上学**）与存在历史的开端（我所说的**生成的形而上学**）。[1]

毫无疑问，《哲学论稿》连同四部与之有内在关联的文稿构成了海德格尔思想道路上的一个里程碑。它们虽然不是“著作”（Werk），但仍然属于“道路”（Weg）。在这点上，海德格尔对其思想之理解的建议与王阳明对自己语录之出版的主张有异曲同工之处。后者要求：对他的思维的文字见证（如《传习录》）不要像《朱子语类》那样系统地根据各个实事论题，而要以纪年顺序作为他的精神—伦理经验史的见证来发表。[2]

从这个角度来看，海德格尔每个时期的集中思考的记录都是值得我们关注的。以往的海德格尔著作的中译大都集中在他的前期与后期。此次《哲学论稿》中译本的出版，将中间地带纳入进来，是一件值得庆贺的事情。希望接下来很快会有学者继续进行另外四部文稿的中文翻译，尤其是第 66 卷《思义》的翻译，它不仅在海德格尔全集本排序上，而且主要还在内容上是离《哲学论稿》最近的一部。更重要的是，它在海德格尔那里是绝无仅有地以方法来命名自己的一本书。

这里之所以将《哲学论稿》所处的思想阶段称作“中间地带”，或者也可以用历史学的术语称作“中世纪”，是因为这个阶段还不具有能够与前期和后期相并列的、可以自成一体的特征。前期的思想在本体论上以“存在”，在方法论上以“现象学的生存论分析”为基本特征，后期则基本放弃哲学的诉求和论

〔1〕海德格尔曾在第 66 卷中赋予第 134 节以“对‘形而上学’的存有历史概念之澄清”的标题，因此事实上已经将存在历史的新开端标识为新形而上学〔M. Heidegger, *Besinnung*（1938/39）, a. a. O., S. 405〕。

〔2〕耿宁在其著作中特别指出了这个差异。参见：Iso Kern, *Das Wichtigste im Leben – Wang Yangming (1472—1529) und seine Nachfolger über die “Verwirklichung des ursprünglichen Wissens”*, Basel: Schwabe Verlag, 2010, S. 114ff.

证，以天地人神为思考和吟诵对象，以思与诗为途径。而《哲学论稿》阶段在本体论和方法论方面的特色都不够明显，是故难以独立成“期”。

二 《哲学论稿》的风格问题或问题风格

我在这里无意讨论《哲学论稿》的思想内容。因为，除了其他原因之外，从所有迹象看，海德格尔本人首先不愿意后人去做这样的讨论，他甚至表明了自己在这部书上拒绝别人理解的意图，或者说，他在这里想要杜绝对他理解的可能性：“使自己变得可理解（Sichverständlichmachen），此乃哲学的自杀。”〔1〕而且他在书的“前瞻”部分中已经声言：“无人会理解（versteht）‘我’在这里思考的东西，那就是：从存有之真理而来（而且也即从真理之本现而来）让此一在得以出现，为的是把存在者整体以及存在者之为存在者建基于其中，而把人建基于存在者整体中间。”随后他再次强调：“无人会领会（begreift）这一点”，“而且，将在今后领会这一点的人，是不需要‘我的’尝试的；因为他必定已经亲自为自己开辟了通向那儿的道路。”〔2〕

这个说法给试图研究本书的学者硬生生地造出一个两难：读它的人不会理解它，理解它的人无需读它。要想摆脱这个困境，要么只能像《哲学论稿》的书评作者博德尔那样，承认自己就是

---

〔1〕萨弗兰斯基将它称作“海德格尔的哲学日记”（参见《来自德国的大师》，靳希平译，北京：商务印书馆，2007年，第18章），无疑是确切的。

〔2〕海德格尔：《哲学论稿》，第9页。这里的中译文有所改动。在“verstehen”（还有“begreifen”）概念上的中译名不统一的问题在这里又一次凸显出来。事实上从《哲学论稿》已经可以看出，海德格尔对这个词以及它的派生词的使用也不是完全一致的。

那个“无人”；[1]要么就利用一个诠释学者的权利，强调作者在事关自己作品理解的问题时并不会比读者拥有在原本意义的把握与创造方面更多的优势。作者在写完书后就死了，无论是死于自杀还是死于他杀。

要想讨论《哲学论稿》的思想，最可能的方式的确不是学术论文，而是随感记录。[2]但是，我仍然很想知道：如果海德格尔在《哲学论稿》中说：“哲学乃是对存在的追问”，[3]而且如果他在《存在与时间》中又说：“存在不能从概念上被把握（unbegriffen），但它却从未完全不被理解（unverstanden）”，并且在这里还说：“像‘存在’这样的东西是在存在理解（Seinsverständnis）中展开的，而理解之为理解属于生存着的此在”，[4]那么可以说，“存在理解”与哲学的自身理解之间必定存在着内在的联系，至少在《存在与时间》时期是如此。但是海德格尔在《哲学论稿》中为何要声言哲学使自己变得可理解的企图就是哲学的自杀呢？顺理成章的解释是否就是：哲学要追问存在、理解存在，但这必须以自身不可理解的（不可理喻的）方式进行？

这是否就是《哲学论稿》的思考与论述之风格的基础？它本身就是一个问题。

---

〔1〕H. Boeder, “Zwielicht der Moderne” , in: *Philosophische Rundschau*, Tübingen 1991, 38. Jahrgang, Heft 4, S. 275. 事实上，书评者的这篇书评也没有让读者容易理解的意向。

〔2〕当然，学术论文的讨论方式并非不可能。例如我很想知道，为什么海德格尔一再将他的意义上的，即从莱布尼茨直至尼采的德国观念主义称作生物主义。这是一个可以从海德格尔问题开始，但不必以他的结论为结束的研究课题。参见《哲学论稿》，88，第 183 页；193，第 333 页。

〔3〕海德格尔：《哲学论稿》，259，第 448 页。

〔4〕参见海德格尔：《存在与时间》，陈嘉映、王庆节译，北京：生活·读书·新知三联书店，1999 年，第 212、494 页。——这里的中译文有所改动。

三 “本然”（Ereignis）作为本体论的核心概念

我在这里主要是想讨论《哲学论稿》的中文翻译问题。该书中译本的出版，应当会引发，而且也已经初步引发了关于海德格尔思想中译问题的再次大讨论。其理由主要在于，在这部文稿中又有大量新的海德格尔式语词概念出现。

就**存在论方面**而言，对“Ereignis”的理解与翻译当属最大的看点和最有吸引力的论题。我们在前一次的研讨会上已经讨论过。现在它的英译名“Enowning”与中译名“本有”都已经保留了“eig-”的词干和词义，因此，无论是译作“本”还是“自”或“己”，都已属于次生的修辞问题了。

当然，修辞的问题有时也与诠释的问题相关联，这里暂且不论。在“本有”的译名上，初步的感觉是有可能难以传续，持续的感觉是用“本然”更为上口，而且还可以与真正应当译作“本有”或“本成”的动名词“Ereignung/Ereignen”区分开来。估计日后能够流传的更可能是“本然”这个词。恰好也与“自然”一词对应。最近在看宋明理学时发现，朱熹那里出现的“本然”一词极多，如“本然之体”“本然之善”“本然之理”等等，王阳明也有“本然之良知”“复其本然”等，都可与之沟通。

这里还涉及一个不仅与修辞，而且也与诠释相关的问题：即动名词的分辨与翻译问题。与“Ereignung/Ereignen”不同，“Ereignis”严格说来不是动名词，而基本上是名词。它的通常含义不是指某个发生的活动（动词），而只是指发生的事件（名词）。从这个角度来看，“本然”的译名要优于“本有”的译名。它在海德格尔那里相当于“本质”（Wesen），而非“本现”（Wesung）。这个动名词的翻译问题后面还会一再出现。

四 “思义”（Besinnung）作为方法论的核心概念

就**方法论方面**而言，海德格尔这一时期最重要的概念术语既非“Ereignung”，也非“Wesung”，而是“Besinnung”。这个词在《哲学论稿》中被译作“沉思”或“冥思”，似乎不妥，我甚至要说：非常不妥，因为它没有将这个词本身以及它在海德格尔思想中的特点标示出来。而我认为这是全书的译名中最重要，但最有问题，因而最需要得到重审的译名。中译者实际上并未忽略此词，在后面对此译名已有所说明，但给出的理由并不充分。英译者将它译作“Mindfulness”。我也不认为是上选。主要是因为——与刚才所说的动名词的翻译问题相关——它更多是一个名词而非动名词，故而无法与典型的动名词“Besinnung”相匹配。

但英译者强调：必须将“Besinnung”在译名上区别于“Meditation”与“Reflexion”，这一点无疑是切中要害的。中译者注意到了这一点，但仍采用“沉思”的汉译。这个译名虽然可以与康德和胡塞尔各自方法的中译名“反思”（Reflexion）明确区分开来，但仍然无法与笛卡尔方法的中译名“沉思”（Meditation）区分开来。

这里的问题在很大程度上取决于如何评价“Besinnung”在海德格尔思想中的地位。海德格尔自己将“哲学”等同于“Besinnung”，并认为：“Besinnung 必然地成为关于哲学历史之真理的问题的 Besinnung，成为对哲学的赶超一切的第一开端及其向终结的展开的 Besinnung。”[1] 据此，如果海德格尔有自己的哲思方法，那么这个方法作为所谓“存在历史之思”的方法或“对存在历史的存在问题之询问”的“另一开端”方法，就应当与“Besinnung”这个词有关。而且他的全集下一卷（也是与第 65 卷

〔1〕海德格尔：《哲学论稿》，17，第 51 页；16，第 49 页。

相衔接与关联的四部书的第一部）就以“Besinnung”命名，所以绝对轻看不得，必须赋予它一个特别的译名，以区别于其他“第一开端”的方法。似乎至少也应当这样来提出问题：如果在海德格尔后期有一种在一般风格意义上的方法，类似胡塞尔所说的“描述”（Beschreibung）的方法或“直观”（Anschauung）的方法，类似于分析哲学的“分析”（analysis）的方法，诠释学的“诠释”（Interpretation）的方法，那么在海德格尔这里，他自己特有的哲学方法应当就是“Besinnung”，而这个关键词应当译作什么？

在德文中：“Besinnen/Besinnung”与“Gesinnen”“Ansinnen”“Aussinnen”的词干相同。它还带有各种变化：“Besonnenheit”“Besinnbarkeit”“besinnt”“besinnlich”，以及如此等等。它的含义比较宽泛，可以指：考虑、思忖、意识到、沉思、反省等等。[1] 它的一个重要特点是此前没有作为哲学的核心概念被使用过，可能狄尔泰是个例外，而且可能在这个词的使用上影响了海德格尔。我曾将狄尔泰那里的这个词译作“思义”，以强调中间的“sinn-”的词干。这个词干构成这个词的第二个重要特点。此前我曾就此概念的中译名请教过黑尔德（Klaus Held）教授，他以为对“sinn-”词干的强调并非对此概念翻译之必须。这也许适用于在狄尔泰那里的情况。的确，例如胡塞尔便在“关于方法的彻底思义（Besinnung）”的意义上使用这个词，而这也就差不多是指“沉思”了。[2] 但是，在海德格尔这里情况却应当有所不同。他自己在《哲学论稿》中就定义说：“Besinnung乃是对**意义**（Sinn）的追问。”[3] 因此，从德语的境况来看，“思义”的中译名至少在海德格尔那里是可行的。

---

〔1〕参见：J. und W. Grimm, *Deutsches Wörterbuch*, München 1991, Bd. 1, S. 1622ff。

〔2〕参见：胡塞尔1933年5月4日致曼科的信，载于：《胡塞尔书信集》，第三卷，多特雷赫特等：克鲁威尔学术出版社，1993年，第496页。

〔3〕参见海德格尔：《哲学论稿》，16，第50页（黑体字为原作者所标）。

那么从汉语的使用来看这是否行得通呢？与此相对应并带有与此类似情况的表达我们在中国古代文献中可以找到："思义"或"思意"。

首先来看"思义"：它基本上有三个含义：（1）想着道义：《论语·子张》："士见危致命，见得**思义**。"《左传·昭公十年》："凡有血气，皆有争心，故利不可强，**思义**为愈。"（2）思辨能力：〔晋〕干宝《搜神记》卷三："〔淳于智〕性深沉，有**思义**。"（3）研求要旨，探究大义：〔唐〕韩愈《赠别元十八协律》诗之五："读书患不多，**思义**患不明。"

其次再看"思意"：它基本上只有一个含义：心思用意：《鬼谷子·阴符》："怀天心，施德养，无为以包志虑**思意**而行威势。"《元典章·户部五·家财》："后因亲生二子长立，周桂发、周自思，各生**思意**。"《四游记·祖师得道见帝》："前夜见者若邪，则无劝我修行之心，必有**思意**。"[1]

从这两者的含义来看，"思义"应当比"思意"更适合用来翻译"Besinnung"。

关于海德格尔的"思义"方法，由于他一方面强调其"存在历史之思"的向度，另一方面也突出其"哲学的自身思义（Selbstbesinnung）"的向度，[2]因此，我尝试着在现象学的纵向本质直观的方向上去理解它。但这里还不是讨论这个问题的恰当时机。

无论如何，新开端或"另一开端"与存在历史相关，它是存有历史的"思义"。与此相关的是对"本有"（Ereignen）或"本

---

〔1〕参见因特网"汉典"中"思义"与"思意"两个词条：http://www.zdic.net/cd/jd/?ci=ZdicE6Zdic80Zdic9D150549_9；http://www.zdic.net/cd/jd/?ci=ZdicE6Zdic80Zdic9D169088_9。

〔2〕尤其参见：M. Heidegger, *Besinnung*, GA 66, Frankfurt am Main 1997, 14: "Die Philosophie in der Besinnung auf sich selbst", 15: "Die Selbstbesinnung der Philosophie als geschichtliche Auseinandersetzung", S. 49ff。

现”（Wesung）的可能性的思考。[1]

五　其他一些琐碎的翻译技术问题

孙周兴此前所做的大量海德格尔翻译，使得汉语领域中海德格尔后期术语的译名得到初步的确定，在当代中国文艺思想界具有重要影响。此次《哲学论稿》的中文翻译，将会进一步作用于海德格尔“中期”或“中间地带”（亦即1932至1944年期间）的思想观念中译名的落实，其重要性难以低估，故而也需要审慎从事。

译者的译名选择固然有自己的考虑和道理，他在该书“附录一”中已有讨论，这里不再赘言。在一些地方我只会说，我不会这样译，仅此而已。个人有个人的理解层面和表达风格。这里只是记录下我认为还可以斟酌的地方，并提出自己的建议，实际上这也是我在拿到书的打印稿当即给译者提出的一些琐碎意见的整理、加工和补充。

1.“Anklang”作“回响”还是觉得不是太好，这个词里没有“回”的意思。但一时还想不出更好的。“共鸣”或“鸣响”或许要比“回响”好，强调的是同时和当下，而非随后。

2.“Gewißheit”译作“确信”，太动词了，不如译作“确然”或“确定性”（第19节的确也译作“确定性”）。这并不只是一个语感问题，而是涉及一个关节点：如前所述，将一个词译作动词还是名词，取决于这个词被理解为一个活动、过程，还是理解为一个状态、一种境况，是被理解为主体的意向活动方面的东西，

---

〔1〕或许可以留意海德格尔对“Apriori”之生成可能性的思考，亦即海德格尔所说的“本质的本现”或“存在的本现”的问题。

还是译作客体的意向相关项方面的东西。从这个词的词形来看，这个词很难被译作动词。但如果我们从词义上看又觉得可能是动词，从而没有办法有把握地确定原作者的意图，那么我的建议是译作“确然”，它既可以指称主体方面的刚强、坚定，如“确然不变”“确然守志”等等，也可以指称客体方面的信实、正确，如“确然之证”“确然可考”等等。现在可以试着将这个中译放到语境中去：“思想（确然状态〔Gewißheit〕）与对象性（存在状态）”（第188页），“ego的优先地位的起源在于确然（Gewißheit）之意志中，〈它〉确信于自身（selbst sicher），独立自主”（第212页），“真理变成确然性（Gewißheit）”（第213页）。

3．“der letzte Gott”译作“最后之上帝”有两个问题：（1）“之”在这里联结形容词和名词，是否合法？〔附记：应当是合法的，譬如“光荣之家”。〕（2）“上帝”（Gott）与“神性”（Gottheit）不对应。

4．“Verschweigen”在这个语境中译作“隐瞒”（第5节）似乎过强。是否考虑译作“默语”或“默言”。

5．哲学作为“herrschaftliches Wissen”（第14节），被译作“支配性的知识”过弱，或许更应当译作“主宰性的（或统治性的）知识”。这也正是海德格尔的想法。我们今天的“哲学社会科学”的标题也表达着类似的想法。

6、“Grundbestimmung”被译作“基本情调”，这个翻译失之于轻佻。“情调”无非是指情趣格调，无法与《存在与时间》中所说的“畏”“烦”，与《哲学论稿》中所说的第一开端中的“惊奇”，另一开端中的“猜度”“预感”等“思想行动”相匹配。当然，若译作“情怀”则又会失之于高雅。我认为，如果尚未发现更好的概念，我们还是应当保留“基本情绪”的译名。

7．“Übereignen”（第29页注）是译作“转本”，还是译作“逾本”？

8. “Nichtigkeit”译作“虚无性”恐怕不合理。或许可以考虑“非然性”或“不然性”的译名。

9. “Verfassung”的意思是“根本状况”，中译作“法相”，有格义之嫌。“法相”虽然是指“本质之相状”，但却始终有与“法性”（本质之真性或实体）相对的含义。而德文的“Verfassung”则完全没有这个对应面。

10. 当“逻辑学”（Logik）与“默秘学”（Sigetik）相对立时（第38节）是否更多是指并且更应译作“话语学”，即取“logos”的原本含义之一？这样便可以理解下面一句：“静默并非一种非—话语（A-logik）”。

11. 译本中的德语断词问题始终存在，如“Zwisch-en”（第29页）只能作“Zwi-schen”分，“zue-ignen”（第555页）只能作“Zu-eignen”，“En-twurf”（第559页）只能作“Ent-wurf”，如此等等。这些问题不一定是译者的问题（在同时出版的拙译《道德意识现象学——情感道德篇》中也出现类似的差误），而可能更多是出版社责编的问题，因为许多断词是在最后的校样中才显露出来。

12. 这次排版能将诸多的希腊文连同标点做出来，是大进了一步，应当得到褒奖。虽然我并未仔细核对过，但即便还有差误，也已是次生的问题了。

《哲学论稿（从本有而来）》两译名商榷

周兴兄翻译的海德格尔大作《哲学论稿（从本有而来）》于今年出版，大有益于海氏思想研究，可喜可贺。海氏著作以难译闻名，而译此书之难恐更甚于其他，因为如作者所言，该书要根据“那种更为原始的基本立场来思想”，所以“必须远离于任何对于一部具有传统风格的‘著作’的错误诉求”(《论稿》，页2)。[1] 我曾如此形容此书：“它是海德格尔为自己耕耘的一块秘密土地，或自炼神功的笔录。”(《德国哲学》，页146—147)[2] 其中与他人对话、解释他人著作的文字很少，主要是在自抒其思、自说其话，其中不少是独家行话，乃至在写此书时新创的行话，充满了语言游戏精神。但周兴的译文尽量去做到忠实原作和表达直白，更有益的是加了不少译者注，辨析德文语词的游戏如何难于转入中文之处，并参照英文翻译，使读者多了两条理解的渠道。希望将来修订此译本时，进一步充实和增多此类译注。

对于这样一本书的翻译，提出一些商榷的意见简直就是自然

---

* 作者：张祥龙，山东大学哲学与社会发展学院。

〔1〕海德格尔：《哲学论稿（从本有而来）》（以下简称“《论稿》”，引文出处于引文末的括弧中提供），孙周兴译，北京：商务印书馆，2012年。

〔2〕引自拙文《海德格尔后期著作中“Ereignis”的含义》，发表于《世界哲学》2008年第3期（48—54页），后收入敝文集《德国哲学、德国文化与中国哲理》（简称“《德国哲学》”），上海：上海外语教育出版社，2012年。以下讨论“Ereignis”的译名时，会借鉴一些此文的说法。

而然的。从如此思深、意曲、语拗的德文转移到中文，其间可再解释空间之大，并不亚于翻译文学名著。以下仅提出两个语词的翻译问题，来向周兴与各位请教。

一

第一个是“Ereignis”，本书的主导词，《论稿》译作“本有”。相关一族词的翻译中也大都有“本”，比如“Eignung”译为“本己化”，“Zueignung”译作“归本”；只有“ereignen”和“eignen”译为“居有”（《论稿》，页556）。

我赞同译者提出的“字面义”与“日常义”“解释义”结合，且“字面义优先”的原则（《论稿》，页554—555）。所以下面就分三方面来讲。“Ereignis”在德文中的日常义是“发生的事情”，特别是不太寻常的事情或事件；它的动词“ereignen”就意味着“发生”。海德格尔选用它时，应该考虑过并很看重这个“动态生发”的日常义，这从下面的讨论中自可看出。此义应该是翻译这个词的一个具有导向意义的自然出发点，不应该在解剖它的各部分再组合起来时丧失之。

海德格尔在沿用这个日常义的同时，还延续并加大其一贯的“形式显示”的或语境缘起的风格，对这个词做了字面游戏化的处理，即将它看作由两部分——前面的“er-”和后面的“eig-”——的共谋而生成的一个词，所以翻译它时必须有让两部分“接缝”的考虑。译者这么记述他翻译此词的考虑：

> 也许我们就只能采取字面义与解释义结合的折中策略了。我们这种策略的结果就是：把Ereignis译为“本有”。在这个译名中，“本”是对词根eignis的翻译，应该说是十

分适宜的；前缀 er- 的意义，我们大概只好放弃了。(《论稿》，页 555）

让我们先考虑后边的“eignis”的翻译。它主要取自“eigen”或“eignen”的意思，即“自己的、特有的、独自的、切合自身的”或“为……所特有”。可见它最突出的含义是“自身”“独特”。这样，将“eignis”翻译为“本”就**不是**“十分适宜的”，因为“本”与“自身”“独特”的意思差得较远。当然，译者这里的“本”意可能是“本己”，那样与“eig-”就相近了，但在关于这个主导词和相关的一族词的大多数翻译中，就是一个“本”，译为“本己”的是少数。而且，就是译作“本己”也还有问题，因为这里“eig-”的“独特”的“自己”对于海德格尔是否有一个“本”，或在什么意义上有一个“本”，还须考虑。起码要能从字面上表示出来，这“本己”之“本”是个动态的、发生着的。所以译者“放弃”对前缀“er-”的翻译就十分可惜，因为它是个促动词，有“使受到”“使产生”“发动”等意，本来是可以折中一下“本”的呆板的。

总之，在海德格尔那里，“Ereignis”的字面义是“er-”和“eig-”的结合，大致意味着“使之获得自身”“使之生发出独特的自身”。再结合这个词的日常义“发生”“发生的不寻常事情”，那么这个词比较完整的第一层含义就是：“**使某某得到自己身份的发生过程**”。此书的英文译者用自造的“enowning”——使之自己具有，使之得到（自身）——来译“Ereignis”，是比较合适的，具有“使动”（en-）和“自身特有”“拥有自身”（own）的结合义，还巧妙地利用了“own”在英文中“自己的”和“拥有”的双义；而且它的动名词化（-ing)，也隐含有“这是一个发生过程”的意思。这比传统的英译如“appropriation”（拨付、占用)、“event”（事件）或“befitting”（适宜)，有较大的改进。[1]

关于“本有”中的“有”，译者这么解释：

> 至于“有”，我们的主要考虑是海德格尔在《哲学论稿》中对于作为Ereignis的“存在”（Sein）或“存有”（Seyn）的思考和言说。补充一句，“本有”这个译名的最大缺失自然还是它过于名词化、静态化了——不过，话又说回来：海德格尔的Ereignis本身不也是一个德文名词么？（《论稿》，页555）

这就开始涉及这个词的解释义了。译者说得很对，“Ereignis”对于海德格尔是“存在”和“存有”的原发义；但这并不构成用“有”来译“Ereignis”的充分理由，除非它与这个主导词的字面义有关。幸运的是，这个词如上所言的确有“拥有”之意，所以将“有”放入译名亦不算孟浪。可是，由于放弃了使动的前缀，又用了不合适的“本”，这“有”就是“本有”——本来就有、本已所有，这就离海德格尔的原意有不可忽视的差距了。译者似乎意识到了问题，于是说这译名的“最大缺失自然还是它过于名词化、静态化了”，可是马上又给了一个辩护，“海德格尔的Ereignis本身不也是一个德文名词么？”但它只为“名词化”做了辩护，没有为“静态化”做出辩护（名词如“Ereignis”“Seyn”“Entschlossenheit”“Dasein”等等在海德格尔那里绝不静态化），而要害的问题恰恰是这个静态化；它既不符合“Ereignis”的字面义，也不符合它的日常义和解释义。

我在拙文“海德格尔后期著作中‘Ereignis’的含义”中，曾探讨了这个词的解释义或哲理含义。第一是“对生义”，即那个

〔1〕M. Heidegger, *Contributions to Philosophy (From Enowning)*, trans. P. Emad & K. Maly, Bloomington, Indiana: Indiana University Press, 1999, pp. xx-xxi.

“使某某得到自己身份的发生过程或原事件”的意思，是由某个对生结构发生出来的。也就是说，在海德格尔著作中，凡是讨论这个词的意义，几乎都涉及一个对子，比如时间与存在、人与存在、世界与大地、开启与遮蔽、开抛与被抛、一个开端与另一个开端、建基与离基（去基）、时间与空间，等等。它的基本意思是：对子两边离开了对方或双方**相交中的身份发生**，是没有什么自身的。因此，是对子相遇而发生的过程及其缘生义赋予了每一方以独特的自身。在《论稿》中，这一对生义得到了突出显示，许多词就是为了显示它而被一再阐发的。比如与“接缝”（Fuge, Fügung）相关的一组词，就是要明确表示出，此“自身的缘发生”以及讨论它的这本书，没有什么传统形而上学追求的体系可言，但有自己的内在结构，一种由对子两方的接缝（《论稿》中文本译为“关节”）所构成或支配（Verfügung）的“接缝组织”（Gefüge,《论稿》亦译作“关节”）。此外，像“翻转”“之间”“回响”“震荡”“反冲”“跳跃”“传送”“时间—游戏—空间”“道路”等等，都是对生的或潜对生的。所以海德格尔将此书中间的六个部分称作“关节〔即接缝组织〕的六个接缝”（《论稿》，页89），很有深意。这是非观念化的、在接缝边缘处跳跃游戏的思想方式和表达方式，是他早年形式指引（die formale Anzeige）方法的新表现。

第二是“非实体义”，从第一层意思自然会延伸及此。没有任何现成存在性或可把捉的对象可以经受得住这“Ereignis”的双否定剪刀和对生火焰。海德格尔在此书中，对于此主导词的彻底反形而上学、反一切观念化方法的特点，倾注了大量充满思想激情的阐发，用了那么多对传统实体说“不”的新词或日常语词的新义化来割旧图新。所以我曾写道：“不以思想的身体直接感受到它们的滚烫和冰冷，不因此而触知‘自身的缘发生’〔这是我对‘Ereignis’的翻译〕中总在出现的‘原初转向’或

‘〔双向〕反转’（Wider-kehre）（S.407），以及这个词所具有的‘最能发问状态’（das Frag-würdigste）（S.11），也就是它那总也抹不净的字谜待猜性，就绝不可能理解‘Ereignis’。”（《德国哲学》，页 149）

其他的几个意义是：真性与神性、“转向”义、不可直译性、与老庄之“道”的关联等。这里就不细表了。总之，这个主导词的解释义或哲理义也与“本有”在字面上传达出的静态实体含义，比如本来就有、本己所有、本体所有等等，很不一样，有可能是无法兼容的，就像我多年前就感觉用“此在”来翻译“Dasein”太呆板，妨碍了我们理解海德格尔思想的生存境域发生性一样。而且，“居有”（ereignen）的翻译虽然比“本有”稍好，但还是太“静态”了。请看这一段话的翻译：“通过存有之启—思的道路并且作为这种道路而成其所是的这个地方，乃是那个为上帝而**居—有**此—在的‘**之间**’，在这种本—有过程中人与上帝才变成相互‘可认识的’，归属于存有之急需的守护。”（《论稿》，页 95）其中“**居—有**此—在的‘**之间**’”，从哲理乃至字面义上似乎是不通的。“此—在”即非“彼—在”，有何“之间”可言？而“居—有此—在”就更无“之间”可言了。如果翻译为“缘发生出缘—在自身的‘之间’”（das *Zwischen*, das *er-eignet* das Da-sein），就文从理顺得多，也更合乎海德格尔这里讲的为“道路”所“急需”的那种“时间—游戏—空间”的思想义。此书一再用“之间”（《论稿》，页 35）、“时间—游戏—空间”（《论稿》，页 24）、“颤动”（《论稿》，页 25）、“移离—迷移”（《论稿》，页 77）、“遮蔽之敞开状态”（《论稿》，页 411）、“转向中的澄明着和遮蔽着的转折点”（《论稿》，页 32）来直接或间接地解释“Dasein”之“Da”，让我们对于“Da”的“此”化越来越不安。“本有乃是关乎上帝之掠过与人类历史的‘之间’。……与掠过的关联乃是为上帝所需要的开裂之开启（参看本书‘跳跃’部分……）。”（《论稿》，页 30）看了这段引文后边的文字，难道不会为打头的“本有”的静态性感到担心吗？

二

第二个要讨教的是与“rücken”有关的一组词，它们让译者“深感头疼”，且“至今还没有让自己满意的想法”（《论稿》，页 562）。但实际上，在本文作者看来，译者对这一组词比对于“Ereignis”那一组的处理要强不少，尽管还可百尺竿头再进一步。以下主要讨论的是对于这组词的理解问题，具体的翻译建议还在其次。

先引一段译文：

> “时间”应当可以被经验为存有之真理的“绽出的”（ekstatische）游戏空间。进入被澄明者的移—离〔Entrückung〕应当把澄明本身建基为敞开域，在其中存有自行聚集入其本质现身之中。（《论稿》，页 253）

以上引文中的“移—离”在原译文中是“绽—出”，与上面“ekstatische”的译文“绽出的”几乎不可分，不妥。但译者在注释中标出此词的德文，并说它“或可译为‘移—离’”，所以这里就循其意而径直改过来。但是，这种翻译上的混同或游移，说明了一个与“rücken”这一组词的翻译和理解很相关的事实，即这组词与海德格尔在《存在与时间》（《在与时》，页 331）〔1〕和《论稿》中表示时间本性的词“ekstatisch”是有内在相关性的。

这个“ekstatische”或“Ekstase”一身兼具两个意思。一个是无

〔1〕 Heidegger, *Sein und Zeit*, Tübingen: Neomarius Verlag, 1986.

自性，与现成自身错开，只是一种纯趋势而有待完成；从表达的角度看，它或它们是可以介词化的，比如可用“zu ...”“auf ...”“bei ...”等来表示。另一个意思是：它们在“外于自身”的趋向中一定会交错成动人的原发结构，比如时间性、存有、自身的缘发生、道路化、家园（Heimat）。海德格尔将它形容为“**原发的在自身中和为了自身的‘外于自身’**”（《在与时》，页329）。所以这个词在日常德文中的意思是“狂喜”“心醉神迷”“销魂”“极度兴奋”，所谓顶极体验也。我一直将它译作“出神态（的）”或“出（神）态的”，就是想同时表达这两重含意。《存在与时间》中译本和《论稿》都将它译作“绽出”，抓住了它的一个方面，却失落了另一面。但海德格尔思想中的确有这“神秘”（Geheimnis）的另一面，要在最彻底的“站出去”和“非实体”之际，“交错进入”（ein-rücken）一个真理、美感和神性发生的境域。这个倾向既表现于他早年对神秘主义（如艾克哈特和早期基督教经验）的关注，又显露于《存在与时间》中对时间本性的断词，并在后期充分发挥在“诗与思”的结合里。这是他与另一些生命主义者、现象学家和存在主义者们（比如萨特）很不同之处。他的存在论既是反观念形而上学的，但又不是相对主义和虚无主义的，因为他理解的时间性和语言被认为会进入乃至构成一个极度动人的境界，为人群赢得历史性的命运和家园。虚无主义是不能只靠命题论断式的存在肯定来克服的。

《论稿》中的“rücken”一组词似乎就是为了“拓扑式地”解释这个“出神态”而设的。“rücken”的日常义为“挪（动）位（置）”“（出发）到……”，或就是“移动”“挪动”。总之是个趋向词、使动词，或“外于自身”的词；但它字面形态的一部分“rück-”在复合词中的含义，却是“回到”“向后退回”；“Rücken”则意味着“背部”，也就是反面。所以我们可以想象这个词加上其变体，虽然主要意味着“挪动”，但也有“在正反震颤中挪回一个本源”之含义。我们观察到，海德格尔使用的这一组词中最重要的两个——“Entrückung”（“entrücken”）和“Berückung”（“berücken”）——都有“使出神”“使醉心”“入迷”之意。当然“entrücken”也有“使脱离”“使离开”的意思，所以《论稿》中文版将它译为“移离”，抓住了它的一个侧显（周兴兄似乎偏爱祛了魅的术语）。但“berücken”只有“使醉心”“迷住”“诱惑”之意，所以被译成了“迷移”。我想说的是：这两个词都有“出神”或“入迷”之意。如果可能，都应该在译名中表现出这一层意思。此外，就是“Verrückung”或“verrücken”，虽然日常义是“挪开”“推移”（因此在《论稿》中译本里被翻成“移置”），但它的被动式“verrückt”却意味着“疯狂的”“精神错乱的”“荒诞的”，同样与“出神”有关，只不过是以反转的方式相关罢了。

自从海德格尔20世纪20年代初形成自己的思想和表达方式之后，《论稿》中的这个“rücken”所要表达的东西——在偏离正经、挪开现成之时反转入真际——就是海德格尔思想和语言的标志。他在《论稿》中想用这种形式指引的方式更切近地表达出它的“寸劲儿”来，集中宣述他通过“Da-”、“Zu-”、“a-”（如a-lētheia）、“er-”、“ent-”、“mit-”、“ver-”、“ex-”等等影射的东西。它们都表示在根本处有错动、反常、出格，可也正是通过这些偏离、反转和隐藏，打开了一片原发的意义时—空—间或开口域，为“最后之神”的来临和掠过做准备。

至于对于这组词的具体翻译，要同时表现“挪移”（含反向挪移）和“入神”，我也“深感头疼”。现尝试着用“错”——“错动”、“错移”或“错位”——来译“rücken”，在表示“挪移”的同时还含有“反”与“交”的边缘意。“错”的意思有“改变以使之适合”（比如“这两个会不能同时开，得错一下”）、“挪移”（“你往右边错一下”）、“参差交杂”（“交错”“错落”）、“相对磨擦”（“上下牙错得很响”）、“置于”〔“举而错之天下之民谓之事业”(《周易·系辞》)〕、“投加”〔“举直错诸枉”(《论语·为政》)〕、“不正确”(“错字”“没错”)等。其中有的古义如今由“措”表示，所以“错”与“措”在某些处境中可视为相互异体字。

这样，就可以将“Entrückung”(“entrücken”)根据上下文译为“错位销魂”“错位入神”或“错神”。将“Berückung”(“berücken”)译为“错位入迷”或“错迷”。而将“verrücken”译为“错开”“错狂”。“einrücken”译作“错位放入”“错入”。

这些都是些很不成熟的想法，在翻译实践上可能不值一哂。其主要作用也只是要唤起对于以上言及的涉及“rücken”一组词的解释义的注意，乃至对于海德格尔独特思想和表达方式的关注。

最后试着修改一下242节——“rücken”一族词的时—空狂舞处——中的一句话。《论稿》原译文是：

> 移离被移置入这个瞬间时机中，而且，这个瞬间时机本身仅仅作为移离之聚集而本质性地现身。(《论稿》，页410)〔1〕

修改为：

> 这些错位销魂被错入了这个瞬时临机中，而且，这个瞬时临机本身仅仅作为错位销魂之聚集而健在。

壬辰深秋草拟

癸巳初夏改毕

〔1〕德文原文是：“In diesen [Augenblick] sind die Entrückungen eingerückt, und er selbst west nur als die Sammlung der Entrückungen。”

献给《哲学论稿》的论稿：论《哲学论稿》的两个译名

《哲学论稿》（有人也建议译成“哲学献稿”，不如日本译为《献给哲学的论稿》比较好）是“翻译之难”最典型例子。孙周兴教授为这本几乎是不可译的著作付出了艰苦的工作，使得中国学界终于能一睹这本据传是“海德格尔的《存在与时间》之后最重要的著作”的真面了。不管这个译本如何不完善，译者的翻译都是功不可没的。译者的翻译有很多精彩之处，比如，他批评《存在与时间》将 Entwerfen 译成“筹划”的过重主体性色彩的译法，再比如他将 Fuge 译为“关节”。六个由“第一开端”到“另一开端”的存在史的基本“关节”分别是“回响”——“传送”——“跳跃”——“建基”——“将来者”——“最后之神”，而“总关节”则是 Ereignis，因此如何翻译 Ereignis，就成了全书成败的关键。

Ereignis 并非什么“神秘莫测的词语”。“就其日常含义来讲，Ereignis 是‘事件’。”〔以下引文均见于孙周兴《哲学论稿》的“附录”和“译后记”〕海德格尔“赋予它我们眼下这个中译名所取的两个自然含义，即：‘居有本己（本身）’与‘本来就有’。也就是说，我们提出的‘本有’这个中译名的赋义，可以暗示出海德格尔‘本有’的基本意义指向：‘有自己’和‘有本

* 作者：张旭，中国人民大学哲学院。

来’。”在此，译者对 Ereignis 的基本意义的理解是成问题的，他给出的两个基本意义的规定并不是 Ereignis 的基本意义，因此，关于这个词的译法就仍有待商榷。

译者说：“我早先把 Ereignis 译为‘大道’，后来倾向于‘本有’。”这个词必须要翻译成外语，因为与之相关的一系列词语诸如 Ereignung，Eignung, Zueignung，Übereignung，Eigentum，ereignen，zueignen，übereignen，eignen 等不能都不翻译，也不能在翻译中失去它们与 Ereignis 的词源学的关联。译者说：“我认为，负责的翻译必须坚持‘母语优先’原则，‘难译’甚或‘不可译’，都不是我们不译的理由。这是我在翻译问题上的第一个主张。”这个讲法是非常有见地的。

译者说：“我愿意重申的第二个主张是‘字面义优先’的原则，大意是：译名选择时要尽可能地采取‘字面义’，而不是取‘解释义’。”这个讲法也是翻译的基本原则，但是译者本人违背了他自己的这个主张。因为如果根据 Ereignis 的字面义来翻译的话，它就应该翻译成“事件”，英文就是 Event，有的人为了强调其动词性，就写成 E-vent。相反，翻译成“本有”是一种“解释义”。其解释的根据是，它“暗示出海德格尔‘本有’的基本意义指向：‘有自己’和‘有本来’”。然而，这个解释的根据是不充分的，成问题的。

译者之所以坚定自己的立场，一个重要的理由是援引那个备受争议的英译本的做法。译者说：“英译者把 Ereignis 译为 enowning，是十分可取的，是采取了‘字面义’。以英文的前缀 en 来译 Ereignis 的前缀 er，以 owning 来译 Ereignis 中的词根 eignen 或 eignis，首先表现了字面上良好的配合性和适恰性。”译者在此将“词源学”的词根的起源理解为一个词语的“字面义”了。这是一个误解。

回头来我们讨论一下为什么通常英语学界将 Ereignis

译成 Event of appropriation，而不是简单的 Event。这里的 appropriation 是“据为己有”的意思，也就是“存在的真将此—在据为己有，与此同时，使得此在得以成为此在”。这就是作为动词的 appropriation 与 ownness 的语义上的关系。很多人将 appropriation 翻译成“征用”或“居有”，可以说并没有准确地把握英文的意思是什么。英语学界将 Ereignis 译成 Event of appropriation，是为了兼顾 Ereignis 的双重意义，一方面从“字面义”来看，这个德语词的意思是“事件”，“事件性”应该是 Ereignis 的译文中无论如何不能被省略的；另一方面，海德格尔使用 Ereignis 并特别强调其 eignen 词根的意思，用意在于指出，这一“事件”乃是“存在的真将此—在据为己有”，也就是“存在的真在此—在中进行奠基（Gründung）和入内（Inständigkeit，译者译为“内立性”）”，与此同时，才能够使得此在也能够通过将存在的真据为己有而成其为自身。这一事件海德格尔后来称之为此在与存在的“互相归属”（简化的用法“互属”省略了相互的“归属性”，也就是“据为己有”的那层含义）。将 Ereignis 译为“自身的缘构成”或“缘构发生”（张祥龙），“本成”（倪梁康），“本是”（陈嘉映），“本然”（张灿辉），“成己”（邓晓芒），都没有充分意识到上述这层意思。当然，日译本将 Ereignis 翻译成“性起”（Shôki），也就更不妥了。

因此，我们可以说，译者所认为的“‘有自己’和‘有本来’”这两个基本意义并不符合海德格尔使用 Ereignis 一词所要表达的基本意义。进而言之，“本有”的译法的根据和理由根本上就是基于对 Ereignis 一词的误解。译者过于相信英译本（Contributions to Philosophy〔From Enowing〕, Indiana,1999）的译者 Parvis Emad 和 Kenneth Maly 的备受指责的译法，而又没有把握到通常英译的基本用意，因此才创造了一个汉语中并不存在的生词“本有”。它看起来既像是一个海德格尔避之唯恐不及的

“形而上学的词汇”，又根本无法从字面上让人体会出来这是一个动词。

译者曾经指出“首先，我们必须考虑到海德格尔的 Ereignis 既是一个‘大词’又是个‘小词’，……它又是一个非形而上学的‘小词’，含着日常的含义，可以说是一个‘日常词语’”。“本有”的译法就不像“事件”的译法那样，既照顾到它是一个“日常词语”，又基于这个词语的“字面义”。

译者说：“其次，我们必须考虑到 Ereignis 是在一个词族中出现的，我们的译名最好能体现出整个词族的相关性。”译者认为“本有”的译法能创造出一系列汉语中的“生词”来翻译德语中海德格尔使用的一系列“词族”。然而，海德格尔的词源学用法是通过词源学来“现象学地指引在语言中本来就存在的语义的关联”，这种现象学的语义关联只存在于德语之中，在另一种语言之中，无论是英语法语还是汉语，是否恰好能找到一组在其语言中本来就有的一组词去对应海德格尔的“词族”，在很大程度上是极其偶然的。为了解决这个困境人为去制造一套生词来翻译在德语中充满现象学的语义关联的“词族”的做法，这不仅没能理解海德格尔的词源学或语源学用法的哲学含义，而且也违反了海德格尔本人所主张的翻译原则。这恰恰是 Parvis Emad 和 Kenneth Maly 的译本最受指责的地方，也是中译本不能令人满意之处。

译者一方面指出海德格尔“并没有完全新创的词语，即便在《哲学论稿》中亦然。但通过对词语的重新赋义，……它们脱离了原先的日常含义，也不再是以前的哲学史上使用的基本含义”，另一方面译者却“在《哲学论稿》中译本中，不得不‘创造’了一些日常汉语或者目前汉语学术语言中没有的‘新词’，以对应于作者所做的德语语言革新”。显然，作者的造词〔“本有”（Ereignis）、“存有”（Seyn）、“本现”（wesen，

Wesen，Wesung）、“拒予”（Verweigerung）、“开抛”（Entwurf，entwerfen）、“迷移”（Berücken）、“离基”（深渊）（Abgrund）、“谋制”（Machenschaft）、“急难”（Not）、“关节”（Fuge）、“启思”（Erdenken）、“探—基”（Er-gründung）等〕则完全违反了海德格尔本人“赋旧词以新义”的原则。

译者说：“最后，我们必须考虑到 Ereignis 这个词虽然是非形而上学的，但仍旧是与‘存在’（Sein）和‘存有’（Seyn）之思相关，甚至相通的，因此最好能在字面上对此关联有所体现。”这个说法是没有根据的，因为从德文的“字面义”上无论如何也看不出与 Sein 的关系。海德格尔使用这个词意思是在讲“存在的真”是如何发生的，但是它与 Sein 在“字面上”是没有关系的。

同样的在翻译的原则上成问题的情况也存在于译者对 Wesen 一词的翻译上。译者将 die Wesung 译成“本现或本质现身”。海德格尔使用 Wesen 一词用来指“存在的真的发生”，因此，它不能被理解为传统的“共相”（koinon）或“实体”（ousia），当然也就再不能继续被理解为“本质”（essentia）。因此，英文翻译和中译都把“本质”一层的意思翻译出来（essential sway，本质现身）是成问题的。

海德格尔使用 Wesen 一词，显然不是使用其传统的用法和含义，而是试图通过现象学的阐释重新恢复其原初的含义。海德格尔指出，存在的真的发生是在庇护中的敞开，因此会产生所谓“存在的二重性”，即存在与存在者既相互区分，同时又一起被给出来。当希腊哲学试图把握“存在”背后的“本质”时，开始从现在的在场的模式去理解存在，因此将其“本质”或“实体”确定为某种永恒不变的普遍性的东西。Wesen 一词在词源学上仍然保持着和 Sein 的关系，因此，海德格尔使用它时，是在其最源初的意义上使用这一词的，即存在的真的发生，而非取其源初意义被形而上学规定为“本质”的那层意思。由此来看，对这一词的翻译中不应出现“本质”的意思。

根据上述的理解，Wesen实际上是存在的真的在庇护中的敞开，尤其是在我们这个危机的时代中，Wesen的发生方式是自行退隐。译者说：“在海德格尔看来，在‘存在离弃状态’（Seinverlassenheit）中回响着‘存有之本现’（die Wesung des Seyns），其方式是‘拒不给予’或‘拒予’（Verweigerung）。”如果是这样的话，Wesen作为存在的真的发生，主要就不是“现身”，而毋宁说是“不现身”，因此，将其翻译成“现身”或“出现”也是成问题的。

其他还有很多很多翻译还都值得深入讨论。妥帖的翻译不仅涉及海德格尔用语的翻译原则，更需要到对海德格尔用语的意义的深入理解。不管怎样，孙周兴教授十年磨一剑，他为这本著作所做出的贡献筚路蓝缕，劳苦功高，它为我们以汉语深入研究海德格尔的这本著作奠定了基础。没有这个译本的开拓，汉语学界就没有办法用汉语去研究它。《哲学论稿》中译本的出版无疑是中国学术界值得庆贺的一件大事。

无：从《存有与时间》到《哲学文献》

逻辑实证论者卡尔纳普（Rudolf Carnap）曾将海德格尔关于“无”的讨论当作传统形而上学无意义论说的典型加以批评。〔1〕而本文就是要试图探讨这些“无意义”论说的一些意义，主要包括无与海德格尔的生存论概念“畏”的关系，以及与其存有论概念“存有”和“生成”的关系，所依赖的文献主要包括《存有与时间》（1927 年）、《形而上学是什么？》（1929 年），以及《哲学文献》（1936—1938 年）等。〔2〕最后，我还将介绍哲学史上无的概念的几种基本类型，并讨论海德格尔无的概念的所属。

---

* 作者：姚治华，香港中文大学哲学系。本文繁体版收入香港中文大学郑承隆基金亚洲现象学中心编《现象学与人文科学》第五辑“海德格尔：诠释现象学及其蜕变”，近期将于台北出版。感谢香港中文大学郑承隆基金亚洲现象学中心授权此简体版在内地刊载。

〔1〕 Rudolf Carnap, “Überwindung der Metaphysik durch logische Analyse der Sprache”, in: *Erkenntnis* 2（1931）, S. 233.

〔2〕 本文除了引用既有文献外，都以“存有”对译 Sein。这一方面是由于本文将先在台北出版，另一方面也由于笔者近年更倾向用这一译名。尤其是在与传统中国哲学的相关概念相沟通时，这一译名更合适。

一　无与畏

在《存有与时间》中，无显然不是一个核心议题，关于它的讨论是由分析畏（Angst）这一基本现身情态引出的。很久以来，我对畏与无的关联感到不好把握，为什么偏偏是由畏而不是其他情绪状态来体会无？多年以前，我曾就此点请教过熊伟先生。他以其一贯的融贯中西的口吻回答说："我们不也讲'大无畏'吗？这所畏的也是无啊！"可我心中还是有疑问："大无畏"是在说"没有畏惧"，而不是"畏无"；即便是"畏无"，可为什么要畏"无"呢？孔子说过君子有三畏：畏天命，畏大人，畏圣人之言，可这些都与无没什么关系。

后来学习宗教学，才注意到畏或敬畏在希伯来传统中的重要地位，它与希腊传统的惊奇和中国传统的忧患地位相当，这三者也分别显示了三种不同文化的根本特征。这样看来，畏应该在敬畏的意义上来理解。在犹太—基督教传统中，敬畏的对象只能是神，而不是大人之类世间之物。这样来理解，就可以把畏与平常理解的"畏首畏尾"的畏惧区别开来，敬畏的畏显然超越了一切世间之物。在《存有与时间》第 40 节的一个长注中，海德格尔本人也提到基督教神学关于畏和怕的分析，特别是奥古斯丁、路德和克尔凯戈尔的有关讨论。

当然，这还不能说明畏与无有什么关系。要理解敬畏与无的关系，还要了解基督教神学中的神秘主义传统，这一传统以否定的方式讨论神或神性，无成了神的一个称号。许多德国古典哲学家如雅可比（F. H. Jacobi）、哈曼（J. G. Hamann）、谢林、黑格尔、冯·巴德（F. von Baader）对无的讨论都可归入此一传统。在另一篇讨论畏与无的关系的重要作品《形而上学是什么？》中，海德格尔本人在篇末述及无的思想渊源时，也举出基督教神学有关"从无创造"（creatio ex nihilo）的学说和黑格尔的观点。

因而，海德格尔有关畏与无的讨论，也必须在基督教神秘主义传统的背景下才能理解。例如，海德格尔说：

> 威胁者乃无一**所在**（nirgends），这一点标画出畏之所畏者的特征来。畏“不知”其所畏者是什么。但“无一所在”并不意味着无（nichts），而是在其中有着一般的场所，有着世界为本质上是空间性的“在之中”而展开了的一般状态。所以进行威胁的东西也不能在附近范围之内从一个确定的方向临近而来，它已经在“此”——然而又无一所在；它是这样的近，以至它紧压而使人屏息——然而又无一所在。
>
> 在畏之所畏中，这个“它是无（nichts）而又无一所在（nirgends）”公开出来。[1]

中译本《存在与时间》以庄子的短词“无何有之乡”来对译“无一所在”，固然有助于带出其间的意境，却遮盖了“无一所在”一词简单明了的本意。这个无一所在、同时又使世界之为世界的无，使人联想到否定神学中作为无的神或神性。

与从巴门尼德、柏拉图就开始的对无的哲学讨论相比，基督教神秘主义传统关于无的学说的一个重要特点，是认为无是可被经验、体证的。这里的无就不只是一个概念，而是一个可感知的实在。在这一点上，它与东方的神秘主义传统如道家所强调的“圣人体无”的实践一致。当然，对无的体证并不是随便就可以做到的，海德格尔也承认它是“罕见的”：“在一种情绪中人被引到无本身之前；这样一种情绪在人的此在中出现吗？在人的此在

〔1〕 Martin Heidegger, *Sein und Zeit*, Tübingen: Max Niemeyer Verlag, 1963, S. 186. 译文参考中译本《存在与时间》，北京：生活·读书·新知三联书店，1987 年，但有改动。

中出现此情绪是可能的，而且也真的出现——虽然相当罕见——只出现在畏之基本情绪中的若干瞬间。”[1]

二　无与存有

发表于1929年的教授就职演讲《形而上学是什么？》是海德格尔著作中最明确集中讨论无的一篇。其中大量篇幅仍继续讨论畏与无的关联，以生动细致的语言描述在畏中体会无的境界。而另一个主题则是《存有与时间》相关章节没有涉及的，即无与存有的关系。他一方面说：“无已不再是存有者的无规定的对方，而是表明自身属于存有者的存有。”[2]同时又说：“在存有者的存有中无之无化（Nichten）就发生作用。”[3]结合两方面，那就是无与存有相等同。

将无与存有对等的表达式，如“存有：无：同一”“无是存有的特征（Kennzeichnung）”等等，散见于海德格尔的许多著作，[4]梅依（Reinhard May）曾集中研究这些表达式，并试图证明它们与东亚哲学尤其是道家和禅宗哲学中相关表达的可能关系。在他看来，《老子》所说的“有无相生”（第2章）、“天下万物生于有，有生于无”（第40章），以及《信心铭》中“有即是

---

〔1〕Martin Heidegger, “Was ist Metaphysik?” in: *Wegmarken*, GA 9, Frankfurt am Main: Vittorio Klostermann, 1978, S. 111. 译文参考熊伟译本，见于《熊译海德格尔》，上海：同济大学出版社，2004年，但有改动。

〔2〕Ibid., S. 120.

〔3〕Ibid., S. 115.

〔4〕很详尽的列举，见于 Reinhard May, *Heidegger's Hidden Sources: East-Asian Influences on His Work*, translated with a complementary essay by Graham Parkes, London and New York: Routledge, 1996, pp. 21-26。

无，无即是有”和《证道歌》中类似的说法，[1]在20世纪20年代或之前，都有德文译本存世，海德格尔当时有机会读到这些文献，并受到其影响。[2]

但海德格尔本人只明确承认黑格尔在此点上的贡献，他引述黑格尔《逻辑学》卷一中的一段话："纯粹的存有与纯粹的无是一回事。"纯粹的存有与纯粹的无是黑格尔逻辑学体系开端处的两个概念，它们的等同是由于两者都是无规定性的、直接的，因而是纯粹的。但海德格尔紧接着就指出他与黑格尔的不同："存有与无相属，但非因为它们二者——从黑格尔的思的概念来看——在其无规定性与直接性中一致，而是因为存有本身在本性上是有限的，并且只在嵌入无中的此在之超越中显示自身。"[3]这里"此在之超越"指的是上文所说的"此在凭借隐而不显的畏嵌入无中的状态就是越过存有者整体：超越"。[4]此在越过存有者整体，达及的当然是存有本身，而同时此在又是嵌入无的，因而存有与无在此在的境界形而上学中等同了。

当然，在此论题上另一个重要的黑格尔印记是"否定性"（Negativität）的概念，海德格尔曾有专讲讨论这一概念。[5]在黑格尔的体系中，否定性的地位和作用显然比那个纯粹的无重要得多，它可以说是其辩证法的引擎，所有变化、运动和发展都通过这一扬弃（aufheben）一切的力量而成为可能。海德格尔虽然坚

---

〔1〕《信心铭》中引文见《大正藏》2010: 377a6—7。《证道歌》中引文没有查到，疑作者有误。

〔2〕Reinhard May, *Heidegger's Hidden Sources: East-Asian Influences on His Work*, pp. 26—28.

〔3〕Martin Heidegger, "Was ist Metaphysik?" S. 120. 熊伟译本"此在"作"存在"，应订正。

〔4〕Ibid., S. 118.

〔5〕见《海德格全集》68卷（GA 68）。

持“无是否定（Verneinung）的根源，而不是相反。”[1]可他在描述无通过否定和“不”起作用时，却是不折不扣的黑格尔主义者，这是任何东亚影响所无法替代的。

三　无与生成

首先谈“生成”这个译名。我曾撰文讨论 Ereignis 这一概念，并曾主张以“庸”或“事用”来翻译这个词。[2]可是总觉得这样格义痕迹太明显，在翻译实践中难以行得通。最近读到彭富春《无之无化》一书，觉得他所采用的“生成”这一译名比较合适。[3]一方面“生”就是与 Ereignis 相关联的动词 ereignen 的“发生”之意，而“成”突出了前缀 er- 的“完成”意；整个词“生成”也不生疏，可以是个很好的译名。

我们知道，“生成”这个词曾被用来翻译传统西方哲学的重要概念 Werden，为示区别，我们可以用“变化”来译 Werden。但另一方面，译名的重叠也显示了海德格尔的 Ereignis 与传统形而上学概念 Werden 之间的紧密关系。在《哲学文献》中，海德格尔谈到这一层鲜为人知的关系：

> 若记得那旧的、直至尼采仍流行的存有（Sein）与变化（Werden）的分别，人们可能认为把存有（Seyn）规定

---

〔1〕 Martin Heidegger, “Was ist Metaphysik?” S. 117.

〔2〕 见姚治华：《庸与 Ereignis》，载于熊伟编：《现象学与海德格尔》，台北：远流出版公司，1994 年，第 319—347 页；姚治华：《再论海德格尔的 Ereignis：以〈哲学文献〉为中心》；孙周兴等编：《德意志思想评论》（第二辑），2005 年，上海：同济大学出版社，第 58—72 页。

〔3〕 彭富春：《无之无化》，上海：上海三联书店，2000 年。

为生成（Ereignis）等同于把存有（Sein）解释为“变化”（或“生命”“运动”）。[1]且不说这会不可避免地陷入形而上学，而且对“运动”“生命”和“变化”的表象要取决于作为存有者性（Seiendheit）的存有（Sein），这样对生成的解释会彻底偏离这生成，因为这解释把生成陈述为一个对象，而不是让这本性活动自身且只是其自身来言说，以便使思保持为存有之思。这存有之思不陈述存有，而是在一个道说（Sagen）中言说。这道说归属于作语（Er-sagten），且远离所有对象化和谬误化为固定的（或“流动的”），因为这些陈述马上落入表象之维，而存有的不平常性被否认了。[2]

这里海德格尔以不赞成的态度表明 Ereignis 与传统形而上学概念如变化、生命、运动间的关系，他不赞成人们把 Ereignis 仅仅理解为这一类的概念，但两者的差别只在于是否从表象性、对象性的思维来着眼。如果以传统形而上学的思维来谈存有，那么就有变化、运动等概念；如果让存有自身来言说，那么就是 Ereignis，就是生成。如此看来，“生成”就是传统形而上学概念“变化”的翻版，其间的差异只在于是否以对象性思维把握它。

明了了这一层以后，也比较容易把握无与生成的关系了。大家知道，黑格尔“无”的学说的重大贡献，除了将纯粹的有与纯粹的无等同之外，还进一步把无纳入变化的一个环节，形成有、无、变化的辩证化进程。如此一来，无就不再是一个空洞的抽象，而是确保变化进程不断向前的否定性的伟力。“无”在黑格尔那里取得了前所未有的地位。可以推测，如果海德格尔的“生

〔1〕在此书中，海德格尔大幅采用 Seyn 表示他的主导词语“存有”，只有少数在传统形而上学意义上讨论此概念时，才写作 Sein。也有极少数例证说明他并没有严格遵守这一规则。

〔2〕Martin Heidegger, *Beiträge zur Philosophie*, GA65, § 267, 472.

成”约相当于黑格尔的“变化”，那么无与生成的关系也应该非常密切，它在生成中也应非常重要。

在1997年出版的写于1938—1939年的《沉思》（*Besinnung*）（全集第66卷）中，海德格尔指出：“存有历史之追问不只把无不体会为无的（Nichtiges），当此追问将存有自身在其本性活动的完满中询问时，它把无体会为生成过程（Er-eignung）。”[1]由于“生成”这一概念在后期海德格尔思想中的重要地位，如果把无理解为生成，那它就要与一系列根本性的概念发生关系，除了上面谈到的存有外，还有时间、真理、给予、拒斥等。《哲学文献》中有一段话正描述了这复杂的关系：

> 生成作为**迟疑的拒斥**，并且在其中有“时间”的完满，成果的力量和给予的伟大——可是在作为为自我遮蔽而澄明的真理中。
>
> 完满孕育着源初的“不”（Nicht），完满过程是**尚**未和**不再**给予，尚未与不再**相对呼应**，正在迟疑中被拒斥，从而在移离中迷离。这里首先是作为生成的存有的本性活动的不性（Nichthafte）。[2]

卡尔纳普也许是对的，要理清以上诗句般文体的意涵也许是不可能的。不过，这里谈到的“不”或“不性”与无的关系，如上文所言，即不或否定要奠基于无，而无又通过不或否定的活动而起作用。相对于存有和时间而言，生成固然作为提供者和给予者而出现，它是“它给予”（Es gibt）中的它。可同时，海德格

---

〔1〕 Martin Heidegger, *Besinnung*, GA 66, S. 313.

〔2〕 Martin Heidegger, *Beiträge zur Philosophie*, GA 65, §146, 268.

尔强调，不提供、不给予的退隐和拒斥一样本质地属于生成，正是这退隐与拒斥使得提供和给予成为可能。而正是在这退隐和拒斥中、在生成的核心处，我们看到了源初的不或无。

四　无的类型

哲学之父巴门尼德把无排除在知识的领域之外，禁止我们去思考它、言说它。可是关于无的讨论还是源远流长，那么海德格尔关于无的论说与其他一些不同类型的无的学说是什么关系呢？

大家较熟悉的可能是康德四类无的划分，这四类无分别是：（1）没有对象的空概念。这是与“一切”“诸多”和“一个”这些概念对立的，且取消这一切的概念。它是一个根本没有可指定的直观与之相应的概念，例如物自身（Ding an sich）。这是理性的存在者（ens rationis）；（2）一个概念的空对象，是一个关于对象之缺乏的概念，如阴影、冷。这是缺失的无（nihil privativum）；（3）没有对象的空直观，它作为直观的形式是某物，但本身却不是被直观的对象，例如空间或时间。这是想象的存在者（ens imaginarium）；（4）一个自相矛盾的概念，它是不可能的东西，例如两条边的直线图形。这是消极的无（nihil negativum）。[1]

其中第三类想象的存在者（ens imaginarium）据认为可追溯到现代存有论学说的奠基者沃尔夫（Wolff）。而如果按照沃尔夫的细致分类，无应与真实的存在者（ens reale）、想象的存在者，

---

〔1〕 Immanuel Kant, *Kritik der reinen Vernunft*, Hamburg: Felix Meiner, 1956, S. 332—333.

以及虚构的存在者（ens fictum）都不同。[1]而后几个类型是 20 世纪以来分析哲学传统所着重讨论的对象。

相比之下，康德四分法中的第二类缺失的无和第四类消极的无显得更为重要，在许多哲学家那里，这是两种最基本类型的无。一般来说，巴门尼德禁止我们去讨论的是“都无”（τὸ μηδαμῆ μηδαμῶς ὄν, the altogether not），也就是那个消极的无，而柏拉图以降的众多哲学家试图打破这个禁锢，但他们所讨论的却只是缺失的无，或以缺失的无替代这毕竟的都无。海德格尔本人也熟知这两类基本类型的无，并声明他所说的无与这些不同。

另一种无的四类型划分法出自新柏拉图主义者维克多奴斯（Marius Victorinus），较少人注意。这四类无包括：（1）否定；（2）一个本性与另一个本性的关系；（3）尚未有的、将来的东西；（4）异于众存有者的存有。后来，赫缪（Ammonios Hermeiu）还增加了第五类：（5）不可说的、不可表象的无。[2]在这几类无中，第四类无就是存有或神性的存有，这显然与基督教神秘主义者的主张相同。我们上文已经讨论过，这一传统影响到许多德国古典哲学家，而海德格尔的无也接近这一类型。

另外，有意思的是，第三类未来无虽然不见于其他西方哲学家的分类法中，却是印度哲学传统各种不同无的分类法中的一种。在印度，主流的胜论派、正理派和弥曼差派都主张把无（abhāva）分为四类，即（1）未生无（prāgabhāva），一物尚未产生前之非存有；（2）已灭无（dhvaṃsa），一物已经消灭后之非存有；（3）毕竟无（atyantābhāva），在过去、现在和未来都不可

---

〔1〕 Theo Kobusch, “Nichts, Nichtseiendes”, in: *Historisches Wörterbuch der Philosophie*, Basel and Stuttgart: Schwabe & Co AG Verlag, 1971- , Band 6, S. 822.

〔2〕 Ibid., S. 809-810.

能存在的那种非存有，如龟毛、兔角等；（4）更互无（anyonyā bhāva），两物互不存在于对方之非存有，如水壶中无衣服。比较两者，除了维克多奴斯的未来无与这里的未生无一致外，他所说的第二类无“一个本性与另一个本性的关系”，其实就是这里的“更互无”。两者间的巧合非常耐人寻味，也许它们在发展过程中曾有过相互影响。

有的学者，如胜论派的慧月主张有第五类无——“不会无”：“不会无者，谓有性、实等，随于是处无合、无和合，名不会无。”[1]也就是说，任何东西如果它们没有与有性（sattā）发生关联，就不会存有。这里的“有性”是印度传统的最高存有概念，但与新柏拉图主义者和基督教神秘主义者不同，它本身不是一类无，相反，没有分享它的话才会成为无。而佛教瑜伽行派主张的第五类无是“胜义无”（paramārthāsat），这也就是佛教中观派的“空”，它认为一切现象在究竟的胜义谛看来都是空无自性，所以称作“胜义无”。[2]如果不考虑这两种第五类无，只概括前四类无的话，则可归结为毕竟无和相对无两类。因为后者可以涵盖未生无、已灭无和更互无，这三者只是从时间和空间两方面展开说明相对无。而相对无就是西方哲学所说的缺失的无（nihil privativum），而毕竟无就是作为“都无”的消极的无（nihil negativum）。

但是，在海德格尔看来，他所说的无既不同于缺失的无，也不同于消极的无，他曾称自己所说得无为“根源的无”（nihil originarium）。在讨论世界作为无时，他说：“世界是那自身源初地到时的无，是那在这到时中，并就随着这到时升起的无，我

---

〔1〕慧月：《胜宗十句义论》T2138: 1264a。关于此类无及其与有性关系的讨论，见姚治华：《“有性”与“是性”：从汉译梵文典籍的经验看 Sein 一词的翻译》，《现象学与当代哲学》2（2008），第 113—130 页。

〔2〕《瑜伽师地论》，CBETA, T30, no. 1579, p. 362, c14—21。

们由此称这世界为根源的无（nihil originarium）。”[1]看来，只有“根源的无”这一名称才能概括在海德格尔思想中那个与存有等同，又通过否定和退隐的方式起作用的无，这无化的无就是根源的无。

海德格尔这里所强调的“根源的无”以及它与“缺失的无”和“消极的无”间的鼎立关系，再一次与道家哲学相应。我们知道，传统中国哲学尤其是道家哲学对“无”有非常丰富的讨论，但并没有对无这一概念做详细的分析乃至分类。到目前为止，对中国哲学的无进行分类研究的只有当代学者庞朴。他把无分为三个类型，包括有而后无的“亡”，无而绝无的“无”，以及似无实有的“无”。他主张我们在阅读中国古代哲学典籍时，应仔细分辨这三种不同意义的“无”；如果可能的话，应把它们分别还原为相应的汉字：“亡”“无”和“无”。[2]而这三类无正好分别对应于上文所谈到的缺失的无、消极的无和根源的无。这样，道家哲学中似无实有、无形无象的“无”与海德格尔所言的根源的无正相对应。

五　结论

海德格尔对无的讨论虽然没有偏离他思想的主线，可似乎是

〔1〕 Martin Heidegger, *Metaphysische Anfangsgründe der Logik im Ausgang von Leibniz*, GA 26, S. 271. 引自 Markus Wirtz, *Geschichten des Nichts: Hegel, Nietzsche, Heidegger und das Problem der philosophischen Pluralität*, Freiburg / München: Verlag Karl Alber, 2006, S. 333。关于这一概念的进一步讨论，见 Tze-wan Kwan, *Die hermeneutische Phänomenologie und das tautologische Denken Heideggers*, Bonn: Bouvier Verlag Herbert Grundmann, 1982, S. 76, 83—84, 142。

〔2〕 庞朴：《说“无”》，载《当代学者自选文库·庞朴卷》，合肥：安徽教育出版社，1999 年，第 348—363 页。

他早中期思想发展的一个阶段性现象。而他对这一题目的贡献也可由以上的讨论大略知晓。据比默尔（Walter Biemel）回忆说，海德格尔曾告诉他已经放弃了“无”这一题目，因为它已导向误解。[1] 这误解可能指的是把他视为虚无主义者的倾向。

当然，在一些学者看来，无的主线不一定就中断了，相反它或隐或显地贯穿海德格尔的一生。彭富春以“无之无化”为线索重构海德格尔思想发展的脉络，贯穿其思想发展的早、中、晚期，非常有说服力。在另一位持类似观点的学者梅依看来，其间的奥秘在于海德格尔在后期虽然较少用“无”（Nichts）一词，却用另外几个关键词表达同样的意义，最重要的就是“Lichtung”一词。这个词的本意是“林中空地”，也被译作“澄明”。而据梅依的研究，在一本出版于 1915 年且之后多次重印的英文版中文辞书中，中文“无”字的本意被解释为：“大森林被毁，林木被砍，空无树木，从而意指抽象的缺失、否定。”[2] 他据此推测，海德格尔采用“Lichtung”一词是想更贴切地表达道家的“无”这一概念的字面义，而同时又不与西方哲学的概念“Nichts”混淆。[3] 如果这属实的话，要讨论海德格尔关于无的学说，就不应只局限于“Nichts”一词了，还应注意“Lichtung”这一概念。

---

〔1〕引自彭富春《无之无化》，第 222 页。

〔2〕L. Wieger, *Chinese Characters: Their origin, etymology, history, classification and signification: a thorough study from Chinese documents*, translated into English by L. Davrout（Ho-kien-fu〔China〕: Catholic Mission Press, 1915）, p. 34.

〔3〕Reinhard May, *Heidegger's Hidden Sources: East-Asian Influences on His Work*, pp. 32—33.

原著新译

《是与时》“导论 · 第 1—4 节”

是与时[1]
（§1—§4）

...δῆλον γὰρ ὡς ὑμεῖς μὲν ταῦτα (τί ποτε βούλεσθε σημαίνειν ὁπόταν ὂν φθέγγησθε) πάλαι γιγνώσκετε, ἡμεῖς δὲ πρὸ τοῦ μὲν ᾠόμεθα, νῦν δ᾽ ἠπορήκαμεν... “当你们使用‘是着’这个表达时，显然你们早就熟悉你们究竟在意指什么。然而，我们先前曾以为理解了它，但现在却陷入困惑中。”[2]我们用“是着”这个词究竟在意指什么，今天我们已经有了关于这个问题的答案了吗？绝对没有。因此，现在正是重新提出**是之意义这个问题**的

---

* 海德格尔著，熊林译。

〔1〕根据 Martin Heidegger, *Sein und Zeit*, Neunzehnte Auflage, Max Niemeyer Verlag Tübingen（2006）以及 Martin Heidegger, *Gesamtausgabe, I. Abteilung: Veröffentlichte Schriften 1914—1970*, Band 2, *Sein und Zeit*, Vittorio Klostermann · Frankfurt am Main（1977）翻译。——译者注

〔2〕柏拉图，《智者篇》244a。——作者原注

柏拉图的原文是：ἐπειδὴ τοίνυν ἡμεῖς ἠπορήκαμεν, ὑμεῖς αὐτὰ ἡμῖν ἐμφανίζετε ἱκανῶς, τί ποτε βούλεσθε σημαίνειν ὁπόταν ὂν φθέγγησθε. δῆλον γὰρ ὡς ὑμεῖς μὲν ταῦτα πάλαι γιγνώσκετε, ἡμεῖς δὲ πρὸ τοῦ μὲν ᾠόμεθα, νῦν δ᾽ ἠπορήκαμεν。〔既然我们已经感到困惑了，那就请你们清楚明白地向我们表明当你们说是着时你们究竟想意指什么。显然你们对之非常清楚，而我们先前认为知道它，现在却感到困惑。〕——译者注

时候。但我们今天还是困惑不理解“是”这个表达吗？绝不。因此，现在也正是首先要再次唤醒对这个问题之意义给予某种理解的时候了。具体地拟定出“**是**”之意义这个问题，乃是下面这部论文的目的。对作为任何一种一般是之理解的可能视域的**时间**进行阐释是该论文的临时目标。

设立这一目标的意图、包含在这一计划中和被该计划所要求的各种探索，以及通达这一目标的道路，要求一种引导性的说明。

导论
对是之意义问题的阐述
第一章　是之问题的必要性、结构和优先性

§1. 明确地重提是之问题的必要性

【2】尽管我们的时代因重新肯定了“形而上学”而视自己为一种进步，但这里所提及的问题如今已经被人遗忘了。人们依然自以为他们用不着努力去重新点燃 γιγαντομαχία περὶ τῆς οὐσίας〔诸神与巨人之间关于是的战争〕。[1] 然而，这里所涉及的问题绝非随随便便的问题。它曾让柏拉图和亚里士多德的研究绷紧了弦，但从那以后，它就无人问津了——**作为真正探索的专题性问题**。那两位哲人所赢得的东西，以各式各样的偏离和“涂抹”一直保持到黑格尔的《逻辑学》中。那曾经以思的至高努力从诸现象那儿争得的东西——尽管是零碎和初级的，早已被弄得陈腐不堪了。

〔1〕这个希腊词组出自柏拉图《智者篇》246a。柏拉图的原文是：καὶ μὴν ἔοικέ γε ἐν αὐτοῖς οἷον γιγαντομαχία τις εἶναι διὰ τὴν ἀμφισβήτησιν περὶ τῆς οὐσίας πρὸς ἀλλήλους。〔由于彼此之间关于是有争论，似乎在他们那儿有着一场类似诸神和巨人之间的战争。〕此外，如果不考虑海德格尔自己在这儿的思考和用法，οὐσία 最好译为“所是”。——译者注

不仅如此。希腊人开始了对是的阐释，但在这个基础上却形成了一个教条，它不仅宣称是之意义这个问题是多余的，而且还认可了对这个问题的耽搁。人们说："是"是最普遍的和最空洞的概念。作为这样的概念，它拒绝任何下定义的企图。这个最普遍的，因而也是不可定义的概念不需要任何的定义。每个人都经常使用它，也已经懂得他用它在意指什么。于是，这个让古代哲学思考备感不安并一直让其不安的隐秘者，竟变成了昭如白日的不言而喻，以至于谁要是还继续追问这个问题，谁就会被指责为犯了一种方法上的错误。

在本探索的开初，对于那些不断主张并坚持认为对是的追问纯属多余的种种成见，不可能详尽地加以讨论。【3】那些成见在古代是态学本身那里有其根源。但从另一方面看，就是态学的诸基本概念得以生长出来的地基而言，就对诸范畴进行证明的恰当性和它们的完备性而言，古代是态学只有在那首先被澄清和回答了的是之问题的引导下，方才能得到充分的阐释。因此，我们打算将关于那些成见的讨论限制在一定范围内，只要重提是之意义问题的必要性变得可理解就行了。下面从三个方面来说：

1. "是"〔1〕是"最普遍"的概念：τὸ ὄν ἐστι καθόλου μάλιστα πάντων〔2〕〔是是所有一切中最普遍的〕。Illud quod primo cadit sub apprehensione, est ens, cuius intellectus includitur in omnibus, quaecumque quis apprehendit.〔首先进入领会中的是是，对于它的理解包含在一个人所领会的任何事物中。〕"无论一个人在是者那里把握到了什么，在那里总已经包含了对是的某种理解。"〔3〕然而，"是"的"普遍性"不是**属**的普遍性。如果"是者"乃根

〔1〕是着，是着性。——作者边注

〔2〕亚里士多德，《形而上学》B4, 1001 a 21。——作者原注

〔3〕托马斯·阿奎那，《神学大全》II¹ qu. 94 a 2。——作者原注

据属和种被概念性地表达，那么，“是”并非限定着是者之最高领域：οὔτε τὸ ὂν γένος[1]〔是不是一种属〕。是的“普遍性”“**超乎**”一切属上的普遍性。依照中世纪是态学的刻画，“是”是一种“transcendens”〔超越者〕。亚里士多德已经认识到这种超越的“普遍”之统一性与含有实事的最高属概念的多样性截然不同，他将之称为**类比的统一性**。不管亚里士多德是多么依赖柏拉图在是态学上的问题提法，仅凭着这一揭示，他已经将是之问题置于一个原则性的新基础之上。然而，他显然也没能照亮这些范畴上的联系之晦暗处。中世纪的是态学主要沿着托马斯主义和司各脱主义的学术方向对这一问题进行了各种各样的讨论，但依然没有获得一种根本上的澄清。当黑格尔最终将“是”规定为“无规定的直接”，并将这一规定作为其《逻辑学》中所有进一步的范畴上的阐明之基础时，他同古代是态学保持着相同的视向，只是他将亚里士多德已经揭示出来的是之统一性完全不同于那些含有实事的“范畴”之多样性这一问题给搞丢了。因此，当人们说“是”是最普遍的概念时，并不意味着它也是最清楚的概念，而且它无需更进一步的讨论。毋宁说，“是”这个概念是最晦暗的概念。

【4】2.“是”这个概念是不可定义的。人们从它的最高普遍性中推论出这一结论。[2]如果 Definitio fit per genus proximum et differentiam specificam〔定义乃最近的属加上种差〕，那这话是正确的。“是”确实不能被把握为是者；enti non additur aliqua natura〔没有任何性质被增添到了是上〕：将是者归属于是，“是”

〔1〕亚里士多德，《形而上学》B 3, 998b22。——作者原注

〔2〕参见帕斯卡《思想录与小著作集》(布伦斯维克编)，巴黎，1912 年，第 169 页：一个人无法在试图定义是时而不陷入这样一种荒谬之中：无论通过直接的解释还是暗示，人们要定义一个词都必须以“这是……”来开始。因此，要定义是，就必须说“它是……”人们已经使用了这个要在其定义中被定义的词。——作者原注

并未因此就得到规定。是既不能定义性地从诸更高的概念中导出，也不能通过各种较低的概念来描述。然而，由此就可以得出“是”不可能再提供出任何问题了吗？绝非如此。结论只能是：“是”根本不是某种如是者一样的东西。[1] 因此，传统逻辑的“定义”虽在一定限度内是是者的合法的规定方法，但却不适用于是——因为传统逻辑自身就植根于古代是态学中。是的不可定义性并未消解它的意义问题，相反，它要求我们直面这个问题。

3. “是”是自明的概念。在所有的认识活动和陈述中，在对是者的每一关联中，在所有对一自己一本身的一关联中，都得使用“是”；并且这种表达在此是“轻而易举地”可理解的。每个人都理解“天**是**蓝的”，“我**是**快乐的”，等等。但这种平均的可理解仅仅表明了不可理解而已。它表明，在对是者作为是者的每一关联和是中，都先天地有一个谜。我们向来已经生活在某种是之理解中，但同时是之意义却隐藏在黑暗里，这就表明重提“是”之意义问题有着根本的必要性。

如果“自明的东西”，而且只有自明的东西——“日常理性的隐秘判断”（康德），应当成为而且应当始终保持为分析学（“哲学家的工作”）的明确课题，那么，在哲学基本概念的领域内，尤其就“是”这个概念而言，诉诸自明性就是一种可疑的做法。

对这些成见的思考同时表明，不仅是之问题尚无**答案**，而且这个问题本身甚至就是晦暗和无方向的。因此，重提是之问题意味着：首先要充分拟定出**问题的提法**来。

§2. 是之问题的形式结构

【5】是之意义问题应当被**提出**。如果这个问题是一个基本问题，或者说唯有它是**一个**基本问题，那么，这种追问就需要恰当

〔1〕不！相反：借助于这种概念性不可能确定本是（Seyn）。——作者边注

的透明性。因此，必须简明地讨论一下一般地属于一个问题的东西，以便由此能够让是之问题作为一个**独特的**问题显露出来。

每一种追问都是一种寻求。每一种寻求都有其从被寻求者那里而来的先行引导。追问是就是者是和如此是这两方面而来的对是者进行认识的寻求。这种进行认识的寻求能够成为“探索”，即对问题所朝向的东西进行崭露着的规定。追问作为问……而有其**被问者**。所有的问……在某种方式上都是向……询问。除了被问者之外，追问还包含有**被询问者**。在探索性的问题中，即在特定的理论性问题中，被问者应当得到规定并成为概念。**被问得者**作为真正的意图之所在——追问在此达到了它的目的，位于被问者那里。作为一种是者的行为，即追问者的行为，追问自身有着某种本己的是之性质。进行一种追问，或者是“仅仅随便问问”，或者是明确地提出问题。后者的独特之处在于：追问本身要变得透彻，取决于问题的上述起着建构作用的诸性质。

是之意义问题应当被**提出**。因此，我们必须着眼于上述诸结构要素来讨论是之问题。

作为寻求，追问需要一种由被寻求者而来的先行引导。因此，是之意义一定已经在某种方式上是可供我们利用的。我们曾提示过：我们总已经活动在某种是之理解中。正是从这种理解中生长出明确的是之意义问题和朝向其概念的倾向。我们不**知道**“是”意味着什么。然而，当我们问“‘是’**是**什么？”时，我们已经立于对“是”的某种理解中，尽管我们尚未能概念性地确定“是”意味着什么。我们甚至不知道我们应当由之而出发去把握和确定该意义的视域。**这种平均且模糊的是之理解是一种实际**。

无论这种是之理解有多么的摇曳不定、时隐时现，甚至几乎仅限于字面上的认识，但这种向来已经可供利用的是之理解的不确定性自身却是一种需要澄清的积极现象。【6】然而，对是之意义的探索不打算一上来就进行这种澄清。对平均的是之理解的阐释，只有通过已经发展起来的是之概念，方才赢得其必需的引导。通过对这个概念以及对这个概念所包含的清楚理解该概念的诸方式的澄清，也就会发现：那被遮蔽的或者尚未被照亮的是之理解意味着什么，哪些方法可能而且必然会遮蔽或者阻碍对是之意义的清楚照亮。

此外，平均且模糊的是之理解也能够被流传下来的关于是的各种理论和意见所浸透，而这些流传下来的理论作为占统治地位的理解的各种源头却始终深藏不露。——位于是之追问中的被寻求者并非全然陌生，尽管它最初根本无法被加以把握。

这个要被拟定出来的问题的**被问者**是是，它将是者规定为是者，正是基于它，是者——不管其如何被讨论，向来已经被理解了。是者的是本身不"是"一种是者。在对是之问题的理解中，哲学性的第一步就在于不 μῦθὸν τινα διηγεῖσθαι[1]"不讲往事"，也就是说，不要通过将是者引回到它所从出的另一是者来规定是者作为是者，仿佛是具有某种可能的是者之性质似的。因此，是作为被问者要求一种本己的展示方法，这种方法在本质上有别于对是者的揭示。因而**被问得者**即是之意义也要求一种本己的概念性，这种概念性本质上也有别于是者在其中获得其含义上的规定的那些概念。

只要是构成了被问者，而是又意味着是者的是，那么，是者本身就成了是之问题中的**被询问者**。是者仿佛在就它的是而被考问。但是，如果是者要能够不加歪曲地提供出其是之性质，那么，就是者而言，它必须事先变得如其在其自身一样是可通达的。就是之问题的被询问者来看，是之问题要求赢得并事先确保

---

〔1〕 柏拉图，《智者篇》242c。——作者原注

柏拉图的原文是：μῦθόν τινα ἕκαστος φαὶνεταί μοι διηγεῖσθαι παισὶν ὡς οὖσιν ἡμῖν。〔他们中的每个人看起来都给我们讲了一个故事，仿佛我们是孩童似的。〕——译者注

通达是者的正确方法。然而，我们将许多东西称之为“是着”，并在种种不同的意义上这样称谓。我们所谈论着的东西，我们所意指的东西，我们这样那样所关联的东西，【7】都是着。我们自己的所是和如何是也都是着。是处于其是和如此是中，处于实在、现成、持存、有效、此是[1]中，处于“有”中。应当在**哪种**是者那里将是之意义读出来？[2]是的展开应当从哪种是者那里选取它自己的门径？门径是随便的吗？抑或在是之问题的拟定中某种确定的是者具有优先性？这种范本性的[3]是者是什么？它在何种意义上具有优先性？

如果是之问题应当被明确地提出，并且这个问题还应当变得完全透彻，那么，根据迄今所做的各种说明，对这个问题的拟定就要求阐明观望是的方式，阐明理解和概念性地把握其意义的方式，要求将那正确选择范本性的是者之可能性准备好，将通达这一是者的真正方法清理出来。观望、理解、概念化、选择、通达，这些都是对追问起着建构作用的行为，因而它们自身就是某种确定的是者的是之样式，即我们这些追问者自身向来所是的**那种**是者的是之样式。因此，对是之问题的拟定意味着：让某种是者——即追问者，在其是上变得透彻。对这个问题的追问，作为某种是者的**是**之样式，其自身本质上就为在该追问中那正被追问的东西所规定，即被是[4]所规定。这种是者，就是我们自身向来所是的是者，就是此外还具有进行追问这种是之可能性的是者，我们在术语上将这种是者把握

[1] 恰恰是通常的概念，并且恰恰不是别的。——作者边注

[2] 两个不同的问题在此并排着；容易被误解，首先关乎此是的角色。——作者边注

[3] 容易被误解。此是是范本性的，因为它作为参与游戏者在其作为在此—是（是之真持续着）的本质中传递着作为是的是并与之一起游戏——把作为是的是带入共鸣之游戏中。——作者边注

[4] 在此—是：被放入到了本是（Seyn）之无中，被看作关系。——作者边注

为**此是**。明确而透彻地提出是之意义问题，要求就某种是者（此是）的是[1]对该是者给予某种在先的恰当阐明。

然而，这样的冒险行动不是已经陷入一种明显的循环中了吗？必须先**就其是**来规定是者，然后却又要基于是者才提出是之问题，这不是兜圈子又是什么？在对这个问题的拟定中，那唯有该问题的答案方能提供出的东西不是已经“被设定为前提”了吗？正如在原理研究的畿域中随时都能轻而易举地引证出“循环论证”的论据，同样，在对探索之具体道路的权衡中各种形式上的指责也总是徒劳无功的。它们丝毫无助于对实事的理解，反倒阻碍着向探索之领域的推进。

但是，在已经标画出来的问题提法中实际上根本没有任何的循环。是者能够在其是中被规定，而同时却并不必然有关于是之意义的清楚概念已经可供利用。苟非若此，【8】迄今根本就不会有任何是态学上的认识——恐怕无人会否认这种认识的实际存在。诚然，在迄今为止的所有是态学中，“是”都“被设定为前提”，但它却不是作为可供利用的**概念**，——不是作为正在被寻求的那种东西。将是“设定为前提”具有先行着眼于是这一性质，也就是说，通过着眼于是，那被给出的是者就暂时在其是中得到表达。这种起引导作用的着眼于是，生自平均的是之理解——我们总已经活动于这种理解中，**并且它归根到底**[2]**属于此是本身的本质情状**。这种“设定为前提”同设定一个未经证明的基本原理并由之演绎性地推导出一系列命题毫不相干。在是之意义的问题提法中根本不可能存在任何的“循环论证”，因为在对这个问题的回答中，要做的不是推导性地奠基，而是展示性地崭露根据。

---

〔1〕但是之意义并不从这种是者那儿拾取出来。——作者边注

〔2〕即从一开始。——作者边注

在是之意义问题中没有任何的“循环论证”，但的确存在着一种值得注意的“向后—或向前的关联”——即被问者（是）对作为一种是者的是之样式的追问的关联。追问与其被问者之间的本质相关性属于是之问题的最本己意义。但这仅仅意味着：具有此是性质的是者与是之问题本身有着某种关联——甚至可能是一种独一无二的关联。然而，这样一来，岂不已经表明某种确定的是者处在其是之优先性中吗？岂不已经给出了那范本性的是者吗？——这种是者应当作为是之问题中的那首要的**被询问者**起作用。[1]迄今的讨论既未证明此是的优先性，也未断定它作为首先要加以询问的是者那可能甚至必然的作用。然而，诸如此是的优先性这类东西的确已经显露出来了。

§3. 是之问题在是态学上的优先性

在问题作为问题的形式结构的引导下，对是之问题的刻画已经将该问题显明为一个独特的问题，以至对该问题的拟定乃至解决都要求进行一系列的基本思考。然而，只有当是之问题在其作用、目的和起因等方面都得到充分界定后，该问题的与众不同之处方才会完全显露出来。

迄今为止之所以必须重提该问题，部分是由于它具有令人尊敬的起源，但尤其是因为它尚无一个确定的答案，【9】甚至根本就还没有一个令人满意的问题提法。然而，人们可以要求知道这个问题应当有什么用处。难道它所从事的从来都仅仅是，或者根本就只**是**对诸最普遍的普遍性进行一种漂浮无据的思辨——**抑或它乃是最原则性的，同时又是最具体的问题？**

---

〔1〕又如上面第 7 页，一种本质性的简化，并且还被正当地思考了。此是不是为了对是进行表象着的抽象的一种是者之实例，而是是之理解的场所。——作者边注

“如上面第 7 页”全集本作“如上面第 9 页”，全集本有误。——译者注

是总是某种是者的是。是者总体能够根据其各种不同的畿域而成为场地——各种特定的专业领域[1]在那里得到某种揭示和界定。这些专业领域，如历史、自然、空间、生命、此是、语言等等，就它们自身那方面而言又在各种相应的科学探索中专题化为各种对象。科学研究简单、粗糙地发掘并开始固定这些专业领域。就其诸基本结构对专业领域进行拟定，在某种方式上已经通过对是之畿域的前科学的经验和解释而完成了——因为专业领域自身就是在是之畿域中得到限定的。这样生长出来的“诸基本概念”从来都首先是开始具体地展开专业领域的指导线索。无论科学研究的重要性是否总是在于这种实证性，其真正的进步都不在于收集结果并将之存放在“手册”中，而在于追问每一领域的诸基本情状——这种追问主要出于对每一领域中不断增长着的对实事之认识的反应。

诸科学的真正“运动”发生在诸基本概念的修正中——这种修正或多或少是根本性的，并且对其自身而言又不是显而易见的。一门科学的水准就在于，它能在多大程度上**经受住**在其诸基本概念中的危机。在诸科学的这些内在危机中，进行实证探索的追问同那些被询问的实事本身之间的关系发生了动摇。在各种学科中，今天到处都有一种倾向被唤醒，要将研究置于诸新的基础之上。

数学——貌似最严格并且以最稳固的方式组织起来的科学，已经陷入某种“基础危机”中。形式主义和直觉主义之间的论争所涉及的乃是如何赢得和确保通达理应作为这门科学之对象的原初方法。**物理学**中的相对论则生自这样一种倾向，即要如其“在其自身”地显露自然本身的固有联系。作为关乎通达自然本身之诸条件的理论，【10】相对论试图通过对各种相对性的规定来捍卫诸运动

〔1〕Sachgebiet，尽管由 Sache（事情、实事）和 Gebiet（领域）构成，但在日常德语中就是“学科”“专业”的意思。我们这里将之译为“专业领域”。——译者注

规律的不变性，但这样一来，它就面临着那预先就给予了它的专业领域之结构问题，即面临物质问题。在**生物学**中，一种倾向也渐渐苏醒，那就是要返回到机械论和活力论关于有机体和生命进行的种种规定的后面去进行追问，并重新规定具有生命的是者作为具有生命的是者的是之类型。在那些**具有历史学特征的精神科学**中，[1]朝向历史现实本身的渴求通过承传、对承传的描绘以及传统而得到增强：文献史应当成为问题史。**神学**则寻求一种更加本源的、由信仰本身的意义所规定的，并且依然保持在信仰的意义中的对朝向上帝的人之是的解释。它慢慢开始重新理解路德的洞见，那就是：神学的教义系统奠基于这样一种基础上，该基础并未生自一种原初信仰着的追问，该基础的概念化不仅对于神学的整个问题而言是不充分的，而且掩盖、歪曲了神学的整个问题。

诸基本概念是这样一些规定，在这些规定中，那为一门科学的所有专题对象给予奠基的专业领域得到了在先的，并且引导着所有实证探索的理解。因此，只有在对专业领域自身进行一番相应的先行考察中，那些基本概念方才获得其真正的显示和“确立”。然而，只要每一个这样的领域都是从是者本身的畿域中赢得的，那么，这样一种在先的、创造诸基本概念的研究就只能意味着就是者之是的基本情状对是者进行解释。这种研究必须走到实证科学的前面；它也**能够**这样做。柏拉图和亚里士多德的工作就是其明证。对诸科学的这种奠基从根本上有别于跟在后面跛行的“逻辑”——逻辑不过是根据一门科学的“方法”来探索这门科学的某种偶然情况而已。对诸科学的奠基在下述意义上是生产性的逻辑：它仿佛先行跳进某一特定的是之领域，首先就这一领域的是之情状将该领域展开出来，并让赢得的诸结构作为对追问的各种透彻指示供诸实证科学使用。例如，在哲学上的首要东西

〔1〕 精神科学（Geisteswissenschaft），也译为人文科学。——译者注

既不是某种关于历史学之概念构造的理论，也不是关于历史学上的认识的理论，也不是关于作为历史学之对象的历史的理论，而是就真正历史的是者之历史性对真正历史的是者进行阐释。同样，康德的《纯粹理性批判》之积极成果在于着手清理出那属于一般的自然的东西，【11】而不在于得出了某种关于认识的“理论”。他的先验逻辑是关于是之领域—自然的先天实事逻辑。

然而，这种追问——即在最宽泛的意义上并且不依赖其他任何是态学上的方向和倾向的是态学，其自身还需要某种引导。是态学上的追问的确要比实证科学之是态上的追问更加源始。但是，如果其对是者之是的诸探究一任一般的是之意义不经讨论，那么，是态学上的追问自身就始终是幼稚且不透彻的。关于是之各种可能方式的谱系乃是非演绎性地构成的，而关于这种谱系的是态学上的任务恰恰要求对“我们用‘是’这个表达真正在意指什么”进行某种在先的理解。

因此，是之问题不仅旨在诸科学之可能的某种先天条件——诸科学将是者作为这样那样的是者进行考察，因而也一向已经活动在某种是之理解中，而且旨在诸是态学自身可能的条件——诸是态学先于是态上的诸科学，并为它们奠基。**所有的是态学，如果尚未首先充分澄清是之意义并将这种澄清把握为自己的基本任务，那么，无论它具有多么丰富、多么牢固结合而成的范畴体系，它终究始终是盲目的，并且颠倒了它自己最本己的目的。**

被正确加以理解了的是态学研究本身将其是态学上的优先性赋予是之问题，这远不止仅仅重新恢复某种可敬的传统和促进某个迄今尚不透彻的问题。然而，这种专业—科学上的优先性不是唯一的优先性。

§4. 是之问题在是态上的优先性

一般而言，科学可以被规定为诸真命题的某种因果联系之整体。这个定义既不完全，也没有在科学之意义上切中科学。诸科学作为人的诸活动，具有这种是者（人）的是之类型。我们在术语上将这种是者把握为**此是**。科学研究既不是这种是者唯一可能的是之类型，也不是它最切近可能的是之类型。此是自身还有着不同于其他是者的独特之处。【12】目前要做的就是将这种独特性显明出来。这里所做的讨论必然预演着随后而来的、在那里才进行真正展示的种种分析。

此是是一种是者，但并不仅仅是混迹于其他是者之中的一种是者。确切地讲，它在是态上的独特之处就在于：这种是者在其是中**关乎**该是本身。因此，此是在其是中对是具有某种是之关系属于此是的是之情状。而这又意味着：此是在其是中总以某种方式、某种明确性理解着自身。这种是者所独有的就是：正是随着它的是，通过它的是，这种是者向它自身展开出来。**是之理解本身就是此是的某种是之规定**。[1]此是在是态上的独特之处就在于：它在是态学上**是**。

在是态学上—是，在此还不意味着：构造是态学。因此，如果我们将是态学这个名称保留给对是者之是进行明确的理论追问的话，那么，所谓此是的在是态学上—是，就要被刻画为在前是态学上是了。然而，这并不仅仅意味着在是态上—是着，而且是在对是有所理解的方式上是着。

此是能够这样或那样与之发生关联，并且无论如何总要与之[2]发生关联的那个[3]是本身，我们将之称为**生存**。由于这种是者的本质规定不能靠报告某种含有实事的什么来进行，它的本质

〔1〕但在这儿是并不仅仅作为人之是（生存）。从后面的论述中这将变得清楚。在—世界—中—是在它自身那儿就包含着生存与整体中之是的关联：是之理解。——作者边注

〔2〕作为其本己的。——作者边注

〔3〕那一个。——作者边注

毋宁在于：它向来不得不去是它自己的是，[1]所以，此是这个名称作为纯粹的是之表达，被选择出来标识这种是者。

此是总是从它的生存、从它自己的某种可能性——是它自己或不是它自己，来理解它自身。此是或者自己选择了这些可能性，或者已经陷入到这些可能性中，或者向来已经在这些可能性中成长起来。生存仅仅被各个此是自身以抓紧或耽搁的方式所决定。生存问题总是只有通过生存活动本身而得到澄清。我们将**这里的**这种进行引导的对生存活动本身的理解称为**生存活动上的**理解。生存问题是此是的一种是态上的"事务"。对此无需对生存之是态学上的结构给予理论上的透视。生存之是态学上的结构问题，旨在阐明什么东西构建着生存。[2]我们将这些结构之间的联系称为**生存论性**。生存论性之分析学所具有的性质，不是进行某种生存活动上的理解，而是进行某种**生存论上的**理解。【13】一种生存论上的此是之分析学这一任务，就其可能性和必要性来看，已经在此是之是态上的情状中被预先规定了。

然而，只要生存规定着此是，这种是者的是态学上的分析学向来就已经需要对生存论性给予某种事先的考察。但是，我们将生存论性理解为那进行生存活动的是者的是之情状。而一般的是之观念已经处于这种是之情状的观念中。于是，关于此是的分析学得以进行之可能性又取决于对一般的是之意义问题进行事先的拟定。

诸科学是此是的诸是之方式，在这些方式中，此是也对那自身无需去是的是者发生关联。而此是本质上就包含着：在一个世界中是。因此，这种属于此是的是之理解也同样源始地关涉到对诸如"世界"这样的东西的理解，以及对在世界之内可

---

〔1〕这句话的德语原文为：daß es je sein Sein als seiniges zu sein hat。也可以译为：它向来不得不是作为它自己的是的它的是。——译者注

〔2〕因而不是生存哲学。——作者边注

通达的是者之是的理解。所以，那些以不具有此是式的是之性质的是者为课题的是态学，都以此是自身在是态上的结构为基础和动因——该结构在其自身那里就包含有对是给予前是态学的某种理解之规定。

因此，所有其他的是态学所源出的**基础是态学**，必须在**生存论上的此是之分析学**中去寻找。

同所有其他是者相比，此是也因此而具有多重优先性。第一重优先性是**是态上的**优先性：这种是者在其是中通过生存而被规定。第二重优先性是**是态学上的**优先性：此是基于其生存之规定在其自身就是“是态学的”。此是——作为构建着生存之理解的是者，同样源始地包含着对所有非此是式的是者的是之理解。因此，此是所具有的第三重优先性就是，它乃让所有是态学得以可能之是态—是态学上的条件。因而此是已经表明，同所有其他的是者相比，它乃首先要在是态学上加以询问的是者。

然而，生存论上的分析学，就它自身这一方面来看，最终在生存活动上有其基础，即在是态上有其基础。只有当哲学—研究上的追问自身在生存活动上被把握为每个生存着的此是的是之可能性时，方才有可能对生存之生存论性给予某种展开，从而也才能着手处理被充分奠基了的一般的是态学上的整个问题。【14】但由此一来是之问题在是态上的优先性也已经得到了显明。

此是在是态—是态学上的优先性早已被发现了，尽管此是本身尚未在其真正的是态学上的结构中被把握，甚至还不曾成为以此为目标的问题。亚里士多德曾说：ἡ ψυχὴ τὰ ὄντα πώς ἐστιν[1]（人的）灵魂在某种方式上是所有的是者。[2]构成人之是的“灵

〔1〕 *De anima*〔《论灵魂》〕Γ 8, 431b21，也参见 Γ 5, 430a14 及以下。——作者原注

〔2〕 亚里士多德的希腊原文是：ἡ ψυχὴτὰ ὄντα πώς ἐστιν πάντα。海德格尔的引文漏掉了 πάντα（所有）一词。我们根据希腊原文和海德格尔此处的意思，将这句话翻译成这个样子。——译者注

魂”，在它自己去是的两种方式中，即在 αἴσθησις〔感知〕和 νοήσις〔思维〕中，就是者是和如此是这两方面，也即总是在是者的是中揭示着所有的是者。这个命题可以一直回溯到巴门尼德的是态学论题，后来托马斯·阿奎那对之进行了极具特色的讨论。托马斯致力于推导出诸超越者，即推导出是之诸性质，这些性质超出了一个是者任何可能的含有实事的—属上的规定性，超出了 modus specialis entis〔是者的所有特殊样式〕，但又总是必然属于每一东西——无论其是什么；在这一任务内，verum〔真〕也要被证明为是这种 transcendens〔超越者〕。而要做到这一点，就要诉诸一种是者，这种是者依照其是之类型本身就适合与任何的是者“相会”，即与之相一致。这种独特的是者，ens, quod natum est convenire cum omni ente〔即那生来就与所有的是者相一致的是者〕，就是灵魂（anima）。[1] 此是对所有其他是者的优先性在此已经显露出来——尽管尚未在是态学上得到澄清，而这种优先性显然同那种将全体是者给予恶劣的主观化的做法没有任何的共同之处。

对是之问题在是态—是态学上的与众不同之处的证明，奠基在对此是在是态—是态学上的优先性给予初步的显示之上。然而，对是之问题作为是之问题的结构进行分析（§2）在问题之提法本身里面碰上了此是这种是者的独特作用。如果追问要成为一种透彻的追问，那么，此是就要将自己崭露为必须首先在是态学上被充分拟定的是者。现在已经显明：一般此是的是态学上的分析学本身就构成了基础是态学，因而此是所起的作用就在于，它就是那要在原则上事先就其是而**加以询问的**是者。

〔1〕 *Quaestiones de veritate*〔《问题论辩集：论真》〕qu. I a. 1 c，也参见 *de natura generis*〔《论属的本性》〕，在该小著作中，托马斯对诸超越者进行了“演绎”，虽在某些方面显得更为严格，但又偏离了这里所引述的观点。——作者原注

如果对是之意义的阐释成为了任务，那么，此是不仅是首先要加以询问的是者，【15】而且它还是那向来已经在其是中对这个问题中的被问者发生关联的是者。所以，是之问题无它，就是彻底地推进属于此是本身的那种本质性的是之倾向，即彻底地推进前是态学上的是之理解。

关于索福克勒斯《安提戈涅》第一合唱歌的解释

——《形而上学导论》"第四章·第三节"节译[1]

这里读的是索福克勒斯的《安提戈涅》中的第一合唱歌[2]（第332—375行），我们首先听到，完全是那个希腊的语词在耳畔发生的鸣响。译文是这样的：

"莽森[3]万景，而无物

---

* 海德格尔著，王庆节译。本译文工作得到中国香港特别行政区研究基金委员会（GRF—CUHK455510）资助，特此致谢。

〔1〕此节译文选自《形而上学导论》（海德格尔著，王庆节新译）第4章第3节第112—126页。新译曾参照该章节熊伟先生的旧译（商务印书馆，1996年版）以及Gregory Fried & Richard Polt英译本（Yale University Press, 2000）。

〔2〕合唱歌是传统希腊悲剧中的最后部分。希腊悲剧的合唱歌又分进场歌与肃立歌，海德格尔在此讨论的是肃立歌。这是歌队肃立时唱的歌，通常有多个曲节。——译注

〔3〕"das Unheimliche"是海德格尔对 τὰ δεινὰ 的译名。Δεινὰ 在希腊文中的意思是"可怕的""厉害的"。从词源上说，德文词"heimlich"与"unheimlich"都从"Heim"来，而"Heim"和"Heimat"的意思是"家""家园""故土"。所以，"heimlich"词义为"隐秘的""暗地里的"，而"unheimlich"则为"阴森可怕的""令人毛骨悚然的"，此外，它也还有"极其多（让人可怕）"的含义。按照海德格尔的解释，"das Unheimliche"这里讲的是作为宇宙间万事万物的存在物，由于存在威临一切的自然绽放升起的强力，从存在的隐秘根基中生长开放出来，林林总总，千姿百态。而人乃是这众多存在物中的最出类拔萃者，是"das Unheimlichste"（最高级）。人与存在休戚相关并闻讯于（思和知）存在之威临一切之强力，故人能强力行事，是"厉害的""莽劲的"，但这种莽劲强力行事的过程同时又使人又从他的"隐秘处"，"家园"（Heim）（转下页）

莽劲森然若人，出类拔萃。
彼出奔大海，逐波扬帆，
随冬之南风暴雨，
穿行在惊涛之巅，
骇浪之逶。
彼疲累于诸神之至尊——大地，
于那无朽不倦者，
驱马运犁，
岁岁年年，
翻耕不辍。

众鸟轻翔，
彼诱而网之；
荒野走兽，
海底鱼鳖，
彼四出谋算，逐之捕之。
夜游山林之王，
粗鬃烈马，
无畏雄牛，
彼巧施小计，

（接上页）“出离”（un-），有成为“茫然无所的”（un-heimlich）的危险，所以又可怕之极。除了“unheimlich”之外，海德格尔在文中还使用“heimisch”一词，译为“本土的”“本乡故土的”。它指称人在经历披荆斩棘，开辟道路之后，沉溺于习惯熟知的领地，庸庸忙碌而不自知的情形。基于上述理解，本文用“莽森”或“莽劲森然”来译海德格尔这里的“unheimlich”一词。“莽”指“繁盛强劲”（莽壮），“渺茫深远”（莽渺），“森”除了指“森郁葱葱”，即众多繁盛之外，更指“阴森”“森邃”，即“幽深可怖”“可怕”的双关之意。这也和海德格尔一生喜爱使用的“黑森林”“林中迷津”“林中空地”等遥相呼应，发生关联。——译注

威逼于轭杖之下，
驯之服之。

词章音律，
彼应对裕如，
旋风般无所不晓；
亦勇
掌城邦之治。
彼亦熟虑，善免险陷
风云变幻，冰刀霜剑。

出巡处处，奔波，茫然无出路，
彼达至无。
唯有一死，
彼无可拒，
纵然有幸智脱
病魔缠身。

彼实聪慧，
能耐超凡。
虽不无堕入逆境之时，
可也会否极泰来，顺境复临。
彼穿行在大地的律法与
诸神的谕令合式（Fug）之间。
当彼耸出其所，则失损其所，
那非在者在着时总会出手，
助彼冒入险境。

操此业者
吾非与之亲熟，同出一门，
其所幻所臆，亦与吾知无涉。[1]

下面的阐释势必困难重重，不够充分，因为我们只消说它的建构并非着眼于此悲剧的整体，甚至亦非立足于诗人的著作就够了。关于读法的选择和对文本做的一些改动在此也不打算细论。我们会把阐释过程分为**三个步骤**，而在每一步骤中，我们都会分别地通过不同的视点，来贯一通这首吟唱的整体。

在**第一**步骤中，我们会特别地强调指出，究竟是什么，才是那构成了此诗歌之内在底蕴，并将这一整体相应地用语言支撑和全面耸现出来的东西。

在**第二**步骤中，我们依着正曲、对曲的排序，一路巡视此诗歌敞开出来的整个疆界。

在**第三**步骤中，我们会力求在整体中央获得一个立足点，目的是要来估量，按照这种诗性的道说，人究竟是谁？

第一个步骤。我们寻找的是那支撑者和那整体的全面耸现者。实际上我们用不着来寻找。它已是三顾频频，屡相冒犯，开口就破那一切发问和规定的陋习成规。

第一步是这样的开头：πολλὰ τὰ δεινὰ……

“莽森万景，而无物
莽劲森然若人，出类拔萃。……”

[1] 海德格尔的译文并没有与原诗的形式完全一致。例如，原诗甚为工整，由两节正曲分别加两节对曲构成，每段曲节十行，全诗共40行。而海德格尔的译文则分六段，第一段11行，第二段11行，第三段7行，第四段6行，第五段9行，第六段3行。罗念生先生的中译本分段与原诗相同，但分行也不一致。——译注

起首的这两行诗文向随后的整首吟唱预先抛出了在其每一声吟唱诉说中都孜孜寻觅的东西，而这东西又被那言词的一唱三叹，丝丝入扣，直弄得身不由己，魂牵梦萦。人，如果用一个词来说它，就是τό δεινότατον，最莽劲森然者。这种对人的说法就是从人的存在的最宽广的边界和最峻峭的渊蔽来把握人。那双只会描摹与判定现成事物的眼睛，绝对看不见这般的峻峭与边界，虽有成千上万的肉眼，四处探究摸索人的特征和状态，终也无济于事。这样的存在唯向诗性运思的抛投敞开自身。在此，我们绝对找不到任何一种对人的现成式样的描绘；但同样也找不到任何一种自下而上的对人的本质的盲目拔高，而这种盲目拔高则是出于某种像是逮不住某种宝贝而产生出的恼怒不快。我们在这里找不到的还有人性的卓越。在希腊人那里，尚不存在什么人性之类的东西〔因而也不存在什么超人性〕。人就是τό δεινότατον，就是那莽森之物中的最莽劲森然者。关于δεινόν这个希腊语词以及我们的翻译都需要先做一番解说，这番解说应当只有从整个吟唱的未曾说出的前视野（Vorblick）出发才可给出，而这首吟唱整体自身却又是唯一的能描绘出这首两句诗文准确阐释的标杆所在。Δεινόν这个希腊语词就是在那莽劲森然的双关意蕴中双关指向，正是伴随这一双关指向，希腊人的道说才一步步穿越了那存在中对应转化着的分合—对峙。

首先，δεινόν指的是森然可怖的东西，但这说的不是小小的可惧怕之物，也不是说那种衰颓落寂式的、幼稚荒唐式的或者百无一用、无可奈何式的可怕，那些可怕都是我们今天在说“魔鬼般可怕的娇小身材”意义上的“可怕”。这个δεινὸν是指那威临一切的存在力道[1]（ueberwaeltigendes Walten）之意义上的可

〔1〕 德文词“walten”的原意为“统治”“管辖”“行使威权”，又有“拥有”（转下页）

怖，以同样的方式，一方面它逼出惊慌失措的惊恐万状，逼出真正的恐惧，另一方面，它逼出拢集着的、内心忐忑不安的、缄默无声的畏惧。这个强力者（das Gewaltige），这个威临一切者（das Ueberwaeltigende）就是存在力道（das Walten）自身的本质特征。无论它在何处嵌入，它都**能够**在自身保持它威临一切的强力。但这样一来，它就非但不是变得不再祸害，而是变得**更为**可怕和**更加**遥远而已。

再则，δεινόν 的意思是指行使强力的强有力者，他不仅拥具强力，而且正在强力一行事，因为行使强力不仅是其行为的基本特征，而且是其亲在[1]的基本特征。我们在此给出了“强力行事”（Gewalt-taetigkeit）这个词的本质性意义，这一意义在根本上超出了此词通常所指的、多半是单纯的粗野与任性意义上的意涵。在那种情形下，看待强力的视角往往囿于这样的范围，在此范围中，通过协商达成彼此协调与相互关心才是亲在的准则，而任何强力都必然只会被断定为扰乱与损害。

存在者整体作为存在力道就是那威临一切者，就是在第一

（接上页）“存有”“存在”之义。海德格尔在这里用此词意指一般存在的力量，威权“施行”“施放”出来。据此理解，我们将其名词或动名词形式译为“存在力道”或“强力力道”，将与此相关的一组词，例如将“das Gewalt”译为“强力”；将“das Gewaltige”译为“强力者”；将“das Ueberwaeltigende”译为“威临一切者”；将“Gewalt-taetigkeit”译为“强力行事”。——译注

〔1〕“Dasein”是海德格尔思想，尤其是其前期思想的核心词，主要指的是“人的存在”或“人的存在关联”。现流行中文译名为“此在”，意在强调“人的存在关联”中的“存在在此”之义，也和此词的德文字面义契合。另有一译名为“缘在”，意在指出“人的存在关联”不仅“在此”，更是一因缘发生，相摩互荡的动态关联过程。当考虑到这两个译名均漏失“Dasein”作为“人的因缘关联性存在”中极强的“亲身”“亲自”“亲近”“亲临”“亲缘”之义，我在本译本中仍采用熊伟先生旧译“亲在”，意在强调“Dasein”作为动态的“人的存在关联”中的“存在亲临”与“亲临存在”之义。这也就是说，“Dasein”作为“亲在”，是一种存在的“因缘关联”，但这又不是任何一种随随便便的因缘之在，它更是一种与存在的亲缘、亲密以及在存在“近旁”的“亲缘之在”。——译注

种意义上的 δεινόν。但人也是这 δεινόν，因为他根本上就归属于存在，他自始至终就交托给了这个威临一切者。但人所以是 δεινόν，同时还因为他被标明为强力—行事者。〔他会集存在力道发力者并让之敞开。〕人并不是那种位于其他事物之中或之旁的强力—行事者，相反，人只是在这个意义上的强力—行事者，即他在根基处，在其强力—行事中，以强力抗衡那威临——切者。因为人是在某种源初统一意义上的双重 δεινόν，人就是 τό δεινότατον，最强力者：能在威临一切者的笼罩中强力—行事。

但是，我们为什么要用“莽劲—森然”来译 δεινόν 呢？不是为了要把那强力者的，威临一切者的，以至于强力—行事者的意义掩盖起来，或者甚至对之予以削弱；情况恰恰相反。因为这个 δεινόν 说的是最强烈、最深刻意义上的人的存在，所以，得到如此规定的存在之本质也就立刻在此决定性的视线下进入眼帘。既然要做的事情恰恰就是去领会这个 δεινόν 本身是什么以及如何是，那么，又把强力者标明为莽劲森然者，这岂不成了一种后起的规定，亦即要先考虑到这强力者对我们如何作用影响，然后才来进行的规定？不过，我们所讲的莽劲森然者并非是在我们的某些感觉印象的意义上讲的。

在我们的领会中，“莽劲—森然者”（das Un-heimliche）说的是那种从“隐秘的”（das Heimliche），即本土的（das Heimische），习惯的，熟习的，可靠的里面抛投出来的东西。非本土（das Unheimische）说的是不让我们安于本土，这其中就有威临一切者在。但人是最莽劲森然者，这不仅是因为在如此领会的莽劲—森然中有着他的本质存在，而且还因为他跨出了，逃离了他那在最初和大多情况下习以为常的本乡故土的边界，因为他作为强力—行事者跨越了本土的界限，而且恰恰就是向着那在威临一切者之意义下的莽劲森然方向而去。

但是，为了要把合唱歌中关于人的这句话的整体涵义摸清楚，我们必须要同时深思人是 τό δεινότατον，是最莽劲森然者这句话，它并不是要赋予人某种特定的特性，就像人此外还有些什么别的特性一样；相反，这句话要说的是：莽劲森然者这回事乃人之本质的基本特征，所有的一切其他特征都总是必须要划入此基本特征之内。“人是最莽劲森然者”这一说法给出了关于人的本真的**希腊式**定义。惟有当我们同时体验到显象的强力和在显象对亲在的本质归属中体验到与显象的争斗之际，我们才完完全全地挤逼进入到那莽森之境的历事之中了。

在这头两行诗句之后，**第二个**有担当分量且形成高潮的诗句出现在第 360 行，它也与头两行诗句遥相呼应。这诗句是在第二曲节的中间：[1]παντοπόρος ἄπορος ἐπ′ οὐδὲν ἔρχεται，“出巡处处，奔波，茫然无出路，彼达于无”。这里的关键是 παντοπόρος ἄπορος。Πόρος 这个词的意思是：通向……之行，越过……之行，道路。人到处筑路，冒险进到存在者的所有领地，进到威临一切者的存在力道中，而恰恰就在如此行事时被抛离一切道路。正是这样一来，这个最莽劲森然者的整个莽森情境才敞开出来；他不仅在其莽森情境中尝试到了那个存在者整体，他也不仅由此而作为强力一行事者将自己驱离出了本乡故土，而是他在做这一切时就变成了那最莽劲森然者，因为如今，在所有一切道路上，他都走投无路，他被从与本乡故土的任何联系中抛离出来，而 ατη，灾祸与不幸，正侵袭着他。

我们不妨来想一下，这句 παντοπόρος ἄπορος（出巡处处，奔波，茫然无出路）在何种的程度上包含着对 δεινότατον（最莽

〔1〕海德格尔的译文将希腊文原诗的第二曲节和对曲分别译为两段，这样加上第一曲节和对曲，就有六个曲段。这里，海德格尔指的是原诗的第二曲节的中间，而在海德格尔的译文诗段中则成了第四段的首句。——译注

劲森然者）的阐释。

这一阐释在第370行出现的第三个高潮的诗句 ὑψίπολις ἄπολις（耸出其所，失损其所）中达到完满。我们看到，这句诗就像前面的那句 παντοπόρος ἄπορος 一样，有着同样的结构，而且以同样的方式嵌入这一对曲的中间。然而，它却在讲述存在者的另一个不同的面向。不再讲 πόρος 而是讲 πόλις；不再讲进入存在者领域的莽渺路径，而是讲人自身之亲在的藏身之地和安身之所，讲的是所有这些路径的交汇之处，即 πόλις。Πόλις 一般译作邦国（Staat）和城邦（Stadtstaat）；此译法未充分达其意义。毋宁说，πόλις 指的是场所（Staette），是那个亲临到此（Da），亲一在作为历史性的亲在就在这个亲临到此中并作为这个亲临到此而在起来的。这个 πόλις 是历史的场所，就是这个亲临到此，历史的发生就在于（in）此、源于（aus）此、为于（fuer）此。归属于这些历史—场所（Geschichts-staette）的有诸神，有庙宇，有祭司，有节日，有游艺，有诗人，有思者，有统领，有元老院，有市民会议，有武力和船舰。所有的这一切之所以属于 πόλις，之所以是政治的，并不是因为它和某个政治家，某个将领，和国家事务发生了关联；相反，上述的一切之所以是政治的，也就是说，它们之所以处在历史场所中，反倒是因为，举例来说，诗人**唯有仅仅**是，尔后方可是事实上的诗人；思者**唯有仅仅**是，尔后方可是事实上的思者；祭司**唯有仅仅**是，尔后方可是事实上的祭司；统领**唯有仅仅**是，尔后方可是事实上的统领。然而，这个**是**（Sind）说的却是：作为强力—行事者行使强力，并在历史性的存在中作为创造者，作为行动者变得高高耸起。而正是因为他们在历史性的场所里高高耸出，他们同时就变成了 ἄπολις（失损其所），无邦无所，孤—寂，莽劲—森然，在存在者之整体中走投无路，同时又无规无距，无章无法，因为这一切都必须有待他们首先**作为**创造者才建得起来。

第一个步骤展示给我们的是最莽劲森然者之本质的内在轮廓，他的存在力道与其命运的领地和界域。现在让我们回到开端处，试着进入阐释的第二个步骤。

第二个步骤。现在我们要在沿循曲节的顺序所说出的东西的光照引领下，来听一听人的存在，即人之作为最莽劲森然者来存在，是如何展开出来的。我们将要注意的是：这个 δεινόν 是否以及怎样被用在第一种意义中？在第二种意义上的 δεινόν 是否以及如何与其第一种意义走向统一？在上述二者的交互关联中，这个最莽劲森然者的存在是否以及如何在我们面前建立起其本质形态？

第一曲节对大海与土地命名，它们各自以自己的方式作为威临一切者（δεινόν）出现。对大海和土地进行如此的命名当然不同于单纯在地理学和地质学意义上的称谓，那些是出现在我们今天的人面前的、让我们在空闲时带有某种轻松情调去描画写生的自然现象。这里像是第一次说到"大海"，而且是在冬日的波浪中对它命名，在这里，深邃的大海自身在波谷浪尖不断地翻滚奔腾。紧接在开首的那句主要的和引导性的箴言之后，吟唱骤然以 τοῦτο καὶ πολιοῦ 开始。它唱的是出奔那深不见底的惊涛骇浪，唱的是对那坚实大地的绝情弃留。这一出奔并非发生在明净平滑的粼粼水面，而是在寒冬腊月的怒涛汹涌之中。这一出奔怒海的唱词应和着遣词造句的赋格韵律，将 χωρεῖ 放在第 336 行，这就使韵律为之一变：χωρεῖ，彼弃居所，冲出，冒险投入那无居无所的大海怒涛的超强力之中。这个词在此诗的结构中犹如一根擎柱，屹然而立。

强力行事，出离奔向那威临一切的大海；与之纠缠交织在一起的则是对大地之坚不可摧的存在力道的无休无止的侵入。让我们来关注一下这一点：大地在这里被称为诸神之至尊。人通过强力一行事扰乱了万物生长之平静，扰乱了无朽不倦者的滋养哺育和蔓延生灭。在此，威临一切者并非强力运作在吞没耗尽自身的粗野暴行之中，相反，它作为无朽不倦者运行，以其丰盛宝藏之高贵安宁，孕育、馈赠出那超越于一切勤力劳作之上的不竭之源。强力一行事者入侵进入这一存在力道，年年岁岁，驱马运犁，翻耕不辍，这就将那无朽不倦者驱入那疲累不安之中。大海与大地，出奔与翻耕，双双都通过334行的这个 καὶ（随……）交织融会在一起，而在338行中的这个 τε（于……）则与这个 καὶ（随……）交相呼应。

让我们现在来听听与这一切相对应的对曲。这里命名的是空中的群鸟，水里的鱼鳖，山林间的雄牛烈马。这些个生灵，在自身中以及在其周遭环境中活得飘逸潇洒，往来自如，它们不断涌出己限，形态常新，但却又始终行一己之路，认定那自家的夜栖之所和荡游之地。这些个生灵就这样浑然嵌进在大海与大地的存在力道（Walten）中。它们的生命历程，活灵活现，跌宕起伏，有着自身独特异常的轨道，架构和缘由。对于这些个生灵，人却张网设套，将这些生命从其自身的秩序中撕裂开来，关入马厩牛棚，迫其引颈受轭。那一边是出奔与翻耕，而这一边却是设套捕获与迫其就范。

在此处即将过渡到第二曲节及其对曲之前，有必要插入一个说明，这一说明旨在避免现代以来人们常常建议的而又很常见的对这整首诗歌的曲解。我们已经指出过，这首诗歌并不是要描写与塑造在芸芸众多其他存在物中一同出现的人的行为之范围和举止，相反，它要对人的存在的最极端的可能性与界限进行诗性的抛投。这样一来，我们也就避免了另外的一种意见，这种意见认为这首歌是在描写人类从狩猎野人与独木舟夫到城邦建设者与有文化教养人士的发展历程。这都是些原始人类民俗学与原始人类心理学的想法。这些想法源出于将某种自身原本就不真的自然科学穿凿附会到人的存在上去，而导致这般想法的根本错误就在于：认为历史的开头都是原朴的，落后的，愚昧无知与软弱无力的。事实恰恰相反。开端就是那最莽劲森然者与最强力者。后继的东西，不是发展，而是作为散发开来的肤浅化，它不能保住开端的内在气势，它让开端变得无关紧要，让开端之伟大成为浮夸，成为纯粹数量意义上的庞大臃肿与扩容。最莽劲森然者是其所是，**就是因**其在自身中藏有一个这样的开端，从这一开端，万物沛沛然，一下子喷薄而出，进入那威临一切者以及有待威临者中。

对这一开端无法予以澄清并不是由于我们历史知识的匮乏或者无效，相反，历史认知的真实与伟大恰恰就在于对这一开端之神秘性质的领会。对原初—历史的知并不就是寻觅原始蒙昧和收集古董。这事既不部分地，也不全部地归自然科学，如果真要说它是什么的话，它是神话学。

第一曲节以及对曲都将大海、土地和走兽命名为是那威临一切的东西，而强力—行事者则让那威临一切的东西挟其威临一切的强力闯入敞开状态之中。

第二曲节，从外表上看来，是从描写大海、土地和走兽过渡到对人的描画。但正如第一曲节及其对曲很少只在狭义上说及自然，第二曲节也很少仅仅在狭义上谈及人。

倒是现在要去命名的东西：语言，领会，情调，激情乃至营造种植，它们也像大海、土地和走兽一样，隶属于威临一切者的强力。区别仅仅在于，后者是在环绕着人起强力作用，它们承载着人，威逼着人，激励着人，而前者则是那个东西，它的自身强力渗透进人，而人——作为它自身所是的存在者——却不能不特别要去承纳。

这一强力渗透者绝不由于人直接纳受那强力渗透者自身的强力并使用此强力本身而失去他的威临一切者。而人在这样做的时候，只是语言的莽劲森然，激情的莽劲森然那样的东西遭到了隐蔽，而人作为历史性的人本来是被嵌榫进入在其中的；但现在的样子却仿佛是**他**成了对此发号施令的主。这种强力的莽劲森然就置身于它的表面上的熟知熟悉而又流行常用的情况中。但这些熟悉流行的情况直接地只是沉湎于人的非本质状态中，这样就将人从其本质中驱逐出来并将之摒持在外。这样说来，那个在根本上要比大海和大地更加遥远，更加威临一切的东西，对人而言，就成了似乎最切近的东西。

人自以为能够发明而且是发明了语言与知性领会、营造种植与吟诗的那种东西，可见人在其本己本质上的异乡状态已经到了何种地步。

人如何会竟然发明了那强力渗透了他的东西呢？正是凭借着这个强力渗透了他的东西，人自己才能够作为人来**存在**的呀？如果我们以为，诗人在这里是要让人来发明诸如营造种植和语言之类的东西，那我们就将这首歌道说的是强力者（δεινόν），是莽森者这回事忘得一干二净了。Εδιδαζατο 这个语词说的不是人去发明，而是说：人发现自身进入了威临一切者，而且，唯有在行事的强力中人才发现自己本身，而按照前面所述，这个“自己本身”同时就是指那个出奔与翻耕，设套捕获与迫其就范的人。

这一出奔，翻耕，设套捕获与迫其就范恰恰才是**作为大海，作为大地，作为走兽**的存在者在自身中的展开。只有当语言的力量，领会的力量，情调的力量，营造种植的力量本身在强力一行事中强力运作之际，出奔与翻耕才会出现。诗性的吟咏，运思的筹划，农耕的营造，建邦立国等诸般强力行事，并非稽尽人力人事的事业，相反，此乃众多强力之间的调驯和契合，赖此众多强力，存在者方可作为此一存在者开显自身，而人也就因此而忝列其中。存在者的这一开显展开过程就是那强力。这个强力是人为了要在存在者那里强力一行事时首先成为他自己，即成为历史性的存在时，必须要去强用的强力。我们切不可将

此处第二曲节中的 δεινόν 误解为发明，也不可将之误解为人的单纯能耐与品性。

强力在语言中，在领会中，在营造中，在种植中的施行就是一同—创造出〔这里总是意味着：带—出到……之前〕诸道路的强力开路—行动，而这条条路径就通向周遭发挥着强力作用的存在者。只有当我们把握了这一点，我们才领会一切强力—行事的莽劲森然。人无处不在道途上奔波，他不会在四处碰壁、无路可走的外在意义上走投无路，无论如何，人总能够这样那样地“柳暗花明又一村”。走投无路的真实情形毋宁说倒是这样：他不断在其亲身开辟的道路上被抛掷而回，因为他栽在他自己的道路上，陷在车辙里，在此深陷中，他围绕着自己的世界转圈，自身纠缠在假象中，于是他自我放逐于存在之外。这样，他就在自己独有的圈子里得心应手，玩得很转，他能阻止一切对此圈子不利的事情，能够恰到好处地将任何灵巧用在火候上。源始性地开辟道路的强力—行事，自身就会导致这种得心应手的独有的非本质状态，而这种得心应手自身就是走投无路，而且这种走投无路竟到了这般程度，即它自己本身在假象中随波逐流，但却自身隔绝于对这一假象进行思虑的道路之外。

一切的强力—行事倘若遇上**一件事**，马上就会戛然而止，这就是死亡。死亡是对一切完结的超—终结活动，是对一切限界的超—界限活动。这里没有出奔与翻耕，没有设套捕获，也没有迫其就范。但这个莽劲—森然的东西，虽然最终绝对地和一下子被逐出了一切本乡故土，但却万万不能被称为是和其他终究要出现的事件一样的某个特殊的事件。人并非只是在临终之际才面对死亡走投无路，而是恒常性的和本质性的面对死亡走投无路。只消人**存在**，他就在死亡的走投无路之中。这样，亲—在就是那活泼泼的莽劲—森然自身。（对我们而言，这个活泼泼的莽劲—森然从一开始就必须作为亲—在得到奠基。）

伴随着对**这个**强力者和莽劲森然者的命名，对存在以及对人的本质的诗性的抛投就设定了其特有的界限。

这个第二曲节的对曲不**再**对其他的力量命名，而是将此前说过的一切纳入其内在的统一中。结尾的曲段让整个诗歌回归它的基调。按照我们在第一步骤中所凸显出来的东西来看，这个本来有待道说的（δεινότατον 的）基调恰恰就存在于那个有着双重含义的 δεινόν 的统一的交互关涉中。据此，结尾的曲段就提出了一个三重性的东西作为总结。

1. 那强力（die Gewalt），那强力行事者（der Gewalt-taetige）在其中行为活动的强力者（das Gewaltige），就形成了托付给强力行事者之谋制 τὸ μηχανόεν 的整个范围。我们不是以一种轻蔑的含义来用“谋制”这个词。我们使用此词时，想的是 τεχνη 这个希腊词传达出来的本质性意义。τέχνη 的意思既不是艺术，也不是技巧，更不是现代意义上的技术。我们用“知”来译 τέχνη。但是此译需要解释。此处的“知”不是指对以前未知的现成事物进行单纯的查实断定。这样的知识就总只是附属品，虽然也是“制”的一种必不可少的附属品。就 τέχνη 的真确意义来说，“知”意味着从一开始而且恒常性地就是将那恰恰总是现成的事物看穿看出（Hinaussehen）。这一“出外”（Hinaussein）事先会以不同的方式，从不同的途径，在不同的领域中使得某种东西开动起来，而这东西则给予了那已然现成的事物其相关的权利，它的可能的规定性，以及随此而来的界限。“知”就是能够—开动—起来（Ins-Werk-setzen-koennen），去成为某个如此这般的存在者的存在。因此，希腊人以强调的方式把本真意义上的艺术和艺术品命名为 τέχνη，因为艺术就是以最直接的方式〔在一个在场者（在作品中 /im Werk）那里〕将这个存在，即在自身中站住的现象，带向站立。艺术作品之所以是作品，首先并非因为它是做出来的，造出来的，而是因为它使得存在在某个存在者中作—用

（er-wirken），这儿的作—用就叫带入作品（ins Werk bringen），而在这一过程中，那存在力道中发力的绽放开来，那 φύσις，就来到作为显现者的显象中。艺术作品就是存在着的存在，通过它，其他的一切显现着的东西以及所见到的东西，才**作为存在者**或者非存在者变得可以确认和通达，变得清晰可解与可以领会。

艺术在一种别具一格的意义上将存在在作品中作为存在者驻立下来并浮现出来，因此，艺术可以说就是不折不扣的"能够—开动—起来"，就是 τέχνη。这个开动就是存在**在**存在者**中**的敞开性的发—作（Er-wirken）。这种占压倒优势的、发作中的敞开和保持敞开就是知，而这一知的热情便是追问。艺术就是知并因此就是 τέχνη。艺术之所以是 τέχνη，并非因为它的完成中含有"技艺性的"才能，含有工具（Werkzeuge）与作品的原材料（Werkstoffe）。[1]

于是，这个 τέχνη 就这样把 δεινόν，即那个强力行事者的，决定性的基本特征标明出来了；因为强力—行事就是使用—强力来反抗那威临——切者，即通过对先前封闭了的存在进行知的奋争，让之成为作为存在者的显现者。

2. 作为强力—行事，δεινόν 的本质会集在 τέχνη 这一希腊基础词中，同样，这个 δεινόν 作为威临——切者也在 δικη 这个希腊基础词中浮现出来。我们用合式（Fug）来翻译这个词。这里我们首先是从合缝（Fuge）与榫合（Gefuege）的意义上来领会合式；然后，我们再把这个合式领会为机缘搭配（Fuegung），即威临一切者行使其存在力道的谕令；最后，合式被领会为严丝合缝般的榫合（das fuegende Gefuege），而这一榫合则强逼出适

〔1〕读者应注意在"能够—开动—起来"（Ins-Werk-setzen-koennen）；"在作品中"（im Werk）；"作—用"（er-wirken）；"发—作"（Er-wirken）；"工具"（Werkzeuge）；"作品的原材料"（Werkstoffe）这些词之间的词根勾连，中译较难表达出这层联系。——译者

合（Einfuegung）与顺从（Sichfuegen）。[1]

一旦人们用“正义”来翻译 δίκη，并且是从法律—道德意义上来领会它，那么，这个词就丧失了它的形而上学根本意涵。将 δίκη 解说为规范也是一样。这个威临一切者，它的一切辖域以及其威权的强力，就在于这个合式。这个存在，这个 φύσις，就是那作为存在力道的源初会集：λόγος，就是那进行着严丝合缝般工作的合式：δίκη。

这个作为威临一切者（δίκη）的 δεινόν 与那个作为强力—行事者（τέχνη）的 δεινόν 就这样相互对立着，当然这不像是两个现成的东西那样对立。相反，这一对立却是这样的情况：这个 τέχνη 以出奔来对抗 δίκη，而 δίκη 却作为合式将一切 τέχνη 掌控在其安排指派之中。这个交相互换的对立**存在着**。而且，唯有当那最莽劲森然者，即人的存在发生之际，人作为历史在将起来时，此交相互换的对立才存在着。

3. Δεινότατον 的基本特征就在于 δεινόν 的双重意义的这种交互关涉中。知者驰骋突入此合式之阵中，把这个存在撕裂〔在“裂缝”中〕成存在者，但却绝不能征服那威临一切者。因此，知者就在那合（Fug）与不合（Un-fug）之间，在卑贱与高贵之间被抛来掷去。强力者的每一次强力行事般的安顿或者成功或者失败，但两者每次均以不同的方式抛离本乡故土，它们也就每次都以不同的方式展开着那赢获了的或者失落了的存在的危险性。两者以不同的方式都面临着毁灭的威胁。**那强力—行事者**，创造者，他溜出到那未说出者中，闯入到那未思及者中，他强逼那从未发生者，他使未察者显现出来，这个强力—行事者每时每刻都

〔1〕读者应注意在“合式”（Fug）；“合缝”（Fuge）；“榫合”（Gefuege）；“机缘搭配”（Fuegung）；“严丝合缝般的榫合”（das fuegende Gefuege）；“适合”（Einfuegung）；“顺从”（Sichfuegen）这些词之间的词根、词义勾连，中译较难表达出这层联系。——译者

立于冒险（τόλμα，第 371 行）之中。当他冒险干犯存在之威权之际，他就必须经受非一存在者的侵扰之险，经受 μὴ καλὸν[1] 之险，经受四分五裂，经受无一常，不一着调和无合式之险。历史性的亲在之巅峰越是高耸入云，突然跌落而堕入非历史性亲在之深渊的裂口也就开得越大，而这非历史的亲在就只在既无出路又无一定所的迷乱漩涡中越陷越深。

在第二步骤的终结处，我们想问：还会有第三步骤吗？

第三个步骤。这首合唱曲的决定性的真理已在第一个步骤中凸显出来。第二步骤则引领我们穿越强力者与强力一行事者的所有本质领域。结尾的曲段通过将全诗的整体图景嵌入那最莽劲森然者的本质而告终曲完成。这里还仅留一些个别细节有待关注和进一步解说。这种关注与解说只会是对迄今所说过的东西加一点补充而已，它绝不会要求一个新的阐释步骤。如果我们将自己限定在对诗中直接说出的东西加以解说上，我们的阐释确已结束。然而，阐释工作又借此才刚开始。真正的阐释必须显示那不再形诸言词但却得到言说的东西。为此，阐释势必使用强力。科学的解释将一切超出它的禁邑的东西都标上非科学的印记，而只有在科学的解释一无所获之处，本真的东西才可觅得。

但我们必须将自己限定在这首已挑选出来的吟唱上，我们在这里只能在某个特定的方向上，依据我们的本真任务，冒险进行这个第三步骤，而且这一冒险行进也只能是为数不多的几步而已。在追忆第一步骤中所说过的东西的同时，我们从第二步骤那里通过解说结尾曲段而来的结果说起。

Δεινόν 之 δεινότατον，莽森之物中最为莽劲森然者，就处在 δίκη 与 τέχνη 的对立博弈之关涉中。最莽劲森然者不是莽森

---

〔1〕按照英译者的注解，μη καλον 出于安提格涅（Antigone），第 370 行。习惯上译为“不美”“不体面”“不名誉”。——译注

之物中逐阶而上的最高级别。按其类别来说，他在莽森之物那里独具一格。具有威临一切之强力的存在者整体与强力行事的人的亲在之间的对立博弈就导致出现这样的可能性，即堕入既无一出路又无一定所的厄运。这一厄运以及堕入厄运的可能性却不是到结束时才出现，好似那强力—行事者在某个个别的强力—行事的行为中行不通，搞错了；相反，这个厄运从根本上说就是在那威临一切者与强力—行事的对立博弈中发威与等待。如果存在作为那在将起来者，作为 φυσις，作为那绽发开来的存在力道发威，那么，对抗存在的威临一切之强力的强力—行事**势必**会在这一威临一切之强力面前变得粉碎。

但是，只有在那势必要粉碎的东西被强求进入某个如此这般的亲—在之际，此一粉碎的必然性才会存在。人被强求进入这般的亲—在中，被抛入这般存在的亟须中，因为那威临一切者作为这样的一个威临一切者，为了发威显力，显现出来，**需要**一个自身敞开的场所。这是一个从存在自身而来的强迫性的亟须，从这一亟须出发来领会，人的存在之本质才会向我们敞开出来。历史性的人的亲—在就叫：被设—置的突破口，在这里，存在的威临一切的强力在显现中突袭而来，旨在将这一突破口自身在存在面前砸得粉碎。

最莽劲森然者（人）是其所是，因为从根本上看，他耕作经营与呵护照料本乡故土，其目的旨在从这里面突破出去和让那威临一切、施威于他的东西袭涌进来。存在自身将人抛投到这条沟壑纵横的出离路径上，而这种沟壑纵横的情形就逼迫着人从自身那里出离，出溜到存在的近旁，目标是使存在开动起来，并由此而使存在者的整体保持敞开。因此，强力—行事者不讲什么善意与劝慰（通常意义上的），也不认什么由于成就或功效以及对此类成效的肯认而来的心安神定。凡此种种，作为创制者的强力—行事者看到的只是完成之假象，他蔑视此假象。在愿闻前所未闻之事中，他摒弃一切援助。对他来说，沉没毁灭就是对威临一切者的最深刻、最宽广的听命应答。在那曾经卓有成效的作品毁灭破碎之际，在那种将此曾经卓有成效的作品视为某种不合式之物（Unfug），视为那 σαρμα（粪土）的认知之中，他就让那威临一切者听任其合式来行事了。然而，所有的这一切既不是以创制者的灵魂在其中辗转反侧的“灵魂体验”的形式，也更不是以小家子气的自卑感的形式来进行，相反，这一切是以独一无二的自身开动起来的方式进行的。威临一切者，即存在，**就作为历史**在有所作为中得以见证。

历史性的人的亲在就是对那在存在者中开动着的存在进行敞开的突破口。他作为这个突破口乃是一个**事—变**，[1]在这一事变中，存在的威临一切的强力得到释放，它的强力力道突然绽放出来，开动而成为历史。对于亲在的这一突然性与独一性，希腊人早有一番深切的预感，正是存在自身逼迫着他们进入这种预感，而这种预感又作为 φύσις，λόγος 与 δίκη 向希腊人吐露出来。一直令人不可思议的是，希腊人竟曾预言他们要为后世几千年的西方创造文化。因为希腊人在其亲在的这个独一的亟须中，独一无二地行使了强力，希腊人没有消除这个亟须，而只是增强了它，这样，他们就为自己本身强闯出一番天地，去展开真正的历史大业。

对于这个如此被体验到的，而且被诗意地回溯到其根柢处的人的存在本质，如果我们匆忙地予以某些评判，将之呵护起来，那么，它的森然神秘的性质就将会使我们的领会永远不得

---

〔1〕德文词 Zwischenfall 意思是“事变”，以及带有某种突发性质和灾难性质的“事故”。这里尤其需要指出的是，此词的字面意思是讲“中间”（zwischen）发生的“跌落”（fall）或“跌入其间”。海德格尔在这里加了连字符，除了强调其不期而至的“事变”“事故”义外，还意在提醒我们注意其字面义，即作为人的亲在在存在的强力力道的施行过程中的作为“突破口”的“中间”作用，中译名未能充分表现出这种双关义。——译注

其门而入。

以轻蔑的口吻，将人的存在评判为自大与傲慢，这就把人从其本质的亟须中抽离了开来，即从其是事—变这回事中抽离开来。这样的评判将人评估为某种现成的东西，将这个东西置放进某个空洞的空间中，然后再按照某种任意的、外在设置的价值列表来对之进行评估。还有一种与此相同的错误见解认为，诗人的言说，其实是对上述的人的存在的一种未说出的拒斥，是对一种无强力的谦逊的隐晦举荐，其意义就在于要养护其不受惊扰的安闲自在。这一看法甚至可以在这首吟唱的结尾处找到其成立的根据。

一个**这样的**存在者（即最莽劲森然者）应当被隔绝在家事与乡议之外。然而，合唱歌的这段结尾词与其先前关于人的存在所说的东西并不矛盾。当歌队转而**针对**那最莽劲森然者时，它说的是：这种去存在的方式**不是**那通常的方式。这般的亲在不可能从那随意间行为举止的习惯状态中被挑拣出来。结尾词并无什么可惊奇的地方，反倒是如果没有它，我们就不能不惊讶了。正是在这段诗的抗拒姿势里，人的本质之莽森状态得到了直接的和完全的见证。随着这结尾之词，这首吟唱的言说就回过头来，与其开端处遥相呼应，笙瑟相和。